JN271731

教養のフランス近現代史

杉本淑彦/竹中幸史
[編著]

ミネルヴァ書房

　　　　　　　　は　し　が　き

　いま，日本の大学においては教養教育の充実が叫ばれていますが，フランス近現代史において，それにかなう教科書は，あまり存在してこなかったように思われます。実は，大学生向けに教科書を作るのは，歴史学の専門家にとっても難しいことです。高等学校までの教科書と同じ内容では無論だめですが，基本的な史実にはふれねばなりません。そのうえで執筆者には，近年の研究動向を紹介しつつ，独自の視点から新しい世界を（限られた紙幅で）提示するという難題が課せられています。

　本書の15名の専門研究者もずいぶん頭を悩ませたのですが，「真に大学1・2年生が読むのにふさわしいフランス近現代史の教科書」をつくるという思いのもと，それぞれが各章を書き下ろしました。学生に教えるべき「教養」とは何か，ひとつひとつ考えられており，内容がすっきりと精選されています。

　本書は20章構成になっています。この構成にしたのは，大学の実際の講義が半期で13, 4回だからです。たとえば講義担当の先生がたが，20章のなかから任意に13～14章を選択し，1回の講義で1章を扱えるように配慮しています。目次をご覧いただければおわかりになるように，17～20世紀までの政治社会と，「料理」「モード」「絵画」といったハイ・カルチャーのほか，フランスをフランスたらしめている産業や移民といった広義の文化の歴史が扱われています。

　それぞれの章は独立した構成になっていますから，それだけを取りあげて読むこともできますし，もちろん通読することもできます。また，およそ時系列順に並べられており，隣り合う章を読めば同時代に何が起きていたか理解できるようになっています。さらに関連性の高い箇所には，［第1章参照］というように，別の章・節への「リンク」も示しておきました。読者はこうした特徴を活用すれば，フランス史の様々な要素を同時におさえることができ，また政治・経済・社会・文化の諸世界が相互に結びあっていることもわかると思います。くわえて理解を助けるための図版や表も豊富にのせましたので，たいへん読みやすい入門書に仕上がっています。

いわば本書はフランス近代史を学ぶ際，読者が最初にふれるデッサンのようなもの，でしょうか。各章をお読みいただいて興味がわいた方は，さらに別の書物を手にとって，淡い色を重ねてみてください。こうした営みを繰り返すうちに，誰でも，それなりに厚みのある，くっきりとした絵が描けると思います。その作品こそ読者それぞれのフランス史像であり，またその人の関心が映された「自画像」にもなっているでしょう。そして，いつか本書が読者の歴史観，知的肖像画のための習作に位置づけられる日が来たなら，執筆者一同，これに勝るよろこびはありません。

　最後に，本書のカバーに使われている絵画について説明しておきましょう。クロード・モネ［第 8 章 5 参照］の《サン＝ドニ街，1878年 6 月30日の祝日》（1878年）です。この日は，「平和と労働の祭典」という名の，第三共和政下において制定された「国民の祝日」でした。国費を投じる政府の主導と推奨により，労働者街区であるサン＝ドニ街を含め，パリ中が200万本の国旗で飾られました。この絵は，共和政という旗印で国民統合が推進されるフランスの姿と，そのような渦に芸術家が取りこまれていたことを，端的に教えてくれます。政治社会と文化を等価に語ろうとする本書にもっともふさわしいものとして，この絵をカバーに選びました。

　　2015年 5 月

　　　　　　　　　　　　　　　執筆者を代表して　杉本淑彦・竹中幸史

教養のフランス近現代史

目　次

はしがき

序　章　フランス近現代史に何を見るか………………竹中幸史…1
　　　　──多様にして連接的な共和国──
　　1　教養のススメ…………………………………………………………1
　　2　『モンテ・クリスト伯』………………………………………………2
　　3　本書の範囲と構成……………………………………………………4
　　4　政治社会と文化………………………………………………………5
　　5　フランスらしい文化とは？…………………………………………6

第1章　ヴェルサイユの光と影……………………………竹中幸史…9
　　1　先王たちの遺産──ルイ14世を生み出したもの………………9
　　2　特権の体系……………………………………………………………11
　　3　ルイ14世の治世──特権の再編…………………………………12
　　4　ヴェルサイユの輝き…………………………………………………14
　　5　「偉大なる世紀」のひずみ…………………………………………17
　　6　革命の序曲──ブルジョワジーの成長と「世論」………………19
　　7　17世紀の危機，18世紀における拡大と収縮──人口と経済………21

第2章　フランス革命の衝撃……………………………竹中幸史…25
　　1　貴族の革命，地方の熱気……………………………………………25
　　2　1789年の衝撃──中央と地方の共振……………………………27
　　3　「一にして不可分の共和国」の盛衰………………………………30
　　4　「世論」の独裁とナショナリズムの興隆…………………………33
　　5　習俗の革命……………………………………………………………35
　　6　フランス的工業化モデル……………………………………………37
　　7　革命の長期的影響……………………………………………………38

第3章　ナポレオンとその時代…………………………杉本淑彦…41
　　1　クーデタへの道………………………………………………………41
　　2　イギリスとの覇権争い………………………………………………45
　　3　正負の遺産……………………………………………………………49

目次

第4章　ガストロノミー（美食）の誕生……………………八木尚子…55
　　1　美食文化前史…………………………………………………56
　　2　レストランの誕生……………………………………………57
　　3　媒介者としてのガストロノーム……………………………59
　　4　ガストロノミーの確立に向けて……………………………63
　　5　『味覚の生理学』誕生の要因…………………………………65
　　6　共有される美食の価値観……………………………………68

第5章　「モードの国」フランス………………………………角田奈歩…71
　　1　絹とレースの国………………………………………………71
　　2　綿織物とフランス……………………………………………75
　　3　モード都市パリの成立………………………………………78
　　4　世界の中のパリ・モード……………………………………81

第6章　よみがえった王政……………………………………中山　俊…87
　　1　王政への回帰――後退か進歩か……………………………87
　　2　フランス革命の遺産…………………………………………90
　　3　「一にして可分」な文化的統合………………………………94
　　4　威信の回復にむけて…………………………………………97

第7章　民主と元首の相剋……………………………………長井伸仁…103
　　1　「1848年」と「1870年」のはざまで………………………103
　　2　二月革命と第二共和政の成立………………………………104
　　3　ルイ＝ナポレオン・ボナパルト……………………………109
　　4　ボナパルティスム……………………………………………111
　　5　繁栄の光と影…………………………………………………113
　　6　帝政の栄光と悲惨……………………………………………115

第8章　絵　画…………………………………………………福田美雪…119
　　1　絵画を飾るふたつのサロン――「官展（Salon）」と「客間（salon）」…119
　　2　絵画における「ピトレスク」――イタリア風景の発見…121
　　3　ロマン派によるオリエントへの夢想………………………124

v

  4　「伝統」対「現代性」——クールベとマネの登場……………127
  5　光と色彩のたわむれ——印象派の革命……………129
  6　ベル・エポックから「狂乱の時代」まで——絵画表現の新たな展開…132

第9章　近代都市パリのまちなみ……………北河大次郎…139
  1　世界の中のパリ……………139
  2　19世紀の整備の進展……………140
  3　パリの近代化に対する批判……………148
  4　第二次世界大戦後のパリ……………154

第10章　「ベル・エポック」から第一次世界大戦へ……岡部造史…157
  1　第三共和政の成立……………157
  2　共和政の国民統合……………159
  3　共和政の危機と変容——穏健共和政から急進共和政へ……………162
  4　世紀転換期の社会……………164
  5　対外関係と戦争への道……………167

第11章　両大戦間期の社会……………剣持久木…173
  1　大戦の奈落からの再生……………173
  2　相対的安定と平和主義……………175
  3　新たな危機の時代……………179
  4　反ファシズム人民戦線政府へ……………182
  5　フランスファシズム……………186

第12章　多彩な文学世界……………津森圭一…191
  1　近代フランス文学の夜明け——ロマン主義とともに……………191
  2　19世紀の中盤の文学——ロマン主義から写実主義へ……………194
  3　19世紀末の文学——象徴主義にむかって……………197
  4　20世紀初頭の文学——「ベル・エポック」を謳歌した作家たち……202
  5　両大戦間期とそれ以降のフランス文学……………207

第13章　移民と外国人……………工藤晶人…211
  1　移民の大陸……………211

2	近世のフランスとフランス人	213
3	18世紀後半の断絶	216
4	国籍法の近代	218
5	寄せては返す波	221

第14章　第二次世界大戦下のフランス………………剣持久木…227

1	奇妙な平和から奇妙な戦争へ	227
2	ヴィシー体制の対独協力	229
3	国民革命——モーラス主義から反ユダヤ政策へ	234
4	レジスタンスの展開	238
5	占領期のフランス	241

第15章　「現代思想」の系譜………………坂本尚志…245

1	「現代思想」ブームと20世紀フランス思想	245
2	サルトルの「主体の哲学」	246
3	「概念の哲学」の系譜——エピステモロジー	249
4	主体と構造——レヴィ＝ストロースによるサルトル批判	253
5	主体は概念に屈したのか？——主体の問題の再構成	255
6	闘争する概念，共闘する主体	258

第16章　復興から新時代へ………………杉本淑彦…261

1	パクス＝アメリカーナの中へ	261
2	国内経済改革と福祉国家化	265
3	植民地帝国の再建を目指して	267
4	西ヨーロッパの統合を目指して	271

第17章　知られざる工業大国………………北河大次郎…273

1	フランス産業の今	273
2	産業近代化の礎——体制と担い手	275
3	近代産業のヴィジョンとイノベーション	280
4	第二次世界大戦後の新たな展開	284

第18章　ドゴールの時代 …………………………………… 渡辺和行…291
　　　1　ゴーリズム ……………………………………………………… 291
　　　2　アルジェリア危機とドゴールの再登場 …………………………… 292
　　　3　アルジェリアの独立 …………………………………………… 295
　　　4　ドゴール外交 …………………………………………………… 298
　　　5　繁栄の光と影 …………………………………………………… 300

第19章　文化遺産とツーリズム ………………………………… 中山　俊…307
　　　1　文化遺産の保護制度 …………………………………………… 307
　　　2　文化遺産の略奪と返還 ………………………………………… 310
　　　3　旅行のなかの文化遺産 ………………………………………… 314
　　　4　ツーリズムの発展——民主化への道 …………………………… 318

第20章　ヨーロッパ統合とフランス …………………………… 上原良子…325
　　　1　二つの戦後と国民国家の限界 ………………………………… 325
　　　2　フランスの「栄光の三〇年間」とヨーロッパ ………………… 328
　　　3　オイルショックとフランスモデルの動揺 ……………………… 330
　　　4　冷戦の終焉とEUの発足 ……………………………………… 333
　　　5　グローバリゼーションとEUに反発するフランス …………… 334

人名・事項索引……337

序　章
フランス近現代史に何を見るか
―― 多様にして連接的な共和国 ――

竹中幸史

　近代フランスは，世界史に刻まれるべき年号を持っている。1968年，五月革命の際，ソルボンヌ（パリ大学）大講堂の扉に記された「1789　1830　1848　1871　1936　1968」の文字。これほどフランスの偉大な足跡と，また歴史の潮流のなかにみずからを位置づけようとする市民の情熱を示すものはなかろう。事実，1789年以来，かの地では幾度も自由と平等への夢が命がけで叫ばれてきた。両立の難しいこのふたつの概念をつなぐ架け橋として，第三共和政以降，友愛のスローガンも台頭した。そして三位一体となったこの理想は今も，緑なす六角形を美しい3色で彩っている。

　近代フランスは，しかしながら，ロベスピエール，ナポレオン，ルイ＝ナポレオン・ボナパルト，ドゴールといった独裁的，専制的イメージのつきまとう為政者も生み出してきた。そしてナチ占領下のヴィシー体制ではペタン元帥のもと対独協力策がとられ，市民の間に政治的無関心が広がったことが知られている。先の年号は，輝かしい記憶とは裏腹に，いずれの革命も未完成のまま終わったことを示している。

　五月革命から遡ることほぼ1世紀，『フランス史』の序文（1869年版）で，ミシュレは述べていた。「わが偉大なるフランスよ，お前の生命を再発見するため，ひとりの男が自らの一身を捧げ，死者たちの大河を何度も何度も渡りあるかねばならなかったとしても，彼はそのことに心なぐさめられているし，さらには感謝をも覚えている」（ミシュレ 2010）。19世紀フランス最大の歴史家にこう言わしめたフランス史とはどのようなものか。また彼の述懐後の100年はどのような時代だったのか。私たちも書を携えて，近現代の激流に足を踏み入れよう。

1　教養のススメ

　本書はおもに大学1・2回生や一般の初学者のために編まれた。その概要を紹介する前に，まず書名に冠された「教養」について少し説明しておこう。

今日の大学生が，このことばをもっとも耳にするのはパンキョウと俗称される「一般教養」科目だろう。また多くの人は，これを中世ヨーロッパに遡る自由7学科やリベラル・アーツと捉えず，むしろ一般常識に近いものと考えている。その一方で，かつて「教養」には，読書を通じた人格の涵養，知識の獲得を通じた社会改良という教養主義と深く結びついていた時代があった（竹内 2003）。知の嗜みや振る舞いといった文化資本の残り香は，かろうじてまだ微かに漂っている。とはいえ大衆教育社会となった今日，「教養」にはずいぶん手あかがつき，くすんでしまったことは否めない。大学内でさえ市場原理が跋扈し，実学志向が高まって，教養の持つ無形の力は感じにくくなっている。

　ただ教養主義が敗北し教養の輪郭が失われている今日だからこそ，教養とは何かを考えるチャンスが訪れたともいえるかもしれない（竹内 2003）。もちろんそれは，教養主義の夢よ，もう一度というかたちをとりはしないし，事実，今日，刻苦勉励して知識の総量を増やすような教養は求められていないだろう。また本書は文系理系を問わず，大学生や社会人がフランスやその歴史についておさえてほしい知識を精選しているが，あくまで入門書の域を出るものではない。むしろ本書が目指す「教養」は，こうした人格の涵養や一般常識習得とは別に，私たちの目の前にある数多の事象——政治，社会，文化——が相互に関連しあっていることに気づくセンス，既存の知の編み合わせを見抜く力のようなものである。「全体を見る眼」と言い換えても良い（二宮 1995）。世界の全ては他の全てにつながっていることに気づく直観，また気づこうとする姿勢そのもの。そうした教養観にたって，本書はフランス近現代史を読者に届けたい。

2　『モンテ・クリスト伯』

　こうした諸関係のつながりを，やや遠まわりになるが，本書の一節から考えてみよう。第12章「多彩な文学世界」では，19世紀前半の代表的作品としてデュマ『モンテ・クリスト伯』が挙げられている。わが国では少年向け縮刷版『巌窟王』の名でよく知られる本作は，おもに1815年〜1838年のフランスを舞台にしている。マルセイユの一等航海士であるエドモン・ダンテスは会計士ダングラールと恋敵フェルナンによって，ナポレオンのエルバ島脱出計画に関わっているとの虚偽の告発をされ，また自己保身に走った検事代理ヴィルフォールによって無実のうちに政治犯収容施設シャトー・ディフに投獄されてしまう。恋人，家族，仕事を失い絶望して死を覚悟したダンテスだったが，牢内でファリア神父と出会って生き

序　章　フランス近現代史に何を見るか

る喜びを取り戻し，また老師からモンテ・クリスト島に隠された財宝のありかを聞かされる。その後，病に倒れた神父の遺体と入れかわって脱獄し財宝を手にしたダンテスはイタリア貴族モンテ・クリスト伯を名乗り，23年を経て名士となっている3人の仇敵に近づいて，富と権力を駆使した復讐に乗り出していく。これだけでも作品が19世紀前半のフランス史を下地にしていることはわかるが，さらにいくつかページを繰って，文学と歴史の関わりを訪ねてみよう。

　1838年5月，伯爵はローマで命を助けたアルベール――フェルナンとかつてのダンテスの婚約者メルセデスの息子――をパリの邸，エルデ通り27番地に訪ねる。そこで彼は所狭しと並んだヴェネツィアのガラス器，中国の布帛，日本の磁器，フランスの画家による風景画，ドラクロワの歴史画や諸々のデッサンをひとつひとつ解説してアルベールを驚かせるのだが，隣室に飾られたメルセデスの肖像画を目にした時，人知れず肩を震わせる。仇敵そしてかつての恋人と出会うこの訪問シーンは作品のハイライトのひとつなのだが，じつは，ここには産業革命の本格的到来を迎えた七月王政期〔第6章参照〕のブルジョワや貴族層の文化生活が雄弁に語られている。

　この頃は経済成長とともに中小ブルジョワが財力を持ちはじめ，芸術や文化を鑑賞する人びとが増えていた。彼らは自邸に肖像画や骨とう品を揃えるようになったが，第8章で述べられるように名声を手にしていない画家の卵たちはこうした絵画を多く手掛けることで，糊口をしのいでいたのである。この芸術鑑賞熱の高まりは，パリで商業ベースにのったコンサートが毎夜開かれるようになったことや，1846年，ルーヴル美術館に延べ120万人が入場していることにもうかがえる〔第19章参照〕。一方で，ブルジョワの成金趣味に対抗して，真の貴族には「ダンディ」な振る舞いが求められた。これを自認するアルベールは美術，武術に凝り，ヨーロッパやオリエントの文物を室内に飾って葉巻を嗜んでいる。考えてみればモンテ・クリスト伯が社交界に入れたのも，財力を活かした地位と名誉，そしてダンディな振る舞いで人びとを魅了できたためだった。事実，1830年代は「偽貴族」と呼ばれる自称貴族がこれまでになく社交界を跋扈していた時代でもあった（上垣 1996）。

　また当時，金融界の頂点に位置したロスチャイルドのような個人銀行は――小説中で銀行家に成りあがったダングラールのように――リスクを伴う工業投資よりも政府の公債や鉄道の株式投資を好んでいた〔第17章参照〕。さらに景観保存のための政策が採られ，凱旋門に代表されるパリの街並が整えられはじめた頃でもあった〔第9章および19章参照〕。シャンゼリゼ通りは1828年にエトワール広場ま

で延伸し，名実ともにパリのメイン・ストリートとなるが，伯爵が復讐の拠点として居を構えるのはその30番地。同じ頃，開発が進んだエルデ通りと並んで新興貴族が進出するのにうってつけの場であったのである。

　さらに言えば『モンテ・クリスト伯』の誕生自体，19世紀の政治社会と大きく関わっている。この作品は『ジュルナル・デ・デバ（討論）』という新聞に3年（1844〜1846年）にわたって連載されたものである。じつは19世紀も中葉に差し掛かると識字率が目に見えて向上しはじめ，新聞の潜在的な読者層が増えていた［第6章参照］。こうしたなかで各紙は定期購読者を新規開拓するために連載小説を掲載したのである。これは新聞が政治・経済情報を中心としたエリート紙から大衆メディアへと成長する過程とも重なっている。そして各紙は読者に「同じ情報を同じ表現で」伝えていくわけだが，そのことは思わぬ副作用を有していた。紙面のニュースや小説は人びとに——それと意識させないまま——同じ言語や言葉づかいを教え，活字にそぐわない方言を消失させ，共通の感性や知識，ひいては愛国心や集合的「記憶」を醸成していくことになったのである（アンダーソン 2007）。

　現代歴史学においては絵画や小説なども史料として扱うことが多くなっているが，これらはたとえ虚構であっても，いやそうだからこそ，作品中に当時の人びとの心性や想像力が色濃く反映されている。そして読者にも『モンテ・クリスト伯』をほんの数ページ繰るだけで，19世紀フランスの政治，社会，文化のありようが活き活きと浮かび上がること，かつ諸テーマの共鳴しているさまがきっとおわかりいただけたと思う。

3　本書の範囲と構成

　さて，それではフランスの近現代史をいつから書き起こすべきか。先年逝去した中世史の大家ル＝ゴフはフランス革命までを「ヨーロッパの長い中世」と捉えていたが（ル＝ゴフ 2005），私たちはもう少し遡って17世紀の絶対王政に近代の黎明，曙光を見ることにした。これにさしたる異論はなかろう。それよりもEUが成立してすでに20年余りが過ぎ，ボーダレス化が日々加速する時代において，フランスなる国家の存在を自明視するような一国史的書名を掲げることへの批判にこそ応えるべきだろうか。しかし1990年代以降，盛んに国民国家体制の危機，ポスト自由主義インターナショナリズムが叫ばれ，確かにその指摘のいくつかは妥当していたけれど，その反面で各国を席巻する保守化，国家・国民・国益を強調する風潮を考えるとき，国家の強靭さ，またしなやかさに再注目することはあ

ながち守旧的,反動的ではなかろう。脚下照顧というように,時には世界を解釈するために,フランスという切り口を正面から見据えることも必要ではないか。

本書は近代フランスの政治社会史を叙述した章と文化史に焦点を絞った章とから構成されている。こうした場合,前者を第1部,後者を第2部にするのが一般的だが,今回,編者は本書を手に取る方の多くが初学者であることに留意し,各章をおよそ時系列順に並べている。これは冒頭から読み進めてゆく初学者が,通常の2部構成では,文化史を読む際に通史を再読しなければならないのではないかと考えたのがひとつ,次いで政治社会の潮流と文化の関係をできるだけ間近に意識してもらおうとしたのがひとつ,この2点のために,敢えて新しい叙述のスタイルを採用したというわけなのである。

4　政治社会と文化

ところで通史と文化史という構成自体はありふれたものと思われようが,本書は次の2点において類書との差異化を図った。第一の特徴として挙げるのは,政治社会史と文化史に割かれた紙幅がちょうど半々になっていることである。今日の歴史学研究一般の趨勢として「文化」の問題はもはや避けて通れないどころか,その本流に位置している。かつてギアーツが述べたように,文化とは意味の押し詰まった観念の体系と考えられるし(ギアツ1990 ; ギアーツ1996),またブルデューの著作をひもとけば,周囲にある事物全てがわれわれのハビトゥス(社会的に獲得された性向・習俗)を規定して,政治,経済,文化の諸構造を再生産していることに思い至る(ブルデュー1990)。本来,歴史はひとつなのであり,諸領域に切り分けて論じられない。その意味で,それぞれを横断する「新しい文化史」は全体史を追求する手段となりうるし,またその「文化」にわれわれの生きる社会の特質が否応なく表象されているなら,その解読は優れて問題解決志向型の歴史,問題史となるだろう。

それゆえ本書においては狭義の文化史はもちろん,通史的叙述である政治社会史——「ヴェルサイユの光と影」と題した17世紀から「ドゴールの時代」たる1960年代末まで,フランス近現代史300年間を概観している——でも,日常生活や政治文化を浮かび上がらせるに十分な光が当てられている。おそらく読者は政治史の区切りを軽々と越えていく,文化の生命力を目の当たりにするだろう。アンシアン・レジームの権力体系,革命の熱狂と妥協,よみがえった王政,19世紀後半に登場した,良くも悪くも選挙民の声に左右される政治体制のありかたは,

第三共和政の苦闘へ，さらに人民戦線およびレジスタンスへと（その神話化の側面も含め）引き継がれていく。また戦後のドゴールの剛腕をナポレオンやルイ14世のそれと比較することなども，一考の価値があるだろう。

　そして特別な申し合わせがあったわけではないが，各章にはそれぞれの時代の光と影，栄光と挫折が活写されており，歴史が紋切り型の理論的，単線的記述に収まりきらないこと，むしろ常に予測からはみ出し，ずれを伴って形づくられていくことを教えてくれる。手前味噌で恐縮ながら，専門分野の博識に基づきつつその叙述には各執筆者持ち前の絶妙の味付けがなされており，あたかも馴染みの素材を用いた創作料理群のような賑わいがあって，それゆえに西洋史プロパーにとっても新味を感じられるものとなっているはずである。

5　フランスらしい文化とは？

　もうひとつ本書の特徴として，文化史に挙げられた項目に注目していただきたい。フランスの文化と聞いて，初学者の脳裏に思い浮かぶのは何か。おそらくは絵画，文学，バレエといった芸術や世界に配信されるモードであり，また美食ではなかろうか。あるいはシャンゼリゼ通りやオペラ座界隈の美しい街並みかもしれない。ところが従来，歴史学研究者がおもにとりあげてきたフランスの文化といえば，宗教，学校，祭典，社会的結合，メディア，儀礼，家族などであった。これら先行研究はすでに十分な厚みがあり，水準も高い。一方で，いわゆるハイ・カルチャーについてはほとんど手つかずか，コラムなどで短く扱われることが多かった。いわば「フランスらしい文化」をめぐって，一般市民と研究者の間にはいくらかの段差があったのである。

　そこで本書ではこうした「フランスらしい文化」を積極的にとりあげて，各執筆者に論文を書き下ろしていただいた。絵画，文学，モード，美食，街並みといった，誰しもある種のイメージを抱いている文化を扱った各章は，すでに少し示したように，それぞれ同時代の政治，経済，社会の動きと連動して叙述されている。また一般にフランス的とは思われていない，馴染みのない文化もとりあげられている。例えばフランスといえば農業国というイメージがあろうが，TGVを擁す鉄道，世界3位の販売実績を誇るルノーやプジョー＝シトロエンの自動車，そして2011年3月以降メディアを通じて折々に耳にするアレヴァの原子力など，いくつかの工業分野でも，フランスは世界最先端，最高峰にある。人文科学に目を移せば，その優れた文化遺産がいかにして生み出され，中央と地方のせめぎ合

いのなかで維持され，フランス国民の意識を形づくってきたか，その一端に触れることができる。さらには20世紀の思想界に絶大な影響を及ぼした哲学にも目を向けよう。本書ではサルトル，カンギレム，レヴィ＝ストロースそしてフーコーの諸論が紹介されているが，学者のアンガジュマンが避けられるようになって久しいわが国の状況を思わずにはいられないし，そこに民主主義の未熟さ，またそれゆえの可能性が浮き彫りになっている。そして「移民」「ヨーロッパ統合」といった現代フランス，現代世界の課題――問題提起と回答を常に更新しつづけていかなくてはならない難題――も真正面から論じられている。2015年1月，世界を震撼させたシャルリー・エブド本社襲撃事件の本質を考える手がかりのひとつもここにある。

　間もなく本書に向かう読者は，フランスが一筋縄ではいかない国であることを知るだろう。普遍的な理念を掲げていながらナシオンにこだわり，カトリックの長女にして政教を峻別し，農業大国でありながら工業立国，人権の国にして世界屈指の植民地帝国だったフランス。中央集権を目指しながら地方分権に配慮し，すぐれて柔軟性に富むその姿の，何が虚像で，何が実像なのか。しかし10の政治社会史と10の文化史を一読いただければ，それら全てが相互に結びあい，かの国らしいポリフォニーを奏でていることもわかるだろう。一にして不可分でも，可分でもなく，多様にして連接的な共和国の調べ。いや，もしかすると，注意深い読者は，執筆者でさえ聴きもらしていた音響や不協和音に気づかれるかもしれない。しかしそこに顔をのぞかせた新しい「教養」の芽こそ，私たちが特に大事にしたく思っているものなのである。

　1938年，岩波新書創刊の辞に，岩波茂雄は刊行の目的を「現代人の現代的教養」としたためた。そして日中開戦という時局にあらがい，列強競争の中に立って国民はこの大任を完うする用意があるか，政党は健在か，官僚は独善的でないか，経済界は奉公の精神を欠いていないか，軍人に高邁なる卓見と統制はあるかと続けたのち，「思想に生きて社会の先覚たるべき学徒が真理を慕ふこと果して鹿の渓水を慕ふが如きものありや」と問うた（鹿野 2006）。彼は生硬なイデオロギーではなく，教養が反ファシズムの地盤になることを期待したのであった。蔓延しつつある反知性主義が社会を誤らせることを嘆き，檄を飛ばした。

　私たちが本書に掲げるところの「教養」は，岩波氏のように大上段に振りかぶったものではない。編集会議において今日の入門書に相応しい表現を探るうち，ミネルヴァ書房編集の堀川さんから提案され，決まったものである。しかし昨今

の政治，国際関係を見れば，この言葉が選ばれたのは，きっと偶然ではない。むしろ自然に，無意識のうちに紡がれたがゆえに，いっそう大きな意味を持っていると考えたい。

参考文献

アンダーソン，ベネディクト（2007）『定本 想像の共同体——ナショナリズムの起源と流行』（白石隆・白石さや訳）書籍工房早山。

上垣豊（1996）「立憲王政」柴田三千雄・樺山紘一・福井憲彦編『フランス史2——16世紀〜19世紀なかば』山川出版社。

鹿野政直（2006）『岩波新書の歴史——付・総目録1938-2006』岩波新書。

ギアツ，クリフォード（1990）『ヌガラ——19世紀バリの劇場国家』（小泉潤二訳）みすず書房。

ギアーツ，クリフォード（1996）『文化の読み方／書き方』（森泉弘次訳）岩波書店。

竹内洋（2003）『教養主義の没落——変わりゆくエリート学生文化』中公新書。

二宮宏之（1995）『全体を見る眼と歴史家たち』平凡社ライブラリー。

ブルデュー，ピエール（1990）『ディスタンクシオン——社会的判断力批判(1)(2)』（石井洋二郎訳）藤原書店。

ミシュレ，ジュール（2010）『フランス史Ⅰ 中世（上）』（大野一道・立川孝一監修）藤原書店。

ル＝ゴフ，ジャック（2005）『中世とは何か』（池田健二・菅沼潤訳）藤原書店。

第1章
ヴェルサイユの光と影

竹中幸史

1 先王たちの遺産——ルイ14世を生み出したもの

　フランス革命前のフランスはアンシアン・レジーム（旧体制），または絶対王政の呼び名でよく知られている。そして，その時代を代表する君主や文化を考える時，第一に思い浮かぶのがルイ14世であり，またヴェルサイユ宮殿であろう。確かに，ルイ14世は17世紀ヨーロッパ最強の君主であった。相次ぐ対外戦争と領土拡張，王権神授説，マザランやコルベールといった重臣の活躍，そして太陽王と呼ばれる彼が1655年4月，高等法院で言ったとされる「朕は国家なり」という格言などはあまりに有名だ。くわえてコルネイユやラシーヌ，モリエールらの戯曲や贅を尽くしたバロック建築の素晴らしさ。

　しかし最初から彼は国家であったわけではない。というのもルイ14世が即位したのは1643年5月。わずか4歳であった。彼の祖父アンリ4世を始祖とし，父ルイ13世がようやく安定させたかに見えたブルボン朝は，その頃三十年戦争を戦い抜き，国内外で重大な局面を迎えていた。では，あどけない少年であったはずのルイはいかにしてヴェルサイユのまばゆい光のなかに君臨したのか。私たちの知る彼のイメージはどのようにして創られたのか。まずは16世紀末に時計の針を戻して，ルイ14世即位までのブルボン朝の道のりを概観しておこう。

　すでに4半世紀以上続いていた宗教戦争の末期，1589年8月に，新教徒陣営の領袖アンリ・ド＝ナヴァルがフランス王アンリ4世として即位する。無論，旧教に与する首都の市民や大貴族はこれを認めず抵抗しつづけたため，国王はカトリックに改宗し（1593年），さらにナント王令を発して内乱を収束させた（1598年）。ここに人口の1割を占めるに至っていた新教徒に政治的・軍事的・宗教的特権が付与された。しかし旧教同盟に与した有力貴族の勢力は依然強大であり，王国に平和が訪れたと安堵するわけにはいかなかった。そこで彼らを何とか自派に組み込むべく，アンリ4世がとった策は種々の特権や役職を与えることだった。積年

図1-1 1614年の全国三部会
政府に対し反乱を起こした大貴族をおさえるため，10月27日，ルーヴル宮殿に隣接するブルボン館で開催された。
出典：*Dictionnaire de l'histoire de France*, Larousse, 2006: 384.

の強敵ギーズ家には3つの地方総督職が渡されている（高澤 1996）。またフランスでは前世紀以来，主要な官吏の登用について売官制が採用されていたが，国王はさらに1604年のポーレット法によって年税支払いと引き換えに，これら官職の相続や売却を認め，購入者の家産の一部とすることを許した。これは「特権」を有する保有官僚という知的エリートを生み出すことになる。

1610年，アンリは凶刃に倒れ，ルイ13世がわずか8歳で後を襲う。彼は王母マリを摂政として先王の採った貴族，臣民の統制策＝年金と官職の付与を続けていたが，徐々に財政は行き詰まり，特権の再編に乗り出さざるを得なくなった。これに対抗して大貴族は，1614年，全国三部会開催にこぎつけるも，足並みの乱れから具体的な譲歩を王権から引き出せずに終わる。その後もルイ13世とマリや国璽尚書マリヤックとの確執は深刻であったが，1630年，「裏切られた者たちの日」のクーデタによって後者が宮廷から追放されると，国王の信頼を勝ち得たリシュリューの積極的政策が始まる。久しく途切れていたフランスによるヨーロッパ覇権の夢が，彼のもとでふたたび目指されることになろう。

三十年戦争（1618～1648年）において側面支援にとどまっていた旧教国フランスは，ついに1635年，同じく旧教国たるスペイン，ハプスブルク帝国に宣戦布告した。これに先だつ1620年，ルイ13世は南西部の新教徒に対する侵攻を開始し，1628年，最大の牙城ラ＝ロシェルを攻め落としていた。翌1629年，ニーム王令によって新教徒は軍事的・政治的特権を剥奪されている。かように旧教回帰を明確にしていたフランスが「国家理性」の名のもとに新教徒陣営に立って参戦したのであるから，その衝撃は大きかった。結局，1648年のウェストファリア条約，1659年のピレネー条約によってフランスは大陸におけるヘゲモニーを獲得する。ただ，この戦争による莫大な戦費の調達は国内に大きな波紋を引き起こしていた。タイユ税の改正，軍動員に関する諸税，官職の濫造・売却，公債，借款，間接税

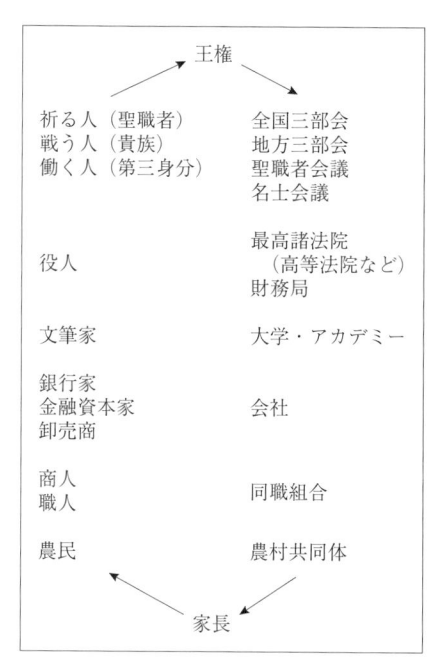

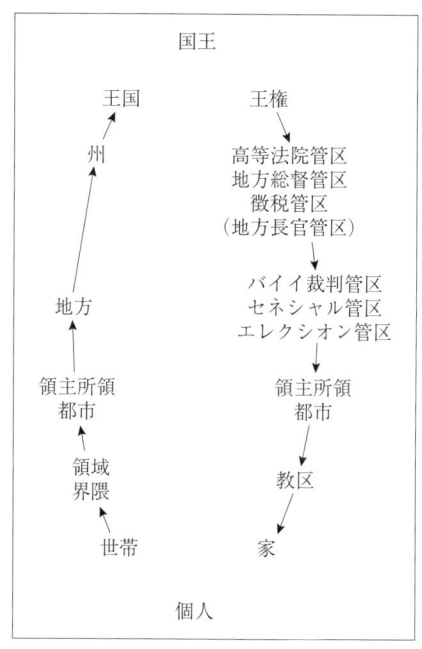

図1-2　アンシアン・レジームの統治構造
出典：二宮宏之『フランス　アンシアン・レジーム論』岩波書店，2007年，232，241頁。

増税が次々に為された。また直接税徴収権は直轄官僚たる「地方監察官」に委任され，地方貴族の権利を大幅に削ることになる（阿河 1996）。そしてこの中央集権的改革の半ばにしてリシュリューとルイ13世は相次いでこの世を去ってしまい，王国の未来はルイ14世と重臣マザランに託されたのだった。

2　特権の体系

　ここでフランス絶対王政の統治構造を概観しておこう。先に貴族が年金や官職贈与，また売買によって「特権」にあずかっていたことを述べたが，この「特権」はその他の人びとにとっても無縁ではない。周知のように聖職者は十分の一税徴収権を持ちながら，租税負担を免除されていたし，第三身分のなかでも富裕なブルジョワジーは官職を購入し，しばしば貴族身分（法服貴族）に昇格した。また一般民衆の世界も「特権」と深く関わっていた。当時のフランスには地域や職能などの絆によって結ばれた多様な組織・団体があった。本来それらは自然発

生的な社会集団であったり，共同の利益のため人びとが種々に組織した団体であったりしたのだが，王権は，これら団体が伝統的に保持していた自治権や免税権などの権利をあらためて承認して「特権」と化し，その活動を保証することで，支配秩序に組み込んでいた。こうした法人格を付与された団体のことを「社団」という。

　これら社団は同職組合（ギルド），貿易会社，官僚団体，大学，アカデミーなどの職能団体と，村落共同体，教区，都市，州のような地縁的団体に分けて考えられる。この社団の序列は各集団の社会的機能に付与される尊敬，品位，名誉にしたがって定められ，また公権力を行使する程度と関連づけられており，そして王権のみが階層秩序化された社団の連鎖を頂点において掌握することで，理論上，国王があらゆる問題に最終決定を下す体裁をとっていた。つまり絶対王政は，特権の付与を介して社団の活動を把握することで，これに属す貴族や臣民を間接的に支配し，国家統合を実現していたのである。換言すれば，臣民ひとりひとりを把握できなかったのであり，またこの権力の分権的性格に，絶対王政が構造的に持っていた弱点があった。さらに王の権力は王国基本法にしたがって制限されていたことにも注意しておくべきである（二宮 2007）。

3　ルイ14世の治世——特権の再編

　さて貴族の不満は鬱積するなか，ルイ14世とマザランがポーレット法の廃止，官僚の俸給支払い停止という方針を掲げると，1648年5月，パリ高等法院，租税法院，会計法院は合同会議を開き，地方長官による徴税請負の廃止や減税など特権遵守の反旗を翻した。そして王権がこれを武力弾圧する動きを見せると，重税に苦しんでいたパリ市民が貴族に呼応し，さらに大貴族，中小貴族が権利回復の好機を見て，反抗は全国に飛び火した。世に言うフロンドの乱である。幼王はパリを追われ，マザランは亡命を余儀なくされた。しかし懐柔策を巧みに展開した彼は，1653年にパリに凱旋し復権を果たす。それは半世紀にわたって王権に抵抗してきた中小貴族が屈服し，社団国家体制が一応の完成を見た瞬間でもあった（阿河 1996）。

　このようにアンリ4世が特権の創造と分配によって国家を立て直した以上，彼に続く国王が中央集権体制を構築するには，その再編を絶えず行っていく必要があった。そして1661年，ルイ14世の親政が始まると，この動きは本格化した。手初めとして王を支えていた最高国務会議が改組され，王族や旧来の貴族は権力中

枢から排除された。財政赤字解消のスケープゴートとしてフーケが裁かれ（ベルセ 2008），代わりに重用されたのは，陸軍卿ルテリエ，外務卿リオンヌ，そして財務総監コルベールの「3人組」であった。フランス絶対王政最盛期の到来である。

以後，中央集権化を狙う王権と貴族，地方の闘いは，社団のあり方をめぐってなされ，徐々に前者が勝利を収めた。1665年，ルイ14世は最高諸法院から「最高」の称号をとりあげ「上級」と呼ぶように強制し，1666年と1673年の王令により，王への建白権の行使は王令を登記した後でなすよう求めた。その結果，国王は親裁座（国王同席の高等法院における王令登録）を40年間，停止したうえ，全国三部会を一切開催することもなく，貴族や名士が伝統的に持っていた国王への具申の場を奪ったのである（ベルセ 2008；林田 1996）。すでに決闘禁止令や不要要塞撤去令（ミショー法典によって法制化。1629年）によって貴族は「戦う人」としてのアイデンティティを失いつつあったが，さらにルイ14世は1655〜1670年にかけて「貴族改め」を実施した。これは偽貴族を排除する一方で，身分の明確化と貴族に優越する国王としての権利を可視化した（阿河 2000）。さらに地方監察官を恒久化した「地方長官」職の設置によって地方総督たる有力貴族の権限縮小を図った。貴族年金削減や1695年の人頭税課税＝免税特権の剥奪もあり（阿河 1996；林田 1996），貴族は徐々に家柄と財産に依拠する富裕階級へと移行させられていったのである。

都市自治のあり方も変わった。ヴァロワ朝のルネサンス王政期においては国王が地方都市に訪問した際に入市式が盛大に挙行されていたが，この儀礼を通じて都市の王権への臣従とその見返りたる地方特権が常に確認されていた。ところがルイ13世期の1643年10月，即位記念税徴収のもととなる王令が発布される。これは国王即位の際の納税を役人や各社団に支払うよう命じるものであり，入市式など納税確認の儀礼を省略することになった。さらに戦勝などの祭典自体が簡略化

図1-3 マザリナード

フロンドの乱のさなかには，マザランを風刺する小冊子が大量に安価で発売された（マザリナード）。この絵はボルドーの支配権をめぐるコンデ公の妻とアンヌ＝ドートリッシュ（ルイ14世の母后）の争いを描いている。

出典：*Dictionnaire de l'histoire de France*, Larousse, 2006: 727.

され，神と国王への讃歌テ・デウム斉唱式にとって代わられてしまう（小山 2006）。国王がヴェルサイユに居を定めた後は入市式自体が減少し，17世紀末になると王権と都市の係争点はもはや都市役人の選挙しか残っていなかったが，これら役職も売官職へと変更された。こうして都市財源の没収や，助役や執政といった都市役人の威信の剥奪が進められていったのである（ベルセ 2008）。1679年，パリには警察代官，ついで警視総監職が置かれ，監視が強められた。この動きは1699年，全国の主要都市に拡大される（高澤 2008；林田 1996）。

　ルイ14世は，フランドル戦争，オランダ戦争，アウクスブルク同盟戦争，そしてスペイン継承戦争と，半世紀以上にわたって対外戦争を続けた。これは経済戦争，植民地獲得戦争の性格を色濃く持っていた。それを指揮したのは財務総監，海事卿，宮内卿を兼ねたコルベールであった。国富を総量の一定した貴金属の獲得と考えた彼は貿易差額による利潤を追求して（「重商主義」），織物，金属，造船産業の振興を図り，王立マニュファクチュアを設立した。1664年と1669年による関税引き上げ，1664～1670年の東西インド，北方，レヴァント貿易といった各特権会社の設立も，その一環である。また1669年の産業一般規則，1673年の商事王令，1681年の海事王令によって社団の統制を強化し，経済活動を統制下においた。

　臣民の統制も進められた。1667年と1670年にはそれぞれ民事王令と刑事王令が出されたが，特に前者は各教区司祭による教区簿冊作成を厳命している。この宗教面の引き締めは周知のことであろう。1629年以後，大幅に権利を削減されていた新教徒に対してはナント王令を撤回した（フォンテーヌブロー王令。1685年）ほか，高等法院に支持者を増やしていた旧教少数派ジャンセニストにも弾圧が加えられていく（林田 1996）。かようにルイ14世は「特権」の剥奪と再分配を通じて絶対王政の基盤を固めていったのである。

4　ヴェルサイユの輝き

　こうした社団国家は品位や特権に基づいた階層秩序が維持されている限りにおいて安定することができる。そこでブルボン朝歴代の王は自身の権威を高めるため種々の文化政策をめぐらせた。アンリ4世はシャルトルにおける成聖式（戴冠式）以後，ただちにるいれき病患者に対し御手触りの儀礼を行い，詩歌，図像，儀礼を通して「善良なるアンリ」のイメージ流布に努めた。各種の公共事業，ルーヴル宮の大回廊建造やポン＝ヌフ架橋，サン＝ルイ病院や国王広場に代表されるパリの整備がその栄光・伝説を称えることになろう。またルイ13世はその即位

時，慣例に従わず，先王の葬儀を経ずして，新王としてすぐ親裁座を開いた。これは即位時のルイ13世が幼いこともあって，王権の継承の正当性を儀礼ではなく，神聖な血統にあることを明示する狙いがあった（Giesey 1987；二宮 2007）。

そしてどの国王よりも文化政策・戦略を展開したのがルイ14世である。彼の居館ヴェルサイユ宮殿は1668年に造営が始まり，1682年5月以降，宮廷がそこに定まった。ここにある全ての絵画はルイ14世の人格と治世を称揚している。例えば，鏡の間で有名な宮殿内のグランド・ギャラリーの装飾はオランダ戦争，つまりドイツ，スペイン，オランダの同盟締結から戦勝を祝したナイメーヘンの和約までが扱われている。本来はアポロンやヘラクレスといった古代の神話に材を採る予定であったのだが，王の権力が盤石となった今，こうした寓意に頼らずともルイの偉大さを表現できるようになったのである。また1680年代に装飾がなされた「大使の階段」の浅浮彫には治世の主要な出来事――司法改革，ライン川渡河，フランシュ=コンテの降伏，フランスの上席権のスペインの承認など――が描かれていた（バーク 2004；佐々木 2005）。招待された国内外の貴族や外国大使の圧倒される様子が目に浮かぶようだ。

図1-4　アンリ4世による御手触り
カペー朝以来，フランス国王にはいれき病を治療する超自然的な力が備わっているとされていた。国王の聖性を強調する儀礼。
出典：http://gallica.bnf.fr/ark:/12148/btv1b8401277m.r=henri+touche+les+escrouelles.langFR

さらに絵画，版画，タペストリー，メダル，アルマナ（カレンダーの一種）など種々のメディアが太陽王の威光を伝達，増幅する。親政を開始した翌年，国王は太陽の意匠を採用しているが，幼児期から晩年に至るまで，ルイ14世の像や肖像画は現存するだけで300を下らない。ル・ブランによって王の事績を称える絵画が連作のかたちで描かれたほか，治世の出来事を記念するためのメダルも300を超え，それもまた版画で印刷されて，『メダルによる王の歴史』として出版された。ゴブラン国営製作所（1663年～）は約200人もの労働者を雇い，ル・ブランとファン=デル=ムーランの手になる『ルイ14世記』の諸タペストリーをはじめ，王宮の家具調度品も同様に製造した（バーク 2004；佐々木 2006；佐々木 2008）。

図1-5　パテル《1668年における宮殿》
ヴェルサイユ宮殿中央部にルイ13世の小城邸が見える。グランド・ギャラリーも大運河もまだ完成していない。
出典：*Versailles, numéro spécial de édition japonnaise*, 1991：12.

リシュリューの発足させたアカデミー・フランセーズを筆頭に，絵画彫刻，科学，音楽，建築などの諸アカデミーはルイ14世期に成熟を迎えるが，これら学術界も王の威光の増幅に寄与した。絵画彫刻アカデミーは，王の事績をテーマとしてとりあげた入会作品をもとにして新メンバーを認可したし，1662年には王の英雄的行動を表現する絵画，または彫像に賞を与えるコンクールを開催しはじめた。

1671年以降，アカデミー・フランセーズは毎年異なる主題で王へ捧げる頌徳文コンクールを開催した。また劇，バレエ，オペラなどの芸術は，しばしば国王への賛美から始まり，またより大きな祭典の一部に組み込まれた（バーク 2004）。また1651～1659年にかけてルイ14世自身が9つの宮廷バレエに登場し，様々な役を演じていることはつとに有名であろう。

こうした華やいだ雰囲気のもとでヴェルサイユの宮廷文化は開花したのである。実を言えばアンリ4世とルイ13世は，宮廷における様々で複雑なマナー＝エチケットを重視しなかったため，このシステムを完成させたのは親政開始後のルイ14世だった。彼は宮廷人を増やし，新しい規則を考え，礼儀作法を複雑にするだけでなく，人びとをその場に相応しい立ち居振る舞いで縛ることを好んだ。しかしこれは単に瑣末な礼節の問題ではなく，権利や義務，名誉に直結している。つまり「宮廷社会」では威信，称号，紋章，衣服，言葉づかいなど全ての作法が権力秩序を補強し，また象徴するのである（エリアス 1981；ベルセ 2008；安成 2005）。これらは間もなくマナー書や民衆本などを通じて全国に伝わっていく。

こうしたルイ大王の威光は権力・権威の中心ヴェルサイユから王国の隅々にまで放たれた。例えば週2刊の『ガゼット』紙，月刊の『メルキュール・ガラン』といった定期刊行物は学術に関するニュースをひろめるとともに，王の動静に紙幅をさき，その学芸保護・奨励を喧伝した。また1685～1686年にはパリや地方都市の広場に王の騎馬像・立像を設置するキャンペーンが展開されていく（20の計画のうち実現したのはパリ，リヨン，ディジョン，モンペリエ，レンヌなど9都市。

Cleary 1999)。さらに国王を称える凱旋門の建設が1693年にトゥール，ブザンソン，モンペリエで，1695年にリールで続いた（バーク 2004）。パリにおいても1670年代に，サン＝ドニ門やサン＝タントワーヌ門が石造りに改造される。1674年に建設されたサン＝マルタン門にはラテン語で「ルイ大王」の文字が刻まれ，門のレリーフには王に「都市の鍵」を差し出す入市式の模様が描かれていた。1686年にヴィクトワール広場が完成し，1699年にはルイ大王（現ヴァンドーム）広場の建設が本格化する。また1687年には，前年床に伏せっていたルイ14世の病気平癒を祝す祭典が催されたが，その開催数は，前半の6カ月だけで91都市，のべ270回にのぼったという。このことはルイ14世が臣民の目に直接映らずとも，そのメディア戦略を通じて王国全土に遍在していたこと，彼らに「大王」のイメージを植え付けることに成功したことを如実に物語っている（石井 2002）。そしてヴェルサイユ宮殿に年間300万人もの観光客が訪れることを思えば，21世紀に生きる私たちもまた「偉大なる世紀」のイメージを受容し，消費しているのである。

図1-6 フォンテーヌブロー王令を描いたアルマナ（1686年）
中央上部に勝利した「教会」が描かれている。右上では「真理」がカルヴァンを踏みつけ，左上では「宗教」が雷でムハンマドを打ちのめしている。下には嘆き悲しむムスリムと新教徒の姿。
出典：佐々木真「フランス王権とアルマナ」『駒沢大学文学部紀要』66号，76頁。

5 「偉大なる世紀」のひずみ

しかし1715年，ルイ14世が76年の生涯を閉じると，ヴェルサイユ宮殿にも斜陽が差し始めた。ルイ15世はしばらく曾祖父たる先王の残した負の遺産処理＝国家債務の清算に集中していたものの，間もなくその野望をも引き継ぎ，ふたたび戦端を開いた。だがオーストリア継承戦争，そして宿敵オーストリアと結んで起こした七年戦争でさしたる成果を上げられず，その莫大な戦費は，徐々に王国を袋小路に追い込んでいく。1710年に始まった十分の一税はルイ14世の死とともに廃止され，以後臨時的措置としてしか用いられなくなった。これに代えて五十分の一税，二十分の一税が創設されたが，これも失敗におわる。この頃，反王権の旗

図1-7　ブザンソンに建設された凱旋門
都市の入口に建設された。道路拡幅と崩壊の危険のため，1775年に取りこわされた。
出典：http://gallica.bnf.fr/ark:/12148/btv1b7743150v

手となっていたのは高等法院につどう法服貴族であった。彼らはルイ14世の死去直後，1715年9月の親裁座において王令登録権をその手に取り返しており，以後，国王が王令を定めても，高等法院が首肯しない限り，容易に執行されない状態になっていたのである。そこで，大法官モプーは諸改革推進のため，司法官職の売官制廃止，管区の分割などを決定したが（柴田 2012），後ろ盾のルイ15世が没し，これも水泡に帰してしまった。フランスは啓蒙専制国家への脱皮をなかなか図れずにいた。

　続くルイ16世は国家による統制経済から自由主義的経済への転換，そしてこれを可能にする農業の活性化を目指し，重農主義者テュルゴを抜擢する。しかしその行財政改革はタイミングが悪すぎた。免税特権廃止と宮廷費削減は保守派貴族と王妃の猛反発を誘い，同職組合の廃止はまだ実を結ばず，穀物取引の自由化は不作と相まって食糧価格の高騰を招き，各地で「小麦粉戦争」と呼ばれる騒擾を頻発させてしまったのである。各方面から攻撃され，この変革も徒労に終わった。1776年，財務長官ネッケルは，徴税などの地方行政を，選挙制の州議会に任せることを考えた。しかしこれは，地方長官や地方特権と結びつく有力貴族，高等法院の権益とバッティングする。それゆえ州議会はたった2州で実現したのみで，彼は1781年に罷免されてしまう。この間，アメリカ独立戦争支援の経費が国庫から支出されたため，財政は危篤寸前となった（柴田 2012）。もはや抜本的改革しか道は残されていない。

　かように18世紀の王権は王国の機能不全に対し，手をこまねいていたわけではなかった。この頃，富を蓄えたブルジョワジーたちは領主化，法服貴族化していたが，旧来の貴族も鉱山業などの経済活動に大規模に介入していた。こうして貴族と第三身分上層部の生活圏は極めて近接し，そのうち中央，地方いずれにおいても，また家柄の新旧を問わず彼らは社交や婚姻を通じて結びついていく（伊藤2005）。この「新エリート層」は既得権をたやすく手放しはしない。また第一身

分の聖職者についても，有力貴族の子弟が司教職をほぼ独占する一方，小教区の司祭の成り手は，第三身分からリクルートするなど，各身分の一体性には大きな亀裂が走っていた。

そして彼らに対抗するはずの王権も真の改革には腰が引けていた。というのも財政難の国家は，売官や社団向けの公債による収入に依存しつづけていたからである。結局，負担は一般民衆に全て回されてしまうが，彼らの世界も激変していた。18世紀に入って人口が増加傾向にある一方，穀物生産量は1720年頃まで停滞している。このずれは農村に階層分化を促し，一部の富農による寡頭支配，都市ブルジョワによる土地購入に伴う不在地主化，農民の貧困化と都市への人口流出を招いた（二宮2007）。

表 1-1　アンシアン・レジーム末期の諸改革

改革の主導者と肩書	主な改革内容
モプー（大法官）	パリ高等法院法官追放および新高等法院設置，管轄区域分割，地方高等法院再編，売官制廃止
テュルゴ（財務総監）	小教区，徴税管区，州の三段階の代表からなる地方議会設置と徴税業務などの委任，穀物の流通・販売の自由化，道路補修賦役の金納化，同職組合の廃止
ネッケル（財務長官）	小教区，徴税管区，地方長官管区からなる3段階の地方議会設置
カロンヌ（財務総監）	土地所有者を対象とした新たな現物租税（全身分を対象），州議会設置（全身分対象），穀物取引の自由化，国内関税の撤廃

出典：竹中幸史『図説フランス革命史』河出書房新社，2013年，21頁。

6　革命の序曲——ブルジョワジーの成長と「世論」

　社会構成を多様化させた都市は城壁の撤去を含む都市構造の変化，また市民統治（ポリス）の再編を余儀なくされた（高澤 2008）。そのなかで社会的上昇を遂げてきたブルジョワジーたちは特権身分に独占されていた「知」の領域にも進出を図る。彼らは書籍市場を利用して学識を深め，新たな社交関係を求めて，様々なサークルを作りはじめた。

　1720年代以後栄えたサロンは，貴族の館の客間に人びとが集まり，会話を楽しむ場であった。ここには官僚，政府要人，芸術家のほか学者らが多く集まった。サロンでの名声は参加者の書簡によって国内外に伝えられる。モンテスキュー，ヴォルテール，ディドロやダランベールといった啓蒙思想家の才能や主張もここで認められたのである。一般的なブルジョワジーも様々な団体を創った。人類愛の拡大，兄弟たちの共和国の実現という理念を持ち，メンバー間の「友愛」を実践するという活動方針を有したフリーメーソンの規模は，1789年の時点で，

図 1-8 書籍工房
植字，組み付け，ウェット印刷，乾燥，紙折り，丁合など製本に関する諸作業が描かれている。
出典：Duby, G. (dir.) *Histoire de la France Urbaine*, tome 3. *La ville classique*, Seuil, 1981: 271.

1,500の支部，会員数5万と見積もられている。読書協会，地方におかれた学術団体ミュゼ，農業協会など，総称して思想協会といわれる団体とあわせ，これらは拡大を続ける書籍市場から放たれた「知」の共鳴箱となり，また拡声器ともなった（竹中 2012）。これらサークルは，社団と違って，会員は個人の職能や身分によって一義的に排除されず，入会は個人レヴェルに開かれ構成員は平等の立場であったが，この原理そのものが反ヴェルサイユ的であるのは多言を要しないだろう。

これと同調する動きは，いまひとつ目立って現れた。出版物の隆盛である。18世紀，都市住民は出版物を通して種々の情報を得るようになっていた。当時，男性市民の識字率（結婚時署名）は全国平均で50%弱であったが，パリでは少なくとも7割近くに上っていた。定期刊行物の紙面には，様々なニュースのほか美術や書籍の批評が載るようになる。このような批評的「議論」の具体的な場になったのが先述のサークルであり，18世紀に急増したカフェであった。これらには権力の監視が十分に及ばず，タブー視されていた宗教や政治などの問題も話されたため，エリートらは自らを，あらゆる公的な問題について理性を公的に行使する，つまり議論する「公衆」として意識しはじめ，また「世論」を生み出していると自覚するようになる。そして世紀中葉には，この「世論」こそが権力に正当性を付与するという考え方が一般的になっていった。

こうなると，王権も次第に「世論」を無視できなくなっていく。70年代以降，ジャンセニスムをめぐる論議，そして穀物取引の自由化論争，そして財政再建策をめぐって，王権と貴族身分の抗争が続いた。この時には，王権もその主張を公衆にアピールして「世論」の支持を得ようとしたのだが，そのこと自体，最終的な裁定を行うのは国王ひとりという旧来の権力行使のあり方が変容したのを示している。さらに開明的官僚マルゼルブが出版統制の基準を緩和したことは，人びとの意思表明の機会を増やした。特に新ジャンルともいえる，政治的ポルノグラフィの影響は大きかった。王家に対する神聖視は徐々に崩れていく。時代は，異

議申し立ての時代に入ったのである（Baker 1990；シャルチエ 1994）。

7　17世紀の危機，18世紀における拡大と収縮——人口と経済

　市民や民衆の日常生活においても革命への序曲は聞こえていたのか。宗教戦争末期，フランスの人口はおよそ2,000万人と推計されている。これは16世紀に，百年戦争によって荒廃した耕地が復興し，生産量の増加そして人口増をもたらしたためと考えられている。しかし安寧は長く続かない。「17世紀の危機」という表現で知られるように，一般にこの世紀はヨーロッパにとって不遇の時代であり，フランスも例外ではない。三十年戦争介入以後，戦死，飢饉，疫病によって人口は増減を繰り返している。そして相次ぐ戦争と戦費を賄うための増税は市民生活を圧迫していた。

　17世紀以前，人口の停滞をもたらしていたのは穀物生産性の低さに加え，高死亡率であった。人びとは晩婚によって家族規模を抑える生存戦略を採ったが，周期的に訪れる飢饉と慢性的な栄養失調によって10年を置かずに「大量死亡」が発生しており，彼らは新生児の3割が死んでしまう世界，平均寿命が30歳前後である社会に生きていた（グベール 1992；藤田 1994）。1694年と1709年の食糧危機は200万以上の死者を出している。しかし18世紀の前半，農業生産の漸増，疫病の後退，そして穀物輸送手段の進歩による価格の相対的安定が，人びとを長く生きさせることになった。徐々に大量死亡から解放された民衆は，これまでと違う感情を家族に抱きはじめることになろう。

　フランスの工業においては，17世紀後半以降にいくつか重要な変化が見られる。コルベールによる積極策が功を奏して，絹および上質毛織物の国内生産が急伸し，輸出産業へと成長を遂げた。さらに貿易振興策としての外国人商人と船舶の排除，海軍ならびに商船団の増強は，フランスを大西洋植民地貿易の雄へとおしあげた。そして1715年には工業製品の輸出が増えはじめ，1750年代まで著しい伸展を見せる。確かにフランスはオーストリア継承戦争，七年戦争においてイギリスとの植民地獲得戦争に敗れたものの，フランス革命勃発までフランス西インド諸島貿易，スペイン領アメリカ，レヴァントの3貿易において圧倒的優位を保っていた。また1789年の工業生産額でも，フランスは世界初の産業革命をはじめていたイギリスを明らかに凌駕していた。とはいえ，これをフランス工業の近代化と同一視してはならない。フランスにおける工業は基本的に伝統的な生産組織と技術の枠内で行われていたのであり，機械制大工業や工場制度は発展していなかったからで

図1-9 ボルドー港
J. ヴェルネの連作「フランスの港」のなかの1枚。
18世紀にボルドーは人口が150%増加し、貿易総額が年2億リーヴル台から10億リーヴル台へと急成長した。
出典：Duby, G. (dir.) *Histoire de la France Urbaine*, tome 3: 368.

ある（服部 1992）。

こうした資本主義の本格的展開に伴って、都市民衆の世界も変わりつつあった。親方、職人、徒弟の順で序列化されていた同職組合が崩壊しはじめたのである。恒常的労働者に据え置かれた職人たちは「職人組合」を独自に結成し、親方を通さずに仕事を引き受けるようになった。18世紀後半になるとモグリの職人が登場して職人の仕事を奪うようになり、社団の管理を通じて臣民の経済生活を統制しようとする王権や都市の狙いは有名無実化していた（高澤 2006）。

そして18世紀も半ばを過ぎる頃から、多産多死の人口動態が、多産少死型のそれへと全体的に移行していく。こうなると人口増加と食糧不足の危機がゆっくりと全土を覆い始める。さらに1770年代半ばからフランス経済は中期的な不況に入り、穀物・ブドウ酒の価格が下落しはじめた。全土でこの時期に捨て子が増加し、ピークを迎えていることは、この事と無関係ではない（藤田 1994）。こうした情勢下で起きた1785年の干ばつは農村の貧窮を一気に推し進めた。1786年の英仏通商条約は安価なイギリス綿製品の大量流入を招き、ノルマンディーの繊維産業に深刻な打撃を与える。そこに生じた1788年の凶作は、臣民の大部分が農業従事者であるがゆえに、都市にも農村にも無数の失業者をあふれさせた。

ルイ14世が君臨していた頃から、わずか70年あまり。ヴェルサイユの陽は傾き、空は茜色に染まっていた。今日からみれば、革命を引き起こす条件は揃っていた。しかし1789年7月まで革命勃発は予想されていなかった。以上に述べてきたような革命の「条件」は、次章で述べる偶発的な事件の連鎖のなかで、真に革命の「原因」となっていくのである。

参考文献

阿河雄二郎（1996）「絶対王政期のフランス」柴田三千雄・樺山紘一・福井憲彦編『フ

ランス史2——16世紀〜19世紀なかば』(世界歴史大系) 山川出版社.

阿河雄二郎 (2000)「ルイ14世時代の『貴族改め』の意味」服部春彦・谷川稔編『フランス史からの問い』山川出版社.

石井三記 (2002)「ヨーロッパの王権儀礼——フランス宮廷」網野善彦ほか編『王権と儀礼』(岩波講座 天皇と王権を考える5) 岩波書店.

伊藤滋夫 (2005)「近世ラングドックにおける身分制議会とフィナンシエ」『愛知県立大学外国学部紀要』37号.

エリアス, ノルベルト (1981)『宮廷社会』(波田節夫・中野芳之・吉田正勝訳) 法政大学出版局.

グベール, ピエール (1992)『歴史人口学序説——17・18世紀ボーヴェ地方の人口動態構造』(遅塚忠躬・藤田苑子訳) 岩波書店.

小山啓子 (2006)『フランス・ルネサンス王政と都市社会——リヨンを中心として』九州大学出版会.

佐々木真 (2005)「近世国家の統合力——ヴェルサイユ宮殿とルイ14世の表象」松本彰・立石博高編『国民国家と帝国——ヨーロッパ諸国民の創造』山川出版社.

佐々木真 (2006)「ルイ14世期のアルマナ——その基礎的考察」『駒澤大学文学部研究紀要』64号.

佐々木真 (2008)「ゴブラン製作所と『ルイ14世記』——タピスリーにみる王権の表象」『駒澤大学文学部研究紀要』67号.

柴田三千雄著, 福井憲彦・近藤和彦編 (2012)『フランス革命はなぜ起こったか——革命史再考』岩波書店.

シャルチエ, ロジェ (1994)『フランス革命の文化的起源』(松浦義弘訳) 岩波書店.

高澤紀恵 (1996)「宗教対立の時代」『フランス史2』(世界歴史大系) 山川出版社.

高澤紀恵 (2006)「都市のアソシアシオン ギルドと参事会」福井憲彦編『アソシアシオンで読み解くフランス史』山川出版社.

高澤紀恵 (2008)『近世パリに生きる——ソシアビリテと秩序』岩波書店.

竹中幸史 (2012)『図説フランス革命史』河出書房新社.

二宮宏之 (2007)『フランス アンシアン・レジーム論——社会的結合・権力秩序・叛乱』岩波書店.

バーク, ピーター (2004)『ルイ14世——作られる太陽王』(石井三記訳) 名古屋大学出版会.

服部春彦 (1992)『フランス近代貿易の生成と展開』ミネルヴァ書房.

林田伸一 (1996)「最盛期の絶対王政」『フランス史2』(世界歴史大系) 山川出版社.

藤田苑子 (1994)『フランソワとマルグリット——18世紀フランスの未婚の母と子どもたち』同文舘出版.

ベルセ, イヴ=マリー (2008)『真実のルイ14世——神話から歴史へ』(阿河雄二郎・嶋

中博章・滝澤聡子訳）昭和堂。

安成英樹（2005）「絶対王政期フランスの王権——宮廷とその儀礼を中心として」『西洋史論叢』27号。

Baker, K.-M. (1990) *Inventing the French Revolution: Essays on the French Political culture in the Eighteen Century,* Cambridge: Cambridge University Press.

Cleary, R. (1999) *The Place Royale and Urban Design in the Ancien Régime,* Cambridge: Cambridge University Press..

Giesey, R. (1987) "The King Imagined", Baker, K.-M. (ed.), *The French Revolution and the Creation of Modern Political Culture: The Political Culture of the Old Regime,* Oxford: Pergamon Press.

第2章
フランス革命の衝撃

竹中幸史

　フランスはマニフ（デモ）の国である。旅行者がパリに1，2週間滞在しただけで，これに遭遇することも，そう珍しくはない。政治，経済，労働，性差，教育，民族そして宗教。これら諸問題にひそむ不平等を告発するために，あるいは自由を守るために，市民は街頭に出て，ある者は腕を組み，ある者はプラカードを掲げ，それぞれが声高に訴える。その規模が100万を超えることもしばしばだ。市民は選挙における投票と同様に，こうした直接的行動によって，みずからの意思を政治に反映させてきた。

　それにしてもフランスの民衆は，いつ頃，かような政治意識，政治参加に目覚めはじめたのか。また時折，「国民」として結集することを躊躇わない，彼らのやや危ういナショナリズムの由来はどこにあるのか。そして前章でみたように，分権的性格を有していた旧体制フランスはいかにして中央集権国家へ脱皮したのか。以下ではまずフランス革命の政治史を概観し，ついで文化，経済の変容を整理しながら革命が社会に与えた衝撃について考えよう。

1　貴族の革命，地方の熱気

　前述したように，1780年代前半まで王権による行財政改革は高等法院を牙城とする貴族の抵抗にあって，全て頓挫する。しかし財政赤字は看過できない水準に達していた。1788年には負債利子だけで3億1,800万リーヴル，歳出の5割を占めるに至る。自由主義的な改革の導入は不可欠だった。

　そこで1786年6月，財務総監カロンヌは全身分対象の新税創設そして三身分代表から成る州議会の設置案を提示した。この州議会は地方三部会に代わる新たな権力機構であり，選挙による議員選出，第三身分の代表数は他の二身分合計と同数，身分別でなく全体審議のうえ個人別投票という，まさに画期的なものであった。そして1787年2月，カロンヌは名士会議を招集し，改革案承認をもとめた。これは高等法院との直接対決を避けて，特権身分の抵抗を外堀から埋めようとし

図 2-1　ヴィジル城館
現在，城館はフランス革命博物館になっている。
出典：*Guide de l'action éducative, saison 2013-2014*, domaine de vizille musée de la Révolution française, 2014.

たのである。しかし税負担を強いられ既得権を削がれることになる名士たち144名は，この改革案を断固拒否した。さらに彼らは，改革案は王権の専横であると主張し，これに慄いた国王はカロンヌに代えて，何と改革に反対するトゥールーズ大司教ブリエンヌに事態の収拾を任せてしまったのである。

その後，王権と妥協したブリエンヌは修正案採決を名士会議に迫ったが，それさえも拒否されてしまう。結局ブリエンヌはこれを解散し，政府はふたたび高等法院と対決せざるを得なくなった。当然，高等法院は新税の登録を拒否し，逆に1615年以来開催されていない全国三部会の開催を要求するなど，従来の特権維持，伝統遵守という戦略で世論に訴えた。これら貴族の公然たる反抗を，一般に「貴族の革命」という。しかし王権も容易に屈しない。1788年5月，国璽尚書ラモワニョンは全国に47ある大バイヤージュ法廷に控訴審の役割を与えて高等法院の権限を縮小し，そこから王令登録権自体を奪う強硬策に出たのである。抵抗する高等法院評定官は公職から追放され，王権が勝利したかに見えた（柴田 2012）。

ところが今度は地方から狼煙が上がった。6月7日，ドフィネ地方の首邑グルノーブルにおいて追放処分を受けた高等法院のメンバーが街を出る際に，これを監視する軍隊と市民とが衝突したのである（屋根瓦の日）。さらに市民は余勢を駆って，ペリエなるブルジョワが所有する隣町ヴィジルの城館に集結した。聖職者，貴族，平民の入り混じった700名を超える人びとは，この時，全国三部会における新税承認と第三身分の議員数倍増を要求した。この事件は全国のブルジョワジーに熱狂的に迎えられ，この事態を前に，ブリエンヌは翌年5月の全国三部会開催決定を置き土産にして，辞職した。後を受けたのはふたたびネッケルである。

ただ全国三部会開催は決まったが，審議形式は未定であった。1788年9月，パリ高等法院は，1614〜1615年の形式（身分別討議・投票）を主張し，名士会議もこれを支持した。一方，一部の自由主義貴族と連携した第三身分は，先の州議会形式の踏襲を主張した。彼らは，王権と貴族の対立に際し，意見を表明するうちに

改革の旗幟を鮮明にして，ついに特権層とたもとを分かったのである（柴田 2012）。

　さらにネッケルが政治結社の活動を容認し，出版統制を撤廃したため，市民はパンフレットや新聞紙上で大々的に意見を表明するようになった。1787年1月から88年7月までおよそ650タイトルのパンフレットが発行されたのに対し，全国三部会開催決定後の3カ月（1788年7〜9月）だけで，300タイトル以上が刷られている（平 2010）。そして1788年12月，王権は来る三部会における第三身分の倍増を決め，選挙戦の火蓋が切られた。地方のブルジョワは色めき立つ。じつはネッケルの提案した州議会は2州で，カロンヌのそれは17州で実現していて（松浦 1996），地方において政治経験・関心を持つ人びとは着実に増えており，彼らの多くが全国三部会議員となって，間もなくヴェルサイユへ上ることになる。その手には，租税の平等，公職開放，領主権廃止，経済の自由化などが綴られた自治体や同職組合による陳情書が握られていた。一方，当時の民衆は食糧価格高騰の原因を商人や領主による買い占めや投機活動と考えていた。またこうした自らの不満を特権階層が圧殺しかねないという恐怖にも日々怯えていた。いわゆる「アリストクラートの陰謀」観念だが，これに突き動かされ1789年3月から4月にかけて各地で食糧騒擾や，民衆がパン価格を強制的に決定するなどの事件が頻発している。

2　1789年の衝撃——中央と地方の共振

　1789年5月5日，ついにヴェルサイユで開会した全国三部会だったが，代議員資格審査と審議形式をめぐって冒頭から紛糾する。1カ月以上の空転のあいだ第三身分代表は陰に陽に多数派工作を展開した後，6月17日，「国民議会」設立を宣言し，20日には憲法制定まで解散しないことを誓った（球戯場の誓い）。王権は当初これを妨害したものの，結局3つの身分は合流し，7月9日，「憲法制定議会」が発足する。身分を前提とした全国三部会（総身分会議）ではなく，いずれの代表も同等の国民であることを示す国民議会という名称に，政治文化の転換が象徴的に示されている（二宮 1995）。ここに王権が体制の否定を見て武力解散を画策し，ヴェルサイユおよびパリ周辺に軍を集結させたのは故ないことではなかったのである。ただ王権にとって誤算だったのはパリ市民の反応だった。彼らは食糧が不足し物価高騰が続くなか，首都周辺の不穏な空気に「アリストクラートの陰謀」のにおいを感じ取り，ネッケル罷免の報に接してその正しさを確信

図2-2 球戯場の誓いを伝える新聞
新メディア＝挿絵入り新聞が、革命の諸事件を視覚的に伝えてゆく。
出典：*Révolutions de Paris.*

して、廃兵院に殺到、ついでバスティーユを襲撃し、これを陥落させたのである（7月14日）。

それゆえこのあまりに有名な蜂起は議会救出を目的とするものではなく、市民の偶発的な自衛行動であったが、結果として危機を打破し、改革を革命へと導くものとなった。地方の諸都市は国政選挙の熱狂そのままヴェルサイユの情勢を注視していたが、バスティーユ陥落の知らせが伝わると、パリにならって「市政革命」が起き、権力者が交替した。さらに農村では、農民たちが貴族による反撃、つまり「アリストクラートの陰謀」に恐怖して、領主館焼き打ちなどの行為に走り「大恐怖」と呼ばれる騒擾を引き起こした。こうした事態を沈静化するため、議会は今後の方向性を示す必要に迫られ、封建制の原則廃棄宣言（8月4日）ならびに「人間および市民の権利の宣言（人権宣言）」（同26日）を発布することになったのである。地方の人びとの期待が集められたヴェルサイユとパリ。ふたつの首都での事件の衝撃波が今度は地方に伝わり、その反響がふたたび首都の政治を動かす──中央と地方の共振が始まっていた。

それにしても革命はなぜ全国的な市民運動に展開し得たのだろうか。その要因には、先の噂によるネットワークと同様に、活字メディアによる情報の共有が挙げられよう。近年の研究によって、革命期には新聞創刊数の激増が見られたことがわかっている。1786～1788年の3年間、フランス語新聞は国外も含め、119紙が創刊されていた。しかし1789年には、パリだけで144紙が産声をあげた（日刊紙が59紙、週2・3刊のそれが38紙）。革命の10年間では、パリにおける新聞創刊数はじつに1,899紙、地方でも332紙にのぼったという（平 2009）。ブリソが、その新聞『フランスの愛国者』発行のさいの趣意書で宣言している通り、首都における新聞刊行によって、「瞬時に全体一致の革命を生み出す重要な措置や新事実が、フランス国民全員に同時に伝達される」ようになったといえようか。とはいえ限界もあった。当時フランス全土において正確なフランス語を日常的に話すのは人

口の1割強に過ぎなかったからである（天野 2007）。しかしこの空隙を新聞より手軽なパンフレットの洪水が埋めつくす。1789年～1799年までに発行されたパンフレットは1万3,000タイトル。そのうちの1万は1792年までに出回ったものだった（平 2010）。さらに人と人とを直接結びつける，文化革命の仲介的組織も発展した。それが市民の政治結社である。その代表はパリ

図2-3　ヴァレンヌ逃亡事件の風刺画
王妃の背にのって国王と王太子は逃亡する。
出典：Vovelle, M. (dir.) *La Révolution française, Images et récit. 1789-1799*, Paris, 1986, tome. 2: 277.

に集う議員のつくったジャコバン・クラブならびにその地方支部だが，これらは相互に情報をやりとりし，国政また地方政治に関する議論を通じて市民に革命の進展を伝えた。政治結社を持つ自治体の数は1790年末に307，1791年末には1,103に膨れあがる（Boutier and Boutry 1992）。

　さて1789年10月，宮廷と議会とがパリに移転すると，今や革命家となった議員らは新理念にそって改革を一気に推し進める。まず年末から翌年にかけて財政の健全化（教会財産の国有化，売却）を果たし，さらに直接税中心の租税体系，同職組合の廃止，聖職者の公務員化（聖職者市民化法），中間団体の廃止など積年の課題を次々と片づけていった。特権と結びついていた州や地域は廃止され，面積や人口，富の点でできるだけ均等の83の県に再編された。こうして行財政全般において，アンシアン・レジーム末期に議論されていた自由主義的改革は，ついに実行に移されたのである。そして1791年9月に憲法が可決され，フランスは，立憲君主政を採用することになった。新しい国家デザインは素描され，政治革命としての成果は十分に残せたように思える。

　しかし「革命が終わったとは信じない」とロベスピエールが述べたように，それはまだ始まったばかりだった。10月1日に開会した新議会，立法議会は混乱のなかの船出を余儀なくされた。食糧暴動，農民一揆，あるいは憲法への宣誓を拒否する宣誓忌避僧侶による民衆扇動もあって政情は不安定であった。また先の憲法が選挙権を行使できる者を，3日分の労賃に相当する直接税を支払う男性市民（能動市民。全成年男子の6割強）に限ったため，政治参加の機会を奪われた民衆の

不満はたまっていた。さらに6月に起きた国王一家のヴァレンヌ逃亡事件が善良なる父という国王イメージを決定的に粉砕していた。

　こうした内憂を打開するため政治権力が採用するのは，いつでも対外戦争である。ブリソ（ジロンド）派は反革命打倒を口実にオーストリアに宣戦を布告したが，フランス軍は緒戦から敗北を重ねた。7月，議会は「祖国は危機にあり」と宣言して前線・銃後の奮起を促したが戦局は好転せず，物価の高騰も続いたため，生活苦にあえぐ市民の怒りはふたたび沸点に達した。8月10日，サン＝キュロットと呼ばれはじめたパリ民衆と首都周辺の連盟兵が市庁舎を占拠し，チュイルリ宮を制圧したのである。この結果，議会は王権停止，新議会の招集を宣言した。

3　「一にして不可分の共和国」の盛衰

　9月21日に開会した国民公会は，翌日，共和政樹立を宣言し，国王を玉座から追放した。この議会では右翼にジロンド派が，左翼にモンターニュ派が陣取った。両派はともにジャコバン・クラブに基盤を持ち中流ブルジョワの利害を代表していたが，議会外の民衆運動との連携の可否という政策面において路線を異にしていた。国民公会はただちに党派抗争の場となったが，ロベスピエール率いるモンターニュ派がパリ民衆の支持を背景に徐々に権力を掌握していく。一方ジロンド派はパリの権力拡大に警戒心を募らせる地方の支持を受けていた。国王裁判においてジロンド派はルイ16世の処刑を回避すべく，地方の世論をあてにして国民投票案を提示するものの否決され，結局モンターニュ派の主張通り，ルイは有罪確定後，即時処刑された（1793年1月21日）。またジロンド派は列強の第一次対仏大同盟結成，流通紙幣アッシニアの価値下落と過激派の食糧暴動（2月，於パリ）にも有効な手を打てなかった。これに苛立ちを隠せないパリ民衆は5月31日と6月2日の2度にわたって蜂起し，彼らと連携したモンターニュ派はジロンド派29名の逮捕を決議し，議会から追放した。

　こうしてモンターニュ派は権力掌握と並行して，中央集権体制の確立，また地方の統制を本格化していく。すでに政府は3月に勃発したヴァンデ地方の農民運動の鎮圧に努めていたが，議会内に設置された公安委員会，保安委員会，革命裁判所を基礎にして，独裁体制を強化した。さらにモンターニュ派議員は派遣議員として各地に赴いて革命防衛を訴え，パリと地方の関係を再編していく。一方，5月にはマルセイユやリヨンなど地方有力都市ではジロンド派の巻き返しが見られていたが，モンターニュ派独裁成立とパリの暴走を食い止めるべく，6月以降，

この動きはトゥーロン、カン、ボルドーなども含めた武装蜂起に移行した（ゴデショ 1986；Forrest 2004）。この運動に対し政府は「一にして不可分の共和国」を危機に陥れる「連邦主義の反乱」として弾圧したため、争いは国家デザインをめぐる内戦へと発展していく。

あわせて政府は地方の支持をとりつけるために、人民主権、社会による労働・公的扶助・教育の保障を明記し男性普通選挙を盛り込むなど、極めて民主的な「93年憲法」を急いで成立させる。8月10日にはこれを祝賀する祭典を全国で挙行させたが、その名称は「統一（Unité）の祭典」であった（竹中 2005）。その歓喜も冷めやらぬ同23日、議会は「国家総動員令」を可決した。こうしてパリを頂点とする共和国への奉仕が最優先される全体一致、挙国一致体制が整えられていったのである。

図2-4 ラ・ロシュジャクランの肖像
19世紀になると、ヴァンデの指導者は美化されて描かれる。
出典：Vovelle, M. (dir.) *La Révolution française, Images et récit. 1789-1799*, tome. 3: 375.

一方、みずからの力に気づいたパリ民衆の圧力におされ、政府は食糧徴発、反革命容疑者逮捕などを任務とする革命軍の創設を約束し、さらに一般最高価格法を決議して本格的な物価統制を実施した（9月）。そして異論を封じ込めるため、ジロンド派、旧貴族や元王妃の処刑に代表される恐怖政治を始動した。結局モンターニュ派は93年憲法の実施を棚上げし革命独裁へと舵を切った。この方針は12月4日（共和暦2年フリメール14日）の法令によってほぼ完成する。地方行政は、自治体評議会、監視委員会、そして政府とのパイプ役の国家代理官が協力し、派遣議員が全体を統括するかたちで行われることになった。かつてのフランスはそれぞれ特権を有した諸地方がモザイク状に寄せ集まっていたが、国土全体が「一にして不可分」の名のもと、パリ—地方という垂直的な権力機構に再編されたのである（竹中 2012）。かように急進化する革命の担い手を輩出したのが、全国の地方ジャコバン・クラブである。最盛期に5,500の自治体に6,000以上設立された結社はそのほか新聞購読、選挙、戦時協力、革命祭典、公教育、慈善、革命的象徴の流布などの指揮も執っており、市民はこれらの活動を介して新時代を実体験したのだった（竹中 2005）。

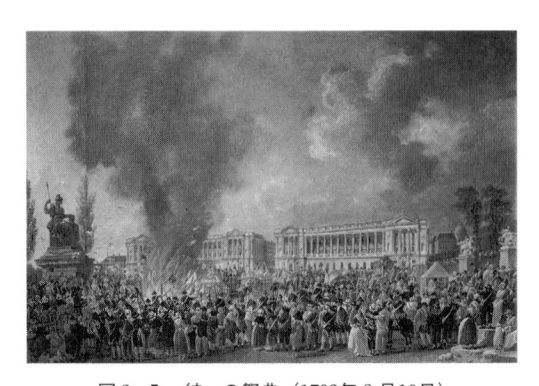

図 2-5　統一の祭典（1793年 8 月10日）
革命広場が祭典会場となったのは，共和政の成立が国王の処刑によって完成したことを強調するためだった。
出典：Vovelle, M.（dir.）*La Révolution française, Images et récit. 1789-1799*, tome. 4: 146-147.

1793年末には，以上の諸政策が効果をあげ内外の危機が克服されはじめる。連邦主義とヴァンデの運動はほぼ鎮圧され，対外戦争も攻勢に転じた。アッシニアの下落も止まり，経済も一時持ち直す。こうなると恐怖政治への批判が目立ち始めた。そこでロベスピエールは，恐怖政治の徹底を求めるエベール派を1794年 3 月末に，その緩和を求めるダントン派を 4 月初めに相次いで処刑し，独裁体制をいっそう強化した。まず革命軍を解散，セクション協会など民衆運動組織を統制下におき，ついで 6 月以降，地方における復讐の連鎖を断つために，革命裁判をパリに集中させて反革命容疑者の大量処刑を行った。暴力の中央集権化である。しかしベルギーのフルーリュスで英墺連合軍を撃破したことによって革命転覆の危機がいよいよ遠ざかると，不満は一気に表面化した。自身の粛清を恐れる反ロベスピエール派は，7 月27日（共和暦 2 年テルミドール 9 日），恐怖政治の責任をロベスピエール個人に転嫁して逮捕し，翌日，その一派を断頭台に送ったのである（Martin 2006）。

革命の前進は止まった。議会を主導したテルミドール派は公安委員会の縮小，ジャコバン・クラブの閉鎖など革命政府の解体を進め，1794年12月には最高価格法も廃止した。これは当然，食糧品価格の高騰を惹起し，パリの民衆は1795年 4 月，次いで 5 月に「パンと93年憲法」を求めて蜂起する。しかし独裁期以後，強力な抑圧装置を備えていた政府は，この動きを徹底的に弾圧した。そして 8 月，新憲法が制定された（共和暦 3 年の憲法）。二院制立法府，5 人の総裁による行政府が設置されているように分権的性格が顕著で，また財産資格による 2 段階選挙制度も復活するなどエリートによる統治が志向されていた。さらに現職議員が新議会議席の 3 分の 2 を占めることも定められたため，10月 5 日（共和暦 3 年ヴァンデミエール13日），早期の王政復古を目指す王党派は蜂起したが，これもやはり鎮圧された。

11月に正式に発足した総裁政府は，恐怖政治の再来と王政復古，白色テロを防

ぎながら，革命の成果を死守しようとした。当初，政府は王党派の脅威ゆえに，政治結社の活動容認など左よりの姿勢を見せていた。しかし1796年春のバブーフらによる政府転覆計画が露見すると，政府は右派に近づいた。翌1797年3月の国政選挙（議員の3分の1改選）では王党派が，さらに1798年4月の選挙では，左派のネオ・ジャコバンが圧倒的な勝利を収めたのだが，いずれの場合も，政府は軍隊に依存して選挙結果の一部を無効にした（フリュクティドールのクーデタ，フロレアルのクーデタ）。その姿を「風見鶏」になぞらえる研究者もいる（Serna 2005）。

図2-6　ロベスピエール
現在，恐怖政治を敷いた独裁者という一面的な評価は否定されつつある。
出典：Vovelle, M. (dir.) *La Révolution française, Images et récit. 1789-1799*, tome. 4: 45.

しかし軍に依存し延命を図ってきた総裁政府もまた，その力の前に屈服した。1799年春以降，ネオ・ジャコバンの再進出また王党派の反乱勃発（8月）によって国内に動揺が走ると，総裁のひとりとして中央政界に返り咲いていたシェイエス（『第三身分とは何か』1789年の作者）はナポレオンと組んで，クーデタを起こした。11月9日（共和暦8年ブリュメール18日），議会は解散を余儀なくされ，ここにフランス革命は終焉を迎えたのである。

4　「世論」の独裁とナショナリズムの興隆

　以上の政治史を踏まえたうえで，フランス革命の成果と意義を考えてみよう。
　まず革命は，それまでの身分的・社団的な社会編成を基礎とする絶対主義国家を解体し，市民的平等と代表制に基づいた中央集権国家を樹立したといえるだろう。その過程で，民主主義的実践である議論と，その結果生じるとされた「世論」が権力の正当性の中核に位置づけられ，その支持を取りつけることが政治家の最優先課題となった。革命期に始まった選挙は，市民の意思を担保するものとして議員だけでなく，判事や聖職者の選出にも採用された。さらに結社における政治議論とメディアの利用を通じて，一般市民は政治的に意思を表明することに慣れ親しんでいく。事実，総裁政府期以降も市民の結社熱はさめず，革命初期より下層の人びとが加入している（Kennedy 2000；Boutier and Boutry 1992）。

しかしモンターニュ派が独裁体制を樹立すると，地方ジャコバン・クラブはその下部組織として位置づけられ，そのネットワークは中央の命令を地方へ伝達する指揮系統として活用された。こうなるとクラブにおいて自由な議論はもはや望めず，むしろそこは中央政府の意向を確認する場になっていく。革命政府が「世論」の名において独裁政治を展開するほど，これへの異議は「反革命」的言説とみなされてしまう。かように市民の自由な議論に基づく意思表明とひとつの意見に集約しようとする民主主義的営みが，逆説的に，独裁を生み出してしまったのである（竹中 2005）。

　また革命期には身分や社団にかわって「国民」という新しい概念が称揚され，これに基づく新たな共同体が希求された［第13章参照］。さらにこの抽象的な概念や新時代を可視化する諸々の象徴が登場する。三色徽章および三色旗，ラ・マルセイエーズ，フリジア帽をかぶり槍を携えた「自由」の像（マリアンヌ）などは，現在でもフランス共和国の国旗，国歌，表徴となっている。しかしここでも「国民」概念が賞揚されればされるほど，これにまつろわぬ者は「非国民」のレッテルを貼られて排撃されることになる。

　そもそも革命前にフランスと他国の境界はわれわれが思うよりずっと緩やかで曖昧であり，人とモノの行き来も，厳しく制限されていなかった。1789年にフランスを旅行したイギリス人農学者Ａ・ヤングは旅券をフランス国内で入手しようとしており，これが数度にわたって断られると憤慨していることからわかるように（ヤング 1983），人びとは国家権力が国境の内と外を峻別することにまだ馴染みがなかったのである。またその理念・理想が普遍性を帯びていることもあり，フランス革命は，当初，外国人に寛容であった。しかし1793年以降のジャコバン独裁は，反革命容疑者や外国人の逮捕，追放，処刑へと傾斜していく。国民をまとめる「一にして不可分」のスローガンこそが異論を抹殺する大義として機能したのである。恐怖政治の犠牲者数は，内戦地域や国境地帯の人びとが大半であったとは言え，じつに４万に及んでいる。

　なお注意すべきなのは，この国民統合が，国民統制と表裏一体であったということである。例えば1792年２月１日以降，国内を移動する者全てに旅券の所持が義務づけられ，1795年７月11日にはフランス人も県外に出る時は旅券所持が義務づけられた。移動の自由を許可していたはずの旅券は，もはや個人を同定し国民共同体への帰属を証明する身分証に変質した（渡辺 2007）。1792年９月には戸籍制度の世俗化を通じて，国家が市民の情報を把握するようになっていたが，こうした政策があってこそ総力戦は可能になったといえよう。

5　習俗の革命

　革命家たちは新時代の理念，共和主義にふさわしい国民共同体を作りあげようとした。そしてアンシアン・レジームやカトリシズムに関わることばやシンボルなどを排斥する一方，新しい権力秩序の理想を示す「自由」「平等」「祖国」「再生」といった標語は神聖化されていく。そしてこれを具体化する教育改革，国民祭典，自由の木植樹といった試みが実行された。政治革命に文化革命がつき従ったのである（松浦 1996；松浦 1997）。

　例えば，1791年憲法が，全ての市民に共通で，無償の公教育が組織されることを明言したように，フランスにおける公教育論議の出発点は，まさしく革命期にあった。1793年12月19日（共和暦2年フリメール29日）に可決されたブキエ法は，無償，義務，また教会が関与しないという意味での世俗教育，そして共同体全体による愛国的道徳教育として，およそ11カ月，全国で実施された。さらにこの法が興味深いのは，公教育の中心を敢えて子どもの通う学校に求めないことにある。教育の最終段階は，自治体や政治結社における議論，演劇，祭りなどに重きが置かれていた。ルアンではレストランや居酒屋での会話取締りさえ教育の一環として位置づけられたように，当時の革命家にとっては，日常生活における政治化，公民育成こそが愛国教育の基本であったのである（竹中 2013）。

　また革命期には革命を祝賀したり，その英雄を称揚したりする祭り，すなわち革命祭典が全国で繰り返し催された。1790年7月14日には，パリのシャン＝ド＝マルスにおいて，全土から集結した国民衛兵5万を主役とする全国連盟祭が開催された。この祭典も国民統合のひとつである一方，地方における改革・革命のエネルギーを首都に収れんし，一元化する試みでもあった。（現在，フランスでは7月14日は国民祭典の日とされているが，これは1789年のバスティーユ襲撃と翌年の全国連盟祭の2日を記念し祝賀している）。そして祭典のスペクタクルが人心に大きな影響を与えることが広く認められていたからこそ，ブキエ法において国民祭典は教育の一環として位置づけられ，政府の命令によって全土で開催されたのである。

　かようにフランス革命は人びとの習俗も改革せんとしたが，これには信仰生活も含まれていた。王権がカトリシズムの権威と文化装置に支えられていたことを思えば，革命と既存宗教の対立は不可避であった。とはいえ革命初期に，カトリック教会は驚くほど改革に協力的であった。しかし1790年7月の聖職者市民化法施行にあたり，同11月，聖職者に憲法への忠誠誓約を強制したため，司教らを中

図2-7　当時のトランプ
王や王妃の図柄に代わり，兵士（平等）や自由が登場している。
　出典：Vovelle, M. (dir.) *La Révolution française, Images et récit. 1789-1799*, tome. 4: 254.

図2-8　国民衛兵の宣誓
革命と宗教の協力を表している。しかし蜜月は長く続かなかった。
　出典：Vovelle, M. (dir.) *La Révolution française, Images et récit. 1789-1799*, tome. 3: 286.

心とする彼らの半数がこれに反発し，以後，反革命陣営にまわることになるのだ。

　1792年夏以降の祭典においてキリスト教のシンボルは色あせ，讃美歌もうたわれなくなっていく。そして9月の戸籍の世俗化と離婚制度の法令化は，教会が個人の生活に介入することを原理的に否定した。共和暦2年に入ると（1793年9月），非キリスト教化運動は一気に激化した。運動活発化の要因のひとつは，派遣議員にあった。彼らは各地で反革命的な教会勢力を排撃するあまり，霊魂の否定や，理性崇拝を称揚することがあったからである。銀器の没収・供出，十字架や備品の焼却（火刑），鐘の没収，さらには聖像破壊などのヴァンダリズム［第19章1参照］が進行した。聖職者個人の態度も攻撃され，しばしば聖職放棄や妻帯の強要が見られた。すでにキリスト教は「狂信主義」と呼ばれるようになっていたが，こうした動きは，11月以降，理性の祭典の開催で頂点に達する。ただこの頃の祭典が合理主義的精神に貫かれていたと結論づけるのは早

計である。しばしば祭りにおいては反宗教的な仮装行列，火刑の儀式，酒宴など暴力的儀礼や「野蛮な」民衆文化が，政治的な仮面をかぶって，あたかもカーニヴァルのようによみがえっていたからである。啓蒙の精神か民衆文化の復活か。いずれにしろ非キリスト教化運動は国土の3分の2を覆った（ヴォヴェル 1992；谷川 1997）。さらにはグレゴリウス暦に代わる共和暦の採用，王や王妃，封建制，そしてキリスト教にまつわる地名の名称変更，メートル法の採用など，時間と空間の再生もこれに関わって行われた。

　しかし宗教的道徳の崩壊と民衆の無軌道を恐れたモンターニュ派は霊魂の不滅を宣言し，礼拝の自由に対する脅迫行為を禁じる。またブキエ法は聖職者の教育者としてのノウハウを活かすべく，市民証明書を所持すれば彼らが教師として働くことを容認している（竹中 2013）。1795年2月には，私的空間における礼拝の自由も法令化された。それでも非キリスト教化の波が革命のなかで増幅し，教会の権威・権力を飲みこんだことに変わりはない。19世紀フランス政治史の深層で，聖俗は激しく衝突し，時に巨大なうねりを引き起こすことになろう（谷川 1997）。

6　フランス的工業化モデル

　かつてはフランス革命について，封建制を打破して資本主義的生産様式の展開を出現せしめた典型的なブルジョワ革命とみなす向きがあったが，革命以前の新エリート層の成立や農工業や貿易に関する実証研究の進展によって，こうした見解は大幅に修正を迫られている。確かに革命が封建制を否定し，私的所有権の絶対性および経済活動の自由の原則を樹立した点は重要であるが，フランス経済が革命を機に順調に発展したわけではない。むしろ革命初期にフランスは顕著な経済収縮に見舞われた。サン＝ドマングの反乱［第3章2参照］以降，フランスにとって工業製品の市場としての植民地の意義は決定的に低下し，海上戦争の影響で植民地物産の再輸出貿易は，事実上衰滅した。スペイン領アメリカ植民地との貿易やレヴァント貿易でもイギリスに水をあけられた。海外工業製品輸出市場をめぐる英仏の抗争に決着がついたのは，まさしく革命期であった（服部 2009）。

　それでもフランス経済にとって，革命は重要な転換点だった。例えば，国有財産売却による農民の土地取得は4～6％の上昇にとどまったが，革命後に国有財産の転売，さらに国有財産以外の土地の売買が活発化しており，これらは極めて零細な規模で売りに出されたため，貧民層が土地の分け前を得ることができた（例えば，オート＝マルヌ県では革命前に17％だった農民の所有地は，1835年に43％に増加し

ている)。農村における小土地所有と集約的な小農経営が広範に存在することによって，国内総生産における農業部門の比重が高まり，農業と工業の均衡という独特の状況が生じた。また農村家内工業＝プロト工業形態での綿織物，金属製品など日用品の生産が根強く存続し，一方で大工場の発達が大きく制約された。

　主要な綿工業地域では19世紀初頭にミュール紡績機が急速に普及し紡績工程の生産力が増大して，産業革命が開始された。これらが機械製造業，化学工業の顕著な進展を誘発する。また機械化や大量生産化が困難で，かつ高度の職人的熟練を必要とする手工業セクター，例えば高級繊維品や服飾品，工芸品などの奢侈的商品の生産も発達した。海外貿易においては，これら奢侈的商品や酒類のヨーロッパ向け輸出が激増した。このように整理する時，フランスはイギリスに遅れたというよりも，革命の激動を機に植民地に依存しない独自の工業化・貿易構造を選択したといえるだろう（服部 2009）。

7　革命の長期的影響

　フランス革命は10年にわたる政治的事件であり，フランスの歴史に決定的な衝撃を与えた。しかし今，習俗，経済を例に述べたように，革命の諸成果を短期的，また一国史的に捉えることには注意が必要である。中央集権体制の確立と全国的な統一法典の完成には，ナポレオンをまたねばならない。またサン＝ドマングで蜂起した黒人奴隷たちが独立国家ハイチを建国するのは1804年，フランスで最終的に奴隷制度が廃止されるのは1848年のことである［第6章4参照］。女性の政治的権利獲得は20世紀に持ちこされた。そして聖俗の抗争の一応の決着は1905年の政教分離法である［第10章3参照］。しかしこの時確立したライシテ（世俗性，非宗教性）の原則が，今やフランス国内のムスリム社会との間に大きな軋轢を生んでいることは言うまでもない。

　アンシアン・レジームが一夜にして崩れ去ったのではないように，フランス革命の政治文化や共和主義イデオロギーが国民的「記憶」として定着するまで数十年の時を有した［第10章2参照］。市民の政治的覚醒は始まったばかりであり，その意味では，革命の理念と政策とが真にその重要性を認められたのは，19世紀のヨーロッパ全土，また大西洋周辺の諸国で起きた革命・民衆運動の現場においてであった。そしてその衝撃波は，幕末・維新期，ついにわが国にも到達することになろう（三谷 2012）。

参考文献

天野知恵子（2005）『子どもと学校の世紀――18世紀フランスの社会文化史』岩波書店。
ヴォヴェル，ミシェル（1992）『フランス革命と教会』（谷川稔・天野知恵子・平野千果子・田中正人訳）人文書院。
ゴデショ，ジャック（1986）『反革命――理論と行動 1789-1804』（平山栄一訳）みすず書房。
柴田三千雄著，福井憲彦・近藤和彦編（2012）『フランス革命はなぜ起こったか――革命史再考』岩波書店。
平正人（2009）「新聞がメディアになるとき――定期購読，娯楽記事，読書実践，そしてフランス革命」『メディア史研究』26号。
平正人（2010）「フランス革命期の出版メディア空間――出版メディアとヴェルサイユ事件」『出版研究』41号。
竹中幸史（2005）『フランス革命と結社――政治的リシアビリテによる文化変容』昭和堂。
竹中幸史（2012）『図説フランス革命史』河出書房新社。
竹中幸史（2013）「理想の公教育への挑戦」山崎耕一・松浦義弘編『フランス革命史の現在』山川出版社。
谷川稔（1997）『十字架と三色旗――もうひとつの近代フランス』山川出版社。
二宮宏之（1995）『全体を見る眼と歴史家たち』平凡社ライブラリー。
服部春彦（2009）『経済史上のフランス革命・ナポレオン時代』多賀出版。
松浦義弘（1996）「フランス革命期のフランス」柴田三千雄・樺山紘一・福井憲彦編『フランス史2――16世紀～19世紀なかば』（世界歴史大系）山川出版社。
松浦義弘（1997）『フランス革命の社会史』山川出版社。
三谷博（2012）『明治維新を考える』岩波現代文庫。
ヤング，アーサー（1983）『フランス紀行 1787, 1788 & 1789』（宮崎洋訳）法政大学出版局。
渡辺和行（2007）『エトランジェのフランス史』山川出版社。
Boutier, Jean and Bouty, Philippe (dir.) (1992) *Atlas de la Révolution française*, tome. 6, *Les sociétés politiques,* Paris: Editions de l'EHESS.
Forrest, Alan (2004) *Paris, the provinces and the French Revolution,* London: Arnold.
Kennedy, Michael L. (2000) *The Jacobin Clubs in the French Revolution, 1793-1795,* New York: Berghahn Books.
Martin, Jean-Clément (2006) *Violence et Révolution: Essai sur la naissance d'un mythe national,* Paris: Seuil.
Serna, Pierre (2005) *La République des girouettes: 1789-1815 et au-delà: une anomalie politique: la France de l'extrême centre,* Seyssel: Champs Vallon.

第3章
ナポレオンとその時代

杉本淑彦

1　クーデタへの道

　ナポレオン・ボナパルトは，根っからの職業軍人である。9歳にして，貴族の子弟のみが学ぶ幼年軍学校の寄宿生となり，5年後には最上級校であるパリの士官学校に入学した。そして，そこを修了すると同時に砲兵少尉として王軍に任官したのである。フランス革命が勃発する4年前の1785年，16歳のことだった。
　ナポレオンは，優秀な学業成績を修めたが，貴族といっても下級の家柄ゆえに，売官制が軍隊にも及んでいた旧体制下では昇進に困難が予想されていた。だが，革命によって事態が一変する。王軍内の貴族出身将校の多くが亡命し，ナポレオンのような若手将校が，その穴を埋めることになったのである。
　しかも1792年以降のフランスは，オーストリアやプロイセン，イギリスなどとの戦争に突入した。実戦ともなると，専門軍事知識の重要性が増す。こうして革命と戦争は，旧体制下の軍学校で訓練された優秀な若手将校たちに出世の道を一気に開き，その道の先頭を走ることになるのが，ほかならぬナポレオンだった。
　実際，ナポレオンが挙げた最初のめざましい軍功は1793年のトゥーロン攻囲戦であり，この戦いにおいてナポレオンは，軍学校でたたき込まれた知識をいかんなく発揮する。地中海におけるフランス最大の軍港都市であるトゥーロンは，反革命派が，イギリス・スペイン艦隊の支援を受けて支配していた。革命政府軍の現地司令官カルトーは，画家上がりで戦術眼に乏しく，海港の攻略に失策を重ねていた。この窮状を打開したのが，砲兵隊長に新任されたナポレオンだったのである。港を見下ろす高地を占拠し，そこから敵艦隊を砲撃する，というナポレオンの新作戦のおかげで，革命政府軍はトゥーロンをついに占領することができた。24歳のナポレオンは，この功績により准将に特進する。当時の革命軍にあって，もっとも若い将軍だった。
　それから約2年後の1795年10月5日に，ナポレオンが軍事だけでなく政治の舞

台にも登場するきっかけになる事件が勃発した。共和暦ヴァンデミエール13日のこの日，ナポレオンはパリで発生した王党派の蜂起を，穏健共和派の有力者で国内軍総司令官だったバラスの命令にしたがい鎮圧したのである。

　この蜂起にみられるような政治危機にくわえて，当時のフランスは，インフレーションの昂進，工業生産と貿易の縮小，信用不安，公債の償還停止など，経済と国家財政の深刻な危機にも見舞われていた。そしてこのような危機が，多数の民衆の貧窮化と，他方では一部ブルジョワジーの富裕化をもたらし，社会の分裂に拍車をかけてもいた。政治と経済の混乱にたいして無策な政府および議会への不信が広がるフランス社会のなかで，着実に発言力を高めていったのが軍部であり，とりわけ声望のあつい将軍がナポレオンだったのである。

　当時のナポレオンが出世街道をひた走っていたことを示す幕間劇がある。1796年の，未亡人ジョゼフィーヌとの結婚である。ナポレオンより6歳年上のジョゼフィーヌは社交界の花形であり，このような世知に長けた女性を妻に迎えることができた一因は，26歳の青年が前途洋々たる身だったからにほかならない。

　ナポレオンは，大衆のあいだでも人気が高かった。結婚直後に指揮した第一次イタリア遠征（1796～97年）でオーストリア軍を撃破し，戦勝の熱狂を本土へもたらしたのである。人気の源は，戦い巧者だったことだけではない。占領地に課した賠償金のおかげで，破産寸前のフランス国家財政が潤ったことも，ナポレオン人気を後押ししたのだった。

　政治危機や経済危機のなかにあったフランスで，兵員を動かしうる人物が，ますます力を強めていくことになる。共和暦フリュクティドール18日のクーデタも，ナポレオンが政界で重みを増していくうえで重要なものだった。1797年9月4日のこの日，穏健共和派が1795年憲法（共和3年の憲法）を踏みにじり，議会と政府（総裁政府）から王党派を追放した事件である。この時，北イタリアに布陣していたナポレオンは，腹心のオージューに一軍を与え，パリに派遣した。そしてこの軍隊が，クーデタの実働部隊になったのである。

　力を増す一方の軍人ナポレオンに対して，政府を牛耳る穏健共和派の政治家たちは，その野心を恐れはじめるようになる。そしてこのような時に，ナポレオンを総司令官にしてフランス兵5万の大軍を地中海の対岸エジプトへ送る，という大遠征計画がもちあがる。

　エジプト遠征の目的は3つあった。第一に，第一次対仏大同盟（1793～97年）の崩壊後も唯一交戦状態にあったイギリスに講和を強いることである。政府は，イギリスにたいして本島上陸作戦を構想し，1798年2月，ナポレオンをイギリス

方面軍総司令官に任じた。だが，英仏海峡の制海権をイギリス海軍に握られた状態での上陸戦など不可能だと考えたナポレオンは，代替案としてエジプト遠征を政府に進言した。インド交易を妨害することで，イギリスの経済力を徐々に弱体化させることが狙いだった。

　1799年初めにパリで出版された『カイロのボナパルト』の扉絵は，遠征の目的地がスエズ地峡であることをよく示している。30歳に満たない青年将軍ナポレオン・ボナパルトが指さしている先は紅海であり，そこを南下すれば，イギリス交易船が行き交うアラビア海に出る。紅海にフランス海軍基地を建設することが構想されていたのである。

　この第一の遠征目的はフランス国家としての戦略目標だが，あとふたつは，権力者としての個人的思惑に関わることだった。まずナポレオンの野心があった。ナポレオンは政権奪取を構想していたが，1798年段階では政界や民衆の支持が十分でなかったので，戦勝と占領地統治の実績をさらに積み重ねることで支持を広げようと図り，エジプト遠征を政府に提案したのである。ナポレオンの兄ジョゼフが，回想録のなかで次のように語っている。

図3-1　紅海を指さすナポレオン
出典：Laus de Boissy, Louis de（1799）*Bonaparte au Caire*, 扉絵。

　（ナポレオンの）胸の内を推し測るのは，私には簡単だった。彼はこんなふうに考えていたのだ。「国民が今なにを望んでいるのか，私には判断がつきかねるが，それがよくわかるようになる日がいつか来るだろう。その時までは，国民の意思と願望について考え続けるだけにし，なにか奪うために行動に出る，というようなことは差し控えよう。オリエントでは最悪でも栄光を手にできるだろうから，その栄光がわが国に有用となりうるその時が来たなら，それを携えて帰国しよう」（Bonaparte 1853：71）。

　ナポレオンの野心にたいして，政権を奪われかねない側の打算もあった。バラスら政府首脳は，最高権力者になりうる実力を身につけつつあるナポレオンを恐れ，遠方の地に彼を追いやろうとしたのだった。バラスが回想録で次のように語

っている。

　わが国の軍事力は，全て国内にとどめておくべきだったのかもしれない。イギリスを対岸に臨む地域が特に重要だった。しかし，ナポレオンの存在は間違いなく政府にとって重荷になっており，彼には遠くへ行ってもらう必要があった（Barras 1896：201）。

　ことは，ナポレオンの狙い通りに運んだ。1798年5月にトゥーロンを出航した遠征軍は，2カ月後にカイロを占領した。そして翌年，多数の兵員を残して8月にエジプトを離脱したナポレオンは，10月に南フランスに上陸し，1カ月後の共和暦ブリュメール18日（1799年11月9日）から19日にかけて断行したクーデタによって，政権を掌握するのである。
　このクーデタは，もともとは穏健共和派の政治家たちの手で練り上げられたものだった。首謀者はシェイエスである。クーデタが画策された背景には，ヨーロッパにおけるフランスの軍事的苦況があった。フランス軍は1799年春からイギリス・オーストリア・ロシア各軍の攻勢にさらされ，革命戦争で築いてきた占領地・勢力圏から後退しただけでなく，本土に侵攻される危機に直面していた。8月には，こうした反仏同盟国軍の攻勢に呼応する王党派の武装蜂起が，西部と南部を中心にフランス各地で勃発した。
　急進共和派も勢力を回復しつつあった。ナポレオン不在中に議会は，急進共和派の主導により，有産階級に公債買い取りを強制する法案を審議するなど，穏健共和派の意に反して，私有財産権へ介入する傾向を強めていた。
　こうした事態を打開するために，シェイエスは，議会権限を弱め，穏健共和派主導の強力な行政府を樹立するためのクーデタを画策しはじめた。そして，クーデタを成功させるためには軍隊の協力が必要だと考えたシェイエスは，ナポレオンに接近したのである。
　11月10日，ナポレオンが指揮する一軍が議会を包囲するなか，急進共和派および王党派の議員らを議場から排除したうえで，クーデタ支持の穏健共和派議員だけによって，新憲法制定までの議会休会と，その間の行政権を臨時政府に委ねることが決定された。統領政府（執政政府と訳される場合もある）と呼ばれるこの臨時政府は，ナポレオンとシェイエスを含む3名の臨時統領を首班格としていた。
　臨時統領と議会代表たちからなる委員会で新憲法草案の作成が始まると，独裁を志向するナポレオンと，それには異を唱えるシェイエスとの意見の違いが表面

化した。しかし，軍事力を握るナポレオンが対立を制し，12月に委員会で決定された新憲法は，新議会にわずかな権限しか与えないだけでなく，第一統領ナポレオンに巨大な権限を集中させるものとなった。

クーデタが成功した背景には，民衆のあいだで広がっていたナポレオン人気があった。エジプトから帰国したナポレオンを民衆が歓呼して迎えたことを記録している資料は数多い。例えば，南フランスからパリへ向かって北上していたナポレオンは，アヴィニョンで，次のような歓迎を受けたという。

大群衆だった。目当ての偉人の姿が見えるや，興奮は頂点に達し，「ボナパルト万歳」の喚声がそこらじゅうで鳴り響いた。群衆は大声を上げながら，宿泊予定の宿までボナパルト将軍に随行していった。それは実に感動的な光景だった。……ボナパルト将軍に皆が期待するようになったのは，はやくもこの時からだったのだ。情けない総裁政府と弱体化した軍隊のせいでフランスは危機に陥ってしまったが，将軍なら国を救ってくれるにちがいない，と（これは，イタリア方面軍の大尉として1799年10月11日にアヴィニョンに滞在していたブラールの回想録である。）(Boulart 1892：67)。

新憲法は，21歳以上の男性全員を有権者とする国民投票にかけられ，賛成301万票，反対1,500票という大差でもって，1800年2月7日付で追認された。こうして，エジプトから帰国して3カ月後，ナポレオンの独裁体制が正統性を得てスタートする。

2　イギリスとの覇権争い

政権の座についたナポレオンにとって，最大の課題は，イギリスとの長年にわたる争いに勝利することだった。中世末の英仏百年戦争になぞらえて第二次百年戦争（1689〜1815年）と呼ばれることになる，植民地・海上交易・ヨーロッパ大陸市場をめぐる覇権争いである。

前述したように，エジプト遠征の目的のひとつが，イギリスのインド交易を妨害することだった。だが遠征は，1801年，エジプト残留フランス軍がイギリス軍に降伏し，ナポレオンにとって手痛い敗北で終わった。この敗北の象徴が，ロンドンの大英博物館にある。ロゼッタ・ストーンである。ヒエログリフ（古代エジプト文字）解読の手がかりになると期待され，そして実際にもその一助となった

図3-2 ロゼッタ・ストーン（大英博物館蔵）
出典：http://ja.wikipedia.org/wiki/%E3%83%AD%E3%82%BC%E3%83%83%E3%82%BF%E3%83%BB%E3%82%B9%E3%83%88%E3%83%BC%E3%83%B3

　この石は，フランス遠征軍が，イギリス軍の上陸に備えて海岸に要塞を建設していた1799年7月に，資材のなかから発見したものだった。そしてイギリス軍が戦利品としてフランス軍から奪ったのである。

　1801年のナポレオンは，エジプトでは一敗地にまみれたとはいえ，ヨーロッパ大陸内では軍事的勝利を収めた。前年にマレンゴの戦いなどで敗北を重ねていたオーストリアが，2月にフランスと講和条約（リュネヴィルの和約）を結ばざるを得なくなったのである。これにより，フランスはライン川西岸一帯を獲得する。そしてイギリスも10月からフランスとの講和条約交渉に入ることを余儀なくされ，この交渉は，翌1802年3月に，アミアンの和約として結実するのである。これによりイギリスは，占領していたケープ植民地を，フランスの衛星国で現在のオランダにあったバタヴィア共和国へ返還することなどに同意する。

　英仏休戦の雰囲気が醸成されていた1801年12月，イギリス海軍による封鎖の手がゆるんだ好機を捉え，ナポレオンは，フランスにとって最重要な砂糖植民地だったカリブ海のサン＝ドマング（イスパニオラ島の西側3分の1）へ，大軍を派遣する。当時，全島で黒人奴隷の蜂起がひろがっており，それを鎮圧し，フランスの支配をふたたび打ち立てるためだった。だが蜂起の勢いが強く，フランス軍は困難な戦いを強いられる。そのうえ，アミアンの和約後も，イギリスとフランスとのあいだの緊張関係は容易に解けなかった。例えば，イギリスにとってはサン＝ドマングへのフランス軍派遣が，自身の西半球における覇権への挑戦に映り，フランスはフランスで，イギリスが和約を守らず，フランス本土に近いマルタ島から軍を撤退させないことに苛立っていたのである。こうしてナポレオンは，対英戦略を再考し，サン＝ドマング植民地を再建しフランス領ルイジアナを合わせて西半球にフランス植民地帝国を再確立しようという戦略を放棄する。ナポレオンは，サン＝ドマングに増援部隊を送らず，さらに1803年4月には，ルイジアナをアメリカ合衆国に売却するのである。

ルイジアナ売却で得た資金は，ヨーロッパでの対英戦争の準備にあてることが想定されていた。そして実際，1803年5月，イギリスがアミアンの和約を破棄しフランスに宣戦する形で，第二次英仏百年戦争が再燃した。
　サン=ドマングでは，1803年末にフランス軍がイスパニオラ島から撤退し，翌年1月1日，世界初の黒人による共和政国家ハイチが建てられた。さらに，イギリス本島侵攻を目指していたフランス海軍は，1805年10月，スペインのトラファルガル岬沖の海戦で一敗地にまみれもした。(浜 2003：144-174)
　だがナポレオンは，失地を上回る華々しい戦果をあげることで，フランス国民の支持をつなぎとめることができた。1805年12月，現チェコ領のアウステルリッツにおいて，オーストリア・ロシア連合軍に勝利し，翌1806年10月には，ドイツ中部のイエナとアウエルシュタットでプロイセン軍を大敗させたのである。海洋を支配するイギリスにたいして，フランス帝国はヨーロッパ大陸の覇者となった。
　1806年11月，ナポレオンはベルリンにおいて，イギリスとの通商を大陸諸国に禁ずる勅令（大陸封鎖令，ベルリン勅令）を発する。イギリス工業製品に代わって，フランスのための独占市場を大陸内に確保することが狙いだった。大陸市場を失えばイギリスが経済的危機に見舞われることも期待されていた。
　その後，ナポレオンは1807年に，現ロシア領のフリートラントにおいてロシア軍を破る。こうしてヨーロッパ大陸の主要国は，オスマン帝国とポルトガル，スウェーデンをのぞき，フランス帝国に組み込まれるか，同盟国・協調国となったのである。
　しかし，大陸封鎖令が，ナポレオンにとっては大きなつまずきの石となった。イギリスほど工業化が進んでいなかったフランスは，安価で高品質な，つまり魅力的な工業製品を，イギリスに代わって大陸諸国市場に供給できなかった。また，大陸諸国の経済は，農産物輸出に依存するロシアやプロイセン，スペイン，ポルトガル，そして中継貿易に頼るオランダやバルト海沿岸都市など，イギリスとの交易が絶たれてしまえば，大きく揺らがざるを得ない構造を持っていた。こうして，大陸封鎖令への不満が，大陸諸国のあいだで高まっていくことになる。
　1807年11月，ナポレオンは，大陸封鎖令に従おうとしないポルトガルに対して遠征軍を差しむけた。それ以降，半島戦争（1808～14年）と呼ばれる消耗戦が，ポルトガル・イギリス連合軍と，フランス軍，スペイン軍（おもに非正規のゲリラ隊）の3者のあいだで延々と続くことになる。
　次いでロシアが，1810年12月，大陸封鎖令に公然と反旗をひるがえし，イギリス交易船の出入港を再開させた。これに対してナポレオンは，1812年6月，大軍

図3-3 《平和をもたらす軍神マルスとしてのナポレオン》(1808年、アプスレー・ハウス)
出典：http://en.wikipedia.org/wiki/Napoleon_as_Mars_the_Peacemaker

を率いてロシア遠征へ向かった。だが，モスクワを陥落させたものの，焦土戦術をとるロシア側の抵抗で糧食補給の危機に見舞われ，冬の到来を前にナポレオンは退却を余儀なくさせられた。フランス兵だけで約30万の人名が奪われて失敗に終わった遠征は，ナポレオン不敗神話を崩壊させた。

そして翌1813年，ナポレオンはフランス軍を立て直し，ドイツの支配権をかけ，ライプチヒの戦いへむかう。だが，対仏同盟軍にふたたび大敗を喫し，それ以降のナポレオンには，もはや失地を回復する余力がなかった。1814年3月，同盟軍によってパリを占領され，ナポレオンは4月に退位し，地中海の小島エルバの領主として追放生活を余儀なくされる。フランスでは，対仏同盟国に推され，ルイ16世の弟であるルイ18世が王位に就く。

翌1815年，ナポレオンはエルバ島を脱出し，3月に南フランスに上陸しパリへむけて進軍した。その報に接したルイ18世は逃亡し，ナポレオンはパリに入り皇帝に復位する。だが6月，現ベルギー領におけるワーテルローの戦いでイギリス・プロイセン連合軍に敗れ，ナポレオンは，南大西洋上のイギリス領セント＝ヘレナ島に軟禁の身となった。5年後，ナポレオンは病死し，島に埋葬された。

近代世界の覇権をかけて戦われた第二次英仏百年戦争は，こうしてナポレオンの敗北とともに，イギリスの勝利で幕を閉じた。この幕切れを象徴するかのように，全裸の大理石像《平和をもたらす軍神マルスとしてのナポレオン》がロンドンの小さな博物館に展示されている。この像は，フランスの国費によって当代一の彫刻家カノーヴァが制作したもので，男性の高徳さは逞しい肉体として発現する，という通念にしたがって作られている。また，裸体で表現されることが常な古代ローマの神になぞらえることで，ナポレオン崇拝に資するものであった。だがナポレオンは，自身の全裸姿が公にさらされることを嫌った。かくして像は，ルーヴル美術館の一室に置かれるものの，粗布で囲われ公衆の目から隠された。ナポレオンの失脚後，イギリス政府がこれを購入し，ワーテルローの戦いの勝利

者ウェリントン公爵に、報償として与えた。ウェリントンはこれを、ロンドンにある自邸の玄関に置き、帽子掛けとして使っていたと伝えられている。1947年にウェリントン邸（アプスレー・ハウス）は博物館となり、全裸像が公衆の目にさらされることになる。

3　正負の遺産

　ナポレオンは、毀誉褒貶が極端に分かれる人物である。コルス島という辺鄙な一地方の小貴族から出て皇帝になった立志伝中の軍事英雄だと称えられる一方で、大規模な戦禍をもたらしたという評価がある。1800年からの人的被害に限っても、敵味方あわせて約300万の将兵が死亡し（うち約90万がフランス兵）、民間人の犠牲者数も約100万にのぼったと考えられている。ナポレオンを人命軽視の暴君だったとする宣伝が復古王政期にひろくおこなわれるが、こうしたイメージは現代でもナポレオンにつきまとっている。図3-4は、ナポレオンの最高位公式肖像画（図3-5）をパロディー化したもので、ワーテルローの戦い直後から流布した版画である。戦死者を足蹴にしているナポレオンが、豹の背中に座っている。ふつうの君主のように獣皮製マントをまとうだけでなく、どう猛な豹を生きたまま随えているのである。帝座で威厳を装っていたナポレオンは、じつは人命無視の暴君だったのだ、と皮肉っているわけである。

　革命で著しく分裂してしまったフランス社会において、ナポレオンが国民和解に意を注いだ、という評価もある。確かに、ナポレオンが第一統領になって以降、亡命貴族にたいする恩赦の枠が次第に広げられ、1802年4月の恩赦法にいたって、亡命貴族の大部分が帰国した。彼らは、その所領が公売されずに国有地のまま残っていれば返還され、公売済みの場合でも、先買権を与えられたのだった。

　宗教についても、ナポレオン体制期に国民和解が進められた。ナポレオンは、フランス革命期に激しく対立していたカトリック教会との和解を目指し、1801年7月、ローマ教皇庁とのあいだでコンコルダート（政教協約）を結んだのである。これにより、教会側が革命期に没収された財産の返還を求めない代わりに、フランス政府はカトリックが「フランス人最大多数の宗教」であることを認め、司教と司祭に俸給を与えることとなった。1804年にナポレオンは皇帝位に就き、その聖別式（戴冠式）が12月にパリの司教座聖堂（ノートル゠ダム聖堂）において開催され、その場にはローマ教皇ピウス7世も参列したのだった。こうして、カトリック教会の影響力が強く革命以降ながらく反政府運動の主舞台になっていたフラ

図3-4 《人喰いの極み》(1815年7月)
出典:Clerc, Catherine (1985) *La caricature contre Napoléon*, Paris: Promodis: 261.

図3-5 アングル《玉座のナポレオン1世》(1806年,アンヴァリッド軍事博物館蔵)
出典:http://ja.wikipedia.org/wiki/%E3%83%8A%E3%83%9D%E3%83%AC%E3%82%AA%E3%83%B3%E3%83%BB%E3%83%9C%E3%83%8A%E3%83%91%E3%83%AB%E3%83%88

ンス西部(とりわけヴァンデ地方)も,次第にナポレオン体制を受け入れるようになった。

　コンコルダート締結と同時に,プロテスタントの二派(約40万人のカルヴァン派と約20万人のルター派)についても信仰の自由が公認された。そして1804年からは,牧師たちも国から俸給を受けとる公僕となる。そもそも,同年3月に公布された「フランス人の民法典」は,「信教の自由」を宣言していたのである。

　さらに民法典は,「私的所有権の絶対」「経済活動の自由」「法の前の平等」「人身の自由」「労働の自由」などを規定し,フランスおよび大陸諸国において,その近代市民社会における法規範となっていった。民法典の制定こそ,フランスだけでなく近代世界全体にナポレオンが残した,最大の正の遺産だと考えられている。

　また,中央集権体制にかなう官僚制度を整えたことも,このような体制,とり

わけ「大きな政府」を好む後年の者たちからは、ナポレオンの功績に数えられている。総裁政府末期に約1,650だった中央省庁の官僚総数は、ナポレオン体制期に入るや2,100以上に急増したのだった。

だがナポレオンは、戦禍の責任を問う声と同じように、人権抑圧者だという指弾も数限りなく浴びせられつづけている。例えば、1800年のクリスマス・イブに起きたナポレオン暗殺未遂事件では、事件と関わりのなかった急進共和主義者ら130名が国外追放処分を科された。また、1804年には、王党派のアンガン公を、国境外の温泉町バーデンから拉致したうえで、略式裁判にかけて処刑した。

図3-6　ダヴィッド《皇帝ナポレオン1世の聖別と皇后ジョゼフィーヌの戴冠》(部分、1807年、ルーヴル美術館蔵)
出典：http://fr.wikipedia.org/wiki/Le_Sacre_de_Napol%C3%A9on

ナポレオン体制期には、言論の自由も大幅に制限された。警察省が設置され、効率的な官僚機構のもと、新聞・雑誌、さらに小説・演劇にも、厳しい検閲の目が注がれたのである。パリで刊行を許される新聞は淘汰され、1810年までに4紙だけとなり、しかも全紙が政府の代弁機関でしかなくなった。また、自由思想家のスタール夫人（ルイ16世に仕えた銀行家ネッケル［第1章参照］の娘）への言論弾圧事件もあった。コンコルダート公告の年（1802年）に、プロテスタントの立場からカトリックの迷信性を批判した小説『デルフィーヌ』を出版し、パリからの追放処分を受けたのだった。

『デルフィーヌ』がナポレオンの不興を買ったのは、女性登場人物たちの生き方を通して、女性が家庭においても社会においても抑圧されて暮らしている実状を、批判的に描き出したからでもあった（佐藤 2005：152-157, 171）。実際、小説の時代設定である1789年から1792年までの革命初期とくらべても、ナポレオン体制期の女性、とりわけ妻は被抑圧状態に置かれていた。1792年に成立した離婚法では性格の不一致を事由にする離婚の申し立てが認められていたのだが、民法典は、一方からの離婚の申し立ては姦通の場合のみ可能としたうえで、妻側の姦通については内容を問わないにもかかわらず、夫側の姦通については、「愛人を夫

婦の住居に住まわせた場合」のみ妻は離婚を申し立てることができる，としたのである。さらに民法典では，既婚女性は法的無能力者とされ，訴訟能力が認められず，夫の協力または書面による同意なしには，財産の贈与・譲渡，抵当権の設定をすることもできなかった。ナポレオン体制は，両性の平等からほど遠い世界だったのである。

　黒人奴隷問題についても，ナポレオン体制は革命期の解放政策を転換させた。サン＝ドマングで黒人奴隷の蜂起がひろがっていた1794年2月の国民公会においてフランス植民地における奴隷制の廃止が決議されていたのだが，8年後の1802年5月，ナポレオンは奴隷制の復活を宣する法令を公布したのである。前述したようにサン＝ドマングではハイチ共和国が建国され，この法令は有名無実化する。だが，近隣のフランス領グアドループ島と，ジョゼフィーヌがサトウキビ農園主の娘として生まれ育った同領マルチニーク島では，奴隷制が再構築されたのである。

　奴隷制の復活にみられるように，旧来の抑圧システムを温存するというナポレオンの姿勢は，「フランス人の民法典」をフランス外の国々へ導入する際にも顕わになった。1807年以降，民法典はナポレオン法典と名称を変更されたうえで周辺の従属国にも適用され，農奴制は表向きには廃止された。しかし，没収された旧封建領主の農地の大半は，ナポレオンの親族や将軍たちに分与され，地代や夫役という形で，彼らの豪華な生活を支えたのである。

　フランスの歴史家ルイ・ベルジュロンは，次のように語っている。

時代に遅れていると同時に，時代に先駆けてもいた人物，それがナポレオンだった。彼は最後の啓蒙専制君主であると同時に，近代国家の預言者でもあった（エリス 2008：15）。

　ナポレオンが統治した時代のフランスもまた，前近代的な過去と近代的な未来の，ふたつの要素を併せ持つ，そんな過渡期の社会だったと言えるだろう（上垣 2013；レンツ 1999）。

参考文献

上垣豊（2013）『ナポレオン——英雄か独裁者か』山川出版社。
エリス，ジェフリー（2008）『ナポレオン帝国』（杉本淑彦・中山俊訳）岩波書店。
佐藤夏生（2005）『スタール夫人』清水書院。

浜忠雄（2003）『カリブからの問い――ハイチ革命と近代世界』岩波書店。
レンツ，ティエリー（1999）『ナポレオンの生涯』（福井憲彦監修）創元社。
Barras, P. de（1896）*Mémoires de Barras, membre de Directoire*, t. 3, Paris: Hachette.
Bonaparte, Joseph（1853）*Mémoires et correspondance politique et militaire du roi Joseph*, t. 1, Paris: Perrotin.
Boulart, J.-F.（1892）*Mémoires militaires du général baron Boulart sur les guerres de la République et de l'Empire*, Paris: Librairie illustrée.

第4章
ガストロノミー（美食）の誕生

八木尚子

　「美食」はフランスを象徴する記号のひとつである。それでは，なぜフランスは世界が認める美食大国となり，美食はフランス人のアイデンティティの構成要素となったのだろうか。
　ここでいう「美食」は，フランス語のガストロノミー（gastronomie）の訳語である。ガストロノミーという言葉自体，フランスでも使う人，場面によって意味合いが異なり，時代によっても変化している。「美食」「美食学」「美食術」などの訳語が当てられてきたが，いずれにせよ「贅沢な食べ物，また，それを食べること」という日本語の「美食」を大きく超える意味の広がりを持つ。21世紀の今日，感覚的に一番近いのは「美食文化」かもしれない。すなわち，食べることに美的および知的価値を認め，常にその洗練を追究する姿勢，ということである。
　語頭に冠された「美」に，まずは注目してほしい。そこには，よりよいもの，洗練されたものへの志向が読み取れる。日本でいう「食文化」が，一般には日常の食生活に根ざした文化であるのとは，どうやら異なる意識が働いているようだ。2010年，和食に先だって，フランスの食事文化（repas gastronomique）がユネスコの無形文化遺産に登録された。ここでいう食事も，「ケ」ではなく「ハレ」の食事と考えられる。フランス人にとって，フランス料理は彼らの日常食であると同時に，世界に誇る，磨き上げられた文化財なのである。
　食文化研究者の石毛直道は，食文化を次のように定義している。「食の文化の本質は，食べ物や食事に対する態度を決める精神の中にひそんでいる。その精神のあり方が伝承されたものが，食文化なのである。そこで，世界には地域，民族，社会階層などによって異なる，様々な食の文化が存在する」。
　そもそも人間の食は，料理をするという点において動物の食と分かれる。フランス料理は，とりわけ加工度の高い料理，人工的な料理と言ってよいだろう。権力と富が集中した宮廷を中心に発展した料理であることが，その大きな要因である。
　また一方で，「フランス人は生きるために食べるのではなく，食べるために生

きる」としばしば言われる。フランスにおいても，多くの人びとが飢えとの戦いから解放されたのはそう遠い昔ではないが，今日では，生命を保つという必要を超えて食べる態度が社会的に容認されていると見てよい。日本では，「美食」が抱える贅や過剰に対して非難めいたまなざしが注がれることが少なくない。しかし，フランスの「ガストロノミー」にはそんなマイナスイメージはなさそうだ。階層社会が維持されているフランスにあって，実体としての美食を享受するのは現在でも限られた階層だが，美食文化を支える価値観は広く共有されているように見える。

ただし，フランスでも古くから美食が100％肯定されていたわけではない。キリスト教的価値観から脱し，美食に対する後ろめたさを振り切って，食の新たな価値を見出すには，近代科学の諸分野が胎動しはじめた18世紀，すなわち啓蒙の世紀を経なければならなかった。フランス革命の激変を乗り越え，自由な個人として初めて食べることと向き合った人びとの間に，それまでとは異なる価値観が少しずつ育まれていった。その過程において，食べることの基本理念を構築し，書き著したガストロノーム（美食家）が大きな役割を果たした。また，批評家・ジャーナリストとしてのガストロノームは，料理や食べ物に関する価値基準を示し，多様な情報を提供することによって，飲食業から食品加工業，さらには農業まで，食に関わる諸産業の発展を促した。その結果，文化としての美食と同時に産業としての美食も確立された。

食の新たな価値の創造に寄与した19世紀初頭のガストロノームたちの活躍を中心に，フランスの美食文化と美食産業の成立とその成因について考えてみたい。

1 美食文化前史

もちろん，フランスの美食文化は一朝一夕にして成ったわけではない。その淵源は古代ギリシア，ローマに遡る。食卓に贅を尽くすことに格別の価値を認める文化は，とりわけ古代ローマにすでに認められた。フランス一帯の先住民ガリア人が，それら古代文明の遺産を受け継ぎ，次いで支配者となったフランク人の食文化の影響も受け入れ，フランスの食文化の基層が形成されていった。

美食文化を考えるうえで鍵を握る，いわゆるオート・キュイジーヌ（高級料理）としてのフランス料理が記録上姿を現すのは，14世紀頃である。シャルル5世，シャルル6世に仕えた料理長タイユヴァンが関わったとされる料理書『食物譜』（ヴィヤンディエ）などが挙げられる。ヴァロワ朝，ブルボン朝期に王権が拡張し，絶対王政が確立

すると，パリ，ヴェルサイユの宮廷で繰り広げられた豪奢な宴会を主要な舞台として，料理も洗練と発展を遂げた。フランス宮廷文化の精華である料理文化はヨーロッパ各国の王侯貴族を魅了し，外国の宮廷に招かれて手腕を振るう料理人も少なくなかった。この時期に，フランス料理のヨーロッパにおける覇権が確立したと言えるだろう。

タイユヴァン以降も，王侯貴族に仕える料理人や宴会を取り仕切る執事（maître d'hôtel）が多数の料理書やサーヴィスに関わる本を著し，幾度も版を重ねた。同業のプロ向けの専門書であるとはいえ，少なくとも技術を公開する伝統があったことは重要な意味を持っていた。そうして文字情報の形で共有，蓄積された技術と知識が，近代以降の産業としてのフランス料理の発展の基盤となったからである。

18世紀に入ってブルジョワ層の力が増大すると，ムノンの『ブルジョワ家庭の女料理人』（1746年刊）のように幅広い層を狙った本も現れ，ベストセラーとなる。料理書市場が拡大し，新たな読者が創出されたことによって，王侯貴族の館を中心に継承されてきた専門技術や知識が，徐々に下の層へと流れ出していった。

しかし，美食文化が広く共有されるためには，それを実体験する場，つまり紙に書いた料理ではなく，皿に盛った料理を味わえる場が必要だった。宮廷文化として高度に洗練された料理や食卓の装飾，サーヴィスなどがフランス革命の頃を境に広い社会層に解き放たれた時，いよいよ美食の時代が幕を開ける。その晴れ舞台となったのがレストランだった。

2　レストランの誕生

国際語として使われているレストラン（restaurant）は，もとはフランス語だが，実は18世紀末まで飲食店を意味していなかった。そもそも今日私たちが想像するようなレストランは，その頃まで首都パリにも存在していなかったのである。

貴族などの富裕層は料理人を抱えていたから，外食の必要がなかった。庶民は，台所があれば安い材料でスープなどを作って食べた。お金さえ出せば，ソーセージやパテを売る豚肉屋（シャルキュティエ）や焼肉屋（ロティスール）で調理済み食品も手に入った。困ったのはパリを訪れた旅行者で，定食テーブル（ターブル・ドート）につくか，タヴェルヌ，キャバレなどの居酒屋の世話になるしかなかった。定食テーブルは，宿屋や仕出し屋（トレトゥール）で，決まった時間に，決まった食事を，決まった値段で提供する大衆的な空間で，見ず知らずの人との相席を強いられ，料理を取り分けて食べねばならなかった。当時の外国人旅

行者の不平不満を見る限り，美食の都パリとは程遠い外食状況だったようだ。

「体力を回復させる」の意のフランス語レストレ（restaurer）から派生した「レストラン」は，初めは滋養強壮効果のある食べ物，特に肉エキスが抽出された濃厚なブイヨンを指していた。そんなブイヨンと簡単な料理を食べさせる新手の外食店がパリに出現したのは，フランス革命の少し前とされている。やはり後発業種で，上層客をターゲットとしたカフェと同様に個別のテーブルを設けて，目新しい公共空間を提供した点が受けたのか，追随する店が続出したという。そうした店のことも，やがてレストランと呼ぶようになった。

ブイヨンを売る「レストラン」が新業種として耳目を集めたのは，アンシアン・レジーム（旧体制）下，同業組合（ギルド）制度が食品販売・飲食業を規制していたからでもある。煮込みは仕出し屋，ローストした肉は焼肉屋など，各組合が排他特権を有していたため，扱える品目やサーヴィスに制限がかかっていた。「レストラン」はその間隙を突いたわけである。実際は，革命前には兼業化も進み，同業組合の拘束力は低下していた。しかし，誰でも自由に新規参入できる状況ではなかった。1776年に財務総監テュルゴが同業組合を廃止しようとしたが頓挫し，完全に撤廃されたのは1791年のことだった。

ただし，実質的な近代レストラン業の草分けは，ブイヨンを売る「レストラン」とは別の店で，言葉としてのレストランの発祥とは異なる。1782年，パリのパレ・ロワイヤルの外周にアントワーヌ・ボーヴィリエが開いた「グランド・タヴェルヌ・ド・ロンドル（ロンドン大タヴァーン）」がそれである。ボーヴィリエはルイ16世の弟プロヴァンス伯の元食膳職（officier de bouche）で，王侯貴族の華麗で洗練された食卓を，宮廷並みのサーヴィスも含めて再現したのがその店だった。彼自身，宮廷風の衣装をまとい，特権の証の剣を吊るして接客したという。それまで垣間見るだけで手の届かなかった贅を尽くした食卓，つまりは宮廷の食文化そのものを商品化して，客に提供したのである。

フランスでは，貴族は王の，ブルジョワは貴族の豪奢な生活に憧れ，模倣することで文化が上から下へと伝達していった。ボーヴィリエの商売は，そうした羨望を満足させることで成り立っていたといえる。後述のブリヤ＝サヴァランは，ボーヴィリエは「パリで最も有名なレストラトゥール（レストラン経営者）だった」と書いている。

フランス革命の勃発により，仕えていた王侯貴族が亡命するなどして失職した料理人が，ボーヴィリエに続いて次々と同様の店を開いた。後述のグリモ＝ド＝ラ＝レニエールによると，革命前には100軒に満たなかったパリのレストラン数が，

1803年には5倍近くになったという。初期レストランの集積地は、オルレアン公フィリップ・エガリテがショッピング・モールとして開放し、流行に敏感な上流人士の人気スポットとなっていたパレ・ロワイヤルだった。亡命したコンデ公に仕えていたロベールやメオの店は、凝った料理と豪華なサロンで評判を集めた。

ブリヤ＝サヴァランは、1825年に次のように明確に定義している。「レストラトゥールとは、いつでも客にご馳走を出せるように用意して商売をする人のことで、料理は消費者の求めに応じて1人分ずつ定価で売る。その店をレストランと呼び、店を切り回すのがレストラトゥールである」。すでに述べた通り、好きな時間に、自分の好きなものを選んで、しかも美味しく食べたいという潜在的ニーズは確実に存在していた。くわえて、革命後の新たな国家建設のために代議士が地方から続々と出てくるなど、パリの外食需要は高まっていた。また、革命の混乱に乗じて富を手にした新興ブルジョワ層を中心に、人々は積極的に生活の喜びを求めていた。そんな状況の中で同業組合の足枷がはずれたのだから、絶好のビジネス・チャンスが生まれたわけである。

グリモ＝ド＝ラ＝レニエールは、ボーヴィリエの他、メオ、ロベール、ローズ、ヴェリー、ルガック、バレーヌといった初期レストラトゥールの名をあげ、「名もない見習いから出発し、今やみんな大金持ちになった」と記している。そうした贅沢な店を埋めるだけの客をパリは抱えていた。ブリヤ＝サヴァランは、「15～20フランの金が自由になり、一流レストランの食卓につくことができる人は誰でも、王侯並みの、いやそれ以上のもてなしを受ける」と言っている。

3 媒介者としてのガストロノーム

旧体制下に、食文化のもっとも洗練された部分を享受したのは、専門の料理人を抱える上層の権力者だった。しかし、今や勘定さえ払えば、至福の美味を堪能するのに、少なくとも生まれや家柄は関係なくなった。こうして享受する層が広がった時、フランス料理は新たな局面を迎えた。贅沢な商品として、資本主義の市場経済の中に取り込まれたのである。

長いフランス料理の歴史の中で見ればわずか200年前のことだが、産業部門としての高級フランス料理が成立したという意味で、それは決定的な一歩だった。

現在、フランスのMBA（経営学修士）のプログラムには、贅沢品ブランドのマーケティングのほか、フード・アンド・ワイン・マーケティングのコースもある。料理のほか、ブドウ酒、シャンパンなどの酒、フォワ・グラなどの食材を含む美食

は，シャネルやルイ・ヴィトンと並んで贅沢品産業の一翼を担っているのである。

　料理が資本主義経済に取り込まれた時，熾烈な競争が生じることになった。それまでただひとりの主人を満足させればよかった作り手は，不特定多数の客を相手に料理を作らねばならなくなった。移り気な消費者をつなぎとめるためには，常に新しさを提供しなければならない。また，食べ手の側から見ると，大枚をはたいて食事をするからには，それに見合った価値のある店を選ぶことが切実な問題となった。

　そこで求められたのが，作り手である料理人と食べ手であり消費者である客を仲介する存在である。作り手と食べ手に一定の価値基準を示すことによって，市場原理を受け入れながらも，美食の文化的価値を守り，さらに磨きをかけるのがその役割だった。そうして登場したのが，批評家であり，ジャーナリストだった。その時点から，フランス料理は批評にさらされる運命を引受け，批評と手を携えて発展を遂げることになる。一方，今日に至るまで，美食産業はジャーナリズムなしでは成り立たなくなった，ともいえる。

　アレクサンドル゠バルタザール・グリモ゠ド゠ラ゠レニエール（1758〜1837）はフランスの食味批評の創始者といわれる。1803年から1812年にかけて，彼は都合8年にわたって『食通年鑑』（*Almanach des gourmands*）を刊行した。その年鑑は，月ごとの旬の食材の名産地やおいしい食べ方，料理の仕方，食事の約束事やサーヴィス法を教えるのにくわえて，パリの食品店や菓子店，カフェ，レストランなどを紹介するガイドブックとしても機能した。ただし，とりあげたレストランの数自体はさほど多くなかった。大ブルジョワのグリモ家には料理人がいて，外食の必要がなかったことが理由として考えられる。

　年鑑は12折版のポケットサイズで，第1年版が4版まで版を重ね，第4年版までの累計で2万2,000部売り上げたという。1800年代初頭のパリの人口は55〜70万人だったから，ベストセラーといえるだろう。革命前夜には，17世紀に比べてフランス人の識字率が大幅にのび，特に都市の潜在的読者層は拡大していた。地方からの流入者は貧困層に転落するケースが多く，社会格差が広がっていたとはいうものの，ピラミッド上部の富裕層の厚みは相対的に増していたのである。

　第1年版の端書には，革命を機に富を握ったパリの成金はハートが胃袋と化し，肉体の喜びを求め，食欲を満たすことしか頭にない，と書かれている。レストランの誕生は人びとの食欲をいたく刺激した。血なまぐさい恐怖政治を潜り抜けてきた反動もあったのだろう。グリモは，美味佳肴を追う人びとの姿に出版市場開拓の可能性を見抜き，渦巻く欲望を正しく方向づける役を買って出た。版元も，

第4章　ガストロノミー（美食）の誕生

図4-1　グリモ＝ド＝ラ＝レニエール（1758〜1837）
出典：『食通年鑑』。

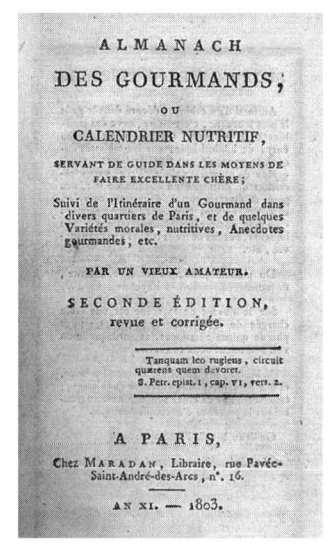

図4-2　『食通年鑑』第1年版の改訂第2版表題頁
出典：『食通年鑑』。

モード界で新作コレクションが毎年購買欲を喚起するように，食の最新情報を提供する年鑑も当たるはずだと勝負に打って出た。

　グリモは，曾祖父の代から総徴税請負人という富裕なブルジョワの家に生まれた。弁護士になったが，家庭環境や身体的障害も作用してかエキセントリックな性格で，奇行を繰り返し，国王の封印状によってパリから追放された。しかし，それが逆に幸いし，巨富を築いた総徴税請負人の多くがギロチンの露と消えたにもかかわらず，父亡き後の彼に危険が及ぶことはなかった。

　グリモは若い頃から文人仲間を集めてサロンを主宰し，芝居に熱を上げて劇評にも手を染めたが，後世に名を残したのは食味批評分野での貢献のおかげだった。時代が大きく動き，価値観が揺らぐ時に，批評活動は活性化する。革命期がまさにそうだった。大ブルジョワのグリモ家の趣向を凝らした豪華な宴会は，パリ屈指の評判をとっていた。ブリヤ＝サヴァランが「美食の英雄」と呼んだ金融業者や総徴税請負人は，貴族を凌ぐ財力にものを言わせて，宮廷を中心に培われた美食をすでにわが物としていた。そうした食卓がグリモの味覚を培ったのである。

　すでに18世紀末に，パリの肉屋，パン屋，菓子屋，仕出し屋などを掲載した年鑑が発刊されていた。したがって，グリモが美食ガイドを発明したわけではない。

しかし，需要の拡大を絶妙のタイミングで捉えたこと，劇評にも通じる審美眼，批評眼を注ぎ，辛辣で精彩に富む文章を綴ったことが『食通年鑑』を成功に導いた。商業的ガイドブックの枠を超え，商品の詐称や不正に対して消費者の視点から挑み，食ジャーナリズムの先駆的役割も果した。すでに述べた通り，外食の必要がなかったこともあって，自ら店に出向いて調査せず，掲載希望者に商品見本を送らせて審査したが，信頼できる味覚の持ち主を集めた食味審査委員会を設け，限定的とはいえ評価に客観性を持たせたことも，信頼獲得に役立った。

　必要に迫られて食べる宿屋や仕出し屋の定食テーブルとは違って，新たに生成した外食市場では，いかに美味しいものを提供し，いかに客に快適な時を過ごしてもらうかに各店が鎬を削った。飢えと手を切った食は，付加価値を高めることで消費者を引きつけていく。その結果，美味へと導く情報自体にも価値が生じていた。

　19世紀の大都市パリは，食情報を蓄積し，編集し，発信する，美食文化のセンターとなっていく。そこでグリモが果した役割は大きかった。更新される情報を印刷メディアを通して消費者に伝えただけではなく，消費地パリの美食がフランス各地の産物によって支えられていることを正しく認識し，パリ人の目を地方の豊かな産物や料理にも向けさせたからである。ひとりパリのみならず，地方の多様な食の伝統が加わることで，フランスの美食はより豊かなものとなった。グリモはそのための布石を打ったといえる。フランスの食味批評とジャーナリズムは彼のあとを追い，その後も多数のガイドブックが出版され，次の世紀のミシュランガイドへとつながっていく。

　グリモは，新味が価値を生む点で，美食とファッションに共通性があることを明察していた。しかし，同時に，それが過去からの蓄積の上に築かれた文化であることも理解していた。旧体制下のエリートの遺産である美食は革命前後に新興ブルジョワ層へと広まっていったが，社会の新たな主役には美食の素養が欠落していた。いかに食べ，味わうか，いかに客をもてなし，客として振舞うか。伝統的価値観を教示し，味覚を過去の遺産として伝える必要があった。大ブルジョワとして旧体制下の価値観を熟知していた彼は，新旧両時代をつなぐ貴重な架け橋となった。

　革命が消し去ったかに見えた貴族社会における規範を教えることで，ブルジョワたちがそこから自らの価値観に基づく美食のシステムを構築することを可能にし，激動の時代に美食文化を崩壊の危機から救ったといえる。

図4-3 『食通年鑑』第2年版の扉絵，食通の謁見
出典：『食通年鑑』。

図4-4 『食通年鑑』第3年版の扉絵，食味審査委員会
出典：『食通年鑑』。

4　ガストロノミーの確立に向けて

　こうしてパリを中心に，懐さえ許せば美食を楽しめる，開かれた環境が整った。しかし，美食という価値観をフランス人が本当に共有するのには，いささか時間を要した。

　『食通年鑑』の食通に当たるフランス語は，グルマン（gourmand）である。グリモは，アカデミー・フランセーズの辞典はグルマンを「大食らい」の同義語として扱っているが，実際には，経験によって磨かれた味覚などの感覚を働かせて食べる者を指すのだ，と注意を促している。

　古くからキリスト教では，大食は傲慢，貪欲，色欲，怠惰などと並んで7つの大罪のひとつに考えられた。したがって，19世紀初頭にはグルマンであること＝グルマンディーズ（gourmandise）（大食）も悪徳と認識されていた。より美味しいものを求めることを後ろめたく思う気持ちの根底には，そうしたキリスト教的倫理観・価値観が影を落としていた。

　「悪徳」だったグルマンディーズが，アカデミー・フランセーズの辞典で「欠

点」という表現に変わったのは，1935年刊の第8版からに過ぎない。最新の第9版（1992年から刊行中）ではようやく，もともとの大食にくわえて，「食道楽」，「料理の質の高さや繊細さを見極める能力」という意味が記されている。

　後述の『味覚の生理学』（邦題『美味礼讃』）には，「獣は食らい，人は食べる。知性のある人だけが食べる術を知る」というアフォリズムがある。獣のようにがつがつと貪るのは忌むべきことであり，理性で食欲をコントロールして食べるのが人間だ，ということだ。

　『百科全書』（1751〜1772年）は，理性の光に照らして既成の体制や宗教に批判を加えた。したがって，グルマンディーズをいきなり大食や悪徳とは決めつけず，「ご馳走を過度に好み，凝ること」と定義している。しかし，やはり，自然な食欲の枠を越えて洗練された食べ物を求めることは慎むべきだ，としている点には注意を要する。必要以上に感覚を刺激して美味追究に走ることは，社会秩序維持の観点から避けるべきだった。大食の根底には飢饉への潜在的恐怖があり，腹がふくれるなら選り好みはしない。それに対して，量より質を求め，美味いものを好む美食志向の者が増えれば，大食以上に社会秩序を危うくする可能性があった。キリスト教的価値観もいまだ一掃されたわけではなかった。『百科全書』は，自然の欲求を満たす以上に技巧を凝らし，味覚におもねる「料理」を矩を超えた逸脱と判断し，油断のならない欲望への警戒感を示していた。

　近代国家へと向かう19世紀初頭，グルマンディーズにはりついたそんな負のイメージを払拭する新しい言葉と価値観を確立したのが，ジャン゠アンテルム・ブリヤ゠サヴァラン（1755〜1826）だった。その主著『味覚の生理学』はフランスの美食文学の古典的名作と評価され，今日なお読み継がれている。

　『味覚の生理学』を著した意図を彼は，「まずガストロノミーの基礎理論を確立し，それが諸学の中にあって当然占めるべき位置を占めるようにすること，第二に，いわゆるグルマンディーズを正確に定義し，残念ながら大食や不節制と混同されているこの社交的美質をそれと区別すること」と述べている。

　この作品は，彼が1826年に没する直前に匿名で出版された。作品の冒頭には，最高裁判所に当たる控訴院（破棄院）の判事だった彼が，こんな本を出して，食べ物にうつつを抜かすくだらない奴だと思われないかと危惧していたことが記されている。しかし，だからこそ彼はこれを畢生の仕事として完成させることを，自らに課したのである。

　ガストロノミーというフランス語は，ギリシア語のガストロノミアに由来し，ガストロ（胃の意）＋ノミー（規範，学問の意）からなる。つまり胃袋に関わる規

第4章　ガストロノミー（美食）の誕生

図4-5　ブリヤ＝サヴァラン(1755〜1826)
出典：『味覚の生理学』1848年版。

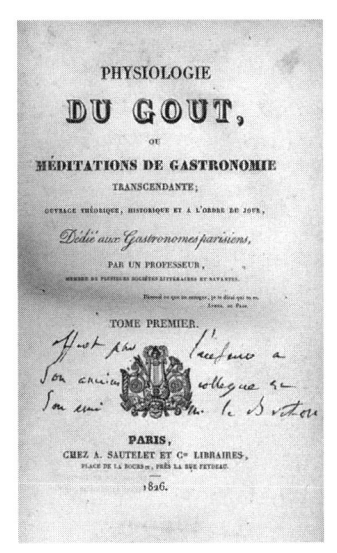

図4-6　『味覚の生理学』初版第1巻表題頁
出典：『味覚の生理学』1848年版。

範もしくは学問を意味する。ガストロノミーという言葉が広まったのは，詩人のジョゼフ・ベルシュー（1765〜1835）が『ガストロノミーまたは食卓についた田園の人』（1801年）という長編詩を書いたのがきっかけだった。

　題名以外，その詩中にガストロノミーという言葉は見当たらないが，血塗られた恐怖政治の時代を生き抜いたベルシューが，食べることを通して人間の幸福や，人と人の新しい関係を求めようとした姿勢が共感を呼んだのか，あるいはガストロノミーという新奇な言葉が受けたのか，次々と版を重ね，翻訳もされた。少し後に刊行された『味覚の生理学』の中で，ブリヤ＝サヴァランはガストロノミーを「当節流行の主題」と語っている。かなり話題を集めたことは確からしい。

　その新しい言葉の器に，未来に向けた価値観を盛り込む役目はブリヤ＝サヴァランが果すことになる。

5　『味覚の生理学』誕生の要因

　ブリヤ＝サヴァランは，スイスに近いビュジェ地方ベレーの豊かな法曹一族の生まれである。法律を修めて郷里で弁護士になり，革命を目前にして全国三部会

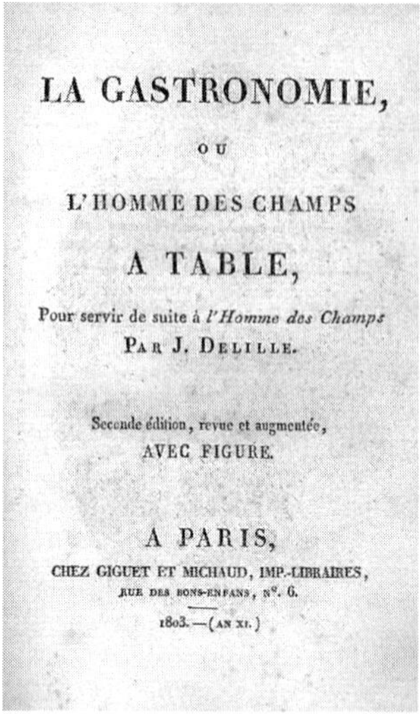

LA GASTRONOMIE,

OU

L'HOMME DES CHAMPS

A TABLE,

Pour servir de suite à *l'Homme des Champs*

PAR J. DELILLE.

Seconde édition, revue et augmentée,

AVEC FIGURE.

A PARIS,

CHEZ GIGUET ET MICHAUD, IMP.-LIBRAIRES,

RUE DES BONS-ENFANS, N°. 6.

1803.—(AN XI.)

図4-7　『ガストロノミーまたは食卓についた田園の人』第2版表題頁

出典：『味覚の生理学』1848年版。

のビュジェ第三身分代表に選ばれ，ヴェルサイユでの会議に参加した。バスティーユ襲撃後に国王一家がパリに連行され，憲法制定国民議会と改まった議会がパリに移ると，彼もパリに居を定めて議会活動に携わった。1791年に憲法が制定されたところで政治から離れ，革命が打ち建てた新たな秩序に基づく国づくりを残った人たちに期待して帰郷した。

住民の満場一致でベレー町長に就任したが，ジロンド派とジャコバン派の権力抗争，恐怖政治へと事態は暗転し，穏健主義の彼は反革命容疑をかけられ，間一髪でアメリカのニューヨークへの亡命を果した。2年に及ぶ亡命生活から帰国すると，革命後に設けられた最高裁判所に当たる控訴院の判事となり，総裁政府，ナポレオン帝政，第一次王政復古，百日天下，第二次王政復古と政変が続く中，25年以上その職にあった。

ブリヤ＝サヴァランが『味覚の生理学』に精力を傾注したのには，政治の渦中で革命に立ち会い，その後も政権近くにあって革命の推移を見つめていたことが関係していると考えられる。

正義を追究する法曹として生きたブリヤ＝サヴァランは，パリの民衆の怒りが暴発し，おぞましい蛮行へと堕した瞬間を目撃した。自身も亡命生活の苦汁をなめた。人間が抱える暗闇を覗き，人間社会が本質的に不完全でしかありえないことを思い知った。彼が革命に託した理想的な社会建設がすぐに実現することはなかった。その後の日々，保身のために変節したと批難され，悪夢にうなされながらも何とかうまく立ち回って生き抜いた彼が，最後に抱いた感懐はどんなものだったのだろう。問題を孕みながらも，少しずつ前に進むのであればそれでよしとし，期待するしかない。老獪かもしれないが，それが最後にたどり着いた境地だったと思われる。

そうして顧みた時，逃避行の最中，あるいは亡命の地アメリカで，彼の心を癒し，生きる力を与えてくれたのは，ともに食卓を囲んだ人たちだった。人は食卓では警戒心を解いて言葉を交わし，身分も立場も関わりなくつきあえる。食べる

第4章　ガストロノミー（美食）の誕生

ことは，社会において人と人をつなぐ紐帯となるはずだ。食べるという人間の根源的な営みは，個人の生理的欲求を満たすにとどまらず，ともに楽しむことによって社会的に有用な価値となる。彼はそうして食卓を中心とする社会的関係の構築を志すようになった。

そのためには，自らの欲求を満たす食べる快楽と，他者の存在を前提とする社会的空間である食卓の快楽を区別しなければならなかった。彼が希求したのは，社会的動物である人間だけに許された，人とともに食卓を囲む喜びだったのである。むき出しの欲望を手なずけ，社会化するためには，一定の規範も必要だったし，よしあしを見極める鑑識眼や知識も求められた。そんな近代的な食の概念を表わすには，大食のイメージのまとわりついたグルマンディーズではなくガストロノミーという語が適していた。

『味覚の生理学』では，食の社会的価値を示すためにまず，食べるという行為を客観的かつ多角的に分析している。博物学，生理学，物理学，化学，料理術，商業，政治，経済など，幅広い分野との関連の中で食を捉え，また歴史の流れの中で料理を捉えることによって，ガストロノミーという新たな味覚の学問の基礎理論を打ちたて，世に問おうとしたのである。

そこには，イデオロジストや医学者との交流の影響が大きかった。

イデオロジストは，百科全書刊行に関わった啓蒙思想家の延長線上に位置づけられる哲学者集団で，人間の観念のあり方や社会を客観的に観察，分析し，それを革命後の新たな国づくりに生かし，政治や教育などの社会変革を行おうとした。ブリヤ＝サヴァラン自身，社会・政治改革の方策を論じた『国民経済の計画と草案』を第一統領のナポレオンに献じている。しかし，彼の思索が独自の輝きを放ったのは，食べるということに新たな視点から光を当てた『味覚の生理学』においてであった。

イデオロジストであり，医学者で生理学的心理学（精神的事象を生理的事象と関連づけて解明することを目指す学問）の創始者でもあったカバニスをはじめ，郷里でも，学生時代を過ごしたディジョンでも，パリでも，名医の誉れ高い人たちが身近にいて友誼を結んだことも，同書の誕生を準備したといえる。

『味覚の生理学』を実際に読んでみると，科学的考察と冗長な回想や逸話が混在し，彼の目標が十全に達成されたかどうかはいささか疑問だが，科学的視点と分析手法を持ち込んだことは，その本に普遍性を与える役割を果たした。題名にたがわず，まず人間の諸感覚を定義，分析し，とりわけ食べるという行為に関わる感覚の働きを詳細に解説するところから論を進めている。味覚に比べて軽視され

がちな嗅覚の重要性を説くなど，今読んでも説得力のある指摘も少なくない。彼が導入した科学的視点と歴史的視点は，以後フランス料理の発展を支える力となる。

食は自然科学，社会科学，人文科学の幅広い分野に関わるが，現在でもその研究は専門分野に偏りがちである。食文化を学際的に扱おうとするブリヤ＝サヴァランの姿勢は，先進的だった。また，彼の炯眼は産業としてのガストロノミーの可能性も見抜いていた。

「人を養い生かす学問は，少なくとも人を殺めることを教える学問と同じ価値はある」とブリヤ＝サヴァランは記している。彼が目指したガストロノミーは，幸福をもたらす学問だった。

6　共有される美食の価値観

誰もが自由に幸せに暮らせる世界の実現を目指したフランス革命は，その理想と裏腹に，少なからぬ人々に辛酸をなめさせた。しかし，一進一退を繰り返しつつもその理念は少しずつ根づいていく。時代の転換点において，人と食の関係性も大きく変化した。ここに至って初めて，個々の人が食べることと向き合うようになったといえるだろう。

中世以来，王侯貴族の食卓は威信を誇示する装置として機能した。絶対王政下の宮廷では，それが儀礼として整えられ，国王の食事はさらに公的な色合いをまとった。視覚を重視した料理の内実がいかなるものであったか，疑問は残るものの，贅を尽くした料理や食器，サーヴィス法，演出法が生み出す食空間が，フランス独自の洗練を極めたのはその時期だった。他方，時に日々のパンにも事欠く民衆の食は，祝祭などの例外的機会を除けば，生きるために食べるものでしかありえなかった。意識的に自らの食べ方を選ぶ余地があったとすれば，その中間のブルジョワ層である。旧体制末期には社会階層が流動化し，ブルジョワが次第に経済的社会的力を獲得する。上昇志向を燃やして宮廷文化を模倣したブルジョワたちは，食に対する新たなメンタリティを宿していたといえるだろう。

宮廷中心に培われた食文化は，革命によって一旦崩壊した。その遺産は，グレード・ダウンして一部上層ブルジョワに受け継がれ，他方では市場経済に取り込まれた。以後は，社会の食卓ともいうべきレストランを主舞台として，料理の洗練が進んでいった。

自由，平等な市民となった人びとが新たな食との関係を築こうとしたその時，

グリモ・ド・ラ・レニエールは，欲望に突き動かされて食の迷宮を目指す人びとに，どこにどんな価値を求めるべきか教え，道案内を務めた。宮廷文化の伝統を踏まえた彼が守るべき美食の価値を伝えなかったら，その伝統は潰えてしまったかもしれない。彼がモデルを示したガイドブックは，情報を提供するとともに，消費者である客に明確な価値基準を示して見せた。そうした価値基準は，不特定多数の客の欲望と対峙した作り手が，一方的に顧客のニーズに引きずられるのを防ぐ役割も果した。

他方，美味追求を阻む足枷がなくなり，みずからの限りない欲望と折合いをつけねばならなくなった食べ手には，宗教的倫理とは異なる新たな規範が必要だった。そこで，ブリヤ＝サヴァランが幸福という究極の目標を掲げ，それまで誰も語らなかった食べることの社会的意義を明らかにした。身分制と決別し，個人に解体された人びとが新たな社会的関係を構築しようとした時，開かれた公共空間としてのレストランは，近代的な社交の装置として機能した。

ガストロノミーが単なる消費物となることなく，その社会的存在意義を正しく認識されたことによって，重要な産業分野であると同時に文化でもあるという離れ業が可能になったといえるだろう。

今日，ガストロノミーは立派に市民権を獲得し，フランス人の誇るアイデンティティの拠り所となっている。フランスの豊かな国土が生み出す農水産物やその加工品がガストロノミーを支えると同時に，ガストロノミーがそれらの産物の品質の高さやブランド価値を保証し，一次，二次産業の基盤の強化に寄与している。また，観光資源としてもガストロノミーは極めて重要である。だからこそ，ガストロノミー（美食）を直接享受する，しないにかかわらず，その文化，産業としての価値はおのずと国民が共有するところとなっているのだろう。

参考文献

スパング，レベッカ・L（2001）『レストランの誕生』（小林正巳訳）青土社。
辻静雄（1989）『ブリア－サヴァラン「美味礼讃」を読む』岩波書店。
辻調グループ辻静雄料理教育研究所（2012）『フランス料理ハンドブック』柴田書店。
プーラン，ジャン＝ピエール，ネランク，エドモン（2005）『プロのためのフランス料理の歴史』（山内秀文訳）学習研究社。
ブリア－サヴァラン，J.-A.（1967）『美味礼讃（上・下）』（関根秀雄，戸部松実訳）岩波文庫。
メルシエ，L.-S.（1989）『十八世紀パリ生活誌（下）』（原宏編訳）岩波文庫。
八木尚子（2010）『フランス料理と批評の歴史』中央公論新社。

Berchoux, Joseph (1803) *La Gastronomie, ou L'Homme des champs à table*, seconde édition, Paris: Gignet et Michaud.

Boissel, Thierry (1989) *Brillat-Savarin*, Paris: Presses de la Renaissance.

Brillat-Savarin, Jean-Antherme (1826) *Physiologie du goût*, 2 vol., Paris: A. Sautelet et Cie.

Ferguson, Priseilla Parkhurst (2004) *Accounting for taste, The Triumph of French Cuisine*, Chicago: The University of Chicago Press.

Grimod de la Reynière (1803) *Almanach des gourmands*, seconde édition, Paris: Maradin.

Ory, Pascal (1998) *Le Discours gastronomique français des origines à nos jours*, Paris: Gallimard & Julliard.

Rival, Ned (1983) *Grimod de la Reynière, Le Gourmand Gentihomme*, Paris: Le Pré aux clercs.

第5章
「モードの国」フランス

角田奈歩

1 絹とレースの国

　世界のモードの中心地はどこだろうか。ニューヨーク，ミラノ，ロンドン，あるいは東京という意見もあるかも知れない。だが，パリを挙げる人は多いだろう。
　しかし，現在のフランスでのアパレル産業の経済的重要度はさして高くない。国立統計経済研究所によれば，2013年のフランスの製造業のうち輸出高ベースでトップの部門は自動車，その他交通・輸送機材，化学が続き，衣料品，繊維・生地，皮革・製靴の3部門はどれも上記各部門の10分の1にも満たない。世界貿易機関のデータから世界の衣料品輸出シェアを見ても，2013年の輸出高は中国が38.6％と飛び抜けており，ほかは全て1桁台で，イタリア，バングラデシュ，香港，ドイツ，ベトナム，インド，トルコ，スペインと続き，フランスはやっとその次，2.4％に過ぎない。生地でも14位，1.8％である。つまり，生地・服飾品製造業は現在のフランスの基幹産業ではないし，世界のアパレル産業に占めるフランスの数字のうえでの重要性もさしたるものではない。
　それでも「モードの国」フランス，「モードの中心地」パリというイメージが根強いのはなぜだろうか。それを考えるために，まずは中世まで遡ってみよう。
　ブルー・バナナという言葉がある。北イタリアからスイス，アルザス～ラインラント，ベネルクスを抜けて，海を渡って北西イングランドに至る地域を指す。西ヨーロッパの中で人口が多く経済も発展した地域を示す近年の語だが，ここは中世以来，ヨーロッパ商工業の中心地帯でもあった。かつて，新技術の多くは北イタリアに発し，この帯状地帯を北上してイングランドに達した。近世期にはこの地域を囲む港湾都市が国際貿易港となる。
　そして，中世ヨーロッパでは，生地のうち最も価値があるのは毛織物であり，唯一最大の産業は毛織物業だった。その中心地は北イタリア，特にフィレンツェと，フランドル地方である。しかし，16世紀後半にフランドル地方がカトリック

王国スペイン領となり，プロテスタント織工の一部はイングランドへと逃れた。牧羊が盛んな原料輸出国だったが低級布しか製造できなかったイングランドは，彼らの技術を取り入れ，以降，最大の毛織物生産国となっていく。ではフランスはと言えば，フランドル地方の一部はフランス領にかかるし，ほかにも一定の質・量の毛織物を生産していた都市や地域はあるものの，ヨーロッパ毛織物業の中心国とは言い難い。フランスは当時，ヨーロッパの生地製造業において特に重要な国ではなかったのである。

そんな中世の毛織物はずっしりと重い。17世紀頃からはより自然な装いが好まれはじめ，社会上層は軽やかな絹織物を着るようになる。以降19世紀まで絹織物は衣服に欠かせない生地となるが，絹織物もイタリアを起点に技術が広まった。絹織物の発祥地は中国で，イスラーム世界を通じてイタリアに技術がもたらされ，ルッカなどで絹織物業が盛んになるが，16世紀からは毛織物業の中心都市フィレンツェが絹織物についても主要生産地となる。フランスには1470年，ルイ11世がロワール中流の街トゥールにイタリア人織工を移住させて技術を導入したものの，地紋入り絹織物は製造できず，高級品についてはイタリアの独壇場だった。しかし17世紀中に地紋織りも含め織布技術を発展させたリヨンが，18世紀にはヨーロッパ最大の絹織物生産地の位置に躍り出る。

リヨンはローヌ川とソーヌ川が出会う街である。水上交通が重要だった時代には大河の合流点は交通の要衝であり，リヨンでは15世紀から大市が開催され，国際商業・金融都市となった。そんなリヨンに，1450年の王令で国内絹取引独占権が与えられる。そして1536年，フランソワ1世がリヨンの絹織工にトゥールと同等の免税特権を与え，本格的に生産が始まった。16世紀末にトゥール絹織物業がペストと宗教改革に伴うプロテスタント亡命の影響で衰退すると，代わってリヨンがフランス絹織物業の中心地となり，17世紀には高級品製造も始まり，生産量も増す。三十年戦争の影響で1630～60年代は国内の経済活動全般が低調になったが，リヨンの絹織物業は拡大期にあった。そして1667年，財務総監コルベールは，品質管理システムや商人も含めた業者の登録制度などを盛り込み，これを市参事会に管理させる形でリヨンの絹織物業の規則を定めた［第1章3参照］。輸出産業となると見込んだのである。これらの規則は万全に機能したわけではないが，以降，リヨンの絹織物業は国際競争力を高め，フランスの基幹産業となっていく。

ところで，16～17世紀のヨーロッパ絵画に描かれた人物は，大抵どこかにレースを身に付けている。この糸の宝石とも言うべき生地は，おもに2種類の方法で作られた。飾り紐の技法を応用したボビン・レースと，刺繍の技法を応用した刺

第5章 「モードの国」フランス

図5-1 ヴァトー《ジェルサンの看板》部分（1720年，ベルリン，シャルロッテンブルク宮博物館蔵）
画商ジェルサンの店内にいる女性客らが纏うのは，背にプリーツを入れたローブ・ヴォラントと呼ばれるドレスである。この絵の作者ヴァトーがよくこの型のドレスを描いたことから，いまではヴァトー襞とも呼ばれる。17世紀末から18世紀初頭にかけて流行した型だが，柔らかな艶を湛えた優雅で軽やかなプリーツは絹織物あってこそ実現できたものである。
出典：http://commons.wikimedia.org/wiki/File:Antoine_Watteau_047.jpg

し子，ニードル・レースである。

　ボビン・レースは1520年代にフランドル地方とヴェネツィアで，ニードル・レースは1540年代にヴェネツィアで発明される。毛織物業で栄えたフランドル地方は繊維業の技術を持ち，上質なリネンも栽培されていた。一方，レヴァント貿易で富むヴェネツィア共和国では，洗練されたイスラーム文化やアジア物品に接する機会が多く，経済的・政治的安定を求めて職人層や芸術家がイタリア各地から移住したこともあり，刺繡の技術やデザインが発達していた。言論の自由があったため印刷業が盛んで，レースのパターン・ブック出版が可能だったのも幸いした。共和国はニードル・レースの技術を国家機密としたが，16世紀中にはヨーロッパ各地に伝わり，生産が始まる。とはいえ質はヴェネツィア産が最上だった。

　16世紀後半から17世紀初頭にかけて，フランスでは，フィレンツェ・メディチ家出身のアンリ2世妃カトリーヌやアンリ4世妃マリが持ち込んだイタリア先進文化の影響もあり，ギャラントリと呼ばれる宮廷文化が花開き，男性もレースやリボンで華やかに装うべしとされた。レース消費は増し，フランスの富はヴェネツィアへ流れる。そのため，コルベールはヴェネツィアから秘密裏に技術者を呼び，北フランス各地に王立マニュファクチュアを創り，1665年，そこで製造され

図 5-2　ジェラール《戴冠式衣装を纏った皇帝ナポレオン》(1805年，フォンテーヌブロー，フォンテーヌブロー城博物館蔵)

ナポレオンの戴冠式の衣装は，古代ローマのパープル染めの伝統に倣った深紅の生地に自分の紋章である蜜蜂の絵柄を刺繍し，アーミンの毛皮を張ったものだが，首元のクラヴァットにはアランソン産レースが使われている。アランソンはコルベールが王立マニュファクチュアを創設した地のひとつで，もっとも上質なレースの生産地だった。革命期以降はレース需要が衰えてきたため，ナポレオンは宮廷でのレース着用を推奨し，自らも戴冠式に際してアランソン・レースを身に付けた。なお，この衣装を製作したのは後述するルロワである。

出典：http://commons.wikimedia.org/wiki/File:Napoleon_:_keizer_der_Fransen.jpg

たレースを「ポワン・ドゥ・フランス」，フランス刺し子と呼ぶと布告した。リヨン絹織物業の規則制定の2年前のことだが，当時のフランスでは，生地関係を中心に各種産業育成が目指されていたのである。1675年に王立マニュファクチュアの独占権が解かれると，レース工は国内各地に散って製造を始める。

しかし，フォンテーヌブロー王令（1685年）がこれに打撃を与えた。同王令によりプロテスタントの権利を認めたナント王令（1598年）が廃止され，旧来の職業に関わりにくいため新産業に携わることが多かったプロテスタントが国外に流出する。絹織物工も一部がイギリスに逃れて生産を試みたが，養蚕が失敗したため原料供給に難を抱え，リヨンの優位は揺るがずに済んだ。だがレースについてはそうはいかない。レース工らは北フランスから近いフランドル地方へ去り，当地のボビン・レース用リネン糸でニードル・レースを作りはじめた。こうして，ヴェネツィアの経済力・影響力が減退し，ヴェネツィアン・レース人気も衰える18世紀には，フランスとフランドル地方がレース製造業を二分することになる。

なお，レース工には女性が多い。男性の職人は毛や絹と較べて卑しい繊維とされたリネンの扱いを拒んだ。一方，伝統的に刺繍を手仕事としてきた女性はニードル・レースの技術を得やすかったし，大掛かりな道具やスペースが不要な点も女性の家内手工業向きだった。そのためレース製造の実態は量り難く，生地製造業の中でも忘れられがちである。

しかし，17～18世紀に愛された軽やかな美を体現し，経済的価値が高い奢侈品でもある絹織物とレースという生地の生産国となったことは，フランスを「モードの国」へと押し上げる一因となったといえよう。

2　綿織物とフランス

　こうして国家の推進を受けてフランスが「絹とレースの国」となっていく頃、ヨーロッパで人気が高まった生地がもうひとつある。綿織物である。

　綿織物の発祥地はインドであり、インド産綿織物はインド洋世界で通貨に近い役割を持つ国際的商品だった。インドにはまずポルトガルが進出し、イギリス、オランダ、フランスほか数カ国の東インド会社が続く。ヨーロッパ人のアジア進出のおもな狙いは東南アジアの香辛料だったが、その入手には対価としてインド産綿織物が必要だったため、綿織物取引にも着手する。フランスはオランダやイギリスに追われて18世紀半ば過ぎにはアジア拠点を失ってしまうが、綿織物の輸入量はフランス東インド会社の取扱品目の中では多かった。またインド産より安価なレヴァント産綿織物も相当量輸入している。

　輸入された綿織物は、当初はインド洋世界と、アフリカや新大陸などに再輸出されていた。ヨーロッパで綿織物の人気が高まるのは17世紀後半である。この時期にはヨーロッパ内でも新毛織物と呼ばれる薄地毛織物や綿・麻交織地、絹織物など軽い生地の製造が盛んになるが、綿織物もこの流れに乗って需要が増す。となればヨーロッパでの生産も望まれるが、ヨーロッパではワタの大規模栽培は不可能だった。そこで、インド産白綿布に色柄を染め付けるという形で綿織物業が始まる。しかし、更紗にしても白綿布にしても、インド産にしてもレヴァント産にしても、輸入綿織物は国内生地製造業者に敵視される。そのため各国は綿織物輸入を禁止したが、フランスで1686年以降出された一連の綿織物禁令はその中でももっとも厳しく、国内産も含めて綿織物の輸入・製造・消費を全面禁止する内容だった。フランス東インド会社の没落には主要輸入品である綿織物禁輸も影響している。

図5-3　ドゥルエ《刺繍机に着くポンパドゥール夫人》（1763～1764年、ロンドン、ナショナル・ギャラリー蔵）

ルイ15世寵姫ポンパドゥール夫人の遺産目録には、禁令に反してインド更紗製品が多数記録されている。この絵で彼女が纏っているのもインド更紗製ドレスではないかと思われる（中国絹製とする説もある）。また、この絵で夫人がしているように、刺繍はこのような最上流層の女性にとっても親しむべき手仕事だった。

出典：http://commons.wikimedia.org/wiki/File:Fran%C3%A7ois-Hubert_DROUAIS_1763-4._London_NG._Madame_de_Pompadour_at_her_Tambour_Frame..jpg

図 5-4 《マニュファクチュアでの作業》
（1783年、ジュイ＝アン＝ジョザ、トワル・ドゥ・ジュイ博物館蔵）

オベルカンフのマニュファクチュアで製造されたプリント綿。ジュイでのプリント綿の製造工程を描いている。このような絵画的な絵柄はインド更紗にはないもので、ジュイ更紗の独創である。王妃マリ＝アントワネットはジュイ更紗を気に入ってマニュファクチュアを訪れ、皇帝ナポレオンはオベルカンフの功績に対しレジオン＝ドヌール勲章を与えた。

出典：筆者撮影（2015年2月15日）。

ただし再輸出用の輸入は部分的に続いたし、密輸も盛んで、着用・所持禁止は実質的に不可能だった。モリエールの喜劇『町人貴族』（1670年初演）にもインド更紗製の部屋着が登場している。インド更紗の植物紋様がルソー風の自然趣味に合ったのも追い風となり、18世紀にはいっそう人気が高まった。

とはいえ、これによりフランス綿織物業は滞る。フォンテーヌブロー王令も災いした。マイノリティであるプロテスタントは従来的な制度に縛られない綿織物業の担い手となっていたが、彼らはフランスを去り、主要生産地だった南仏から北上して、スイス国境近辺、アルザス、南ドイツに更紗製造拠点が移る。件の帯状地帯にも重なる地域である。

そんな中で、古くから毛織物生産地だったルアンでは、例外的に1690年代からアフリカ市場向けリネン・綿交織地が製造されている。さらに、1759年に綿織物禁令が解かれると、翌1760年、ドイツ人オベルカンフがヴェルサイユ近郊ジュイ＝アン＝ジョザに更紗マニュファクチュアを設立した。これは1783年に王立マニュファクチュアとなり、独自デザインで人気を博し、1780〜1805年には1,000人が働くまでになる。南仏からプロテスタントの綿織物手工業者が逃れた先のひとつであり、1746年に更紗マニュファクチュアが創られていたミュルーズは、1798年にフランスに編入され、結果的にフランスの製造拠点となった。19世紀後半にも、ミュルーズ産プリント綿は、デザイン、発色、丈夫さなどの品質においてはイギリス産を上回るとされる。

しかし、世界の綿織物業を制したのはイギリスである。イギリスは、西アフリカから新大陸へ奴隷という労働力を、新大陸からヨーロッパへ綿花という原料を、ヨーロッパから西アフリカへ綿織物という製品を運ぶ大西洋三角貿易により「毛織物の国」から「綿織物の国」となった。こうしたグローバルな原料・労働力・製品などの流通が綿織物業には必須だったのである。フランスも同様の大西洋貿易を行ってはいたが、原料・中間財供給地となる海外拠点を維持できなかったか

第5章 「モードの国」フランス

図5-5 ヴィジェ=ル=ブラン《マリ=アントワネット》（1786年，ワシントン，ナショナル・ギャラリー蔵）

革命期の爆発的なモスリン製ドレス流行に先んじて，王妃マリ=アントワネットは宮廷にモスリン製ドレスを流行らせた。ゆったりした型，簡素な白い生地，麦藁帽子など，当時の宮廷儀礼が求める華やかにして仰々しい身なりとは大きく異なっており，母であるオーストリア女帝マリア=テレジアはこの装いを非難した。なお，マリ=アントワネットのモスリン製ドレスは後述するベルタンの案になるという説もある。

出典：http://commons.wikimedia.org/wiki/File:Marie_Antoinette_rose.jpg

図5-6 ジェラール《ジュリエット・レカミエの肖像》部分（1805年頃，パリ，カルナヴァレ博物館蔵）

レカミエ夫人は当時のファッション・リーダーのひとりで，コルセットを用いない古代風デザインのモスリン製ドレスで装った肖像画が数点残されている。ドレスがあまりに薄地だったため，防寒用のカシミア製ショールが流行した。この絵のレカミエ夫人も黄色いショールを纏っている。

出典：http://commons.wikimedia.org/wiki/File:Fran%C3%A7ois_Pascal_Simon_G%C3%A9rard_003.jpg

ら，「綿織物の国」にはなれなかった。

　綿織物は「絹とレースの国」フランスにとって難題でありつづける。フランス革命期のイギリス産モスリン製ドレスの爆発的流行は，対外戦争による輸入不振とともにリヨン絹織物業に危機をもたらし，ナポレオンがモスリン製ローブを禁じる事態となった。その半世紀後にはイギリス人パーキンが石炭の廃棄物コールタールから初めて化学染料を生み出し，その後も染料開発が進んだが，イギリス産綿織物普及による落ち込みへの梃子入れのため，ナポレオン3世はリヨン絹織物業に化学染料を導入させている。

　そして，最終的に世界を制したのは綿である。絹織物もレースも，20世紀の化学繊維による代替品開発まで，基本的には高価な素材だった。よって，社会層を

ある程度以上に超えて普及する可能性がない。身分秩序が厳しかった近世期には，だからこそ絹とレースは一部の人びとしか手にできない奢侈品として憧れを呼んだ。だが，絹とレースのこの特性は，19世紀以降拡大する大衆消費には合致しない。一方，幅広い品質・価格帯に仕上げられる綿は，この流れに沿って需要も生産も拡大し，全世界・全社会層に広まる。

　こうしてフランスは生地生産国として後退する。しかし，逆にここから，フランス，そしてパリは，モノではなくモードそのものを発信する地になっていく。

3　モード都市パリの成立

　われわれは店舗で，カタログやインターネットによる通信販売で，衣服を買う。試着したり，品物の詳細や価格を調べたりして，納得してから購入できる。しかしかつては衣服を入手するのは厄介なことだった。18世紀パリの女性が装いを整えるには，貧しければ古着しか選択肢はないが，新品がほしければ，生地商から生地を買い，ボタンなどを別の小売商から求め，生地を仕立工に委ね，靴や帽子などの小物はそれぞれ専門の業者に頼むことになる。

　生地や服飾品も含め日用品の製造・小売は，中世以来，ギルドという業種別互助組織が担ってきた。フランスのギルドは次第に国家による手工業・小売業統制のための中間団体に転じ，特にコルベール期にこの性質が強まるが，パリのギルドは早くも中世期から王権の統制下に入った。衣服入手にややこしい手順を踏まねばならないのも，生地商は生地の加工を，仕立工は生地の在庫保有をギルド規定で禁じられているためである。こういった服飾関係業の細分化はパリ固有の事情だが，当時の小売商習慣の問題もある。そもそも小売の主流は街頭での流し売りや訪問販売だったが，店舗販売にしても，日常的な移動手段は徒歩か，せいぜい馬か馬車だから，客は近隣住民に限られる。となれば客単価を上げねばならず，商品を隠して駆け引きで値を釣り上げ，店は倉庫同然という状態になる。また客が固定だから掛け売り中心だが，利息は高い。小売取引の主導権は売り手にあり，客にとって買い物はやむを得ずすることでしかなかった。

　しかし，18世紀後半，この状況を変える人びとが現れる。モード商と呼ばれる手工業者／小売商である。これは名の通り「モード」，流行服飾品を作り売る職業だが，彼らは生地小売から衣服製造までの過程を統合し，さらに衣服完成品の販売にまで着手する。モード商ギルドは1776年，財務総監テュルゴの改革によりギルド制度が一時廃止された後，テュルゴ失脚により復活・再編成されたときに

第5章 「モードの国」フランス

成立したが，ギルド制度下でこうした型破りな活動ができた最大の理由は宮廷とのコネクションにある。モード商ギルドの初代理事を務めたマリ＝ジャンヌ・ベルタン，後世ローズ・ベルタンと呼ばれるモード商は，王妃マリ＝アントワネットなど錚々たる顧客を抱えていた。かつて衣服のデザインの決定権は着る者にあったが，ベルタンらモード商は，顧客の注文にしたがう一職人という立場を脱し，みずからモードを提案したので

図5-7　モード商店舗
モード商の店舗内。一番右は店主で，ファッショナブルなドレスを纏い，座ったまま中央の顧客に商品を見せている。左側のお針子たちのドレスの袖口にもレース飾りが見え，装いに気が配られているのがわかる。床は模様張り，壁には絵画が飾られ，椅子や暖炉などの調度品も装飾を施したもので，従来の小売店舗とは異なる優雅なしつらえになっている。
出典：Garsault, F.-A. de（1769）*Art du tailleur*, Paris: L. F. Delatour, pl. 16.

ある。とはいえ革命期に入るとベルタンは王妃とのつながりゆえに亡命を余儀なくされたが，ギルド制度が廃止され，帝政期に入る頃には，ルイ＝イポリット・ルロワという男性モード商が台頭する。ルロワはナポレオンの戴冠式の衣装を担当したことで知られ，フランスのみならずイギリスからロシアまで各国宮廷に顧客を持ち，ナポレオン失脚後には復古したブルボン家御用達となった。つまりベルタンはあくまで王妃の愛顧に頼る「王妃のモード大臣」であったが，ルロワは，のし上がるには宮廷での取り立てが必要だったにしても，名声確立後はみずからの名で顧客を集められる「モード界のナポレオン」となっていた。こうして，モードの主導権は着る側から作る側へと移る。

　モード商は売り方にも新機軸を打ち出す。店頭にマネキンを置いたりお針子に窓辺で作業させたりして商品を外に示し，店内を美しく設え，顧客の肖像画を飾り，「店に行く」楽しみを生み出した。そんなモード商の店舗はサン＝トノレ通り周辺に集まっていたが，この通りの近辺は現在でも高級ブティックが軒を連ねるモード街である。

　ところで，私たちが日々利用しているスーパー・マーケットやコンビニエンス・ストアは，全て世界初の大規模小売業態である百貨店から派生したものである。

　百貨店は19世紀半ば，パリとロンドンで誕生した。パリでその元になったのは19世紀初めにモード商から分化した新物店（マガザン・ドゥ・ヌヴォテ）という業

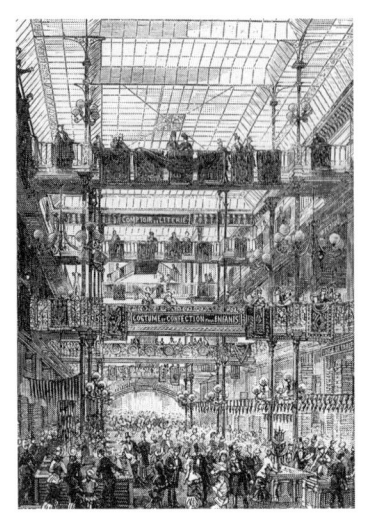

図5-8 ボン・マルシェ

「ボン・マルシェ」店内，1880年。バビロン通り側のギャルリ。この年，ボン・マルシェは建物を増築して新しい入口を設置した。鉄骨ガラス張りというパサージュ風の屋根によって明るく優雅な空間を作っている。翌年火災に見舞われたプランタンもガラス屋根に改築した。19世紀前半，パリやイギリス諸都市で盛んに建てられたパサージュは，世紀後半以降はヨーロッパから南北アメリカ，オセアニアまで広がった。逆にパリでのパサージュ建造は下火になるが，代わりに百貨店などにこのようにガラス屋根が取り入れられ，この流行はモスクワのグム百貨店などにも広まる。その後，20世紀初頭にはプランタンもギャルリ・ラファイエットもステンド・グラスのドームを設け，それはいまも来店客の目を楽しませている。

出典：*L'Illustration*, Vol. LXXVI, No. 1962, le 2 octobre 1880. Gravé par C. Baude.

種である。新物店はモード商と同じく服飾品小売店だが，定価，商品陳列，直接買い付けによるコスト・カット，現金払いなどの近代的経営方法を導入した。交通の発展により不特定多数の客が見込めるようになったこの時期に，営業広告を始めたのも新物店とされる。こうした新物店店員の中からより大規模な店を開く者が現れる。彼らの店は「大きい」という形容詞を付けて「グラン・マガザン・ドゥ・ヌヴォテ」と呼ばれ，そのうち後半が省略されて「グラン・マガザン」，すなわち百貨店となった。パリ初の百貨店はアリスティッド・ブシコが1852年に創業した「ボン・マルシェ」で，現在も一流百貨店として知られる。「ルーヴル」（1855年創業，1974年閉店），「プランタン」（1865年創業），「ギャルリ・ラファイエット」（1893年創業）がこれに続き，世界各地にこの業務形態は広まった。ロンドン初の百貨店「ハロッズ」は食料品商から発したがすぐに生地も扱いはじめたし，1905年から百貨店を名乗るようになった三越は江戸期の呉服店・三井越後屋が母体である。洋の東西を問わず，百貨店の起源は生地・服飾品店なのである。

「ボン・マルシェ」は華やかな陳列やギュスタヴ・エッフェル設計の壮麗な建築で客を惹き付け，バーゲン・セール，返品制度，カタログ通信販売など販売方法を工夫し，カフェ，読書室など各種サーヴィスも導入した。こうしてショッピングは娯楽となる。社員食堂，従業員年金など従業員の福利厚生も制度化し，近代的企業としても発展する。

一方，「ボン・マルシェ」開業の数年後，チャールズ＝フレデリック・ワース，フランス語読みでシャルル＝フレデリック・ヴォルトというイギリス人が右岸ラ・ペ通りに服飾店を開いた。百貨店の顧客は中流層だったが，ヴォルトはナポレオン3世妃ウジェニーをはじめ各国宮廷に顧客を持ち，「モードの専制君主」

第5章　「モードの国」フランス

と呼ばれるまでになる。化学染料で染められたリヨンの絹織物も、ヴォルトが用いることで人気を得た。

ヴォルトのメゾンは生み出すデザインが優れているだけではなく、既製服製造業を参考に、女性用高級注文服の製造方法を合理化した点が画期的だった。あらかじめデザインした衣服を見本として顧客に選ばせ、体型に合わせて仕立てるのである。つまりここで、衣服のデザインは完全に作り手の創意に委ねられることになった。ヴォルトは制作した衣服を店員ら人間に着せて示したことからファッション・モデルの考案者とも言われ、また彼女らに店内を歩かせたのがコレクションの始まりともされる。

図5-9　《ヴォルトのメゾン》（1907年）
見本の衣服を着せつけられたトルソが並んでいる。顧客はここから好きなデザインを選び、サイズを合わせて仕立を注文する。
出典：絵葉書、版元不明。

さらにヴォルトは、コピー品製造防止のためフランス・クチュール組合（サンディカ）の前身となる組合を結成した。これらをもって、ヴォルトは「オート・クチュールの父」と呼ばれる。

4　世界の中のパリ・モード

すでに述べたように、前近代ヨーロッパにおける衣服入手手段は注文服と古着だけだった。アジアなどの海外拠点では既製服が製造されていたが、基本的にはヨーロッパ内に既製服は存在しない。しかし18世紀末〜19世紀初頭、都市内産業として既製服製造業が登場する。パリでは1824年、フランス初の既製服店「ラ・ベル・ジャルディニエール」が創業された。この店の当初の主力商品は作業着で、つまり肉体労働をする層が顧客となる。その後顧客層は拡大するが、しばらくは豊かでなくとも体裁を整えねばならない学生や小店主あたりまでが上限だった。

1830年代からは軍服製造に仕立工バルテルミー・ティモニエが開発したミシンが導入されるが、仕立工によるミシン打ち壊し運動によりティモニエの工場は破壊され、フランスでのミシン製造は頓挫した。1850年代にはクリミア戦争のための軍服増産に向けてミシンが大規模導入されたが、これはアメリカ製である。ア

図5-10 ナダール《ボードレールの肖像》(1900年)

フランス風「ダンディ」としてはモンテスキュー伯が知られるが、ボードレールはいわゆる洒落者、伊達男であったモンテスキュー伯とは違う形でダンディズムを体現した人物でもある。ボードレールのダンディズムは精神の貴族性に重きを置き、中庸を旨とするブルジョワジーへの批判を内包するものだった。しかしそんなボードレールさえ、ブルジョワジーらと同じ暗色スーツを纏っている。それほどまでに19世紀男性服画一化の流れは強いものだった。なお、この写真はパリのナダール写真館で撮影されたものである。この時代には肖像写真が流行したが、ナダールは中でももっとも有名な写真家である。
出典：http://commons.wikimedia.org/wiki/File:F%C3%A9lix_Nadar_1820-1910_portraits_Charles_Baudelaire_2.jpg

メリカでは1830年代からミシン特許競争が起きており、1850年、ドイツ系ユダヤ人シンガーが現在とほぼ同じ仕組みのミシンを開発し、翌年、現シンガー社を創立している。同社は製品開発以上に企業組織整備、販売・普及戦略に注力し、シンガー・ミシンは世界中に普及した。ミシンによって衣服は安く速く製造できるようになり、既製服産業を発展させる。

　19世紀は男性服の規範がロンドンのテイラーが作るスーツに置かれ、社会層を超えて男性服が画一化される時代である。それもあって世紀末には中流層にも既製服が広まり、ヨーロッパで売れなくなった古着はアフリカなどへ輸出されるようになった。こうして既製服は、注文服と古着という入手方法の差に由来する社会層間の服装のタイム・ラグを埋め、男性の装いは大衆化・平準化されていく。アメリカではヨーロッパより早く、1870～1880年代の人口増大とともに既製服製造が拡大した。ただし、よりモードに左右される女性服への本格的な既製服導入は遅れ、アメリカでも20世紀以降となる。

　そして、ヴォルトに続いてポール・ポワレ、ガブリエル（ココ）・シャネル、マドレーヌ・ヴィオネなどのデザイナーが登場し、1910～20年代にパリ・オート・クチュールは黄金期を迎える。この時期に制度化したパリ・コレクションには世界中の富裕層が詰めかけた。こうしたパリのモードはファッション雑誌によって世界中に広まる。18世紀後半、ファッション雑誌がパリとロンドンで誕生し、19世紀中に印刷技術の発展と交通網の整備による輸送コスト低下で雑誌の数も発行部数も増す。そして、19世紀後半にアメリカで創刊された『ハーパーズ・バザー』誌（1867年創刊）、『ヴォーグ』誌（1893年創刊）は、20世紀初頭から写真を掲載し、ファッション・メディアの頂点に立った。

　そんなアメリカでは、前述の通り19世紀中から男性用既製服が拡大していたが、

20世紀に入ると女性用既製服製造も盛んになり，ファッション性が求められるようになる。パリ・モードがその手本となり，パリから輸入された型紙を元に衣服が製造された。いっそのこととアメリカでのライセンス・ビジネスに乗り出し，アメリカの業者に型紙を渡して衣服を作らせ，それに自社のタグを付けて販売させるメゾンもあったほどである。

　こうして，パリがデザインを創り，アメリカがそれをモードと認定して情報を世界に発信し，同時に商品として生産するという構造が成立する。20世紀初頭のパリ・モードの栄光は，アメリカという情報伝達と模倣の場なくしては実現しなかった。

　しかし第二次世界大戦期にパリはナチスに占領され，各メゾンも休業・移転・閉鎖を余儀なくされた。パリからのデザイン輸入が途絶えたアメリカではやっと本格的にデザイナーが育ち始める。彼らは大量生産用のシンプルな「アメリカ的」デザインを生み，既製服製造の工業化を進めた。戦後，パリ・モードはクリスチャン・ディオールの「ニュー・ルック」と共に復活したが，アメリカから押し寄せる既製服産業の波には抗えなかった。1966年のイヴ・サン＝ローランの「リヴ・ゴーシュ」開店を皮切りに，パリ・オート・クチュールの各メゾンは高級既製服，すなわちプレタポルテ部門を設けるようになる。

　そんな1960年代，ロンドンの街角から巻き起こったミニ・スカート旋風は世界中に吹き荒れ，オート・クチュールにも採用されるに至った。五月革命を経て1970年代には高田賢三，三宅一生，1980年代には川久保玲，山本耀司ら日本人デザイナーもパリ・コレクションに進出し，ほかにも多くの外国人がパリで活躍するようになる。さらにコレクションはミラノ，ロンドン，ニューヨーク，東京をはじめ，世界各地で開催される。

　そして現在，モードを実質的に動かしているのは企業である。1980年代末から1990年代，宣伝戦略や店舗展開によって企業アイデンティティを広め，マーケティング主導の商品作りによって拡大した企業が「グローバル・ブランド」と呼ばれるようになった。ニューヨークのカルヴァン・クライン，ミラノのアルマーニなどがその嚆矢である。21世紀に入ると，廉価に最新流行品を提供するファスト・ファッション・メーカーが躍進する。H&M，ユニクロなど，日々ファスト・ファッションを利用している人も多いだろう。

　パリだけがモードの中心だった時代は終わり，ボトム・アップの流行も現れた。冒頭で，フランスにとっての，また世界の中でのフランスの，アパレル産業の経済的重要度の低さについて述べた。さらに現在，パリ・オート・クチュールの顧

客は全世界で600人程度に過ぎないとされる。モードを「多くの人に消費されるもの」とするなら，すでにフランスは「モードの国」ではない。

　しかし，モードとは，直接的なマスの消費を目指すものなのだろうか。そもそも，フランスの生地・服飾品製造業は，量の点ではイギリスやアメリカに負けてきた。パリ・オート・クチュールが世界の頂点に立ったのは，イギリス綿織物業によってフランスの生地製造業の重要性が後退し，アメリカで既製服産業が勃興してからである。むしろ，量で勝てなくなったからこそ，フランスはモードによって生き残ったのではないか。量ではなくデザインと品質に賭し，女性最上流層に的を絞ることでその価値を高め，それを大衆消費の上に「モード」として置く。それそのものは大量に生産も消費もされない。だが大量生産・大量消費向け商品に模倣されるだけの価値を持つ。そうしたトップ・ダウンの構造である。その背景には，高級品・奢侈品路線に長けた「絹とレースの国」フランスの歴史があったのかも知れない。

　そんな高付加価値志向のフランスらしい戦略を取るのが，ベルナール・アルノ率いる巨大コングロマリットLVMH（モエ・ヘネシー・ルイ・ヴィトン）である。1987年に成立したLVMHは，パリのオート・クチュール・メゾンやミラノ・ブランド，そしてボン・マルシェなどの小売部門も含め，60以上の企業を傘下に収めている。LVMHはそもそも，アルノがトップとなってディオールを買収し，外国人デザイナーを起用したところから躍進した。いまやデザイナーの首は企業によって挿げ替えられる。かつて独自のクリエイションを世に送ったデザイナーらの名は，もはや単なる響きの良いブランド名，洒落たブランド・ロゴとなった。LVMHが強く提示するのは独創的デザインではなく，最高級の品質でもない。ブランド性である。それこそが付加価値を生む。

　そして，フランスという国，パリという街の名こそが，「モードの国」フランスに残された最大の価値，最大のブランドである。フランス，そしてパリという名は，いつまで数百年来のモードの都という価値を纏い続けることができるだろうか。その歴史に，新しい衣を重ねることはできるだろうか。

参考文献

鹿住大助（2009）「18世紀リヨンの絹織物業ギルド――『コルベールの規則』とその変化」千葉大学提出博士論文。

クラーツ，アン（1989）『レース――歴史とデザイン』（深井晃子訳）平凡社。

角田奈歩（2013）『パリの服飾品小売とモード商 1760-1830』悠書館。

角田奈歩（2014）「ファッション産業の歴史とグローバル化」内村理奈編著『ファッションビジネスの文化論』北樹出版。

富沢修身（2013）『模倣と創造のファッション産業史——大都市におけるイノベーションとクリエイティビティ』ミネルヴァ書房。

長沢伸也（2002）「LVMH モエ ヘネシー・ルイ ヴィトンの草創期とビジネスモデルの発展」『立命館経営学』41巻1号，1-27頁。

深沢克己（2007）『商人と更紗——近世フランス＝レヴァント貿易史研究』東京大学出版会。

ペロー，フィリップ（1985）『衣服のアルケオロジー——服装から見た19世紀フランス社会の差異構造』（大矢タカヤス訳）文化出版局。

松原建彦（2003）『フランス近代絹工業史論』晃洋書房。

Bergeron, L. (éd.) (1996) *La révolution des aiguilles: Actes du Colloque international d'Argenton-sur-Creuse, 11-12 juin 1993*, Paris: Éditions EHESS.

Crowston, C. H. (2013) *Credit, Fashion, Sex: Economics of Regard in Old Regime France*, Durham [NC]: Duke University Press.

Lemire, B. (2011) *Cotton*, London/New York: Bloomsbury Academic.

Riello, G. (2013) *Cotton: The Fabric that Made the Modern World*, Cambridge [UK]: Cambridge University Press.

Roche, D. (1989) *La culture des apparences: Une histoire du vêtement XVIIe-XVIIIe siècle*, Paris: Fayard.

Thoisy-Dallem, A. (2010) *Le Musée de la Toile de Jouy*, Jouy-en-Josas: Édition Musée de la toile de Jouy.

Whitaker, J. (2011) *Une histoire des grands magasins*, Paris: Citadelles & Mazenod.

世界貿易機関データベース（http://stat.wto.org/Home/WSDBHome.aspx，2015年1月15日閲覧）。

国立統計経済研究所データベース Alisse（http://www.alisse2.insee.fr/，2015年1月15日閲覧）。

第6章
よみがえった王政

中山　俊

1　王政への回帰——後退か進歩か

　ナポレオン帝政終焉後，フランスは王政に回帰する。1814〜1830年の復古王政（1815年3月から3カ月あまりのナポレオンの「百日天下」を除く）と1830〜1848年の七月王政というふたつの体制は，フランス革命が打倒した「アンシアン・レジーム（旧体制）」期と同じような絶対王政を復活させようとしただろうか。本節では，おもにふたつの憲章（Charte）の分析を通じて，両王政が目指した政体について考えてみたい。

　1814年1月1日，イギリス，オーストリア，プロイセンそしてロシアの連合国が率いる50万の軍勢がフランスに侵攻した。この国の敗戦はすでに濃厚だった。連合国は，フランスの次の政体のあり方を問うた。激変した国際秩序をフランス革命以前に戻すことのできる政体は何か。意見は分かれた。ブルボン朝の復活を望んだのはイギリスだった。上院も同じ考えだった。統治者には，処刑されたルイ16世の弟に白羽の矢が立った。こうして新国王ルイ18世が即位し，彼の意向も合わせて「憲章」が起草された。

　1814年6月4日に公布されたこの「憲章」は，新政体の性格を決定するもっとも重要な文書である。これがフランス革命中に発布されたような「憲法」（Constitution）でなかったのは，乱暴な権力濫用を制限するため人民が施政者に認めさせたものではなく，国王が臣民に授与したものだったからである。しかも，憲章は，国王が神により召喚されたと自己規定する王権神授説に基づいていた。復古王政はフランス革命によって壊された「時の鎖をつなぎ直す」体制たるべきだったのだ。

　しかし，現実主義的なルイ18世は，旧制度を完全に復活させるつもりはなかった。実際，憲章にしたがえば，全てのフランス人が法の前に平等で，称号や地位によって差別を受けることなく公職に就くことができた。信教の自由，所有権の

不可侵も同様に保証された。政治制度面では，貴族院（上院）と代議院（下院），国王の執政を助ける外務，内務等の諸大臣が設置された。大臣は国王にのみ責任を負い，その任免は国王の信任に基づいた。それゆえ，イギリスにならった制度が採用されたと言える。また，フランス革命中に得られた成果の一部が反映されたようにも見える。

　しかし，アンシアン・レジーム（旧体制）の名残が完全に払拭されたわけではなかった。国家元首は国王であった。行政権と立法権，そして司法権の三権は国王が有し，分立していなかった。ふたつの新国会は法案を議決することはできるが提出権を持たず，法案提出を国王に求める権限を有するのみだった。法案は国王の意思に基づいて審議され得た。さらに国王は，国家の安寧にとって必要な規則や王令を自由に定めることができた。後に問題となる第14条である。身分制にかんしてはどうだっただろうか。確かに，「王によって貴族に与えられるのは地位と栄誉のみであり，貴族は社会の諸責任と諸義務から逃れられない」（第71条）とされている。貴族の存在は認めるが，その特権は否定されるという規定である。しかし，これにより帝政期に授爵された新貴族の身分は保証されたことになる。さらに，貴族は終身の上院議員になりその職を世襲し，均分相続を原則とした民法典とは別の特別制度，長男子の世襲財産相続を利用することができた。身分特権は完全に廃止されなかったのである。また，貴族以外の人びとも，代議院議員にならなれるとはいえ，それは厳しい制限選挙を経てのことだった。

　このように復古王政は，市民に適切に門戸を広げ自由な社会参画を求める立場と，身分制を残し閉鎖的だが安定した社会を求める立場という両者の妥協，均衡を目指した。

　ルイ18世の死後，1824年に即位した弟のシャルル10世（図6-1）は，1825年に瀆聖を禁じ出版の自由の制限を強化するなど，前王よりも保守的な政治を行った。最終的には，1830年7月25日，憲章第14条に基づいて王令（「七月王令」）の発布を決定した。出版の自由を停止して議会を解散するなどの措置をとったのである。これがきっかけとなり，パリで反体制を叫ぶデモが行われた。同年7月27日から29日の「栄光の三日間」と呼ばれるこの蜂起は労働者とブルジョワジーの同盟によって組織され，政府軍と衝突した。翌月，敗れた国王は亡命し，従兄弟のオルレアン公が王位に即くことになった（七月革命）（図6-2）。

　代議院で行われた戴冠式は，かつてシャルル10世が行った即位式とは異なり，宗教色は拭われていた。さらに，新国王は前体制のように「フランスの王」ではなく，立憲王政を志向した1791年憲法にならって「フランス人の王」という称号

第❻章　よみがえった王政

を受諾した。オルレアン家の家系から考えればフィリップ7世となるところを，あえて「ルイ＝フィリップ1世」と名乗ったところにも，これまでとは一線を画す政体を創設しようとしていたことがわかる。また，民衆にもよく知られていたように，王はフランス革命期の初期において，当時まだ立憲王政派だったジャコバン・クラブへ加盟し，義勇兵としてヴァルミーの戦いなどに参加していた。彼の父，フィリップ・エガリテはルイ16世の処刑に賛成票を投じた国王弑逆者(レジシード)だった。このような経歴もまた，新政体がフランス革命の原理と国民の合意に忠実であると示すに十分だった。

それゆえ，1814年憲章は改正され，1830年8月14日，新たに公布された。それはまたもや「憲法」と呼ばれなかった。しかし，王権神授説を述べる前文や「臣民」の語が削除されたこと，両議院が憲章の修正を可決しそれを王が受け入れるという形式で制定されたことを考慮すると，新憲章が王から恩恵として与えられたような性質のものでなくなったことは明らかである。

新憲章は，規定の面でも，1814年のものと多くの点で違いが見られた。法の前の平等や個人の自由，

図6-1　フランソワ・ジェラール《1825年5月29日，ランスにおけるシャルル10世の戴冠式》（1827年）
ジェラールはシャルル10世の命を受けてこの絵を完成させた。作品は，ルーヴル美術館に展示された。戴冠式は，歴代の王にならい王権神授説にのっとってとり行われた。その厳粛な様子が伝わってくる。式典は，保守色の濃かった彼の治世を象徴するものである。
出典：Baecque, Antoine de and Françoise Mélonio (1998) *Lumières et Liberté. Les dix-huitième et dix-neuvième siècles.* Paris: Éditions du Seuil: 318.

図6-2　オラス・ヴェルネ《パレ＝ロワイヤルを後にし，市庁舎へ向かうオルレアン公》（1832年）
オルレアン公（画面中央左）が居館を去り，権力の座につくまでの劇的な瞬間を捉えた絵画。この作品も前図と同様，国王自身の注文によって描かれた一種のプロパガンダである。民衆の歓呼の声とともに見守られる彼の勇ましい様子は，図6-4とは対照的である。
出典：Furet, François (1988) *La Révolution: 1770-1880.* Paris: Hachette: 337.

法律の範囲内での出版の自由，検閲の禁止といった原則は維持されたが，議会制においては，貴族院，代議院の存置だけでなく，両議院の法案提出権と王の承認なしでの法案修正権が保証された。そして，国王が議会の審議にかけずに法律を公布することは事実上認められなくなった。また，先述の第14条は削除された。これらの規定からは，王と国民の新たな関係が透けて見える。新憲章は，両者間の「契約」と言えるものになったのである。契約を結ぶために，国民は祖国を愛さなければならなかった。「憲章と憲章によって認められる全ての権利は……全てのフランス市民の愛国心と勇気に委ねられる」という新条項が付け加えられたのはそのためである。国民の団結のシンボルについても言及された。国旗として，復古王政期の白旗ではなく，1794年の政令で定められた通り，青・白・赤のおなじみの三色旗が選ばれたのである。こうして，国民のしかるべき紐帯はカトリックではなくなった。実際，それは「フランス人の多数派の宗教」と定義されるにとどまったのである。身分制にかんしても，前時代とは異なった規定がなされた。新憲章では1814年憲章の第71条を存続させたものの，シャルル10世時代に授けられた爵位は剥奪され，さらに1831年12月29日法によって貴族院の世襲制は廃止された。1835年には新たな長子世襲財産の設定も禁止され，貴族の身分特権は消滅した。

　このように，七月王政は反君主制的革命というより反貴族的革命の帰結としての体制だった。それは議員らに歓迎されただろうか。確かに，改正憲章案は大多数の賛成票で可決されたが，その採決の際に出席した議員は貴族院で365人中114人，代議院で430人中252人のみだった。意見を保留する議員が多くいたのである。アンシアン・レジーム（旧体制）の復活，共和主義政体の実現など，理想とする政体のコンセンサスは，両王政期において依然として確固たるものでなかった。実現すべき政策にも大きな意見の相違があった。ふたつの憲章によって提示された国のかたちはどの程度追求され，どのような政策が実現されたか，次節で検討してみよう。

2　フランス革命の遺産

　両王政期における政治潮流は，フランス革命に対する態度を基準にすると3つに大別される。まず，「王よりも王党派」と言われた極端王党派，「ユルトラ」（ultra）の考え方である。彼らは革命の成果の大部分あるいは全てを拒絶した。次に，立憲派あるいは自由派の立場である。彼らは1789年の革命の理念を重視し，

1793年に志向された平等主義的思想を拒絶した。第三の共和派はそれこそを実現すべきと主張する急進派であり，革命を再開させようとした。おおまかに言うと，復古王政期の政治的，社会的方針は，ユルトラと立憲派の勢力の強弱に応じて揺れ動き，七月王政期においては，立憲派が他二派，特に共和派と争うことになる。この構図を用い本節では，出版の自由，選挙法，労働者という3つのテーマについて見ていきたい。

　両王政期において注目すべきは，「世論の政体」（Rémond 1965：367）が創始されたことである。その体制は，1789年の人権宣言で認められ1792年の8月10日事件以後制限された自由をフランス国民がふたたび取り戻していく過程で達成された。しかし，その道のりには紆余曲折があった。まず，憲章発布後，出版には帝政期と同様に事前承認が義務づけられた（1814年10月21日法）。百日天下後は，より厳しい制約が課せられた。ユルトラが多数派を占めた議会によって，1815年11月，国家の秩序や王の権威に反するような言動を紙面で行った疑いのある者は裁判を経ずして拘留させられることになったのである。当時は，王党派による反対勢力粛清の「白色テロ」が横行し，「国王弑逆者（レジシード）」の公職追放や百日天下時にナポレオン側についた将官の処刑が行われていた。自由の制限は，このような世情を反映したものだった。

　復讐政策の流れを断ち切るため，1816年に国王は議会を解散し，同年の選挙では立憲派が勝利した。1819年，穏健な彼らでも新聞発行にかんしては申告の際の保証金を義務づけたが，出版の事前許可や出版物の検閲は廃止された。しかし，この自由化も長くは続かなかった。のちのシャルル10世の次男，ベリー公爵が1820年2月に暗殺されると，ふたたびユルトラが議会の多数派を占め，以前のように出版に制限がかけられるようになったのである。

　以後，議会においてユルトラ勢力が弱体化すると，1830年に少しの間検閲が復活したのを除けば，1828年以降，出版・表現の自由はふたたび確保された。フランス革命初期の遺産は取り戻されたと言える。七月王政もこの規定を引き継いだ。しかし，1834年頃からパリやリヨンなど大都市で共和派を支持する労働者層が蜂起行動をおこし（図6-3），1835年に国王襲撃事件が起こるなど反体制運動が強まってくると，状況はやや変化する。議会はユルトラや共和派による体制批判を看過できず，同年9月，保証金を倍額に増やし，風刺画を中心とする印刷物上のイラストに対して検閲する法律を制定させたのである。それでも，日刊紙の部数はパリで1836年から1847年までに年間8万部から18万部へ増加していた。新聞を中心とする出版物が国政の動向に与える影響力は弱まらなかった。このような世

図6-3 作者不詳《1834年4月9〜14日, リヨンの共和派蜂起》(製作年不詳)

共和派と政府軍が衝突する状況を描いた作品。労働者層を中心とし政府に不満を持つ共和派が三色旗ではなく赤旗を掲げている。彼らが三色旗を団結のシンボルとして受け入れるのは、1848年の二月革命以降である。

出典：Aprile, Sylvie（2010）*La Révolution inachevée : 1815-1870*. Paris: Belin: 76.

論が、1848年の二月革命の原動力だったのである。

選挙法もまた、フランス革命以降何度も議論されてきた重要なテーマである。まず、1814年憲章で定められたのは、貴族院議員が世襲身分で王によって任命されること、そして、代議院議員が公衆の意見を代弁する者として、選挙によって選出されることだった。選挙人は30歳以上で300フラン以上の税金を納める男性であり、40歳以上になると1,000フラン以上の納税者には被選挙資格も与えられた。この大枠を維持しつつ、選挙法は幾度か改正された。まず、1817年2月に直接制限選挙制が導入された。正確な人数の把握は難しいが、被選挙人は約1万6,000人、有権者は10万人以下（成人男性の約1％）だった。政治参加は、大土地所有者などの貴族や、実業家、商人などの上流ブルジョワジーに限定されていたのである。アンシアン・レジーム（旧体制）期にはすでに全国三部会の選挙が行われていたように、ユルトラは選挙そのものを否定しなかった。問題は選出方法だった。彼らは、有権者資格を引き下げ県の下位の行政区分である郡（アロンディスマン）に基づいた間接選挙を望んだ。影響下にあった地方農民の票を自身の当選に結びつけやすくするためである。立憲派はこの主張を退け、支持層である都市部のブルジョワの意向がいっそう反映される法律を制定した。しかし、1820年以降のユルトラ支配の議会において、選挙法は再度改正された。高額納税者の選挙人に投票権を2度与え、地方の大土地所有者重視の制度が導入されたのである。1830年の選挙で立憲派あるいは反政府派が勝利すると、シャルル10世は対抗措置として「七月王令」を発布した。そのなかで、選挙人と被選挙人の資格に必要な納税額の算定を地租と人的動産税に限定し、元亡命貴族等の大土地所有者層の票の重みを相対的に大きくしようとした。このような反動的な政策は、フランス革命の遺産をないがしろにするものだったため、七月革命を引き起こす理由のひとつとなった。

新憲章では、代議院議員選挙の有権者と被選挙権者の年齢制限がそれぞれ30歳

から25歳へ，40歳から30歳へ引き下げられた。税額要件も緩和された。1831年に制定された法律によって，有権者の最低直接税は300フランから200フランへ，被選挙者のそれは1,000フランから500フランへと減額されたのである。この決定により選挙人は1831年に約17万人（成人男性の約3％）に上り，復古王政期末期に比べると増大した。上流ブルジョワが主流ではあったが，弁護士や医師などにまで選挙人の裾野は広がった。被選挙人は1840年になると約6万人に増加した。貴族院は，帝政期以降に授爵された一代限りの高級官僚や軍人，学士院会員等のブルジョワジーで占められ，アンシアン・レジーム（旧体制）から代々続く貴族の牙城ではなくなった。こうして能力に基づく立身出世の道がいっそう開かれるようになったが，それは依然として裕福な階層に限定されていた。七月革命が「ブルジョワ革命」と呼ばれる所以である。

図6-4　オノレ・ドミエ《ガルガンチュア》（1831年）

当代随一の風刺画家ドミエは，ルイ＝フィリップ1世をラブレーの作品のガルガンチュアになぞらえ，労働者層から収奪し醜く肥える貪欲な大食漢として描いている。また，国王の顔はお人好しで間抜けな人物を意味する「梨」に見立てられている。

出典：Le Men, Ségolène (2008) *Daumier et la caricature*. Paris: Éditions Citadelles & Mazenod: 34.

　フランス革命初期のようなこの寡頭支配体制は，1793年の再到来を夢見た共和派にとっては不十分なものだった。1820年代以降，秘密結社を組織して変革を望んでいた彼らは，七月革命においてようやく労働者が中心的な役割を果たしたと訴えた。そこで普通選挙制の実施を求めたが，願いはかなわなかった。確かに革命後4カ月の間は，労働者寄りの社会改革を目指す勢力（「運動派」）が政権を担当した。しかし，政府はやまない暴動への対処と外交方針で王と対立し，以降はカジミール・ペリエなどに率いられた勢力（「抵抗派」）によって大ブルジョワジー優位の政治が行われた。その基本方針は「フランス革命を終わらせること」(Furet 1988：292) で，立憲派の目的だった。七月革命によって自身の地位や生活環境，労働条件が向上すると期待した労働者は裏切られることになる（図6-4）。1834年には20人以下の団体の会合に事前許可が義務づけられ，ナポレオン刑法典の規定が厳格化された。ペリエが「耐え忍従する以外に現在の不幸への解決策はないことを労働者は知らねばならない」(Broglie 2011：160) と言ったように，「危険な階級」とみなされた彼らに対する政府の認識は冷酷だった。こうして，

労働条件改善政策は鉱山や工場における 8 歳以下の児童の労働禁止と12歳以下の児童への労働時間制限（8 時間）などにとどまり，労働者層の鬱屈はたまるばかりだった。彼らはフーリエやサン゠シモンの社会主義的思想に影響された。所有権の共有あるいは制限のような平等主義を基本的信条とする社会主義は，下層階級に共感を示す当時の共和派の思想と重なりあった。1846～1847年の不況や1847年 7 月から始まる「改革宴会」による選挙改革などの訴えによって反体制の波は次第に大きくなり，ついには1848年に二月革命が引き起こされた。1793年のような「民衆による政治」の実現可能性が，ふたたび到来したのである。

3 「一にして可分」な文化的統合

つぎに，両王政期を文化面から考察してみたい。この時代は，新機軸が世に出て定着していく時代だった。そのイニシアティヴを握ったのは，ブルジョワ層の知識人階級や施政者だった。彼らの目的は，文化によって市民を涵養するだけでなく，階級間を超えフランス人に共通の価値を構築することだった。「国民文化」の創造である。特に七月王政期は，三色旗の公式化以外にも「国民アイデンティティ」の浸透につながる試みが数多くなされた。以下では，この文化的統合について検討したい。

そのために重要と考えられたのは，まず公教育である。復古王政期には，全国民の約 4 分の 3 が文盲だった。その率は南部が北部を上回った。フランス語の習得は，計算や道徳の教育と同様に国家の課題だった。公教育相のフランソワ・ギゾーは1816年時で 5 万フランだった予算を1833年に150万フランに増やした。そして，1833年の「ギゾー法」によって500人以上の市町村への小学校の設置と各県への師範学校の開設が決定された。さらに，視学の任命，公教育省認定の教科書の作成，教員の待遇の向上などによって，初等教育は全国一律となるように整備された。地元の聖職者による教育を禁止しなかったため，公教育が国民に根づくにはまだ時間が必要だったが，フランスは識字率の向上と南北格差の縮小へ向けて一歩を踏み出した。

国民共通の価値としてブルジョワ層の知識人らが着目したのは，自国の過去だった。彼らは多かれ少なかれロマン主義者であったか，少なくともその影響を受けていた。歴史家のジュール・ミシュレはその代表的な存在である。中世史を主とする『フランス史』（1833～1844年）と『フランス革命史』（1847～1853年）を書いた彼は，若い頃パリのフランス記念物美術館の中世彫刻の展示室で「感動を覚

え心が震えた」(Bertier de Sauvigny 1955：339) と述べている。このような感性は，歴史書の年間出版数が1812年の306冊から1825年には1,073冊へと3倍以上に増加することを考えると，ミシュレに特有のものではなかっただろう。

　1833年には初の歴史専門雑誌，『マガザン・ピトレスク』(1833～1938年) が発行されるなど，1830年以降もフランス人の歴史への関心が止むことはなかった。ロマン主義者は，特に中世に関心を示した。『フランス文明史』(1828～1832年) など多くの歴史書を書いたギゾーや，『メロヴィング王朝史話』(1840年) の作家，オーギュスタン・ティエリにとって，歴史とは，「階級」あるいは，フランス北部のフランク人や南部のガリア人のような「民族」のものだった。王や支配者が主人公となるべきではなかったのである。叙述すべきは階級間，民族間の闘争であり，歴史の目的はその展開から「われわれの先祖」の道理や良識を明らかにし，「われわれの根源」を探すことだった。そして，歴史の原動力たる階級間の闘争や民族間の差異を維持すべきであるという国家モデルが，歴史叙述を通じて浮き彫りにされた。施政者の立場からギゾーは，そのような差異を国というまとまりのなかで調和させようとした。中世が参照されたのはそのためである。彼らの解釈によれば，中世はある部分では国民が同じ慣習，同じ感情を共有しつつも，階級，民族が混在し対立していた時代であり，「国民統合のゆりかご」(Mélonio 1998：124) だった。

　また，中世への関心は美術にも及び，これまで軽視されていたゴシック建築がさかんに研究されるようになった。その傾向はパリではなく，地方から生じた。バイユー出身の郷土史家，アルシス・ド゠コモンは，1824年にカンで「ノルマンディー古物研究会」を創設し，定期的に自身の研究を発表する会を設けた。以後，1830～1849年に23の郷土史家団体が誕生した。それぞれの団体は，学術雑誌を出版し研究成果を世に広めた。

　中央政府は古書体学者や文献学者を要請する目的で1821年に古文書学校を開設していた。しかし，自国の過去を探るための制度構築に力を入れるようになったのは1830年以降だった。同年，内務相だったギゾーはノルマンディー古物研究会をモデルに学術協会を創設するよう県知事に呼びかけた。さらに，各県で郷土史家を政府の通信員に任命し，その協力のもとで多様な地方の歴史，美術史，考古学研究を中央集権化しようとした。

　差異が発見されていく一方，国家はフランスの一体性を強調しようとした。復古王政期の初期からすでに，国民全員が称えるべき王や王家の肖像画，彫像が市庁舎や橋など公共の場に飾られていた。それに対し七月王政期に重要視されたの

図 6-5 ウジェーヌ・ドラクロワ《タイユブールの戦い　1242年7月21日》（1837年）

ルイ9世（聖王ルイ）が1242年にシャラント川のタイユブール橋でイングランド軍を制圧した戦いの一情景である。作品を注文したルイ＝フィリップ1世の意図は、外国軍を蹴散らし国の統一を守ったフランスの歴史的な栄光を記憶することだった。

出典：Pérouse de Montclos, Jean-Marie (1999) *Versailles*. Paris: Éditions Place des Victoires: 79.

は、王家というよりもフランスの歴史的な勲功を喧伝することだった。例えば、クローヴィスがメロヴィング朝を起こすきっかけとなったトルビアックの戦い（496年）に始まりオーストリア軍に勝利したヴァグラムの戦い（1809年）まで、フランスの戦功を主題にした数多くの絵画がヴェルサイユ宮殿に展示された（図6-5）。パリのヴァンドーム広場の円柱上へのナポレオン像の再設置（1833年）、凱旋門竣工（1836年）、アンヴァリッド（廃兵院）への遺骸の移送（1840年）など、元皇帝の功績も公式に顕彰された。

　両王政期はまた、郵便馬車、乗合馬車の迅速化や鉄道の敷設、道路の舗装等によって国境内の人や物の移動が次第に容易になる時代である。このようなインフラの向上は、歴史を通じた国民の連帯感情を支え「同朋」に対する知的好奇心を刺激しただろう。国民の社会生活を把握するため、様々な調査や研究が進展したのである。例えば、「道徳統計」の創始者、アンドレ＝ミシェル・ゲリは、1820年代後半から1830年代前半にかけて、教育と犯罪率や気候条件と様々な病気による死亡率の相関関係などを探るために、政府の協力を得て全国調査を行った。結果は県別に色分けされた多くの図版で示され、科学的研究によって、地方による差異の存在が明らかになった。また、関心は「危険な階級」にも向けられた。医師のルイ＝ルネ・ヴィレルメや衛生学者のアレクサンドル・パラン＝デュシャトレは1830〜1840年に、民衆の社会的不幸、おもに大都市における労働者階級の労働条件や生活実態を調べ、その悲惨な境遇を報告している。しかし、この時代に労働者の暮らしが大きく改善されることはなかった。それゆえ、調査の意義は、当時のブルジョワ層が公衆衛生改革や平等化推進の必要性を自覚したことよりも、自分とは異なる同朋を発見したことのほうが大きかったと言える。

　国民の多様性は、文芸の観点からも興味の対象となった。代表的なものは、創作作品を除けば旅行記である。それ以上に特筆すべきは、国民を職業や地方で分

節化し定義を与え類型化する方法によって国民を表象する作品である。そのうちもっとも有名なのが、『フランス人の自画像』（1840〜1842年）であろう。この浩瀚な挿絵本では、食料品屋、御者、助産婦といった職業の人々や画学生、遊蕩児、未婚女性などの無職の人々の生態がイラスト付きで描写された。また、「バスク地方の人」「ノルマンディー地方の人」など、フランス各地の人びとの特徴、地方独特の衣装や職業、慣習が描き出された。編者はそれらが首都からの流行や文明化の波によって消滅するかもしれないと危惧していた。それに、フランス社会をひとつのまとまりある組織として捉え、その内部に多種多様な要素が混在していることを明らかにすることも重要な目的だった。ブルジョワ層を中心とする読者は、見慣れない服装や奇異な行動様式によって日々の生活で接触のない「他者」を、エキゾチスムの視点から観察しつつも、同じ国民として捉えようとしたのである（図6-6）。

図6-6　イポリット・パケ、無題（『フランス人の自画像』地方編第3巻の扉絵）（1842年）

フランスを象徴する女神は「フランス人は法の前に平等である」との言葉を掲げている。そのまわりにいる、植民地の現地民らしきアフリカ人やインドシナ人、レユニオン島の女性、それにブルターニュ、コルシカ（コルス島）の男性と女神によって、「一にして可分な」フランスが表現されている。

出典：Le Men, Ségolène, Luce Abélès and Nathalie Preiss-Basset（1993）*Les Français peints par eux-mêmes: panorama social du XIXe siècle*. Paris: Réunion des musées nationaux: 35.

このように両王政期のフランスは、公教育や歴史を通じて文化的一体性を創造あるいは演出しながら、地方、民族、階級間の違いに関心を示した。そこで浮かび上がるのは、「一にして不可分」というよりも「一にして可分」な近代国家の姿だった。それがブルジョワ層主導の文化政策や文化事業によって導かれたように、今後のあるべきフランス像もまた、彼らの価値基準によって提示されるようになるだろう。

4　威信の回復にむけて

ナポレオンの敗戦を機に、ヨーロッパはフランス革命前の王朝秩序を再建する方向へ舵を切った。その方針を決定したのが、ウィーン会議（1814年9月〜1815年6月）である。ここにおいて、イギリスと神聖同盟（1815年9月）の締結国（オー

図6-7 作者不詳《カディスのトロカデロ要塞攻囲》(19世紀)

スペインのカディスのトロカデロ要塞が，水に飛び込んで攻撃する勇敢なフランス人兵士によって陥落していくさまが描かれている。

出典：Aprile, Sylvie (2010) *La Révolution inachevée : 1815-1870.* Paris : Belin : 232.

ストリア，ロシア，プロイセン）がヨーロッパの指導的立場に据えられた。基本方針は，普遍的帝国による大陸支配の防止と諸国の均衡による協調だった。フランスはこのようなウィーン体制において，どのように敗戦国という不名誉を拭い去ろうとしただろうか。

フランスは，他のヨーロッパ諸国にその膨張を警戒されてはいたものの，新しい国際秩序の安定のためにも，強国としてのプレゼンスを有するべきと考えられた。他の列強の膨張も抑止しなければならなかったからである。政体の刷新を求めてヨーロッパの秩序を脅かす民衆運動を抑える必要もあった。実際，フランスに課せられた賠償金と領土の割譲は限定的なものにとどめられた。また，1818年という早い段階で，列強はフランスに駐留していた軍を撤退させることになった。さらに，フランスは四国同盟にも加入することが認められ，他の四国同様の大国の地位を失わなかった（アーヘン会議）。1815年以降，アンティル諸島のグアドループやマルティニーク，そしてインド洋上のレユニオン，南アメリカ北東部のギアナに加え，ポンディシェリやシャンデルナゴルなどのフランス領インド，カナダ沖のサン＝ピエール＝エ＝ミクロンなどの植民地も回収された。

確固たるものと見えたウィーン体制だったが，立憲運動はイタリア，オーストリアなどでふたたび活発化していた。スペインでも，1822年6月，フェルナンド7世の絶対王政治下で革命政府が誕生した。そこで，同年10月のヴェローナ会議においてスペインへの軍事的干渉が決定された。革命政府を打倒するよう要請されたのはフランスだったが，革命政府支持や戦費拡大を理由として派兵に否定的な声も多く，政権内で意見は割れていた。しかし，ルイ16世の甥の危機を救い，ヨーロッパ協調に貢献しフランスの栄光を世にアピールする決定が下された。翌年のスペイン派兵（図6-7）は，列強とフランスによる団結の結晶だった。

その一方で，イギリスは干渉に反対した。スペインで自由主義政権が成立したとしても近隣諸国の脅威にはならず，帝政期から続々とスペインから独立したラ

テン・アメリカ諸国との貿易で利益を得ていたからである。ヨーロッパの列強の協調ははやくもほころび始めていた。

　オスマン帝国からのギリシアの独立問題もまた、ウィーン体制を動揺させた。フランスは1822年1月の独立宣言（エピダウロス会議）直後、慎重な態度を取っていた。しかし、同年4月にはじまったキオス島の虐殺により軍事援助を主張する世論の声が強まって独立運動支援委員会が組織され志願兵が送られると、政権もまたそれに連なった。キリスト教徒対イスラーム教徒、自由対圧政という構図で捉えられた戦争への支援は、フランスの威信回復に貢献すると考えられた。こうして、フランスは1827年にロシア、イギリスとロンドンで協定を結んだ（オーストリア、プロイセン両国は参加拒否）。ギリシア共同支援の決定後、三国はその独立のための交渉をオスマン帝国に持ちかけたが拒絶された。戦争の始まりである。翌年にはフランスが単独でペロポネソス半島を解放することに成功し、1830年のロンドン議定書でギリシアの独立がオスマン帝国によって最終的に承認された。

　この間、1826年にセルビア人やルーマニア人に自治が認められ、1828年には東アルメニアがロシアへ割譲された。ウィーン体制の枠組みはすでにかなり揺らいでいた。ギリシア独立の援助により特にロシアとイギリスから信頼を勝ち得たフランスも、この状況を見て他の列強をいっそう刺激する外政へと一歩踏み出していく。

　その一歩とは、1830年7月のアルジェ占領である。復古王政末期の政府はこれによって国民の人気を再度得ようとしたが、侵略に対する国内の評判は芳しくなく、自由主義者を中心とした政権への批判は勢いづくこととなった。にもかかわらず、七月王政下においても、アルジェ占領は撤回されなかった。それどころか、フランスは1834年にアルジェリア西部のオランと東部のボーヌを、1837年にコンスタンティーヌを征服した。地中海地域におけるフランスのプレゼンスは、チュニジアとモロッコ領土に手を付けないという条件でイギリスによって同年しぶしぶ認められた。

　フランスは東方外交においても自身の影響力を大きくしようとした。シリアの領有をめぐってエジプトとオスマン帝国が対立し衝突した際、フランスはエジプトを支援し自身のイニシアティヴで和解させようとしたのである。しかし、オスマン帝国を支持していたイギリスの怒りを買い、フランス不在のまま1840年にロンドン条約が締結されることになった。以後、新外相ギゾーの努力にもかかわらず英仏関係はいくども緊張状態に陥るが、イギリスはフランスのアルジェリア侵略にほとんど介入しなかった。抵抗軍の指揮官、アブド・アルカーディルはイギ

図6-8 ジャン＝ヴィクトール・アダム《征服と文明》
（『アルジェリアの歴史，ピトレスク，記念物』の扉絵）（1843年）

女神フランスが手に持つ勝利の象徴の月桂樹に，アルジェリアの現地民はひざまずいて屈服している。助けを請うような人も見える。大砲や剣によって力が，パレットや図案などによって文明国としての姿が誇示されている。

出典：Aprile, Sylvie (2010) *La Révolution inachevée : 1815-1870*. Paris: Belin: 253.

リスの十分な支援を得られぬまま1847年12月に降伏し，アルジェリアはフランスに併合された。

1837年以後，フランスはアフリカの西部や中部，南太平洋のタヒチ島やマルキーズ諸島，インド洋のマダガスカル方面にも進出し植民地の拡大を目指した。ブルジョワジー，特にマルセイユなどを中心とする都市の商人は，イギリスの影響の及ばない市場を確保するために，海外に交易拠点を作るよう政府に圧力をかけていた。戦費の増大やイギリスとの衝突など問題はあったが，政権は支持層の要求を完全に無視するわけにはいかなかった。それに，植民地化の目的は経済的利益を獲得するだけでなく，「未開」の民衆を「文明化」することでもあった（図6-8）。フランスの威信を誇示するこの方針のもとでなすべきことは，現地民を専制から解放し，読み書き・計算を教え，インフラを整備し，衛生状況を改善することなどであった。

この論理からすれば，当時まだ存在していた奴隷は廃止しなければならなかった。ウィーン会議でもこの考えは共有された。フランスでも1817年1月の王令によって外洋船舶での奴隷売買は原則として一応禁止された。しかし当時まだ，人種に優劣が存在するという意見は驚くべきものでなく，奴隷売買で利益を得ていた商人を中心に新規則に抵抗する声は強かった。当局も事実上交易を黙認していた。廃止への道に歩みを進めたのは，七月革命以降のことだった。1833年に，反抗的な奴隷に対する懲罰が廃止され，奴隷の登録が義務づけられた。1836年には解放奴隷に民事身分（エタ・シヴィル）が与えられた。1839年になると，条件付きで奴隷は正式な権利としてその身分を捨てることができるようになった。この流れは1833年に奴隷解放を決定していたイギリスやフランス国内の運動の影響を受けたものだった。こうして奴隷制は，1848年の二月革命を契機にようやく廃止された。

フランスに共和政が樹立された後，立憲体制を求める民衆の暴動がウィーンで

発生し，メッテルニヒは宰相の地位を追われた（三月革命）。その後も，運動はチェコ，ハンガリー，ポーランド，ドイツ，イタリアなどに伝播した。こうして，ウィーン体制は崩壊した。フランスはようやくヨーロッパ諸国の反体制的な政治運動を全面的に支援する方向へ動いた。フランスの威信は，「文明化」をみずからの使命に掲げながら以後も喧伝され続けることになる。

参考文献

上垣豊（1996）「立憲王政」柴田三千雄・樺山紘一・福井憲彦編『フランス史2——16世紀～19世紀なかば』（世界歴史大系）山川出版社，457-497頁.

上垣豊（2006）「カトリック王政からブルジョワ王政へ」谷川稔・渡辺和行編『近代フランスの歴史——国民国家形成の彼方に』ミネルヴァ書房，95-113頁.

岡田信弘（1979）「フランス選挙制度(2)」『北大法学論集』第30号，475-489頁.

小田中直樹（1995）『フランス近代社会——1814～1852』木鐸社.

工藤晶人（2013）『地中海帝国の片影——フランス領アルジェリアの19世紀』東京大学出版会.

Aprile, Sylvie (2010) *La Révolution inachevée : 1815-1870*, Paris : Belin.

Baecque, Antoine de, and Françoise Mélonio (1998) *Lumières et Liberté. Les dix-huitième et dix-neuvième siècles*, Paris : Éditions du Seuil.

Bellanger, Claude, Jacques Godechot, Pierre Guiral and Fernad Terrou (ed.) (1969) *Histoire générale de la presse française*, vol. 2, Paris : Presses universitaires de France.

Bertier de Sauvigny, G. de (1955) *La Restauration*, Paris : Flammarion.

Broglie, Gabriel de (2011) *La monarchie de Juillet : 1830-1848*, Paris : Fayard.

Charle, Christophe (1991) *Histoire sociale de la France au XIXe siècle*, Paris : Seuil.

Démier, Francis (2000) *La France du XIXe siècle : 1814-1914*, Paris : Seuil.

Démier, Francis (2012) *La France de la Restauration (1814-1830) : l'impossible retour du passé*, Paris : Seuil.

Friendly, Michael (2007) "A.-M. Guerry's "Moral Statistics of France": Challenges for Multivariable Spatial Analysis" *Statistical Science*, 22 (3): 368-399.

Furet, François (1988) *La Révolution : 1770-1880*, Paris : Hachette.

Goujon, Bertrand (2012) *Monarchies postrévolutionnaires : 1814-1848*, Paris : Seuil.

Le Bras, Hervé (1986) "La Statistique générale de la France" Pierre Nora ed., *Les lieux de mémoire, t. II, La Nation*, vol. 2, *Le territoire, l'État, le patrimoine*, Paris : Gallimard.

Le Men, Ségolène (2008) *Daumier et la caricature*, Paris : Éditions Citadelles & Mazenod.

Le Men, Ségolène, Luce Abélès and Nathalie Preiss-Basset (1993) *Les Français peints par eux-mêmes : panorama social du XIXe siècle*, Paris : Éditions de la Réunion des musées nationaux.

Mélonio, Françoise (1998) *Naissance et affirmation d'une culture nationale : la France de 1815 à 1880*, Paris : Seuil.

Meyer, Jean, Jean Tarrade, and Annie Rey-Goldzeiguer (1991) *Histoire de la France coloniale*, vol. 1. La conquête, Paris : Armand Colin.

Pérouse de Montclos, Jean-Marie (1999) *Versailles*, Paris : Éditions Place des Victoires.

Rémond, René (1965) *La vie politique en France : 1789-1848*, Paris : Armand Colin.

第7章
民主と元首の相剋

長井伸仁

1 「1848年」と「1870年」のはざまで

　七月革命が起こった1830年7月27日から29日までの3日間を指して「栄光の三日間」と呼ぶならわしが，フランスにはある。1848年，2月22日から24日までの同じく3日間で体制が覆ったが，この二月革命に「栄光の」のような形容詞が冠されることは少ない。それは革命そのものよりも革命後の推移による。革命によって成立した第二共和政は，普通選挙導入をはじめ重要な改革をつぎつぎとおこなうが，失業者対策を模索するなかで労働者の蜂起（いわゆる六月蜂起）を武力で弾圧してしまう。しかも，制定した憲法には議会と大統領の対立を解消するすべを組み込めず，その大統領に当選したのが，まともな政治経歴のないルイ゠ナポレオン・ボナパルトであった。ウィーン体制を崩壊させた「諸国民の春」として語り継がれる1848年も，フランスの歴史にあっては負のイメージが拭いがたい。
　1870年のフランスは，さらに混乱した状態にあった。皇帝ナポレオン3世になっていたルイ゠ナポレオン・ボナパルトは，この年の7月，外交上の小さなトラブルからプロイセンとの戦争に踏み出してしまう。形勢ははじめからフランスに不利で，9月初頭，戦場にあった皇帝は将兵とともに包囲され，降伏した。国家元首が戦闘で敵国に捕らえられるという，近代国家では異例の事態を前に，共和派が帝政消滅と共和政成立を宣言し，戦争は継続した。しかし戦局は好転せず，包囲された首都では食糧や薪炭が不足するまでになり，開戦から半年後の翌1871年1月に休戦が成立した。その講和条約を交渉するなかで，未曾有の内戦になるパリ・コミューンが起こった。国民的作家ヴィクトル・ユゴーは「恐るべき年」と題した詩集でこの苦難の年を詠んでいる。1870年もまた，負のイメージが強い年となった。
　「1848年」と「1870年」というふたつの年に挟まれた体制も，やはり評判は芳しくない。フランス革命以来の共和政である第二共和政（1848～1852年）は，期

待された社会政策には目立った成果を挙げられないまま，議会が急速に保守化して普通選挙を形骸化させ，その議会を今度は大統領がクーデタによって停止するという混乱ぶりであった。つづく第二帝政（1852～1870年）は，皇帝による個人統治という国家形態もさることながら，クーデタにより成立したという経緯，さらには，特に体制の前半に顕著であった，選挙への露骨な介入や敵対的な言論の封殺などから，長いあいだ暗黒伝説に包まれていた。

　だが，この4半世紀足らずの時期は，フランス史上のひとつの画期でもある。工業化が本格的に進み経済が大幅に成長したこともあるが，本章がおもに扱う政治史・社会史の視点からみれば，普通選挙の導入と定着がこの時期のことだからである。フランスの選挙制度は，革命期に急ごしらえで制定され，政治の有為転変にしたがってめまぐるしく変更されたのち，復古王政（1814～1830年）と七月王政（1830～1848年）のもとでは納税額を基準に選挙権を付与する制限選挙制度が採用されていた。事実上，土地など不動産を持つ者に選挙権を限るこの制度は，地域社会において名望家が存分に影響力を行使できる制度でもあった。第二共和政はこれを廃して，男性限定とはいえ普通選挙制度を導入した。第二帝政も，普通選挙の原則には手をつけることなく，むしろ普通選挙に依拠した体制という面を持ってさえいた。名望家の影響力は一朝一夕にはなくならなかったが，つづく第三共和政で起こるとされる「自治体革命」や「名望家の終焉」——それ自体，かなり緩慢な速度で生じたのだが——は，すでにこの時期に布石を打たれていたといえる。

2　二月革命と第二共和政の成立

　二月革命について，体制交代という意味での革命は3日間で成し遂げられたが，その「引金」となる事象は1840年代半ばから出現していた。
　この頃，ヨーロッパ各国を深刻な凶作が襲っていた。アイルランドでは1845年にはじまる「ジャガイモ飢饉」により100万人もの死者が出たが，フランスでも1845～1846年にかけて，ジャガイモ，小麦，ライ麦などが不作で，パン価格は倍以上に跳ね上がった。これに，イギリスで起こった恐慌の影響が加わって，フランスは社会不安の状態に陥る。
　このようななか，反体制派は1847年夏から「改革宴会」の名目で選挙制度改革を求める運動を展開し，それがパリから地方へと広まった。1848年2月22日，パリで予定されていた改革宴会を政府が禁止したことが発端になり，労働者や学生

と兵士との間に小競り合いが発生，翌23日にはパリ市内の要所にバリケードが出現，24日には蜂起が市内全体におよび，王宮と市庁舎が占拠され，国王ルイ＝フィリップはイギリスに亡命した。同日，市庁舎で臨時政府が組まれ，共和政が宣言された。第二共和政の成立である。

　臨時政府は，政治犯の死刑の廃止，身体刑の廃止，奴隷制の廃止，言論の自由化など重要な政策を矢継ぎ早に決定した。

　社会主義者ルイ・ブランや機械工アルベールが入閣した臨時政府は，社会政策での成果も求められていた。まず，労働下請け制が禁止され，労働時間はパリで11時間から10時間へ，地方では12時間から11時間へと短縮された。さらに政府は「労働者が労働によって生きるよう保証する」と宣言し，この「労働権」を具体化すべく国立作業場を開設した。折からの不況により人口約100万のパリで18万もの人びとが職を求めていたが，彼らを鉄道建設など公共事業に就労させる計画であった。だが，登録者数に見合う量の労働を確保することができず，仕事に就けない者にも定額を支給するとされていたため，作業場は本来の目的を果たすにはほど遠い状態にあった。これが後述する「六月蜂起」の伏線になる。

　選挙制度改革では，政府はそれまでの制限選挙に代えて普通選挙を導入し，21歳以上の男性全員に投票権を与えた。この結果，国政選挙の有権者の数は25万から900万へと一気に膨らんだ。この普通選挙こそ二月革命最大の成果といっても過言ではない。フランスでは，1792年に国民公会議員の選出が男性普通選挙でおこなわれたが，このときは間接選挙で投票率も10％ほどでしかなかった。国民公会が制定した憲法，いわゆる「93年憲法」にも普通選挙の原則が書き込まれていたが，憲法そのものが施行されることなく終わった。実質的な普通選挙は，フランス革命期とナポレオン期の人民投票のみであった。他国を見ても，普通選挙はアメリカ合衆国のいくつかの州で実施されていたものの，連邦レベルではまだ採用されていなかった。したがって，国政選挙を男性限定とはいえ直接普通選挙でおこなうのは，事実上，世界ではじめての試みであった。

　この普通選挙には多くの人びとが期待を寄せ，その日を待ち望んだ。２月以降，革命を祝うべく各地でおこなわれた祭典でも，また４月20日にパリで100万人を集めた「友愛祭」でも，普通選挙は「再生」の象徴，新しい時代を切り開く儀式として祝われたのである。

　そして，友愛祭から３日後の４月23・24の両日，憲法制定議会選挙がおこなわれた。投票率はじつに84％に達している。

　革命からわずか２カ月，体制交代の激変のさなか十分な準備もないまま実施さ

れた選挙は，多くの混乱を伴っていただけでなく，今日の一般的な選挙とはかなり異なる様相を呈してもいた。

　選挙制度は，各県をひとつの選挙区とし，それぞれに3から34の定数が割り当てられた，今でいう中選挙区制に近いものであった。投票所は各市町村ではなく，各県におよそ30から40あった小郡（カントン）ごとに設けられた。ただし，有権者は任意の時間に投票することができず，投票は市町村ごと，市町村のなかでは氏名順でおこなわれた。そのため，多くの地で有権者が集団で列をなして投票所に向かった。この年，投票初日の4月23日が復活祭の日曜にあたったため，午前中のミサの後に，村人たちが司祭や村長に率いられて投票所に向かうという光景が，至るところでみられた（資料7-1，図7-1）。

「選挙の日の朝，全ての選挙民，つまり20歳よりも上の男性の全住民が教会の前に集まった。これらの男たちは皆，名前のアルファベット順に2列に並んだ。私は自分の名前の順番のところに入って行進しようと思った。というのも，民主主義の国や時代では，人民の先頭には立たせてもらうものであり，自分から先頭に立つものではないことをわきまえていたからだ。長い行列の最後尾には馬の荷鞍や荷馬車に乗った身障者や病人が続いた。彼らは，列の後について投票に行こうとしたのだ。残ったのは女性と子どもだけだった。私たちは全員で170人だった。トクヴィル村を見下ろす丘のいただきに着くと，いっときみんなは行進をやめた。みんなが私に何か話してほしいと思っているのがわかった。（中略）私は，この善良な人たちに，これからおこなおうとしていることの重大性と重要性について念を押したのである。そして，私はこう勧めた。私たちが町に着いたとき，みんなをだまそうとする者たちが近づいてきて言葉をかけ，考えを変えさせようとするかもしれないが，こうした者たちのなすがままになってはならない。そして，全員が投票をすませるまでは，隊列を解くことなく一緒になって，だれもが自分の場所にいなければならない，と」（アレクシ・ド・トクヴィル『回想録』）。

資料7-1　憲法制定議会選挙の投票の様子
貴族の生まれで自由主義の思想家でもあるトクヴィルは，この日，みずから村人たちとともに投票所に向かった。
出典：喜安朗氏訳の岩波文庫版をもとに，筆者が一部，訳文を変更。

　この選挙はまた，現在一般的な，候補者1人の氏名を書く単記式ではなく，定数と同じ数の候補者名を書く方式であった。しかし，そもそも立候補手続きが存在しなかったため候補者は確定せず，有権者はまったく任意の人物の名を書くこともできた。また，正式な投票用紙は用意されず，有権者はしばしば自前の紙に候補者名を列記し，しかも，それをあらかじめ作成して持参する例もままみられた。他方，いまだ学校教育が義務ではなかったため，読み書きができない有権者も相当数いて，その場合，他人に記入してもらうことがまかり通った。秘密投票の原則にもかかわらず記入台に仕切りはなく，投票用紙は，有権者みずから投票箱に入れるのではなく，選挙管理委員長が確認ののち入れていた。

　選挙運動も，高邁な理念や政策が戦わされるばかりではなかった。候補者の公

約のなかには，身長1メートル60センチ未満の人びとの利益を擁護するとか，はては，犬を工場に導入して労働者の負担を軽減するなどというものまであった。そこには，当時の人びとの心性とともに，彼らが「政治」に期待したものの幅広さがうかがえる。

組織された政党が存在しなかったため党派別の議席数は明確ではないが，880議席のうち穏健共和派が約500，王党派が約280，急進共和派，社会主義者が約100を占めた。

図7-1　普通選挙の寓意画（ソリュ画）
出典：Sorrieu, Frédéric (1850) *Le Suffrage universel. Avec lui, la liberté, sans lui, l'esclavage. Dédié à Ledru-Rollin* (BNF, Gallica).

共和政は民意により承認されたのである。ただし，穏健共和派のなかには，王党派から鞍替えしたもの，政体についての態度を明確にしないものがかなり含まれていた。革命前からの共和派が「前日からの共和派」と呼ばれたのに対し，彼ら穏健派は「翌日の共和派」と呼ばれ，その動向が共和政のゆくえを大きく左右することになる。

当選した議員の社会階層を見ると，それまでに比べて民主化が進んだとはいえない。自由主義の思想家として知られ，自身もこのとき議員に当選したトクヴィルは，新たな議員たちについて「大土地所有者や貴族までもが〔それまでの議会よりも〕はるかに多い」と記している。一方，民衆層に属する議員としては，指物工ペルディギエら20名ほどを数えたに過ぎない。ちなみに，国会につづき地方議会にも男性普通選挙が導入されたが，市町村長（議員の中から任命もしくは互選で選ばれる）の社会階層をみるかぎり，1848年をはさんで急激な変化は生じていない。

選挙を承けて，臨時政府は役目を終え，代わりに5名からなる合議制の「執行委員会」が議会により任命された。これに閣僚を加えた新政府にとって，喫緊の課題は経済と財政の立て直しであった。二月革命により信用の危機に拍車がかかり，資本の外国流出や株価の値下がりがつづくなか，臨時政府は3月半ばに直接税を45％も引き上げていた。税負担に苦しむ人びとの不満は，国立作業場に登録

図7-2　六月蜂起のバリケード
1848年6月25日，パリのサン=モール街で，政府軍の攻撃前に撮影されたとみられる。この年の出来事を撮った数少ない写真の1枚。
出典：Corbin, Alain, Jean-Marie Mayeur (dir.) (1997) *La Barricade*, Paris: Publications de la Sorbonne: PL. XVI.

している労働者に向けられる。新政府は6月21日，25歳以下の労働者は兵役に就き，それ以上の者はパリを離れるよう命じる政令を採択した。これが国立作業場の閉鎖を意味することは明らかであった。翌22日，この措置に反発した労働者たちの抵抗運動がパリ市内各地ではじまり，23日にはついにバリケードが出現，その数は400を超えたとみられる（図7-2）。しかし，ブルジョワ層を中心に蜂起に否定的な住民は多く，地方ではマルセイユで蜂起の試みがあったくらいで，パリは孤立していた。

　議会は，陸軍大臣カヴェニャック将軍に全権を委ねて，秩序の回復を図った。カヴェニャックは，蜂起が高潮するのを見計らって5万の兵力を一気に投入し，容赦ない掃討戦を展開して2日たらずで鎮圧に成功した。蜂起側の犠牲者の数は膨大で，死者4,000ないし5,000，逮捕者は1万5,000とも2万5,000ともいわれる。この「六月蜂起」は，反体制派が体制に立ち向かった七月革命や二月革命とは異なり，ブルジョワと労働者というふたつの社会集団が正面から衝突したかのように見えた。マルクスは階級闘争の観点からこの蜂起を解釈している。解釈の当否は措くとしても，当時の人びとの目には，蜂起とその弾圧が残酷きわまりないものと映った。保守系の新聞は蜂起側が食人をおこなおうとしていると告発し，蜂起側の新聞も，政府側が夜な夜な遺体を切断していると応酬した（いずれも事実かどうかの確認はできない）。「この世ができてからというもの，これほどの殺戮が起きたことはなかった」とは，共和派のある医師の言葉である。

　蜂起とその鎮圧は衝撃をもって受け止められ，深い傷となって残った。議会では，王党派に「翌日の共和派」の一部を加えて「秩序党」が形成された。保守化した議会は，事態を沈静化させたカヴェニャックに，引きつづき政権を委ねる。まもなく政治クラブが規制され，検閲も復活した。

　いっぽう，議会の存在理由ともいえた憲法は，5月から草案の検討がはじまっていたが，このカヴェニャック政権のもとで仕上げられ，1848年11月，可決され

た。新憲法についての意見はもとより多様で，七月王政期に練られていた計画に立ち戻ろうとする意見もあれば，ルイ・ブランのように1793年憲法への回帰を主張するものもいた。最終的に成立した憲法は，一院制の立法議会と共和国大統領というふたつの柱を据え，いずれも男性直接普通選挙で選出されることとした（選挙制度や投票方法は1848年4月の憲法制定議会のものがほぼ踏襲された）。ただし，両者の関係については明確な規定がなく，対立が生じた際，不信任や解散などによりそれを解消する方法も想定されていなかった。憲法が抱えるこの構造的な問題はほどなく露呈することになる。なお，憲法制定の議論のなかで女性参政権を要求する意見も出されたが，実現することなく終わった。この実現には，じつに1世紀，第二次世界大戦末をまたねばならない。

ともあれ，この直接普通選挙で選ばれる大統領の座に最初に就くことになるのが，ルイ＝ナポレオン・ボナパルトであった。

3　ルイ＝ナポレオン・ボナパルト

ルイ＝ナポレオン・ボナパルトは，伯父ナポレオン・ボナパルトと同じようにフランスの一時代を築いたものの，経歴も評価も対照的である。しかし，それはたんなる優劣の問題に解消されるものではない。ルイ＝ナポレオン・ボナパルトは，権威主義と自由主義，独裁と民主政など相矛盾する要素をたくみに組み合わせる一方で，都市のインフラ整備や博覧会の開催に熱心であるなど，ある種の先進性も併せ持ち，学術研究の対象としても興味深い存在である。

1808年，皇帝ナポレオンの弟の第3子として生まれたルイ＝ナポレオン・ボナパルトは，1815年の帝政終焉とともに国外に逃れ，長い年月をフランスの外で過ごした。1830年代初頭，イタリアでカルボナリの運動や反教皇蜂起に参加した後，1836年と1840年の2度にわたりフランスでクーデタを企てるが，いずれも失敗に終わる。このとき獄中で執筆したのが『貧困の絶滅』であった。1846年，石工に変装して脱獄に成功，イギリスに渡り，1848年の二月革命とともに帰国する。

業績らしきものをまったく持たないルイ＝ナポレオン・ボナパルトであったが，知名度だけは抜群に高く，48年6月の議会補欠選挙では4県で当選（まもなく辞退）（図7-3），同年9月の補欠選挙でも5県で当選した。そして12月の大統領選挙では，穏健共和派が推すカヴェニャック，急進共和派が支持するルドリュ＝ロランら居並ぶ有力候補を尻目に，じつに74％の得票率で圧勝を収めたのである。

彼の勝利に名前が大きく物を言ったことは間違いない。ナポレオンの「栄光」

図7-3　ルイ＝ナポレオン・ボナパルトの選挙

週刊紙『共和政の鷲』の1面。鷲はナポレオンの象徴である。

出典：Tudesq, André-Jean (1965) *L'Election présidentielle de Louis-Napoléon Bonaparte, 10 décembre 1848*, Paris: Armand Colin: 65.

は30年以上を経ても語り継がれ，遺骸が1840年にセント＝ヘレナ島からフランスに帰還したことと相まって，ナポレオン伝説というべきものを形成していた。また，ルイ＝ナポレオン・ボナパルト自身，左派に対しては社会政策重視を謳い，右派に対しては秩序や所有の擁護を約束するなど，総花的な政治公約をしたことも集票につながった。

大統領に選出されたルイ＝ナポレオン・ボナパルトは，選挙での協力の見返りとして王党派に内閣を委ねた。議会では穏健共和派が多数派だったので，第二共和政の憲政は「ねじれ」を抱えたまま船出したわけである。翌1849年の総選挙では，穏健共和派の勢力が大きく後退し，秩序党が議会を掌握した。「ねじれ」を解消させた政府と議会は，言論や集会の規制を強化し，教育における教会の影響力を増大させたほか，普通選挙の原則にも切り込んだ。1850年5月，選挙法の改正により，選挙人名簿に記載されるには同一市町村に3年以上住むという条件が設けられ，出稼ぎ労働者を中心に有権者の3割が投票できない事態になったのである。

民主化に逆行する政策に対し，ルイ＝ナポレオン・ボナパルトは積極的に関与しなかった。彼にはある思惑があった。憲法は大統領の連続再選を禁じていたため，4年の任期が満了になれば地位を退かねばならない。そこで，議会からは距離をとり，世論を味方に付けようとしたのである。1851年11月には，大統領みずから1850年5月の選挙法の撤廃を議会に提案したが，僅差で否決された。これも議会の頑なさを国民に印象づけた。

かくして1851年12月2日未明，大統領ルイ＝ナポレオン・ボナパルトは，警察と軍の一部の協力を得てパリでクーデタを起こした。ティエールを筆頭に国会議員が警察によってつぎつぎと捕縛され，反体制派の新聞社は軍により占拠された。街頭では，「議会は解散される」「普通選挙は復活する」などと告げるポスターが貼り出された。12月2日は，ナポレオンの皇帝戴冠（1804年）やアウステルリッツの戦い（1805年）と同じ月日であり，伯父の威光を取り込もうとしたことがう

かがえる。

　翌3日朝，議員の一部が抵抗を試みたが，民衆の反応は鈍かった。4日，パリの目抜き通りでクーデタ側の部隊が無差別な発砲をおこない，通行人らに300名近くの死者を出すという惨事も起こった。このような容赦ない弾圧もあって，5日には首都は平常の様相を取り戻していた。地方では，南部を中心にクーデタへの抵抗がみられたが，32県で戒厳令が敷かれ，数週間におよぶ弾圧の末，約2万6,000名が逮捕，1万名近くがアルジェリアもしくは南米ギアナへの流刑に処された。また共和派，王党派を問わず，多くの新聞が刊行停止に追い込まれた。

　弾圧が激しかったことは事実だが，クーデタへの抵抗はフランス全体でみれば限定的だったといってよい。実際，直後の12月20～21日におこなわれた人民投票では，当局から種々の圧力があったにせよ，投票者の9割以上がルイ＝ナポレオン・ボナパルトに新憲法の起草を委ねることを認めた。民意はクーデタを追認したのである。

　翌1852年11月，帝政の復活を問う人民投票が実施され，ここでも賛成票は投票の9割を大きく超えた（図7-4）。前年とは異なり平常時でも圧倒的な賛成票が入ったことは，民意の大半が帝政復活を支持したことを示している。そして，クーデタから正確に1年後の1852年12月2日，帝政が宣言され，ルイ＝ナポレオン・ボナパルトは「ナポレオン3世」を名乗った。

図7-4　帝政復活に際して飾り付けがなされたパリ市庁舎
「7,824,189」は人民投票における賛成票数。
出典：Aprile, Sylvie（2010）*La Révolution inachevée, 1815-1870*, Paris: Belin: 375.

4　ボナパルティスム

　第二帝政は，皇帝が強大な権力を一手に掌握する個人統治体制でありながら，その権力の源泉が「人民」にあるという形式をとっていた。いわば，権威主義と民主主義を組み合わせた体制であった。

　国家元首である皇帝は，内閣を任命し，その内閣は皇帝に対してのみ責任を負った。議員と公務員と司法官は，就任に際し皇帝への忠誠宣誓を義務づけられて

いた。法案発議権は皇帝のみが持ち，下院にあたる立法院は法案を審議するのみであった。さらに，司法権も皇帝の所掌事項だったし，軍を統帥するのも皇帝であった。その一方で，1848年に導入された男性普通選挙は維持され，居住要件を3年にした1850年5月の選挙法は撤廃された。普通選挙は，立法院のほか県議会や市町村議会にも適用された。また，クーデタや帝政復活に際しておこなわれた人民投票も制度化された。

　もちろん，権威主義と民主主義が同じ重みを持っていたわけではない。立法院は，議員定数が第二共和政の750から一挙に3分の1に削減されたし，小選挙区・単記式でおこなわれる選挙では，行政が体制寄りの候補者に露骨に肩入れした（「官選候補制度」）。この結果，1852年2月に選出された最初の立法院では，反体制派はほぼ不在であった。人民投票にしても，帝政成立後は1870年5月に実施されたのみである。それでも，当時の世界では程度の差はあれ権威主義体制が標準であったことを考えると，第二帝政の特徴は普通選挙にこそあったといえる。特定の党派や社会階層を支持基盤として持たない皇帝にとっては，広く民意の支持を得ることが欠かせなかった。たとえ皇帝権力の源泉を確認する儀式でしかなかったにしても，儀式としての意味はあったのである。

　帝政は本来の意味での儀式も積極的に活用した。皇帝の婚姻（1853年）は，世論でも大いに歓迎され，国中で祝祭が繰り広げられた。皇太子の誕生と洗礼（1856年）には30万もの人びとがパリに詰めかけてこれを祝った。種々の祝祭の頂点が8月15日の祭典であった。この日は伯父ナポレオンの誕生日で，第一帝政のときには祝日とされていたが，ルイ＝ナポレオン・ボナパルトはこれをクーデタの直後に復活し，以後毎年，国を挙げて祭典をおこなった。8月15日はカトリック教会の暦では聖母被昇天の祝日にあたり伝統的な祝祭日であったことも，祭典を盛り上げる要素となった。人びとは役場に集まり，教会まで行進して聖歌「テ・デウム」を歌った後，見せ物や踊りなどを楽しんだ。のちに第三共和政は7月14日を国民祭に制定し，祝祭を通じた国民統合を図るが，その原形といえるものは第二帝政期にもあったのである。

　帝政はシンボルの活用にも熱心であった。市町村役場に皇帝の胸像が設置されたほか，貨幣からポスターに至るまで皇帝の肖像は至る所で目にできた。シンボルは皇帝自身に限らなかった。ナポレオンの象徴である鷲が多用されたのは当然として，太古からの「フランス史」にも連なるべく，カエサル率いるローマ軍と戦ったガリア人の遺跡の発掘にも力を注ぎ，その地アレジアに，ガリア人の首領ウェルキンゲトリクスの巨像を建立させている（図7-5）。

とはいえ、民意は現実的でもあるから、定期的、形式的な儀礼だけでなく、政策における不断の努力も必要であった。そのため、民意に頼るほかない帝政の政策は、特定の思想に基づいた単一の方向に沿ったものではなく、状況に応じて変わらざるを得なかった。

帝政の性格が20年足らずのあいだに変化することは、これと関わっている。第二帝政を語る際には、「権威帝政」から「自由帝政」へと、しだいに自由化が進むとみなすのが一般的である。実際、体制の初期には、共和派をはじめ多くの反体制派が陰謀罪などで逮捕された。言論についても、新聞の刊行は事前許可制とされ、警告を受けた新聞に対して当局が廃刊を命じることもできるなど、厳格に統制された。もともと権限が限られていた立法院の討議は、新聞に掲載することさえ禁じられていた。しかし、1860年の英仏通商条約を機に政策は徐々に転回する。翌1861年、予算についての立法院の権限が拡大され、1867年には政府に対する質問権も認められた。また、労働者の争議権も容認され(1864年)、新聞の事前許可制や警告制が廃止され、集会の自由が拡大された（いずれも1868年）。さらに、体制初期の支持基盤だったカトリック教会から距離がとられ、世俗化の方向での教育改革がおこなわれた。帝政末の1870年にエミール・オリヴィエが内閣の首班を務めた時期は「議会帝政」と呼ばれてさえいる。

図7-5　ウェルキンゲトリクスの像
像は、皇帝自身が製作を依頼し、彼個人の金で支払われた。台座には「ナポレオン３世、ウェルキンゲトリクスの記憶に」と刻まれている。ただし、時代考証には問題があり、頭髪はむしろメロヴィング期フランク人のものに近く、口ひげはまったくの想像の産物である。
出典：*L'Histoire*, no. 282: 37.

5　繁栄の光と影

本章の冒頭でふれた第二帝政の否定的なイメージは、その虚実はともかく、おもに制度や政治の側面に関わっている。経済の側面をみれば、帝政はむしろ繁栄期として語られることが多い。実際、フランスの工業化は着実に進み、経済は大

幅な成長を遂げている。

　この時期，世界経済はアメリカ・カリフォルニアやオーストラリアでの金鉱発見（1848～1850年）などにより成長の局面にあった。フランスでも，1850年からの20年で通貨総量は倍増し，物価も30％近く上昇した。また，1820年から50年までで22％しか伸びなかった国内総生産は，その後の20年で80％を超える伸びを見せ，貿易総額も帝政期を通じて3倍に膨らんだ。

　経済の拡大は，外的な要因に加えて，帝政の経済政策によるところも大きい。ルイ＝ナポレオン・ボナパルトは，早くからサン＝シモン主義の影響を強く受け，経済の発展が社会を進歩させると考えていた。このために彼がとりわけ重視したのが，鉄道建設と金融改革であった。

　1851年に3,200キロメートルだった鉄道路線の総延長は，1870年には1万7,500キロメートルに達した。鉄道網の形成はフランス本土の経済的な一体化を進める働きを持った。ワインを例にとれば，帝政期を通じて輸送量は10倍になり，南部ラングドック地方産のワインにとって首都圏が重要な市場になった。鉄道建設は，製鉄業や機械工業など他部門の発展の呼び水になったほか，実質的，精神的な距離を縮めることで「フランス」「フランス人」意識の浸透を促しもした。

　経済の発展にとって金融は不可欠な存在である。フランスでは伝統的に金融業が産業への融資を積極的におこなってこなかったが，1852年，企業への融資を主な目的とするクレディ・モビリエ銀行と，農業や不動産業への融資を担うクレディ・フォンシエ銀行とが設立された。第二帝政期にはこのほか，クレディ・リヨネ銀行やソシエテ・ジェネラル銀行など，今日まで続く大規模金融機関も誕生している。また，商法の改正により株式会社の規制が緩和され，1868年から70年の3年で1819年から57年までの40年弱とほぼ同数の株式会社が設立された。

　ナポレオン3世は貿易政策の転換をも図り，1860年1月に英仏通商条約を締結，自由貿易に向けて大きく舵を切った。これを皮切りにヨーロッパ主要国のあいだで通商条約が次々と締結され，ヨーロッパは自由貿易体制へと傾斜する。

　近代化は，経済や金融の領域に限られなかった。パリをはじめリヨンやマルセイユなど主要都市でおこなわれた都市改造事業は，都市インフラの整備や衛生状態の改善などを目的としていたが，特にパリの場合はフランスの国際的な威信をかけた事業でもあった。1867年のパリ万国博覧会の際，ナポレオン3世がプロイセン国王ヴィルヘルム1世にパリ改造の計画図を贈呈したことも，その表れである。

　ところで，このような繁栄を国民が等しく享受したかといえば，そうではない。

経済発展により富を蓄えた層がいる一方で，階層間の格差は厳然として残った。確かに，全般的な経済成長により労働者の実質賃金は上昇し，パリの場合，上昇率は帝政期全体で20％に達した。また，食生活も向上し，貯蓄高も大幅に伸びている。しかし，これらはあくまで平均値であり，多くの人びとは貧困を抜け出せずにいた。都市改造の槌音が響くパリでは，地価上昇によって民衆層が市の中心部に住めなくなり，周辺部や郊外に移動した結果，富裕層との「棲み分け」も生じていた。このパリ改造の旗を振った知事オスマンは，住民のなかで何らかの扶助を必要とするものは70％に上るとみていた。この数値は印象論に過ぎないにしても，救貧局に登録している住民は1860年代末で11万人を超えていた。まさに，「光の都」の影の部分であった（図7-6）。

図7-6 労働者住宅
1867年のパリ万博に際して，ナポレオン3世みずからの命で建設された労働者住宅（パリ，モンテスュイ街）。困窮者や労働者への関心は，たんなる人気取りにはとどまらなかったが，「貧困の絶滅」を実現するにはほど遠かった。
出典：Dumont, Marie-Jeanne (1991) *Le Logement social à Paris, 1850-1930*, Liège: Mardaga: 15.

　第二帝政は教育の普及にも努めた。初等教育では，教員が増員され，無償枠が生徒の半数近くに拡大されたほか，女子小学校の建設も進められて男女差が縮小した。これらの措置に伴い，識字率も着実に上昇した。それでも，農民や労働者の家庭を中心に，学校に満足に通えない子どもは少なくなかった。なにより，教育制度が二重構造（複線型教育制度）になっていて，民衆層の子どもはたいてい小学校で学業を終えたが，富裕層の子どもには中等教育から大学やグランド・ゼコールに至る階梯が用意されていた。学校を通じて社会的上昇を遂げることはいまだ困難な道のりだったのである。

6　帝政の栄光と悲惨

　移ろいやすい民意に権力の基盤を持つナポレオン3世は，ナポレオンにあやかる限り，経済政策だけでなく対外政策でも華々しい成果を収める必要があった。そして彼の場合も，ここでの失敗が「命取り」になる。

ナポレオン3世の対外政策の基本路線は，ウィーン体制の枠組みを崩して，ナショナリティの原則に基づきヨーロッパを再編することにあった。イタリア統一に際してオーストリアと対峙したのも，クリミア戦争でイギリスと手を組んでロシアと戦ったのも，この路線に従ったことであった。1860年に，ニースとサヴォワをサルデーニャからフランスに併合する際，住民投票で賛同を取り付けたのも，ナショナリティの原則の遵守とみることができる。

　ただし，この原則が適用されたのはヨーロッパに限られていた。第二帝政は積極的な植民地獲得を目指し，その面積を3倍に広げている。北アフリカでは，アルジェリアでの支配を強化したほか，チュニジアやモロッコにも財政借款などを通じて影響力の浸透を図り，西アフリカではセネガルでの支配域を拡大した。アジアでは，アロー号事件を機にイギリスとともに中国に出兵したほか，コーチシナ（ベトナム南部）を領有し，カンボジアを保護国とした。ニューカレドニアがフランス領になったのも帝政期のことである。

　皇帝はアメリカ大陸，ことに中米への進出の機会をうかがっていた。中米が諸大陸間の交通・貿易の結節点として地政学的に重要な位置を占めると考えたからである。1861年，メキシコ政府が借款返済の停止を宣言すると，フランスはイギリスとスペインを誘って派兵した。イギリスとスペインにはメキシコ支配の意図はなく，返済が約束されると兵を引き揚げたが，支配に固執するフランスはメキシコ側と戦闘をつづけ，オーストリア皇帝の弟マクシミリアンを皇帝とする傀儡政権を樹立した。しかし，南北戦争を終結させたアメリカ合衆国からの圧力や，普墺戦争に勝利したプロイセンの脅威によって，フランスは撤兵を余儀なくされ，1867年，残された皇帝マクシミリアンはメキシコ軍により銃殺された。帝政はこのメキシコ遠征で6,000人以上の兵力を失い，ナポレオン3世の威信は内外で大きく損なわれたのである。

　先にも述べたように，1860年代に入ってから帝政は権威主義的・警察国家的な色彩を弱め，議会内でも共和派をはじめとする反体制派の勢力が伸長していたため，威信の低下は体制にとって憂慮すべき事態であった。そこで皇帝は，1870年5月，自由主義的な改革の認否を人民投票にかけた。結果は賛成票が8割以上を占める圧倒的なもので，皇帝はまたしても国民の信任を得たかたちになった。

　人民投票という切り札で主導権を回復したかにみえた皇帝に，外交問題で罠が待っていた。隣国スペインで，プロイセン王家ホーエンツォレルン家の人物が王位に即く話が持ち上がり，これを嫌ったフランスが強硬に反対したことで，話は白紙に戻された。1870年7月，この事案でプロイセン国王の言質を取り付けよう

としたフランス外交官を，プロイセン国王が冷淡に追い返し，さらに，プロイセン宰相ビスマルクがこの経緯を意図的に誇張して伝えたことで（エムス電報事件），両国の世論は一気に憎悪を強めた。威信の回復を狙っていたナポレオン3世は戦争への道を突き進み，電報事件のわずか6日後，対プロイセン宣戦布告をおこなった。

しかし，周到に準備された50万のプロイセン軍（実質はドイツ軍）を前に23万のフランス軍はほとんどなすすべなく，緒戦から圧倒された。皇帝は病を押して戦場に立ったが，9月2日，フランス北東部のスダンで将兵8万余名とともに降伏した。メキシコ遠征の失敗をはるかに上回る，屈辱的な敗北であった。

参考文献
小田中直樹（2013）『19世紀フランス社会政治史』山川出版社。
木下賢一（2000）『第二帝政とパリ民衆の世界――「進歩」と「伝統」のはざまで』山川出版社。
谷川稔（1997）『十字架と三色旗――もうひとつの近代フランス』山川出版社。
谷川稔・北原敦・鈴木健夫・村岡健次（1999）『近代ヨーロッパの情熱と苦悩』（世界の歴史22）中央公論新社。
トクヴィル，A.（1988）『フランス二月革命の日々――トクヴィル回想録』（喜安朗訳）岩波文庫。
西川長夫（1984）『フランスの近代とボナパルティズム』岩波書店。
野村啓介（2002）『フランス第二帝制の構造』九州大学出版会。
ノラ，P. 編（2002-2003）『記憶の場――フランス国民意識の文化=社会史』（谷川稔監訳）全3巻，岩波書店。
松井道昭（1997）『フランス第二帝政下のパリ都市改造』日本経済評論社。
Adoumié, V.（2004）*De la monarchie à la république, 1815-1879,* Paris: Hachette.
Agulhon, M.（1973）*1848 ou l'apprentissage de la République（1848-1852）,* Paris: Seuil.
Agulhon, M.（1975）*Les Quarante-huitards,* Paris: Gallimard.
Agulhon, M.（et al.）（1998）*Pourquoi réhabiliter le Second Empire ?,* Paris: B. Giovanangeli.
Anceau, E.（1999）*Comprendre le Second Empire,* Paris: Saint-Sulpice éditeur.
Aprile, S.（2010）*La Révolution inachevée, 1815-1870,* Paris: Belin.
Deluermoz, Q.（2012）*Le Crépuscule des révolutions, 1848-1871,* Paris: Seuil.
Garrigues, J.（1995）*La France de 1848 à 1870,* Paris: Armand Colin.
Hazareesingh, S.（1998）*From Subject to Citizen. The Second Empire and the*

Emergence of Modern French Democracy, Princeton: Princeton University Press.

Huard, R. (1991) *Le Suffrage universel en France, 1848-1946*, Paris: Aubier.

Milza, P. (2007) *Napoléon III*, Paris: Perrin.

Plessis, A. (1979) *De la fête impériale au mur des fédérés, 1852-1871*, Paris: Seuil.

Tombs, R. (1996) *France, 1814-1914*, London: Longman.

Tudesq, A.-J. (1965) *L'Election présidentielle de Louis-Napoléon Bonaparte, 10 décembre 1848*, Paris: Armand Colin.

第8章
絵　画

福田美雪

1　絵画を飾るふたつのサロン——「官展（Salon）」と「客間（salon）」

　パリが世界に誇る三大美術館，ルーヴル，オルセー，ポンピドゥーのコレクションは，およそ400年にわたる芸術大国フランスの輝かしい歩みを表している。ルーヴル美術館には中世から19世紀半ばまでの作品，オルセー美術館には第二帝政から第一次世界大戦前夜までの絵画，そしてポンピドゥー・センターにはそれ以降から現代までの絵画が展示されている。近代フランス美術史においては，18世紀のロココ美術，19世紀の新古典主義，ロマン主義，象徴主義，20世紀のキュビスムなど，いくつかの流派がその潮流を方向づけた。とりわけ，印象派による光と色彩の探求は，「ものの見方」や「風景の新たな表現」という面で，現代の美術にも決定的な影響を与えた。本章では特に19世紀後半をフランス美術の転換点と捉え，創作する画家・絵画そのもの・絵画を観る人々に生じた変化をたどっていこう。

　フランス絵画は常に権力とともにあり，そのジャンルには厳格なヒエラルキーが存在した。中世からルネサンスにかけて求められたのは，地上の富を集めたカトリック教会を飾る宗教画であった。絶対王政期に入ると，国王の権勢にふさわしい壮麗なバロック美術の神話画や歴史画，王侯貴族の肖像画がさかんに制作された。1648年に創立された王立絵画彫刻アカデミーは，文学や音楽のそれと同じく，長きにわたって美術界の権威となり，保守的な教育を行った。神話画・宗教画・歴史画は，ヒエラルキーの頂点におかれ，風俗画や風景画，静物画は，高度な技術を必要としない下位ジャンルとみなされたのである。1667年，ルーヴル宮殿「方形の間」で開かれ，1725年以降に定期化したアカデミー主宰の「官展（Salon）」は，こうしたジャンルのヒエラルキーを展示する場となった。栄誉ある入選は，アカデミー会員たちの目標となり，サロンのたびに画家たちの格づけがなされた。

図8-1　アントワーヌ・ヴァトー《ジェルサンの看板》
　　　　（1720年，ベルリン，シャルロッテンブルク宮殿蔵）
出典：http://commons.wikimedia.org/wiki/File:Antoine_Watteau_047.jpg?uselang=ja．File: Antoine Watteau 047.jpg

《シテール島の巡礼》（1717年）などの「雅宴画（フェット・ギャラント）」で知られるヴァトー（1684～1721）は，晩年に1枚の傑作，《ジェルサンの看板》（1720年）を残した（図8-1）。画面右手では，画商の店員が，洗練された身なりの客に丸い額に収められた絵を見せている。壁には大ぶりの歴史画や神話画が並んでいるが，店先では国王の肖像画が箱にしまわれている。これは，室内装飾画を求める客と，彼らの好む「商品」を仕入れる画商によってなりたつ，絵画ビジネスの萌芽を描いた風俗画なのである。仰々しいバロック様式は少しずつすたれ，富裕層は「客間（salon）」に飾るのにより手ごろなサイズの，エレガントな絵画を好むようになった。啓蒙思想のゆりかごとなったポンパドゥール夫人のサロンや，ヴェルサイユのしきたりを嫌い，親密な友人の交わりを好んだマリ＝アントワネットのプチ・トリアノンも，優美な絵画や調度品に飾られていた。特にパリの教養ある貴婦人たちの客間（サロン）では，官展（サロン）とは異なる繊細な趣味が花開いたのだ。

　18世紀半ばになると，アカデミーにおける風俗画の扱いに反発する芸術家が現れてきた。哲学者ディドロは1760年代のサロン評において，伝統的な絵画の序列にくり返し異を唱え，宮廷画家ナティエ（1685～1766）やブーシェ（1703～1770）よりも，シャルダン（1699～1779）の真実味あふれる静物画やグルーズ（1725～1805）の道徳的な絵画を称賛した。フランドル・オランダの風俗画を手本にした画家による同時代の描写は，想像上の古代の英雄や神話の女神たちよりわかりやすく，部屋を飾るにふさわしいとブルジョワたちにも支持された。

　こうした宮廷文化から市民社会への移行期にあって，テーマの真実性と豊かな色彩表現を両立させたたぐいまれな例として，ブーシェの弟子フラゴナール（1732～1806）の名を挙げたい。アカデミーやサロンから距離をおき，パトロンの私邸を飾る絵画を制作したフラゴナールは，自立した芸術家の先駆けでもあった。《ぶらんこ》（1767年）では，優雅で官能的な貴族のたわむれを描き，《閂》（1778年）では男女の閨房のドラマを，劇的な光と影の効果で表現している。フラゴナールは，革命後すぐに忘れられ，不遇のうちに没したが，ふたつの世紀をつなぐ

画家のひとりとして記憶されるべきだろう。革命後のアカデミーは，ロココ美術を軽佻浮薄として背を向けたが，この時代に芽生えた風俗画の需要は，同時代を描く画家，ブルジョワという顧客，両者を仲介する画商を育て，1世紀のちに起こる印象派革命の布石となるのだ。

　絵画を飾るふたつの空間，大文字の官展(サロン)と小文字の客間(サロン)の違いに見えるように，18世紀後半には，アカデミーとブルジョワの趣味の開きが，あらゆる芸術分野で明らかになる。音楽においては，様式的なフランス・オペラよりも情熱的なイタリア・オペラがもてはやされ，演劇においては，悲劇でも喜劇でもないシリアスな「市民劇」というジャンルが提唱された。『百科全書』，「情熱」の項では，「詩，絵画，修辞学，音楽において，情熱がなければいかなる崇高なものも生み出せない」と記されている。これは，形式的な模倣芸術に対する批判であり，のちに反アカデミーの画家たちが求めた「独創性」の評価でもある。芸術文化と社会風俗はともに，アンシアン・レジームの価値観から脱け出した「現実」の表現を求め，新しい時代を迎えつつあった。

2　絵画における「ピトレスク」——イタリア風景の発見

　フランス革命から七月革命までの美術界では，貴族文化から花開いたロココ趣味への反動から，新古典主義が主流となった。この流派は，美術史家ヴィンケルマンの『ギリシア芸術模倣論』(1755年)に倣い，合理性と確かなデッサンによってかなうとされる「高貴なる単純と静謐なる偉大さ」を理想とした。パンテオン(1790年完成)や凱旋門(1836年完成)など，新古典主義を象徴するモニュメントは，古代ローマ建築を近代フランスの合理的精神にもとづいて翻案したものと言える。そのいっぽうで，教会や亡命貴族のコレクションを没収した革命政府は，1793年からルーヴル美術館を一般公開した。ナポレオンがルーヴル美術館をナショナリズムの顕揚に用い，イタリアやエジプトから持ちかえった大量の戦利品を収めたことはよく知られている。こうして現代に通じる「文化遺産」(patrimoine)の概念が生まれ，美術館には絵画の「収集」と「保存」だけでなく，「展示公開」という機能が加わった［第19章参照］。

　現在ルーヴル美術館ドゥノン翼2階のグランド・ギャラリーには，19世紀前半のフランス絵画が展示されているが，東側に新古典主義，西側にロマン主義の大作を並べることで，当時の二大流派を対比している。ナポレオンの首席画家ジャック＝ルイ・ダヴィッド（1748〜1825）の《ホラティウス兄弟の誓い》(1785年)

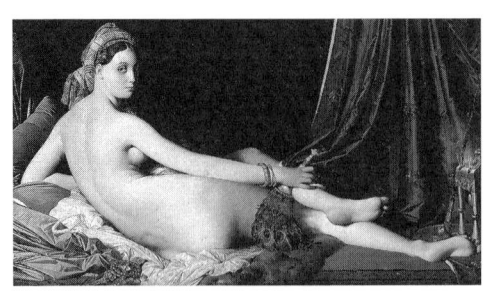

や《皇帝ナポレオン1世とジョゼフィーヌの戴冠》(1807年)では、正三角形を基本とする明快な構図のなかに、正確なデッサンに基づく彫刻のような人物が配置されている。その弟子アングル(1780〜1867)は、《グランド・オダリスク》(1814年)(図8-2)において、陶器のようになめらかで、理想的なオリエントの女性を描いた。これらの傑作は、新古典主義の目指した静謐な普遍性の完成形といって

図8-2　ジャン゠オーギュスト゠ドミニク・アングル《グランド・オダリスク》(1814年, パリ, ルーヴル美術館蔵)

出典：http://upload.wikimedia.org/wikipedia/commons/4/4a/Jean_Auguste_Dominique_Ingres%2C_La_Grande_Odalisque%2C_1814.jpg. File: Jean Auguste Dominique Ingres, La Grande Odalisque, 1814.jpg

よいだろう。いっぽう、ロマン主義の巨匠ドラクロワ(1798〜1863)の《サルダナパロスの死》(1827年)や《民衆を導く自由の女神》(1830年)、凄絶な海難事故を描いたジェリコー(1791〜1824)の《メデューズの筏》(1819年)は、ドラマティックな一瞬を捉えた物語性と、見る者に訴える動的な画面構成が特徴である。しかし、ふたつのギャラリーをめぐり、シュリー翼3階の19世紀フランス絵画室へと抜けると、流派はどうあれすべてのフランス人画家の作品を浸す、ある雰囲気に気づかされるだろう。それは、古代ローマやオリエント世界への強い憧れ、そして夢想である。本節ではまず18〜19世紀の画家によるイタリアの発見、そして次節ではロマン派とオリエントとの出会いについて述べていこう。

　フランス絵画がイタリアから受けた影響については、アカデミーの教育制度、とりわけ1664年創設のローマ賞が大いに関係している。これは、グランプリ受賞者を国費でローマに送るシステムで、奨学生には古代やルネサンスの傑作を研究し、帰国後に王宮を装飾するチャンスが与えられた。ブーシェやフラゴナールなどロココの巨匠の多くが、若き日にローマ賞を得てイタリアに留学している。貴族の子弟が、学業のしあげに画家を伴ってヨーロッパの古都に長期滞在する、イギリス発祥のグランド・ツアーに参加した者もいた。しかし、画家たちをまず魅了したのは、イタリアの誇る美術品そのものよりも、川の流れるなだらかな平野、やわらかな光と影、緑におおわれた遺跡の点在する絵画的な田園風景(ピトレスク)(ローマ・カンパーニャ)であった。1786年の『イタリア紀行』において、ゲーテは「ローマの土を踏んだ日から、第二の誕生日、真の再生が始まっている」と、その感動

第8章　絵画

を語っている。ゲーテは『色彩論』(1810年)において，画家の「まなざし」と自然の光の相互作用によって，「色彩」の表現が可能になると説いた。みずからのヴィジョンをどうキャンバスに描きとめるかという問題は，個人の感性や自由な創造を重視するロマン派によって探求された。

アルプスを越えて遺跡発掘にわくローマを訪れ，まぶしい陽光のもとで自然を観察することは，18世紀末のフランス人画家にとって，真の芸術家となるための通過儀礼であった。ゲーテ

図8-3　ユベール・ロベール《ルーヴル美術館グランド・ギャラリーの改造計画》(1796年，パリ，ルーヴル美術館蔵)
出典：http://commons.wikimedia.org/wiki/File:Hubert_Robert_-_Projet_d%27am%C3%A9nagement_de_la_Grande_Galerie_du_Louvre_(1796).JPG, File: Hubert Robert - Projet d'aménagement de la Grande Galerie du Louvre (1796).JPG

は，アトリエを時々離れ，特に朝と夕方の風景の効果をスケッチするようにと若い画家たちに助言している。これは，アトリエの中でモデルをデッサンし，想像による背景を補って作品を完成させるというアカデミー式の制作方法には反していた。しかし，風景スケッチには，対象を眼にしたときの新鮮な感動や，うつりゆく印象を描きとめる効果があった。イタリアの洗礼を受けた画家たちにとって，「絵画性（英：ピクチャレスク，仏：ピトレスク）」は，「美」と「崇高」に並ぶ3つめの美のカテゴリーとなった。彼らは，前景で展開する物語ではなく，背景に描かれていた野生的な自然そのものへと関心を移し，アカデミーが絶対としてきたジャンルの序列をもつき崩しはじめたのである。

18世紀の風景画家ユベール・ロベール（1733〜1808）は，約10年のローマ滞在を経て，帰国後にアカデミー会員となった。古代遺跡の風景を得意とし，「廃墟のロベール」と呼ばれた画家は，1790年代後半にルーヴル美術館改造計画に参加した。このプロジェクトに関わる連作のうち，特に《ルーヴル美術館のグランド・ギャラリー改造計画》(1796年)と《廃墟となったルーヴル美術館のグランド・ギャラリーの想像図》(1796年)という対作品が有名である。1枚目では，円天井から差しこむ光でコレクションが明るく照らされ，自由に絵画を眺めたり習作に励む人たちがいる（図8-3）。2枚目では，円天井にぽっかり穴が開いて青

123

空が見え，廃墟のなかで画家がひたむきにアポロン像を模写している。いずれも想像上の光景ではあるが，光の降りそそぐなかで人々が絵画に親しめるギャラリーは，のちに印象派コレクションを収めるオルセー美術館が目指したものである。

イタリアの光に洗われたフランスの風景画は，新古典主義のようになめらかで静的な「あるべき理想の自然」から，不規則で動きのある「あるがままの自然」へとゆっくり変わっていった。ユベール・ロベールのやわらかな光の表現を継承し，19世紀後半の印象派グループへとつなげた流派として，1830年代から70年代に活躍したバルビゾン派がいる。総勢100名にものぼるこのグループは，イル゠ド゠フランスの田園に，峡谷や滝，小川や森，牧場などの変化に富んだ，ローマにも劣らぬ自然の美を見出した。1841年に油絵用のチューブ絵具が発明されたことも，フォンテーヌブローやサン゠クルーにおけるバルビゾン派の戸外制作を後押しした。《落穂拾い》（1857年）や《晩鐘》（1859年）で知られる農民画家ミレー（1814〜1875），《モルトフォンテーヌの想い出》（1864年）などの夢幻的な風景で愛されたコロー（1796〜1875）は，サロンで高い評価を受けて風景画の地位を底上げしただけでなく，続く世代の画家たちにも師と慕われ，光と色彩の表現を洗練させていった。また，イタリア旅行でゲーテの『色彩論』に開眼したターナー，故郷サフォークの自然を描きつづけたコンスタブルなどイギリスの風景画家も，フランスに紹介されて少なからぬ影響を与えた。

3　ロマン派によるオリエントへの夢想

フランス画壇に異国の色彩をもたらしたのは，アカデミーの留学制度やイタリアを手本とする美術教育ばかりではなかった。1790年代におけるナポレオン軍のイタリア遠征，エジプト遠征など，はるかに大きな歴史の流れがフランス絵画をも変えていくことになる。エジプト・シリア遠征には，大勢の考古学者や画家が帯同し，現地の地理や習俗をスケッチしていた。彼らの記録をもとに刊行された，『エジプト誌』（1809〜1822年）はベストセラーとなり，東方世界へのフランス人の夢想をかきたてた。さらに，ギリシア独立戦争（1820〜1828年）が起こると，オスマン帝国に抗う自由解放運動がロマン派の共感を誘った。イギリスの詩人バイロン卿がギリシアの戦場に散り，ドラクロワの《キオス島の虐殺》（1824年）が，サロンで「絵画の虐殺」と皮肉られたことも，彼らをかえって東方に惹きつけた。

19世紀において，「オリエント」とは，イタリアからギリシア，トルコを経由してアラビア半島，北アフリカまでをカバーする茫漠とした広がり，ひと口に言

えば西洋と対立する文明世界を指していた。謎めいて定義しがたい「オリエント」への偏愛は、19世紀前半のロマン派画家、詩人、文学者に共通して見出されるが、イタリアへのそれよりもかなり複雑な感情である。まず、キリスト教世界の対極にある、イスラーム教のモスクや儀式への純粋な好奇心があった。また、古代遺跡が点在する異郷の風景は、ロマン派のインスピレーションをかきたてた。しかし、と

図8-4 ウジェーヌ・ドラクロワ《アルジェの女たち》(1834年, パリ, ルーヴル美術館蔵)
出典: http://commons.wikimedia.org/wiki/File:Womenof Algiers.JPG, File: WomenofAlgiers.JPG

りわけオリエント熱をたきつけたのは、絢爛豪華なオスマン帝国のダンスや音楽などの文化、そしてハレムの女性たちへの夢想である。芸術家たちは、18世紀前半に仏訳されて流行した『千夜一夜物語』の物語世界、例えばイスラームの宮殿に暮らす姫君たちの物憂くかぐわしいイメージにも大いに影響された。

フランス革命とそれにつづく恐怖政治、ナポレオンの覇権と没落という激動の時代をくぐり抜けたロマン派の文学者たちは、詩人バイロンに倣い、続々とオリエントに旅立った。嵐の逆巻く海や、断崖絶壁、そびえる岩山など、荒々しい風景に精神の内面のドラマを見出すロマン主義者にとって、異国への旅は魂のよりどころを求める巡礼という意味があったのだ。官能の誘惑、神秘的なメランコリーといった東方をめぐるイメージを、はたして本物のオリエント世界は裏切らなかった。シャトーブリアン、ラマルチーヌ、ゴーティエはいずれも、コンスタンチノープルやカイロなどの詩情あふれる都市風景に驚嘆している。ネルヴァルは『東方旅行記』で、気まぐれな旅路のはてに見出したオリエントの都市を、「生命のきらめく絵画、人類の中でもっとも美しい者たちの情景」と絶賛した。

新古典主義のグロやアングル、ジェラールも、オリエントの戦争画やハレムの室内を描いているが、多くは書物の記述を空想で補った作品である。しかしドラクロワは、1832年の半年間アルジェに滞在し、本来ならば男子禁制のハレムの内部に入り、女性たちの豪奢な衣装や優雅な身ごなしを眼のあたりにすることができた。当時のデッサンをもとに描かれた、異国情緒あふれる《アルジェの女たち》(1834年)(図8-4)の色彩表現は、続く世代のオリエント絵画や裸婦像に決

定的な影響を与えた。絵画の三原色はシアン・マゼンタ・イエローであり，画家はそれぞれの色を混ぜて新たな色をつくっている。ドラクロワは，原色と補色（例えば赤には青緑，青紫には黄緑，黄色には青紫）を隣りあわせて置くと，もっとも色が輝いて引き立てあうという「補色」の効果を用いて，地中海の太陽に照らされる女たちのきらびやかな衣装や琥珀色の肌を描いた。このメソッドは，のちに印象派によって大いに研究されることになる。

　アカデミーのルールを無視した大胆な構図と想像力で描かれたドラクロワのオリエント世界に，すぐれた美術批評家でもあったゴーティエやボードレールはたちまち魅了された。1834年のサロンで《アルジェの女たち》を鑑賞したゴーティエは，ドラクロワを「あらゆる画家の中で，もっとも豊かで多様な才能に恵まれている」と評している。アングルの愛弟子でありながらドラクロワを崇拝したシャセリオー（1819〜1856）も，1846年のアルジェ旅行に強い印象を受け，《ハレムの浴室》（1849年）や《バルコニーのユダヤ女性》（1849年）など，色鮮やかな作品を残した。古典的な主題を描いていたアカデミーの画家たちにもやはり，アラブ人の隊商や奴隷市場，オリエントの室内やハレムの女性など，遠く離れた地で「同じ時代」を生きる人々を描く傾向が生まれた。フランス画壇をおおったオリエントへの夢想は，19世紀後半にトルコやエジプトの欧化政策が進み，その神秘性がかき消されていくまで，絵画の主題そのもの，そしてその表現方法に大きく影響したのである。

　ここで，19世紀前半の美術の流れをもう一度整理してみよう。国家公認の様式としては新古典主義が採用され，アカデミーの内部では新古典主義とロマン主義がせめぎあっていた。時を同じくして，ローマからオリエントへと広がる神秘的な世界に眼が向けられ，神話や歴史の想像世界よりも，「眼に映るヴィジョン」を描くことを目指す画家が台頭した。ドラクロワをも凌ぐ迫力の《メデューズの筏》を完成させ，33歳で力つきたジェリコーと，アカデミックなスタイルにロマン派の官能性を溶かしこみながらも，37歳で病没したシャセリオー，異なる流派のはざまで鮮烈な輝きを放ったふたりが長生きしていれば，フランス美術史も違った展開を見せたかもしれない。また，ピトレスクなイタリア風景の発見は，バルビゾン派による戸外制作の道筋をつけた。大衆の趣味の変化に応じつつ，自由で独創的な表現を探る芸術家たちが，革命前よりもはるかに多様な物の見方をするようになったのは，必然の流れだったといえるだろう。真の意味で近代美術の誕生を決定づける，画壇の反逆児クールベ，風雲児マネによるレアリスムの時代は，すぐそこまできている。

4　「伝統」対「現代性」——クールベとマネの登場

　美術界をオリエント熱が席巻するかたわら，社会全体では絵画の大衆化というこれまでにない現象が起きていた。七月王政（1830〜1848年）下のパリにおいて活字メディアが発達し，風俗画やリトグラフ（石版画），カリカチュアやポスターなど，新しいかたちの絵画が大衆の心を捉えていたのだ。ルイ＝フィリップ即位からわずか3カ月で，王の諷刺を売りにした週刊紙『カリカチュール』が誕生した。1832年には，のちにモネの《印象，日の出》（1872年）を茶化し，「印象派」の名を広めた日刊紙『シャリヴァリ』が創刊された。ドーミエ（1808〜1879），グランヴィル（1803〜1847），ガヴァルニ（1804〜1866）ら，のちに写真家として名を馳せるナダール（1820〜1910）ら，すぐれた風刺画家のリトグラフが載った大衆新聞は，当局の検閲と闘いながらも，フランス中に風刺画を流行させた。新聞王ジラルダン（1802〜1881）は，1836年に『ラ・プレス』を創刊し，スポンサー広告と連載小説を武器に部数を増やした。また，ファッションプレートと呼ばれる彩色版画を載せたモード雑誌が女性たちに読まれ，特にガヴァルニの版画が載ったジラルダンの『ラ・モード』は人気があった。

　メディアを通して大量生産される絵画を消費していたのは，七月王政から第二帝政にかけて，社会に盤石の地位を築いたブルジョワたちである。当時は家族の肖像画を注文することが流行し，アカデミーのレベルにとうてい及ばない画家たちが，ブルジョワたちのポートレートで稼いでいた。この階級には，新聞を予約購読し，ファッションにお金をかけ，夜は観劇に出かける余裕があったため，当時の大衆紙には，流行通信，旅行記やオペラ評，ゴシップやカリカチュアなど，彼らの求める娯楽がすべてつまっていた。時の人や話題をとりあげ，皮肉のきいたキャプションとともにわかりやすく描くドーミエやコンスタンタン・ギースの風刺画は，アカデミーからは冷遇されたが，「正統」や「保守」のいかめしさを笑いに変える，生き生きした美を創出した。ボードレールは『現代生活の画家』（1863年）において，ガヴァルニやドーミエの風俗画を評価し，ギースを「一時性が暗示する永遠的なものすべての画家」と呼んだ。詩人はそこに，ギリシア・ローマの古典美，ロマン派の情熱を統合する，偶発的で多様な「現代性」（modernité）の美学を見出したのだ。

　ブルジョワ社会の発展とともに，画家たちの社会的位置づけも変化していた。1791年，ルーヴル美術館の一般公開に先立ち，アカデミーのサロンは会員以外に

図8-5　ギュスタヴ・クールベ《画家のアトリエ》
（1855年，パリ，オルセー美術館蔵）
出典：http://commons.wikimedia.org/wiki/File:Courbet_LAtelier_du_peintre.jpg, File: Courbet LAtelier du peintre.jpg

も開かれ，審査員制度が導入された。保守的な画風が歓迎されたことはもちろんのこと，審査員への根回しやコネも求められ，相次ぐ落選に筆を折る者や，命を絶つ者さえいたという。しかし，サロン評はパリ中のメディアに載るため，毎年恒例の娯楽としてパリジャンに定着した。第二帝政（1852～1870年）に入った1863年にナポレオン3世は，増えつづける応募作によって生じた審査の混乱を収めるため，政府公認の「落選展」（Salon des Refusés）の同時開催を決めた。気軽に入れる「落選展」は，サロン以上に大衆の人気を集めた。ゾラは印象派の画家たちをモデルにした芸術家小説『制作』（1886年）のなかで，サロン審査や開会前日の大騒ぎ，落選展の陽気なにぎわいを描いている。

　この第二帝政期のパリで，ふたりの画家が大きなスキャンダルを巻き起こした。まず，クールベ（1819～1877）が1855年のパリ万博に《オルナンの埋葬》と《画家のアトリエ》（図8-5）という2枚の大作を出展し，拒まれたことである。クールベはわざわざ万博会場の隣で有料個展を開き，「写実主義宣言」というパンフレットを配った。アカデミー流の歴史画に見せかけ，故郷の村人たちの埋葬風景を描いた《オルナンの埋葬》はすでに，サロンで轟々たる非難を浴びていた。いっぽう《画家のアトリエ》には，「わが芸術的生活の7年におよぶ一時期を定義する現実的寓意画」という仰々しい副題がついているが，自身の制作風景をアカデミーが最上位におく「寓意画」になぞらえたところに，画家の自尊心が表れている。風景画を描くクールベを中心に，左側には絵画に無縁の人々，右側には芸術愛好家たちが描かれ，その端には読書するボードレールの姿もある。彫刻のような裸婦の正面像を描いたアングルの《泉》（1856年）を皮肉り，同じタイトルの《泉》（1868年）でありふれた裸婦の後ろ姿を描くなど，クールベは巨匠のパロディとアカデミーへの異議申し立てをくり返した。闘うレアリストにとって，美とは古典作品ではなく，現実のなかに見出されるべきものだったのである。

　1863年のサロン落選展では，マネ（1832～1883）の《草上の昼食》が騒動の種となった。構図自体は古典絵画の変奏だったが，描かれているのは同時代の男女

のピクニック風景であり，手前の女性は裸だったのだ。さらにマネは，1865年のサロンで《オランピア》(1863年)(図8-6)という前例のない裸体画を出品した。ティツィアーノの《ウルビーノのヴィーナス》(1538年)に酷似した画面のなかで，鑑賞者に冷ややかで不敵な眼差しを向けているのは，どう見てもパリによくいる娼婦だったのである。平面的な構図や挑発的な主題，大胆な色使いなどに表れる《オランピア》の革新性を擁護したのは，若き作家ゾラなど一部の批評家に過ぎなかった。皮肉にも，同年のサロンでゾラが酷評した，アカデミーの大家カバネルの《ヴィーナスの誕生》は，皇帝買い上げとなった。伝統的な主題をつややかに仕上げたサロンの絵画に慣れた人々が，鑑賞者を否応なく現実に向き合わせる《オルナンの埋葬》や《オランピア》をにわかに受けいれがたいと感じたのも，驚くべきことではない。また，クールベにせよマネにせよ，画塾やルーヴル美術館で古典を模倣し，ドラクロワやボードレールにも評価され，けっしてサロンでの成功に無関心だったわけでもない。しかし彼らが現実のなかに探し求める新たな美は，すでにアカデミーの規範を大きく逸脱していたのだ。ベラスケスの影響を深く受けたマネは，鋭い人間観察や平面的な色使い，大胆な黒の使用など，型破りのアプローチで現代生活を洒脱に描いた。風俗，風景，静物画と，ジャンルの垣根を自在に超えていく斬新なものの見方は，続く世代の手本となった。サン＝ラザール駅のカフェ・ゲルボワでは，モネ，ルノワール，ピサロ，ドガ，ナダールなど，美術界の問題児たちが白熱した議論を交わしていたが，常連のマネはリーダーと目され，誰からも慕われていた。

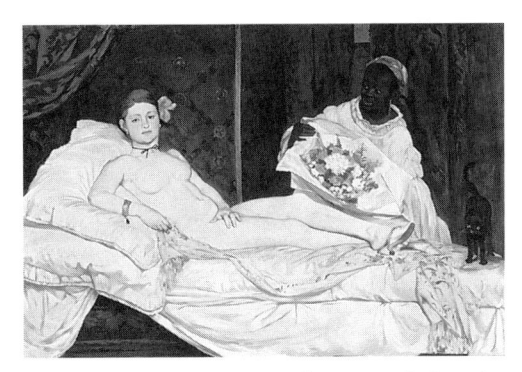

図8-6 エドゥアール・マネ《オランピア》(1863年，パリ，オルセー美術館蔵)
出典：http://commons.wikimedia.org/wiki/File:Olympia-manet.jpg?uselang=ja, File: Olympia-manet.jpg

5 光と色彩のたわむれ——印象派の革命

第二帝政期のパリでは，ナポレオン3世が命じ，セーヌ県知事オスマン男爵が遂行した首都大改造によって，都市景観がかつてない変貌を遂げていた。古い家並みはとり壊され，広々とした大通りや並木道がひらけ，通りはブティックやキ

オスク，広告パネルで埋めつくされた。富裕層のあいだでは，華やかな装いで馬車を走らせ，モンソー公園やシャンゼリゼ，ブーローニュの森などを散策することが流行った。さらに，ガス灯の普及によって，イタリア大通りやモンマルトル大通りなど，オペラ座や劇場のひしめくエリアは，夜でもまばゆく明るくなった。こうして19世紀後半のパリには，高級レストラン，カフェ・コンセール，ダンス・ホールなど，新しい娯楽とスペクタクルの空間が次々に生まれた。

　1858年，写真家ナダールはパリのパノラマを気球から撮影し，大評判をとった。《写真術を芸術の高みにまで引きあげようとするナダール》（1862年）というドーミエの風刺画は，このパノラマ写真が絵画にもたらす視覚表現の刷新をいみじくも予告している。鳥の視点からその全貌が捉えられた，めまぐるしく移り変わるパリの街並みこそ，オリエントやバルビゾン派の風景に代わる，新たな絵画の関心となったのである。1860年，キャプシーヌ大通りに開いたナダールのスタジオは，肖像写真を求める人々でにぎわった。ボードレールやネルヴァル，ドラクロワ，クールベ，のちにはマネやモネなど，19世紀の主な芸術家のほとんどが，ナダールのカメラを通してその姿を現代にとどめている。アカデミーの絵画が目指し，マネやクールベが揺るがした，「本物そっくり」のなめらかな現実表現は，シャッターを切る一瞬のうちに対象の深い精神性さえも引き出すナダールの見事なポートレートの前に，その意義さえも根本的に問われはじめたのだ。

　1870年の普仏戦争敗北で第二帝政は崩壊し，パリ・コミューンの惨劇が起こる。この動乱がようやくおさまった第三共和政のパリに集い，絵画にしかできない視覚表現を探りはじめたのは，サロン落選展の問題児たち，マネを師と仰ぐカフェ・ゲルボワの常連たちだった。1874年の第一回印象派展は，ナダールのスタジオで行われ，その後1886年まで8度にわたって開催された。その全てにいたピサロ（1830〜1903），7度参加したドガ（1834〜1917），常連のモネ（1840〜1926），ルノワール（1841〜1919），カイユボット（1848〜1894）を中心に，個性豊かな画家たちがぶつかり合うグループが，絵画のあり方を劇的に変えていった。

　印象派が好んだモチーフは，パリの橋や大通りの雑踏，モンマルトルやシャンゼリゼなどの歓楽街，ブーローニュの森やアルジャントゥイユなど郊外の風景，そして食事や観劇，ピクニックやレジャーを楽しむ都会の人々だった。ルノワール（1841〜1919）の代表作《ムーラン・ド・ラ・ギャレット》（1876年）（図8-7）に描かれる華やかな男女は，陽気な幸福感に包まれている。しかし，それぞれの画家の本質的な関心は，もはや「どんな物語を描くか」ではなく，「光をどのように描くか」という問題にあった。自然の色彩をカンバスにとどめるために印象

派が用いたのが，筆触分割という手法である。太陽光のプリズムを混ぜるとまばゆい白になるという原理に基づき，彼らはその七色を混ぜずに素早いタッチで描いた。陽光，曇り空，夕暮れ，雨，霧，雪などの条件によって屈折する光の戯れによって，対象はひとつの様相に固定されず，明るい画面には動きと生命感が生まれる。モネの《日傘の女》（1876年）が示すように，デッサンよりも大事なのは色彩のハーモニーであり，人や物は光

図 8-7　ピエール＝オーギュスト・ルノワール《ムーラン・ド・ラ・ギャレット》（1876年，パリ，オルセー美術館蔵）
出典：http://commons.wikimedia.org/wiki/File:Pierre-Auguste_Renoir,_Le_Moulin_de_la_Galette.jpg?uselang=ja, File：Pierre-Auguste Renoir, Le Moulin de la Galette.jpg

の反射に溶けこみ，抽象化されていった。同じモチーフの季節や光による変化を描く連作が多いのも印象派の特徴であり，モネの《積みわら》《ルアン大聖堂》《睡蓮》，ピサロの《モンマルトル大通り》などが挙げられる。

　とはいえ，印象派たちの対象へのアプローチは，けっして一様ではない。ともに郊外のラ・グルヌイエールでキャンバスを並べたモネとルノワールの作品では，モネがきらめく水のゆらめきを，ルノワールはボート遊びの人びとを捉えることに注力している。写真のような遠近感に力点を置いたのは，《パリの街，雨》（1877年）や《ヨーロッパ橋》（1877年）で知られるカイユボットである。ドガもまた，《舞台の踊り子》（1876年）などの作品で，パステルのタッチと斬新な構図によって，一瞬の動きをスナップショットのように捉えた。とかく男性中心主義の画壇にあって，巨匠と肩を並べて活躍した女性画家たちも忘れてはならない。マネの弟子ベルト・モリゾ（1841〜1895）とエヴァ・ゴンザレス（1849〜1883），ドガの友人メアリー・カサット（1844〜1926）らは，エレガントな都会の男女だけではなく，室内や庭で遊ぶ母子や姉妹など，愛情あふれる親密な家庭の情景を多く残した。

　エドゥアール・ダンタンの，《1880年のサロンの一隅》（1880年）（図8-8）は，落選展の常連だった印象派の革命が，わずか10年ほどでサロンをも照らしはじめたことを示唆している。第二帝政までのいかめしいサロンの雰囲気は薄れ，びっしりと展示された絵画の多くが，同時代の風俗や風景を，ニュアンス豊かな光と

明るい色彩で描いているのだ。印象派グループ自体は、1880年代にゆるやかに解散し、それぞれが目指す方向へ歩みだしたものの、彼らの試みは「新印象派」の世代によって、一過性の流行ではなくひとつの体系へと洗練された。スーラ（1859～1891）は、筆触分割の色彩と光学理論を突きつめ、点描技法という新たなメソッドを編み出して、《グランド・ジャット島の日曜の午後》（1886年）や《サーカス》（1890年）などの大作を残

図8-8 エドゥアール・ダンタン《1880年のサロンの一隅》（1880年，個人蔵）
出典：http://commons.wikimedia.org/wiki/File:Edouard_Dantan_Un_Coin_du_Salon_en_1880.jpg, File: Edouard Dantan Un Coin du Salon en 1880.jpg

した。その継承者シニャック（1863～1935）は、『ドラクロワから後期印象派まで』（1899年）において、近代フランス絵画の歩みを明快に分析した。20世紀の画家たちは、この著作を通して新印象派の理論を熱心に研究した。

6 ベル・エポックから「狂乱の時代」まで——絵画表現の新たな展開

19世紀末のフランスでは、郊外の工業化が進み、緑なす田園が姿を消しはじめたことから、それまでパリを中心に発展してきた絵画界に、「脱・パリ」の兆しが芽生えた。ゴッホ（1853～1890）は、健康のため移住した南仏アルルの陽光のもとで、どんな画家にもない鮮烈な色彩表現を手にし、《アルルの跳ね橋》（1888年）や《ひまわり》（1888年）などの傑作を矢継ぎ早に生み出した。そのゴッホとアルルで訣別したゴーギャン（1848～1903）は、タヒチに移住して現地の女性にプリミティヴな美を見出し、《タヒチの女》（1891年）や《アレアレア》（1892年）など、異国的な色彩の絵画を残した。彫刻や陶芸も手がけたゴーギャンの装飾性は、マティス（1869～1954）やドラン（1880～1954）ら野獣派（フォーヴィスム）の画家たちに影響を与えた。

現代絵画の父と呼ばれるセザンヌ（1839～1906）も、故郷エクサン・プロヴァンスを中心に活動した。幼なじみゾラの勧めで上京したセザンヌは、カフェ・ゲルボワのグループに加わったが、度重なるサロン落選や仲間との方向性の違いか

ら，第1回印象派展の4年後には
やくも帰郷した。その後は死の間
際まで，アトリエで《リンゴとオ
レンジのある静物》(1895〜1900)
(図8-9) などの静物画を，戸外
では《サント゠ヴィクトワール連
山》や《大水浴図》の連作を描き
つづけた。セザンヌは，ルネサン
スの遠近法のような唯一の視点か
らではなく，様々な視点から対象
を眺めた。伝統的な形象（フォルム）を壊し，
ありふれたリンゴや水差し，木々
を自らの感覚によって再構成する
造形美は，20世紀美術にはかり知

図8-9　ポール・セザンヌ《リンゴとオレンジの
　　　ある静物》(1895〜1900年，パリ，オルセ
　　　ー美術館蔵)
出典：http://commons.wikimedia.org/wiki/File:Paul_
C%C3%A9zanne_179.jpg, File: Paul Cézanne 179.jpg

れない影響を与えた。ピカソ (1881〜1973) やブラック (1882〜1963) らキュビス
ムの画家たちは，「自然を円筒形，球体，円錐形によって扱いなさい」というセ
ザンヌの表現に学び，その作品を真摯に研究した。

　このように，もっとも前衛的な画家たちがパリを離れる一方で，19世紀末のパ
リでは「公認の芸術」として，モロー (1826〜1898) やルドン (1840〜1916)，ピュ
ヴィス・ド・シャヴァンヌ (1824〜1898) など，印象派にもアカデミスムにも分
類されない幻想的な象徴主義の画家，そしてドニ (1870〜1943)，ボナール (1867
〜1947)，ヴュイヤール (1868〜1940)，ヴァロットン (1865〜1925) らナビ派が活
躍した。彼らに共通しているのは，視線の先にある外界の描写ではなく，自らの
内省的なヴィジョンを突きつめ，ミステリアスで平面的な装飾表現へと行き着い
たことだ。ベル・エポックのパリでは，あらゆるジャンルの装飾芸術が花開き，
1900年のパリ万国博覧会で爛熟の域に達した。

　初期のパリ万博は，最新技術の発明品で人々を驚かせるかたわら，アカデミー
主宰の展覧会によって，芸術大国フランスを世界にアピールしていた。しかし
1889年のパリ万博におけるエッフェル塔完成は，伝統的な石の芸術の時代から，
鉄とテクノロジーの時代への移行を宣言した。写真技術やパリ大改造の恩恵を印
象派が大いに受けたように，産業と芸術は必ずしも相反する両極ではなくなって
いた。モネやカイユボットはサン゠ラザール駅を，スーラやドローネー (1885〜
1941) は，エッフェル塔を作品に描いている。19世紀最後の年の万博は，5度に

わたる万博の総決算，100年間の科学と芸術の総括，そして新世紀への展望というコンセプトを掲げていた。華々しく開幕した祝祭を統一した芸術スタイルが，産業と芸術のハーモニーに満ちた融合を目指す，アール・ヌーヴォー様式である。

　植物のモチーフや装飾的な曲線が特徴的なアール・ヌーヴォーは，ガレ（1864～1904）がデザインしたガラス器や家具に見られるように，大量生産されるたぐいの工業品を，装飾的な芸術作品へと高めた。この万博に合わせて開通したメトロには，ギマール（1867～1942）による鉄を優美にデザイン化した入り口が造られた［第9章3参照］。万博の公式展覧会では，象徴派やナビ派の作品が飾られたが，版画や挿絵，写真，ポスターなどのグラフィック・アートもまた，当時のパリを席捲した。モンマルトルやシャンゼリゼの歓楽街に通暁したトゥールーズ・ロートレック（1864～1901）は，『シャ・ノワール』や『カフェ・アンバサドゥール』のポスターを描いている。チェコ出身のミュシャ（1860～1939）は，サラ・ベルナールの劇やロシア・バレエのポスターで評判となったほか，広告イラストも数多く手がけ，「産業と芸術」をたくみに調和させた。最先端の絵画芸術においては，デッサンや光学理論さえも本質的な問題ではなくなっていた。抽象的な線やフォルムが，それまで絵画を閉じ込めていた額縁を抜け出し，あらゆるオブジェに貼りつき，変形させ，デザインしていったのである。1909年から14年にかけてパリの芸術家たちを驚嘆させた，ディアギレフ率いるバレエ・リュスの影響も大きかった。ダンス，音楽，衣装，舞台装置がひとつになって観客を魅了するバレエという総合芸術において，絵画はその構成要素の一部でしかなかったのだ。

　1900年に初めてパリを訪れ，万博に感銘を受けたピカソは，パリに移住してモンマルトルにアトリエ「洗濯船」をかまえる。20世紀初頭の前衛芸術は，ピカソ，マティス，モディリアーニ（1884～1920）ら，「洗濯船」の画家たちが牽引した。第一次世界大戦後，1920年代の「狂乱の時代〔アネー・フォル〕」には，才能あふれる異郷人〔エトランジェ〕たちがモンパルナスを中心に「エコール・ド・パリ」を形成し，ピカソたちに合流する。そのなかには，スペイン出身のミロ（1893～1983），ダリ（1904～1989），ロシア出身のシャガール（1887～1985），カンディンスキー（1866～1944）がいた。総じて長命だったこれらの画家は，激動の時代をくぐり抜けながらも旺盛な創作欲を失わず，独自のスタイルを進化させ続けた。レオナールの名で親しまれ，真珠色の裸婦像と独特な線描が愛された藤田嗣治（1886～1966）も，グループのメンバーだった。

　「狂乱の時代」を象徴するのは，作家ブルトンやエリュアールを中心とするシュルレアリスムである［第12章5参照］。詩人，画家，写真家，彫刻家がコラボレ

第8章　絵　画

図8-10　ポール・ゴーギャン《われわれはどこから来たのか　われわれは何者か　われわれはどこへ行くのか》（ボストン，ファイン・アーツミュージアム蔵）
出典：http://commons.wikimedia.org/wiki/File:Woher_kommen_wir_Wer_sind_wir_Wohin_gehen_wir.jpg. File: Woher kommen wir Wer sind wir Wohin gehen wir.jpg

ーションし，自由にジャンルを横断するこの芸術運動において，もはや19世紀的な意味での「絵画」は目指されなかった。そのかわりに，詩と挿絵の融合，新聞や広告のコラージュなど，偶然のインスピレーションによって，ありふれたオブジェに新しい美を見出す造形芸術が盛んに制作された。1937年のパリ万博では，デュフィ（1877～1953）の一大壁画，《電気の精》が評判を呼び，芸術の都パリを長らく照らした太陽が最後の輝きを放つ。しかしヨーロッパを荒廃させた第二次世界大戦以降，多くの画家が新天地を求めてアメリカに移り，もはやフランスには世界の芸術潮流を牽引するほどの強い磁力はなくなっていた。視覚表現の中心であった絵画はついに，写真や造形芸術，そして第七芸術として台頭した映画にその座をゆずったのである。

　これまで名前を挙げてきたフランス美術史を彩る画家たち，そして互いに影響を与え合った無数の芸術家のうち，ルーヴル美術館に学ばず，過去の巨匠の作品に親しまなかったものは，おそらく一人もいない。彼らはつねに古典を研究し，確かな技術を磨いたうえで，それでもなお「みずからの内に映る世界」の解釈を信じ，物の見方を新たにしようとつとめた。美術史においては，それぞれの流派が星座のような輝きを放っているが，どの傑作も例外なく，異なる時代の芸術作品との対話から生まれたものである。そしてその独創性が正統化されたとき，美術館に迎えられ，公衆に開かれた文化遺産とみなされる。のちにシャガールがパリ・オペラ座の，ブラックがルーヴル美術館の天井画を手がけたことからもわかるように，伝統に逆らうもっとも先鋭的な画家でさえも，フランスは芸術大国の名のもとに公認し，懐に迎え入れてきた。近代フランス美術は，かつて19世紀末にゴーギャンがタヒチで描いた傑作に冠したタイトル，《われわれはどこから来

たのか われわれは何者か われわれはどこへ行くのか》（1897年）（図8-10）という問いをめぐって紡がれてきたと言えるだろう。この問いの答えを求めて，芸術作品の創造と受容の歩みは，現在から未来へと続いていくのだ。

参考文献

アーウィン，デーヴィッド（2001）『岩波 世界の美術——新古典主義』（鈴木杜幾子訳）岩波書店。
小倉孝誠（2006）『近代フランスの誘惑——物語 表象 オリエント』慶應義塾大学出版会。
河本真理（2007）『切断の時代 20世紀におけるコラージュの美学と歴史』ブリュッケ。
越宏一（2004）『風景画の出現——ヨーロッパ美術史講義』岩波書店。
小島英熙（2001）『活字でみるオルセー美術館——近代美の回廊をゆく』丸善ライブラリー。
サイード，エドワード（1993）『オリエンタリズム』（今沢紀子訳）平凡社ライブラリー。
佐々木健一（1999）『フランスを中心とする18世紀美学史の研究——ヴァトーからモーツァルトへ』岩波書店。
清水正和（1999）『フランス近代芸術——絵画と文学の対話』小沢書店。
ジュリアン，フィリップ（2004）『世紀末の夢——象徴派芸術』（杉本秀太郎訳）白水社。
スタロバンスキー，ジャン（1995）『絵画を見るディドロ』（小西嘉幸訳）法政大学出版局。
スタロバンスキー，ジャン（1999）『自由の創出——18世紀の芸術と思想』（小西嘉幸訳）白水社。
ゾラ，エミール（2010）『ゾラ・セレクション9——美術論集』（三浦篤訳）藤原書店。
高階秀爾（1969）『名画を見る眼』岩波新書。
高階秀爾（1971）『続・名画を見る眼』岩波新書。
高階秀爾・三浦篤編（1997）『西洋美術史ハンドブック』新書館。
ディドロ，ドゥニ（2005）『絵画について』（佐々木健一訳）岩波文庫。
ハース，ヴィリ（1985）『ベル・エポック』（菊盛英夫訳）岩波書店。
早坂優子（2006）『鑑賞のための西洋美術史入門』視覚デザイン研究所。
フォール，エリー（2007）『美術史4——近代美術Ⅰ』（谷川渥・水野千依訳）国書刊行会。
フォール，エリー（2009）『美術史5——近代美術Ⅱ』（與謝野文子訳）国書刊行会。
ブレスク，ジュヌヴィエーヴ（2004）『ルーヴル美術館の歴史』（遠藤ゆかり訳）創元社。
ボイム，アルバート（2005）『アカデミーとフランス近代絵画』（森雅彦・阿部成樹・荒木康子訳）三元社。

ボードレール，シャルル（1999）『ボードレール批評1——美術批評1』（阿部良雄訳）ちくま文庫。
三浦篤（2001）『まなざしのレッスン1　西洋伝統絵画』東京大学出版会。
三浦篤（2006）『近代芸術家の表象——マネ，ファンタン＝ラトゥールと1860年代のフランス絵画』東京大学出版会。
三浦篤編（2006）『自画像の美術史』東京大学出版会。
諸川春樹（1998）『西洋絵画史入門』美術出版社。

第9章
近代都市パリのまちなみ

北河大次郎

1 世界の中のパリ

パリというまちに印象づけられ，その思いを書き綴った文人は多い。例えば1900年にパリを訪れた夏目漱石は，妻鏡子にあてた手紙の中でこう記している。

「パリス」に来て見れば其繁華なること是亦到底筆紙に及ぶ所無之，就中道路家屋等の宏大なること馬車，電気鉄道，地下鉄道等の網の如くなる有様寔に世界の大都に御座候（夏目 1996）（明治33年10月23日付夏目鏡子宛書簡，適宜句読点を挿入し，カタカナをひらがなに直している）。

漱石は，留学先のロンドンへ向かう途中パリに立寄り，エッフェル塔に昇ったり，万国博覧会見物に興じたりするなど，当時世界でも屈指の賑わいを見せていたパリを堪能した歴史的証人である。

パリは人びとを魅了するだけでなく，近代都市のモデルとしても各地に大きな影響を与えた。特に，第二帝政期のパリ大改造は，それを強力に推進した知事オスマン（Haussmann）の名と共に世界に広く知れわたり，その影響はフランス国内に留まらず世界の他の都市にも波及した。例えばリヨンやマルセイユでは，パリの旧市街を貫く直線的な広幅員街路を参考にして「皇帝通り」（rue impériale）や「皇妃通り」（rue de l'impératrice）（帝政から共和政に変わると「共和国通り」などと改称される）が建設され，国外においてもナポリ（イタリア），ブリュッセル（ベルギー），ブカレスト（ルーマニア）などで，類似の整備が行われた（Pinon 2002）。さらにその影響は，近代化して間もない明治日本にも及んだ。

一等の路線は彼のブールバールに倣うて改築し，浅草芝の公園は彼のパルクモンソーの如く市民の逍遥場と為し，上野公園も……彼のボアードブロンギュの

如く内外貴顕紳士の会園となし……（藤森 1990：165）

実現はしなかったものの，わが国で最初の近代都市計画といえる東京市区改正計画の議論の場で，内務省の山崎直胤はパリをモデルとする案を具体的に提案している。

図9-1　リヴォリ通りと一体的に整備された列柱式のカスティリオーネ通り
出典：Cars（1991）．

パリの都市整備は，都市空間のボキャブラリーにも大きなインパクトを与えた。例えば，アヴェニュー（基本的にどこかに到達する広幅員街路）やブールヴァール（基本的に旧城壁跡を利用した広幅員の並木道）というパリ大改造で多用された言葉は，近代的な広幅員街路の代名詞となっている。ニューヨークのフィフス・アベニューや，映画の題名としても使われたロサンゼルスとハリウッドを結ぶサンセット・ブールバードのように英語圏での使用例も多く確認できる。

本章では，世界に大きな影響力を及ぼしたパリの近代都市整備について19世紀から20世紀までの道のりを振り返ってみたい。

2　19世紀の整備の進展

フランス革命期の混乱と荒廃で始まった19世紀パリで，最初に大規模な整備事業に取り組んだのはナポレオンである。彼は，古代ローマ帝国に範を求め，列柱式の直線街路リヴォリ通りや新古典主義様式のマドレーヌ寺院の整備を推進した（図9-1）。また，セーヌ川には，陸軍士官学校の前に記念碑性の高いイエナ橋を架設。さらにアウステルリッツの戦いで勝利した後には，かつてローマ皇帝がそうしたように，凱旋門の建設に着手した。このシャンゼリゼ大通りの西端の丘にそびえるモニュメントは，ルイ14世時代に建設されたサン＝ドニ門やサン＝マルタン門を凌駕する圧倒的な規模を誇り，その後のパリ西部の都市整備の拠りどころにもなった。

ただ戦争に明け暮れたこの時代，市民の生活改善につながる民生的事業は限ら

れていた。実は，その動きが顕著になるには，復古王政期まで待たなければならない。元土木官僚で，ナポレオンの意を受けてセーヌ県知事に就任したシャブロル（任期1812～1830年）の時代である。ただ，積み重なる戦いでフランスは疲弊しており，シャブロルも前任者から4,500万フランという多額の借金を引き継いでいたため，当時のセーヌ県には都市に積極投資する余裕はなかった。そこで彼が注目したのは，民間デベロッパーによる住宅地・商業地開発であった。

　なぜこの時期に民間デベロッパーの動きが活発化したのか。それを知るには，フランス革命の歴史を振り返っておく必要がある。フランス革命は王政時代のアンシアン・レジーム（旧体制）を崩壊させ，社会から旧支配者層を追放した。そして，彼らが所有していた莫大な財産が新政府に没収され，まず1789年11月に聖職者の財産，その約3年後に亡命貴族の財産が国有化された。その結果，パリ市内の面積の約12％にあたる4キロ平方メートルの土地が国有地と化したという。国はこれらの土地のほとんどを競売によって売却。そして，かつて教会に属した505棟と亡命貴族の587棟が土地を含めて売却され，それによってパリの不動産所有者の35％が書き換えられたという（Soboul 1983）。新たな所有者には，国内の資本家だけでなく，イギリス，スイス，ドイツ出身のプロテスタント系資産家も含まれていた。また帝政が終わり，世の中が落ち着きを取り戻しはじめると，かつて戦争で財をなした投機家など，不動産に注目する資本家が増えていった。

　民間投資家は，安価に取得したこれらの国有地やその他パリの未開発地から，できるだけ高い利鞘をかせぐために，不動産価値を高めるような分譲地・商業地開発を進めた。その結果，シャブロルによると，リヴォリ界隈の土地は1807～24年までの間に600倍に，その他にもこの約20年の間に100倍から300倍に高騰した土地があったというのだからすさまじい（Lemoine 1990）。

　没収された土地のうち，教会の土地の多くは一旦更地になり，その後住宅地に整備されたというが，貴族の住宅や修道院の宿泊所のいくつかは，従来の構成を残して新たな都市空間へ生まれ変わった。その代表が屋根付きパサージュである。これは18世紀後半にパリに現れた新たなビルディング・タイプの都市施設で，1820年代以降，セーヌ川右岸を中心として数多くつくられた（図9-2）。ベンヤミンが19世紀のパリを読み解く論考において着目したことでも知られている。一般的なつくりは，住宅の中庭空間などを改造して街路をショートカットし，ブティックが立ち並ぶ「通り抜け道」（パサージュ）をつくり，通りの上には鉄骨とガラスによる屋根を架けるというものである。これは，機能的にもデザイン的にも全く新しい都市空間で，流行の場所，さらにはパリの新たなシンボルとなるもの

さえあった。

　復古王政期以降の民間デベロッパーによる開発事業の中で，パサージュと並び重要なのが住宅分譲地である。シャブロルはこの民間事業を容認，奨励する一方で，整備後には街路や街灯を市に譲渡させていた。分譲地はセーヌ川沿いや市周縁部に多く分布し，セーヌ川沿いのフランソワ1世街区，エトワール凱旋門近くのボージョン街区，ク

図9-2　パサージュ・ジョフワ
出典：Lemoine（1990）．

リシー広場の東南に広がるサン＝ジョルジュ街区と西南のヨーロッパ街区など，いずれも1820年代に建設がはじめられている。

　シャブロル時代の都市整備事業は，市民生活の近代化に寄与し，その後パリで展開する大規模事業の呼び水にはなったと考えられる。しかし，急速に複雑化する都市問題に十分応えているとは言い難かった。開発を民間任せにしていては，整備の範囲が局所的に留まり，交通，水道などの市全体に関わる都市問題の解決にはならなかったからである。

　19世紀前半は，パスカルが17世紀に発明し，1828年パリに再登場した乗合馬車のネットワークが急速に発達し，市内の日常的な移動は日に日に増大していた。しかし，市内には毛細血管のような細い街路が数多く残り，今やその改善の必要性は明らかであった。ただし，広場と建築物の構成に主眼をおいた古典的な都市整備の手法はもう通用しない。新たな都市をつくり出すには，民間主導から行政主導へ，また開発地の寄せ集めから広域的な交通ネットワークの整備に舵を切る必要があった。

　この時代の変化に最初に対応したのが，シャブロル退任の3年後にセーヌ県知事に就任したランビュト（任期1833～1848年）である。彼は，15年にわたりセーヌ県知事を務め（これはシャブロル，オスマンに次ぐ長さである），パリの都市近代化にも貢献した。都市整備におけるランビュトの最大の功績は，その名もランビュト通りという街路の建設である。パサージュや未開発地における住宅地開発と異なり，このランビュト通りは，旧市街の破壊を伴う大規模収用を経てつくられた点に新しさがある。長さ1キロメートル弱，幅員は13メートルから27メートルで，

当時の中央市場（現レ・アール地区）や現ポンピドゥー・センターに接してパリ右岸中心地を東西に貫くほぼ直線状の街路である。これは，旧市街に広幅員街路を貫き，都市の再組織化を図った第二帝政期のパリ大改造に先鞭をつける，歴史上特筆すべき街路である。ただし，財政規律を重んじた国王ルイ＝フィリップのもとで知事を務めたランビュトは，補償に多額の費用を要する収用の適用には慎重で，ランビュト通りはむしろ例外的な存在であった。

またランビュトは，鉄道建設時代の最初のセーヌ県知事でもあった。彼は，鉄道駅が人びとが集中する結節点になることを認識し，セーヌ川右岸のサン＝ラザール駅，北駅そしてリヨン駅の駅前に幅員20メートルから30メートルの街路を計画する。そして各街路には，ル・アーヴル通り，ドゥナ大通り，リヨン通りというように，各駅から伸びる鉄道沿線の都市の名があてられた。

1848年に第二共和政の大統領となるルイ＝ナポレオン（後のナポレオン3世）は，近代都市における鉄道駅の重要性をより深く理解していた。彼は，すでに分散して都市周縁部に配された駅を，開発の遅れた市周縁部を活性化する起爆剤と考えた。その上で，この分散配置の欠点も直視し，その克服を試みる。セーヌ県事務局長メリュオの回想録に当時の彼の考えが紹介されている。

　まず，彼は国道が集まる……かつての城門に代わり，今や鉄道の終着駅が都市の真の門になると考えていた。ある場所から別の場所，つまりフランスの一地方から別の地方への移動が快適に，かつ素早く行われるために，これらの新たな門は接続されなければならない。また，主要な駅から大都市の中心部まで，広幅員の幹線道路を計画しなければならない（Cars 1991：52）。

一方，新たにセーヌ県知事に着任したベルジェには，このナポレオン3世の方針を具体化する熱意はなかった。メリュオによると，もともと倹約家の彼は，パリを自分の家，市の財政を自らの資産と考え，借金を増やしてまで公共事業を進めることに強く反対したという。1852年に内務相に就任し，パリ大改造推進派だったペルシニの回想録に，当時の様子が記されている。

　セーヌ県知事には，パリ市がどのような形で，またどの程度都市整備事業に関与するのか政府が判断するために，市の資産を慎重に調査するよう求められていた。しかしベルジェ氏は，この私の提案に激しい嫌悪感を示した。……そこで，私は彼にこう言った。市にしてみれば，……収用によって土地を取得し，

それを建設者に売るだけのことである。これによって，貧しい地区であっても土地の値上がりで利益を得ることができる。……事業や富が大きく動き，都市の財政は確実に豊かになる。こうした大事業を実現すれば，パリは資産を減らすどころか増やすことになるのだ（Cars 1991：57）。

シャブロル時代に民間デベロッパーがあぶり出した，不動産が富を生み出すメカニズムに，今度は行政が手をつけようというのである。一方，ベルジェは最後まで巨額の財政出動によってパリの財政が破綻すると信じていた。実際にベルジェ在任中に計画された大規模な街路は，東駅前のストラスブール大通りなどの4本だけで，しかも工事はほとんど進まなかった。

さて，ペルシニの考えに最後まで納得のいかなかったベルジェは，ついにペルシニの考えに反対するキャンペーンまで引き起こす。しかしペルシニによれば，この騒動はむしろ彼に有利に働いたという。これによって，ナポレオン3世のペルシニ支持の姿勢が明らかとなったため，ベルジェ更迭の圧力が強まり，さらにその後継者選びがペルシニに託されたからである。ペルシニはそれを受けて，持論である「生産的公共投資論」を実現しうる強力な政治力を求めて，ジロンド県知事オスマンをナポレオン3世に推薦した。

こうして1853年，パリ大改造がいよいよ着手される。このときナポレオン3世45歳，オスマン44歳である。オスマンは，この大事業を進めるにあたり，自分の配下にベルグラン（上下水道担当）とアルファン（公園・遊歩道担当）という優秀な技術者を，かつて自分が知事を務めていたヨンヌ県とジロンド県から呼び寄せている。また，計画図と建築および祭典については，もともとパリにいたデシャンとヴァルタールという建築家をその担当にあてた。

実現した整備は多岐にわたる。街路，水道，公園だけでなく，公共建築（区役所，牢獄，病院など）やストリートファニチャー（広告塔，キヨスク，街灯，ベンチなど）も建設され，また超過収用した土地では住宅開発が行われた（図9-3）。

第二帝政期に整備することが決まった街路の配置を見ると，1860年に拡大した市域を旧市街と接続し，都市全体の一体性が高められたこと，パリ西部の開発に重点がおかれていること，鉄道駅と中心部または鉄道駅同士を接続する街路が多いことがわかる。これらのうち，1点目については，34平方メートルから105キロ平方メートルに拡大（東京23区〔旧東京市〕の6分の1，京都市の8分の1にあたる）した新たな市域に，近代に生まれた駅舎などの都市施設や工業施設を集中的に立地させ，また街路整備によって新旧市街地の一体化が図られた。3点目につ

第❾章　近代都市パリのまちなみ

いては、鉄道自体を延伸し都市内で接続するのではなく、ナポレオン3世の思惑通り駅の位置はそのままで、広幅員街路を縦横に建設して鉄道と道路のネットワークが補完された。これは、都市内の中央駅に全国の鉄道が直接接続し、利用者の便が図られた東京との大きな違いといえる。

　また公園については、東（ヴァンセンヌの森）、西（ブーローニュの森）、南（モンスリ公園）、北（ビュットショモン公園）に大公園を配し、市中にはロンドンの「スクエア」のフランス版「スクワール」(square) も数多く建設された。

　スクワールの例から分かるように、第二帝政期のパリ大改造は、ロンドンにインスピレーションを得た部分が多い。もともと、計画の主導者であるナポレオン3世は、交通ネットワークが整備され広い緑地が確保されたか

図9-3　平和通りに建設された住宅の正面
1階にブティック、その上に住宅を設け、最上階を屋根裏部屋風のつくりにして表面を亜鉛で覆うという基本構成。オスマン風住宅 (immeuble haussmannien) の典型例。
出典：Pinon (2002)。

つての亡命先であるロンドンに刺激を受け、それがパリ大改造を始める大きな契機となっている。一方、パリ大改造は単なるロンドンのコピーという訳でもなかった。例えばロンドンでは旧市街の伝統的なスクエアを除けば、新興住宅街につくられる閉鎖的なスクエアが主流であったが、パリでは新たな開発地でもスクエアは街路網の要所に配され、開かれた存在であった。さらに、ロンドンとパリの違いを知るには、オスマンの回想録も参考になろう。

　皇帝は、私が建設事業においてあまりに芸術的だと……非難した。「ロンドンでは、交通需要に可能な限り応えることだけに専念しているのだ」、皇帝がこう述べると、私は確固たる態度でこう答えた。「陛下、パリジャンはイギリス人ではありません。パリジャンには、それ以上のことが必要なのです」(Haussmann 2000：748)。

　ナポレオン3世は、オスマンが都市の至る所に壮麗なパースペクティヴを作り出そうとしている点が気にかかっていたようである。それは、長大な直線街路の

先にアイストップとなるモニュメントを配する都市設計の手法で，18世紀に造園家ル・ノートルがヴォール＝ヴィコント城やヴェルサイユ宮殿の設計に用い，さらに遡れば16世紀のローマの都市再生事業において多用されたものである。建築史家ギーディオンが指摘するようにこの手法はバロック的であり，古代ローマに範を求めたナポレオンによる新古典主義的手法とは対照的といえる（Giedion 1967：709）。パリが16世紀のローマを参考したことを直接示す資料が確認されているわけではないが，対抗宗教改革の時代にカトリック世界の中心としての輝きを取り戻すため（"Renovatio Romae"），時のローマ教皇シクストゥス5世が壮麗なパースペクティヴの景観を作り上げた経緯は，同じく歴史都市の再生事業であるパリ大改造にも通じるところがある。

　さて，パリ大改造を特徴づけるパースペクティヴの景観の代表例がオペラ通りである。当初，ナポレオン通りと呼ばれたこの全長698メートル，幅員30メートルの街路は，住宅が密集しパリ有数の不衛生地帯として知られたムーラン丘を貫き，パリ中心部をサン＝ラザール駅（とその周辺の繁華街）と結ぶことを主な目的として計画された。1853年11月15日と割合早い時期に建設が決定したにもかかわらず，丘の改変を伴うこの大工事は遅々として進まなかったが，1860年に当地へのオペラ座建設が決定してからにわかに動き出す。そして，単一的外観をもつ街路沿いの建物群とは対照的な豪華絢爛なファサードをもち，かつ菱形の街路に晒された背面および側面への視点にも配慮したシャルル・ガルニエのオペラ座案と，サン＝ラザール駅へのアクセス，ショセ＝ダンタン通りとラ・ファイエット通りが形成する交差点への接続を考慮したフルリの街路計画案が採用され，いよいよ建設が進められる。旧市街地の建築物の大規模な収用，ほぼ直角に交わる既存の交通結節点への斜めからの接続，記念碑性の高いオペラ座をアイストップとする都市の美観整備，アイストップ周りの通過交通の処理。こうした特徴を兼ね備えたオペラ通りは，パリ大改造で整備された街路のひとつの典型といえよう。なお，オペラ座通りについては，もともと通りに植えてあった街路樹が第三共和制時代に抜き取られ，さらに1870年代からパリの広幅員道路に発達する路面電車も，シャンゼリゼ大通りと同様建設されない，というように後世に至ってもパースペクティヴが阻害されないよう特別な措置が講ぜられた。

　このように，パースペクティヴの手法によって美観問題だけでなく，交通や衛生に関わる実質的な都市問題も同時に解決しようとする意識は，ローマやヴェルサイユと比べてパリの方が強い。このことをさらに良く示す事例が，セーヌ川左岸の東西の幹線サン＝ジェルマン大通りの整備である。

第❾章　近代都市パリのまちなみ

もともと，オスマンがセーヌ県知事に就任する前は，教育機関が集積するカルティエ・ラタン界隈の東西の軸線として，その名も学校通りと呼ばれる街路が計画されていた。この街路は，頂上にパンテオンがそびえるジュヌヴィエーヴの丘のほぼ中腹を貫く近代的な直線街路であった。しかし，オスマンはこの通りでは軸線の機能を十分に果たすことができないと考え，丘の麓にセーヌ川に並行する大通りの建設を提案する。カルティエ・ラタン界隈だけでなく，コンコルド広場とバスティーユ広場を結ぶ右岸のグラン・ブールヴァールに対応する，全長2,650メートル，幅員30メートルに及ぶサン＝ジェルマン大通りである（図9-4）。

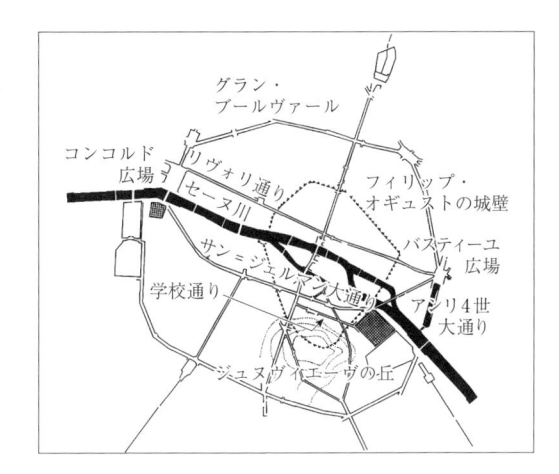

図9-4　学校通りとサン＝ジェルマン大通り
出典：Cars（1991）．

　この大通りは，スケールと景観設計というふたつの点で，学校通りと大きく異なる。まずスケールの問題については，学校通りが12世紀末から14世紀末までのパリ市境・フィリップ・オギュストの城壁跡内に収まっているのに対し，サン＝ジェルマン大通りは本来城壁跡につくられるべきブールヴァールの名を持ちながらも，過去のいかなる城壁跡とも重ならず，それらを貫く形でつくられている。このことによって，歴史的都市空間に新たな地理的関係がもたらされ，パリの都市組織が再構成されている。

　サン＝ジェルマン大通りの新しさはその物理的規模に見るのみではない。もともと学校通りの幹線化は，セーヌ川に対して垂直な橋を通すことを暗に含んでいた。これは，川に垂直な橋と岸辺の記念建造物の建設によって川の両岸を視覚的につなぐ，というフランス都市景観整備の古典的手法である（ルーヴル宮と学士院の建物に挟まれた橋，ポン・デザールがその典型）。だが，サン＝ジェルマン大通りでは，橋はバスティーユ広場の七月革命記念柱に向かって斜めに架けられる（この区間，アンリ4世大通り（全長714メートル，幅員30メートル））。さらに注目すべきは，バスティーユ広場の反対の左岸側で，ちょうど通りの正面にジュヌヴィエーヴの丘にそびえるパンテオンが浮かんで見える（図9-5）。通り自体は，左岸の幹線

147

図9-5　パンテオンへのパースペクティヴ
サン＝ジェルマン大通りと連続するアンリ4世大通りから見る
出典：Cars（1991）．

道路としてジュヌヴィエーヴの丘を登らずに平坦なセーヌ川の近くを西の方に曲がっていくが，軸線はパンテオンに向うという日本の山アテと同じ発想で壮大なパースペクティヴを築いているのである。ここでは中世の街並みに風穴を開け近代都市に相応しいスケールの交通網を形成するという機能的要請の中で，景観整備の新たな手法が実践されている。なおこれと同じ手法は，シテ島の商業裁判所をアイストップとするセバストポール大通りやサン＝トギュスタン教会をアイストップとするフリドラン大通りでも使われている。

　パリ大改造が，今なおわれわれに強いインパクトを与えているとすれば，それが単に交通・衛生の問題と，民衆蜂起を起こしにくい都市構造への改変という政治的課題を解決しただけでなく，近代都市に相応しい景観の創造に正面から取り組み，しかも交通，衛生，政治に関わる目的と複合的に解決された点にあるといえよう。つまり，計画目的に適合する方法論を包括的に探求し，多様な問題意識を無理に単純化せずそのまま都市形態に結びつける試みがなされていたのである。こうして，パリは歴史的都市再生のひとつのモデルを世界に提示したのである。

3　パリの近代化に対する批判

　このように歴史的に振り返ると，パリ大改造には評価すべき点が多々認められるが，当時の社会は必ずしもこの事業に好意的ではなかったようである。あまりの工事の規模から，単なる都市の破壊と非難する人もいれば，古き良きパリが失われると嘆く文人もいた（図9-6）。

　さらに時代が下ると，鉄骨を使った構造物がまちなみで存在感をみせはじめ，それに対して強い拒否反応を示す人びとも出てくる。代表例がエッフェル塔をめぐる論争だろう。1889年万国博覧会の会場を飾る一大モニュメントとして計画されたエッフェル塔に対し，音楽家グノー，建築家ガルニエ，文人モーパッサン，デュマなどの錚々たるメンバーが，1887年，万博工事の責任者であるアルファン（パリ大改造でオスマンの右腕として活躍し，オスマン失脚後にはパリ大改造の実質的な責

任者となる）に対して「芸術家たちの抗議文」を送っている。

> われわれは，芸術の名において，パリのど真中に巨大で無駄なエッフェル塔を建設することに対して，総力をあげて抗議する。……パリ市は，とりかえしのつかないほど醜くなってしまう（Lemoine 1989）。

彼らは，エッフェル塔が無用で悪趣味なことを説き，比類のない都市であるパリには全くふさわしくないと強い調子で批判している。この批判にたいし，エッフェルは以下のように回答している。

図9-6　オスマンの風刺画
出典：Cars（1991）.

> わたしは，この塔には固有の美があると信じている。……建築の主要原理は，モニュメントの形が目的に完全に適合していることにある。……計算によって決められた塔の4本の柱が描くカーブは，強さと美の強烈な印象を与えている。……この塔は，今世紀にエンジニアが実現した進歩の驚くべき証左である（Lemoine 1989）。

エッフェルは，塔が醜いのではなく，美のあり方自体が変容していると主張している。機械文明がさらに進展する20世紀には，イタリアの未来派をはじめとするアヴァンギャルドな芸術家たちが同様の論を展開するのは周知の通りである。しかし，時代は19世紀で，美に対する伝統的価値観はまだ根強かった。

美の伝統性と近代性という問題をさらに際立たせたのが，高架メトロのデザインにたいする論争である。19世紀後半，長大な鉄骨の高架メトロがパリ中心部を貫く案が次々と出されると，その実現に反対する人びとの声が次第に高まり，仕舞いには政治家，著名な学者・建築家などから構成される「パリ記念建造物友の会」が1885年に設立される。そして，オペラ座の設計者で同会の会長であったガルニエの名義で，公共事業相バイオに以下のような表明が行われた。エッフェル塔への抗議文が出される約1年前のことである。

パリは決して工場になってはならない。パリは美術館のままでなければならない。（メトロに）鉄骨のトラス桁や弱々しい骨組みを使うのを断念して、石材、大理石またはブロンズの華やかな彫刻や円柱を使っていただきたい。また、駅舎や特に橋梁の建設の際にはコンペを行い、大胆でかつ変化に富む構成を実現していただきたい。メトロの建設によって商業、産業、交通の問題に対処したいのならば、それが同時に芸術の問題でもあることも考慮していただきたい（*Bulletin de la société des amis des monuments parisiens* 1886：77）。

ガルニエのデザインをめぐる考察は、翌年の「芸術と進歩」と題された学士院での講演においてさらに深められる。彼は、「進歩とは、過去の伝統を次々と放棄することである。それは、人類の精神の強烈な表明である」と捉え、科学の絶対性、数学やエンジニアの勝利を前にして、日々不利な立場に追いやられている芸術と芸術家に今何が可能か考察している。そして彼は、進歩のデザインは普遍性、画一性を迫るが、「子供に家族がいるように、芸術には祖国がある」（Garnier 1887）と述べ、芸術品はそれが製作される土地、政治、文化の背景を有機的に結びつけると主張する。また現状の進歩のデザインを押し進めると、建築が通俗化するだけでなく、人びとの日常生活が単調になり、各地に根付く豊かな伝統が消滅してしまうという。ただ、彼は現状を悲観してはいない。あくまで理性に対する感性の優位を信じ、科学は今後さらに大きな成果をあげるだろうが、芸術は芸術で今後も美を理想とし、通俗的なるものを疎んじ、信念を武器として活動を続けるべきだと述べている。高架メトロ、エッフェル塔が世間を騒がせ、伝統的な建築、芸術が劣勢を強いられる中、ガルニエはフランスに連綿と受け継がれた感性の歴史の底力を人びとに訴えたのである。

パリのまちなみ整備における、近代と伝統の価値観の対立は、町中に点在するメトロの出入口の建設時にも再燃した。これは、ギマール設計によるアール・ヌーヴォー様式の構造物で、今は文化財として保護措置がとられている。1900年万博の開幕の直前に設計を依頼されたギマールは、何とか竣工を開幕に間に合わせようと、アール・ヌーヴォー独特の不規則な曲線を用いながらも、デザインを全て標準化して部品を工場生産することで工期短縮を図った。その後も、次々と開通するメトロの駅には、駅の機能や場所の特性に応じて異なるデザインの上屋が据え付けられた。

ただ、すべての駅がギマールの作品で飾られたわけではなかった。いくら場所の特性に応じてデザインに変化を付けたとはいえ、どうしても相応しくないと会

社が判断した場所があった。オペラ座の正面である。3号線の1904年の開通にあわせ、普通ならオペラ座駅にもギマールの作品がつくられるはずだった。しかし、パリ・メトロ会社はカシアン・ベルナールというエコール・デ・ボザールでローマ賞をとった建築家にそれを任せる。その結果、オペラ座広場のほぼ中央に、石造の低い高欄が取り付くだけの、一見何の施設がわからない出入口がつくられた。

これ自体はずいぶん控えめだが、その分ギマールのデザインの特異性を際立たせる結果となった。当時の新聞には以下のような記事が書かれている。

図9-7　ギマールによるメトロ出入口
出典：筆者撮影。

ねじ曲がった手すりや、カエルの大きな目で合図する歪な照明で、オペラ座広場の名誉を汚すことはあきらめたようだ。（新たな入口は）音楽アカデミーのファサードと完全に調和している。シンプルで、芸術的で、趣味が良い。これではじめの一歩が踏み出された。我々は、パレ・ロワイヤルやチュイルリの駅を飾る「新芸術（アール・ヌーヴォー）」という名の装飾を撤去し、またひどく醜く存在意義のない凱旋門広場の2つの上屋も取り壊すよう期待している（*Le Figaro* 26 Sep, 1904）。

保守系のフィガロ紙が、ギマールに批判的な記事を一面に掲載すると、今度はプレス紙が日露戦争の速報に次ぐ大きな扱いで「オペラ座の穴」と題するギマール擁護の記事を同じく一面に掲載する。

先頃、オペラ座広場のメトロ工事現場の囲いが取り外された。そこでパリジャンたちは呆然とした思いで、この国立音楽アカデミーの正面に巨大な穴が開けられたことに気づいただろう。……駅出入口の上屋をつくる代わりに、穴があけられている。この穴は大きめの四角形で、容易に乗り越えられる低い手すりによって三方が囲まれている。建築家カシアン・ベルナールのこの作品は、ルイ15世様式かルイ16世様式かはっきりしない鈍重なデザインで、オペラ座と全

く調和していない。新たな芸術としては全く面白くないし醜い。……フランツ・ジュルダンの主宰で昨日開催された新パリ協会の会合では、この駅施設について公に抗議することが決定された（La Presse 2 Oct, 1904）。

フランツ・ジュルダンというのは、アール・ヌーヴォーのデザインによってサマリテンヌ百貨店を改装・増築したことで知られる、ギマールより20歳年上のベルギー人建築家である。彼は建築設計に加えて、記事にある新パリ協会などの社会活動も活発に行っていた。そして「METROPOLITAIN」の文字デザインの読みにくさや、上屋がきのこのようなデザインだといってギマール作品を厳しく批判していた「旧きパリ委員会」に対して反論を繰り返し、新たな芸術「アール・ヌーヴォー」の誕生を擁護していた。さらに、彼は1903年にサロン・ドートンヌを創設し、アカデミーの枠に収まらない若い芸術家たちの活動を社会に伝える役割も果たしていた。その彼がオペラ座駅の問題に嚙み付き、抗議運動を起していたのである。

プレス紙は、この記事に続き、ギマールのインタヴュー記事も載せている。

今、人びとは私のことを批判しているが、私は（メトロのように）新たな施設には、新たな駅が必要だと考えている。（最初からアール・ヌーヴォーを望んでいた）会社も、私の駅のデザインをすばらしいと認めていた。（しかし）わたしに設計料を払う段になって、それが高すぎるという評価が下された。……そして会社は私に復讐を誓ったのである。まず第一にパリ中心部のこの駅をカシアン・ベルナールに依頼することによって、第二に私の設計した駅やアール・ヌーヴォー全般に対する偏った意見を、あらゆる新聞に掲載させることによって。
私は個人的には、この問題に関わらないようにしている。私は、メトロによって望んだ以上の仕事を得ることができた。しかし（アール・ヌーヴォー全般に対する批判については別で）、大会社といえども、今生まれようとしている芸術の信用を失墜させる権利があるだろうか？わたしは、そのことを問いたい（La Presse 2 Oct, 1904）。

ここに挙げられている設計費の問題は訴訟にまで発展しており、この記事の前年、会社が作品の著作権を得る代わりに2万1,000フランの報酬をギマールに支払う判決が出ていたところだった。ギマールは、こうした会社との関係をあからさまに述べながら、努めて冷静に現状を捉えようとしている。しかし、話が具体

的にオペラ座広場のメトロ出入口のデザインに及ぶと，次第に語り口にも熱がこもる。

　会社は，この駅をオペラ座のデザインと調和させたかったと主張している。わたしは，まずはこの主張が誤りだといいたい。調和は極めて不十分である。ふたつの建造物の様式が異なっているのだから（駅がルイ15世または16世様式で，オペラ座はネオ・バロック様式または「第二帝政」様式）。
（そもそも会社の主張を是とするならば，パリの墓地である）ペール・ラシェーズの駅は墓標の形にすることで調和を図るべきなのか。（牢獄の正面の）マザス広場は囚人取調べ室と調和し，ブランシュ広場にはムーラン・ルージュと調和させるために足を高く上げた踊り子を置けというのか。あまりに馬鹿げている。私だってオペラ座広場の真ん中に，美しい駅を建設するのは難しいと思っている。（この場所でなくても）オペラ座の背面とか，建物の右側に出口，左側に入口を構えることもできるではないか。オペラ座へのパースペクティヴを尊重するために。広場に面するブティックを借りて駅に改装しても良いだろう。
　しかしこの穴は何たることか！この劣悪な穴は。これをそのまま残そうというのか。この恥さらしの穴で，パリの名誉を傷つけようというのか（*La Presse* 2 Oct, 1904）。

　ギマールはこう締めくくる。この議論にはすぐに他紙も飛びつき，この記事の翌日にマタン紙は出入口の写真入りで記事を掲載する。なおここでは，この対立する2つの意見のどちらにも付かず，今後の世論の盛り上がりを期待するのに留まっている。
　様式建築や街路のパースペクティヴの手法を駆使して作り出された都市景観の調和が，鉄という新たな建設材料とそれを用いた新たなデザイン言語の登場によって再考を迫られていた時代。ギマールは固定的な観念にとらわれず，それらを用いて都市の調和を再構成する大切さを説いた。そして，伝統に軸足を残しながら近代的な装いをもつ，19世紀後半に流行した折衷主義の建築と決別するかのような，アール・ヌーヴォーのデザインによって脚光を浴びる。
　パリはその後も，アール・デコ，モダニズムといった新たなデザインを都市にとり込んでいくが，それらによってまちなみが一新されることはなく，パリ大改造時代のまちなみを基調とした整備がその後も続けられていった。メトロについては，メトロ会社が伝統的価値観を尊重したため，オペラ座の正面だけでなく，

その背面,レピュブリック広場,シャンゼリゼ大通りなどにも,古典的な石造高欄が据え付けられた。モダニズム建築についても,その旗手であったル・コルビュジェがパリ中心部に近代高層建築群の建設を計画して注目を集めるが,それも結局机上のプランに終わった(しかし,彼の考えは第二次世界大戦後のパリに実質的な影響を及ぼすことになる)(図9-8)。実際,最先端の建築デザインは,1860年の市域拡大によりパリ市の一部となった新市街地,中でもパリ南部の市境付近や,近代の資本家が好んで邸宅を構えたパリ西部に集中する結果となった。

4　第二次世界大戦後のパリ

しかし第二次世界大戦以降,19世紀のパリのまちなみは次第に変容しはじめる。まず,「パリは自動車交通に適合する。そして時代遅れの美観とは決別する」と1970年に宣言したポンピドゥー大統領の時代に,新たな道路整備が進められた。歩道を犠牲にした車道の拡幅工事に加え,1967年にセーヌ川右岸沿いの自動車専用道,1973年にはパリ市環状道路が完成。特にセーヌ川右岸沿いの道路は,川とまちを分断し,歩行者よりも車を優先するまちづくりへの方針転換を象徴的に示す社会基盤施設といえる。ただ,アメリカの影響を受けたこのまちづくりは,1974年に大統領に就任したジスカールデスタンによって改められ,すでに計画されていたセーヌ川左岸沿いの自動車道路建設は中止された。

戦後のアメリカの影響は,かつてのル・コルビュジエのアイデアと相まって,パリの高層建築事情にも見てとることができる。まず1959年に策定されたパリの都市計画には,「もはや都市の骨格は街路によって決められるのではない。むしろ,機能に即した形を持つ建造物の配列によって決められるのである」と記された。街路整備を中心としたパリ大改造の時代とは異なる,機能主義的な建造物の整備を核としたまちづくりの方針である。そして,市内の5分の1にあたる1,500ヘクタールを不衛生地帯と位置づけ,その後1967年の都市計画において,これらの地域全体の建物を撤去して新たな建築物を建設する案が示された。この計画の一部は,パリ13区,15区,19区,20区という周辺部の高層建築によって実現している。また都心部では,1973年に当時のヨーロッパでは最も高い206メートルを誇ったモンパルナスタワーが建設され,さらに中央市場レ・アールの跡地でも同じく旧来のまちなみを壊す大規模建築が検討された。しかし,これも自動車専用道路の議論と同様に,ジスカールデスタン大統領によって方針転換が図られ,市内の高層建築建設の動きは沈静化することになる。

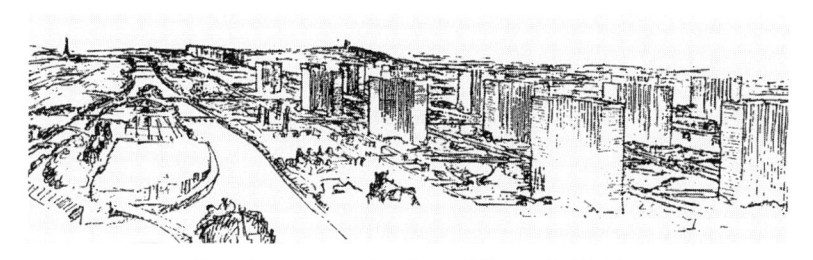

図9-8　ル・コルビュジエの「ヴォワザン計画」
出典：Pinon (2002).

　そして，1977年に新たに策定された市の計画では，街路や街区を拠り所とした伝統的な都市整備手法回帰の方針が掲げられ，中心市街地では建物の高さが25メートルを超えないという規定で盛り込まれた。また，都市保全に関する規則も次第に充実し，その後パリでは，都市が持つ歴史的・文化的な価値を拠り所としたきめ細かい都市再生の事例が蓄積されていくことになる。

参考文献

北河大次郎（2010）『近代都市パリの誕生』河出書房新社。
鳥海基樹（2004）『オーダーメイドの街づくり』学芸出版社。
夏目漱石（1996）『漱石全集』第22巻，岩波書店。
藤森照信（1990）『明治の東京計画』岩波書店。
Bulletin de la société des amis des monuments parisiens, vol. 1, 1886.
Cars, Jean des and Pierre Pinon (ed.) (1991) Paris — Hanssmann, Paris: Picard.
Chadych, Danielle and Dominique Leborgne (1999) Atlas de Paris, Paris: Parigramme.
Delorme, J. C. and A. M. Dubois (1996) Passages couverts parisiens, Paris: Paradigmme.
Garnier, Charles (1887) "Art et progrès", lu dans la séance publique annuelle des cinq Académies du 25 octobre 1887, Institut de France.
Giedion, Sigfried (1967) Space, Time and Architecture, Cambridge: Harvard University Press.
Haussmann, Georges (2000), Mémoire, Paris: Le Seuil.
Lemoine, Bertrand (1989) La tour de Monsieur Eiffel, Paris: Gallimard.
Lemoine, Bertrand (1990) Les passages couverts, Paris: D. A. A. V. P.
Loyer, François (1995) Autour de l'Opéra, Paris: D. A. A. V. P.
Pinon, Pierre (2002) Atlas du Paris haussmannien, Paris: Parigramme.

Soboul, Albert (1983) *La France napoléonienne*, Paris: Arthand.
"A travers Paris", *Le Figaro*, 26 septembre 1904.
"Le trou de l'Opéra", *La Presse*, 2 octobre 1904.
"La station de l'Opéra", *Le Matin*, 3 octobre 1904.

第10章
「ベル・エポック」から第一次世界大戦へ

岡部造史

1 第三共和政の成立

　1870年9月4日，普仏戦争でのスダンの戦いにおいて皇帝ナポレオン3世がプロイセン軍の捕虜になったことが伝えられると，パリでは民衆が蜂起して第二帝政は崩壊し，共和政が宣言された。この史上3度目のフランスの共和政は，最初の共和政から約1世紀の時を経て初めてフランス社会に定着し，70年にわたって続くことになる。

　しかしこの共和政は，安定した体制になるまでに10年近くの歳月を要した。そもそも新政権はパリ選出の代議士からなる臨時の政府（国防政府）に過ぎず，ただちに全国的に承認されるというものではなかった（図10‐1）。その国防政府は抗戦を求めるパリ民衆の圧力の下でとりあえず戦争を継続する方針を取ったが，同月19日にプロイセン軍はパリを包囲し，約200万のパリ市民は冬になると寒さと食料不足に苦しめられた。国防政府は地方での抗戦を試み，その一方で閣外の大物政治家ティエールに和平のための様々な外交努力をおこなわせたが，どれも成功せず，地方では講和を求める気運が高まっていった。

　こうしたなか，翌年の1月28日に国防政府は休戦条約を結び，翌月の26日には賠償金50億フランの支払いとアルザス地方の大半およびロレーヌ地方の一部の割譲などを定めた仮講和条約が締結された。すでに1月18日にプロイセン王のドイツ皇帝戴冠式がヴェルサイユ宮殿において挙行されており，さらに3月1日にはプロイセン（ドイツ）軍がパリに入城した。これらの屈辱はフランス人の記憶の中に長くとどまり，その後のドイツへの「対独復讐」熱，さらに第一次世界大戦後の敗戦国ドイツへの苛烈な要求として後の歴史に影響を与えることとなる。

　ところで，ドイツとの講和が結ばれたにもかかわらず，パリでは抗戦を求める動きが続いていた。苦しい包囲戦を耐え抜いてきたパリ市民にとって，政府による休戦は許しがたい裏切りとして映り，またドイツ軍がパリ市内を行進したこと

図10-1　1870年の国防政府のメンバー
（パリ・カルナヴァレ美術館蔵）
出典：Duclert, Vincent, *La République imaginée 1870-1914*, Paris, Bélin, 2010: 38.

は，彼らの愛国心をいやがうえにも刺激した。これに対し，当時行政長官の任にあったティエールは3月18日にパリの武装解除を始めるが，民衆の抵抗にあって失敗し，急遽政府をパリからヴェルサイユに移転させた。国家権力の空白が生じたパリではコミューン議会（パリ市議会）の選挙がおこなわれ，同月28日に市庁舎前広場において「パリ・コミューン」の成立が宣言された。

　このパリ・コミューンについては，従来，史上初の労働者政権として評価されることも多かった。ただしパリ・コミューンに参加した労働者とは一般的に考えられるような工場労働者というよりも小親方や職人的な労働者が中心であり，また労働者以外に小ブルジョワや知識人も少なからず参加していた。こうしたことから，この事件は当時のパリを取り巻く様々な特殊状況による，フランスの中で孤立した民衆反乱であったとも言われる。しかしいずれにせよ，ヴェルサイユ政府はこうした首都の反乱を認めず，5月21日からの「血の週間」において徹底的に鎮圧した。パリ・コミューン側に3万人以上の死者を出したこの鎮圧は，その後のフランスの社会主義運動や労働運動の沈滞を招いたが，成立間もない共和政はこれによって秩序維持の面での人びとの信頼を得ることにもなった。

　ただし，共和政をめぐる情勢はその後も不透明な状況が続いた。1871年2月に成立した国民議会では即時和平の実現を掲げた王党派が全議席の3分の2を占めたが，8月に共和国大統領に就任したティエールは政治体制の問題をひとまず留保して国家の再建に努め，普仏戦争の賠償金の支払いなどをおこなった。ちなみに，日本の明治政府の岩倉使節団が欧米歴訪の際にパリを訪問したのはこの頃であり，1872年12月26日にはティエールにも謁見している。しかしティエールが保守的共和政への路線を明確にするようになると，王党派は翌年5月に彼を失脚させ，パリ・コミューン鎮圧を指揮したマクマオン元帥を後任に据え，いわゆる「道徳秩序」内閣を組織して王政復古の準備を進めた。

　これに対し，共和派はガンベッタを中心に農村での支持獲得に努め，補欠選挙

を通じて国民議会での勢力を着実に伸ばしていった。いっぽう王政復古の計画は，ブルボン家のシャンボール伯が即位し，オルレアン家のパリ伯がその後を継ぐという合意がなされたものの，三色旗を認めるオルレアン派に対して正統王朝派のシャンボール伯がブルボン家の白旗に固執したため，結局失敗に終わった。また1874年になるとボナパルト派が復活して補欠選挙で議席を獲得するようになった。こうしたなか，議会ではオルレアン派と共和派との提携が模索され，翌年1月にヴァロン修正案がわずか1票差で可決され，共和政の存在が法的に明記された（図10-2）。この修正案を含む同年の3つの法律が，第三共和政の「憲法的法律」と呼ばれているものである。そこでは普通選挙に基づく下院，終身議員を含む上院，強力な権限を持つ大統領などの制度が定められた。

図10-2　第三共和政「憲法」の成立（風刺画）
（アンドレ・ジル作，1875年3月7日の『エクリプス』紙に掲載）
国民議会議員ヴァロンが自らの赤子（憲法）を高く掲げている。赤子は自由の象徴であるフリジア帽と月桂冠をかぶっている。
出典：Duclert, Vincent, *La République imaginée 1870-1914*, Paris, Bélin, 2010: 119.

1876年の下院選挙では共和派が勝利をおさめ，共和派の内閣が成立したが，王党派のマクマオン大統領は翌年5月に首相を辞任させ（「5月16日の危機」），さらに下院を解散した。しかし10月の選挙では共和派がふたたび勝利し，1879年には上院でも共和派が過半数を占めると，マクマオンは辞任して共和派のグレヴィが大統領に就任した。これ以降，議会が大統領に優越する体制が成立し，ここにようやく議会主導の共和政が確立した。

2　共和政の国民統合

1880年代の共和政を主導したのは，穏健共和派と呼ばれるグループである。当時の共和派は大きく分けて穏健共和派と急進派のふたつのグループが存在し，クレマンソー率いる後者が共和主義の理念に即した抜本的な改革を主張したのに対し，ガンベッタとフェリーが率いる前者は急激な社会改革を望まず，個々の政治課題を他の政治党派と妥協しながら解決する方針を取った。そのため急進派から

図10-3　共和国を象徴する「マリアンヌ」像（ダル作《共和国の勝利》パリ，ナシオン広場）

出典：Agulhon, Maurice, *Marianne au pouvoir*, Paris, Flammarion, 1989.

は「オポルチュニスト（日和見主義者）」と呼ばれて非難されるが，彼らにとってこの政治手法は，「時宜にかなった（オポルタン）」政策をひとつずつ着実に実施することで，社会を少しずつ変えていくことを目指すものであった。この穏健共和派の政権は，その後いくつかの危機にさらされつつも，1890年代末まで存続する。

　1880年代の共和政は，フランス革命の継承者として，革命の諸原理を定着させるとともに，その原理のもとに人びとをフランス国民として統合することを目指し，様々な施策を打ち出していった。まず政治的自由の実現については，1880年にパリ・コミューン参加者に恩赦が与えられ，また酒場開業の自由が認められた。後者は政治的自由と無関係なようにもみえるが，人びとに政治的論議の場を認めるという意味を持つものであり，この流れを受けて翌年には集会および出版の自由が認められた。さらに1884年には職業組合の結成の自由が認められ（ヴァルデック＝ルソー法），またパリを除く市町村長の選挙制が定められると同時に，一定の市町村自治も認められた。他方，カトリック教会に対抗する反教権主義政策として，離婚の合法化（ナケ法，1884年）などが実施された。

　しかし1880年代の共和政にとってもっとも重要な政策は学校教育，特に初等教育であり，その最大の目的は教育の領域からカトリック教会の影響力を排除すること，すなわち世俗化を実現することにあった。首相そして公教育大臣としてこれを強力に推進したフェリーは，1881年から82年にかけての3つの法律，いわゆるフェリー法によって，初等教育の無償・義務・世俗化を実現した。なお，中等教育に関しては，女子教育機関の整備（カミーユ・セー法，1880年）などがおこなわれている。

　この時期はまた，フランスが国民国家の確立に向けて共和主義的国民の育成，すなわち国民統合を本格的に開始した時期でもあった。例えば，1878年のフレシネ・プランでは鉄道や運河などの交通手段の整備・拡充が計画されたが，それは国家レヴェルでの人やモノの移動の推進という点で国民統合に寄与するものでも

あった。しかし国民統合の主な手段となったのは，前述の初等教育であった。そもそも第三共和政が成立した頃のフランスでは，標準的なフランス語を話せない人びとがかなり多く，識字率も全体として北部・北東部と南部・南西部との間で大きな差があり，国民意識の浸透の度合いも地域ごとに大きく異なっていた。こうした状況に対して小学校教師たちは，国語（フランス語）・国史（フランス史）・地理・理科・算数といった授業を通じて，子どもたちを国民意識や科学的知識を身につけた公民として育成することが期待された。また授業だけでなく，遠足などの行事を通じて，公衆衛生や倹約といった生活規範を身につけさせることもおこなわれた。

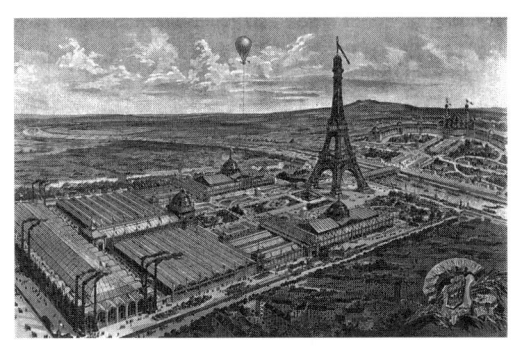

図10‐4　1889年パリ万国博覧会とエッフェル塔
出典：Sipriot, Pierre, *Ce fabuleux XIXe siècle*, Paris, Belfond, 1990: 265.

　また，この国民統合の過程においては，現代の私たちにとってもなじみ深い，フランスや共和国を表す様々なシンボルや祝祭が制度化されている。例えば現在のフランスの国歌である「ラ・マルセイエーズ」や国旗である三色旗が最終的に制度化されたのは1879年から80年にかけてのことであり，わが国では「パリ祭」の名称でも知られる7月14日の革命記念日（フランス革命におけるバスティーユ襲撃の日）が国民の祝祭日となるのも，1880年のことである。さらにこの時期には，共和国を象徴する女性像「マリアンヌ」（図10‐3）が全国の公共の場に普及し（ちなみにニューヨークの有名な「自由の女神」像もそうした像のひとつである），革命のスローガンである「自由・平等・友愛」の標語が全国の市町村役場でみられるようになった。1889年のパリ万国博覧会の際に建設されたエッフェル塔（図10‐4）〔第9章参照〕も，フランスの科学技術の高さを誇示するだけでなく，王党派やカトリックが同じ頃にパリのモンマルトルに建造中であったサクレ・クール聖堂に対抗するという意図が込められていた。共和派はこれらのシンボルや祝祭を通じて，フランス革命の継承者としての共和政のイメージを人びとに強く印象づけようとしたのである。

　ただし，こうした国民統合はたんに上からの強制という形でおこなわれていたわけではない。例えば初等学校での国民教育も，人びとはむしろ能力に基づく社

会的上昇，すなわち「立身出世」を目指して，ある意味自ら進んで参加していった。もっとも，そうした社会的上昇を実現できる可能性は，現実にはかなり低かったことにも注意しなければならない。

3　共和政の危機と変容——穏健共和政から急進共和政へ

　1880年代の穏健共和政は，その後2度の大きな政治的危機を体験し，共和政そのものも大きく変容することになる。第一の危機は，1880年代後半のブーランジスム（ブーランジェ事件）である。1886年に陸軍大臣に任命されたブーランジェ将軍は，軍隊の共和主義化・民主化をはかり，また炭鉱のストライキに際してはスト参加者の立場に共感を示して労働者の支持を得た。さらにドイツとの国境紛争では強硬姿勢を貫き，国民的英雄（「復讐将軍」）としての人気を博することになった。これに危機感を覚えた政府は，ブーランジェを地方に左遷するが，そのことがかえって民衆の怒りをかきたて，同じ頃に政界スキャンダル（ヴィルソン事件）が発覚したこともあり，彼は当時のあらゆる反体制勢力を糾合する存在となる。1888年以降，彼は各地の補欠選挙に次々と立候補し，当選しては辞退し，また立候補を繰り返すというやり方で得票を伸ばし，翌年1月のパリ補欠選挙では共和派の統一候補に圧勝し，その運動は最高潮に達した。しかし熱狂した群衆がクーデタの敢行を望んだにもかかわらず，彼は合法的な政権奪取にこだわって行動を起こさず，これ以降運動は急速に沈静化した。政府はすかさず反撃に転じ，国外に亡命したブーランジェは2年後に愛人の墓の前でピストル自殺をした。

　ブーランジスムの後，共和政に対する下層民衆の不満は，社会主義運動や労働運動によって表明されるようになる。これらの運動は前述のようにパリ・コミューン鎮圧の後しばらく沈滞していたが，パリ・コミューン恩赦の影響などを受けて，1890年代には社会主義政党や労働組合が発展を遂げた（図10-5を参照）。当時の社会主義者は多くの党派に分裂していたが，1893年の下院選挙では40以上の議席を獲得して大きく躍進した。これに伴って諸党派の統一の動きが起こり，1905年にはジョレスの主導する統一社会党（SFIO）が結成されることになる。いっぽう，こうした議会主義的傾向を強める社会主義に反発した労働組合は独自の運動をおこない，1895年に労働総同盟（CGT）を結成した。ここを拠点とする，組合がゼネラル・ストライキなどの直接行動を通じて社会革命の実現を目指すというフランス特有の労働運動は，一般に「革命的サンディカリスム」と呼ばれる。なお，こうした運動の外側では無政府主義者による過激なテロ活動もみられ，

1894年には現職大統領の暗殺事件まで起こっている。

こうした社会主義や労働運動の進出を前にして，王党派やカトリックの中には共和政に接近する動きが現れた。いわゆる「ラリマン（加担）」である。例えばローマ教皇レオ13世は1892年の回勅において，共和政の容認をフランスのカトリック信者に求めている。実際にこれに応じた信者は多くなかったが，穏健共和派は社会主義の台頭といった状況に対応するためにこのラリマンを受け入れ，より保守化する傾向を示した。「進歩派（プログレシスト）」と自称した彼らは新たな穏健共和政を確立し，カトリックへの寛容や社会政策の実施などを打ち出していった。

図10-5　北仏フルミの労働者デモに対する軍隊の弾圧（1891年）
（フレデリック・ド＝エナンの図案に基づく版画。1891年7月9日の『イリュストラシオン』紙に掲載）
この惨劇は，社会主義者の議会進出にも影響を与えた。
出典：Duclert, Vincent, *La République imaginée 1870-1914*, Paris, Bélin, 2010: 254.

しかし1890年代後半のドレフュス事件によって，共和政は2度目の危機にさらされる。この事件は1894年にユダヤ人将校のドレフュス大尉がドイツのスパイ容疑で逮捕されたことに始まる。当時における反ユダヤ主義の高まりの中，軍法会議は確たる証拠もないまま彼を有罪とし，終身流刑を宣告した。その後，軍の内部に真犯人がいることを示す別の証拠が発見されたが，軍首脳部も政府も冤罪を認めようとせず，再審請求も却下された。

しかし1898年に作家ゾラが新聞紙上に「私は糾弾する！」と題する大統領への公開質問状を発表して政府や軍を批判すると，世論はドレフュスの再審を求めるドレフュス派と再審に反対する反ドレフュス派とに二分され，互いに激しい議論を展開し，反ドレフュス派によるクーデタ未遂事件まで起こる騒ぎとなった。ドレフュス派には左翼の反体制派である急進派や社会主義者，さらに知識人の一部が参加しており，彼らは民主主義や共和政の観点から人権擁護を訴えた。いっぽう反ドレフュス派は与党である「進歩派」の多くがこれに参加したほか，王党派やカトリック，反ユダヤ主義者なども加わっており，彼らは何よりも国家や軍部の名誉を重視した。こうしたなか，1899年に再審がおこなわれるが，軍部側の偽証や証拠隠滅工作が明らかになったにもかかわらず，ふたたび有罪判決（ただし懲役10年に減刑）が下された。これに対して大統領はただちに恩赦を与え，世論

はようやく沈静化に向かった（実際に無罪判決が下されるのは1906年）。

ドレフュス事件の結果，穏健共和派（「進歩派」）に代わって，急進派が政権を主導する体制が成立した（急進共和政）。彼らは1899年6月の「共和国防衛」内閣において，「進歩派」左派や社会主義者と連携し，1901年にはクレマンソーの主導の下にフランス初の本格的な政党である急進党（「急進共和・急進社会党」）を結成した。さらに翌年の下院選挙では第一党となり，その後第一次世界大戦前夜まで政権を担うことになる。

図10-6　追放される修道士たち（風刺画）
（エゴール作。1905年頃のもの）
出典：Duclert, Vincent, *La République imaginée 1870-1914*, Paris, Bélin, 2010: 446.

共和主義の理念の徹底を目指す急進派は，軍隊の民主化・共和主義化などを進めたが，特に力を入れたのが反教権主義政策であった。1901年に成立した結社法ではあらゆる結社の設立の自由が認められたが，修道会にはこれが適用されず，1902年の選挙で首相となったコンブは多くの無認可修道会を解散させ，またそれらが運営する多くの学校も閉鎖した。1904年には修道会教育禁止法によって修道会による教育への関与が一切禁止され，同年フランスとヴァチカンとの外交関係も断絶した。またこうした政策の結果，多くの修道士・修道女がフランスから亡命することとなった（図10-6）。

急進派の反教権主義政策の仕上げとなったのが，1905年の政教分離法である。この法律によって19世紀初め以来の政教協約コンコルダート［第2章3参照］は破棄され，国家および地方公共団体の宗教予算は廃止された。これによってフランス革命以来の共和派とカトリックとの争いに一応の決着がつけられ，以後，「ライシテ（世俗性，非宗教性）」という国家原理が定着することになる。政教分離法は信教の自由の保障など，カトリック教会にとって必ずしも不利なことばかりではなかったが，教会財産の強制立ち入り調査をめぐっては信者や教会による激しい抵抗運動も起こっている。

4　世紀転換期の社会

19世紀末から20世紀初めの世紀転換期はしばしば「ベル・エポック（美しき時

第**10**章 「ベル・エポック」から第一次世界大戦へ

図10-7 世界初とされるデパート「ボン・マルシェ」（19世紀末頃の絵葉書）
出典：Wikimedia Commons (http://commons.wikimedia.org/wiki/File:Le_Bon_March%C3%A9_%C3%A0_Paris_(2).jpg) （最終アクセス日：2015年4月16日）

代）」と呼ばれる。この語は第一次世界大戦を生き延びた人びとが後から当時の社会を振り返って用いたものであり、その点でノスタルジックな意味合いが強い。にもかかわらず、1913年に作家ペギーが「世の中はイエス・キリスト以来、ここ30年の間ほど変化したことはなかった」と書いているように、この時代には様々な側面において現代社会に向けての大きな転換がなされはじめたといってよい。

　まず、工業化とそれに伴う技術革新は、人びとの生活条件そのものを大きく変化させた。その代表的なものは電気の使用と普及である。日本の岩倉使節団はパリ訪問の際、「気燈」すなわちガス灯がともる光景を目撃しているが、都市においてそれらはやがて電気照明に取って代わられていった。この点で、1881年のパリ国際電気博覧会が電気照明の普及の契機であったが、その19年後のパリ万国博覧会では巨大な電気照明のパビリオン「電気館」までが登場している。

　またこの時代は、人やモノの移動や情報の伝達が大幅にスピードアップした時代でもあった。ここでもまず影響を与えたのは電気の利用である。情報伝達の分野では電信がすでに19世紀半ばに始まっていたが、世紀末になると電話が実用化された。1890年代のパリ市内の電話加入者は約1万2,000人とされる。交通網については前述のフレシネ・プランによる鉄道網の拡充のほか、都市では市内電車の開発も進められ、1900年にはパリで最初の地下鉄路線が開通した。さらに自動車の生産も始まっており、実際の利用者はまだかなり限られていたが、1898年に

165

図10-8　リュミエール兄弟による初の映画上演（1895年）
（マルスラン・オゾル作のポスター。1896年。パリ・映画図書館／フランス映画ライブラリー蔵）
出典：Duclert, Vincent, *La République imaginée 1870-1914*, Paris, Bélin, 2010: 675.

は最初の自動車展示会がパリで開催されている。こうした交通や輸送，情報伝達をめぐる技術革新は，人びとにスピード感覚の変化をもたらすものでもあった。

　さらにこの時代には，現代の大衆社会・大量消費社会への移行が始まっている。まず，第二帝政期に誕生した「ボン・マルシェ」や「プランタン」といったデパートが大きく発展した（図10-7）［第5章参照］。そのいっぽうで通信販売や割賦販売（分割払い）といった新たな販売方式が普及し，多くの人びとの購買意欲を刺激した。その結果，例えばこの時期には労働者であっても仕事着と仕事以外の服装とを区別するようになったとされる。またマス・メディアが誕生したのもこの時代であり，一般向けの情報新聞が印刷技術の発展や情報伝達のスピード化などによって部数を大幅に伸ばしていった。例えば1863年に創刊された日刊紙『プチ・ジュルナル』の部数は20世紀初めには100万部に達している。

　余暇や娯楽のあり方も変化した。まず，電気の使用は映画という新たな表現手段を生み出し，人びとの新たな娯楽となった（図10-8）。また，パリの「ムーラン・ルージュ」などで知られる，カフェ・コンセールやミュージック・ホールと呼ばれた娯楽施設は，都市の幅広い階層に音楽や見世物を提供した。旅行も大衆化のきざしがみられ，1900年には先の自動車の普及と関連して，タイヤ会社のミシュランがドライバー向けのガイドブック『ミシュラン・ガイド』の刊行を始めている。

　いっぽう，サッカーやラグビーなどのスポーツ競技，また自転車が急速に普及したのもこの時代の特徴である。こうした動きはクーベルタン男爵による近代オリンピックの開始（1896年）や今日有名なフランスの自転車レース「ツール・ド・フランス」の開始（1903年）へと結びつくことになる。

　ただし，当時の人びとの生活がこうした変化や進歩によってのみ彩られていたわけではない。1870年代初めの戦争や内乱で多くの命が失われたフランスの人口

は、その後も出生率の低下によって大きな増加がみられず、人口の停滞が大きな社会問題となった。そのため早くもベルギーやイタリアなどからの移民が、労働力不足を補うために受け入れられることになる。またこの時期は一般に第二次産業革命が進行したとされるが、フランスでは1911年においても都市人口の割合が総人口の約4割強を占めるに過ぎず、第一次世界大戦前のフランスはいぜんとして農村優位の国であった。

都市でも農村においても、工業化や技術革新が進む一方で、伝統的な生活様式もまた存続していた。労働者や農民の生活には向上した点もみられたが、貧富の差はいまだ激しかった。共和政は19世紀末から本格的な社会政策に着手し、労働時間の短縮、労働災害法、週休制の義務化、退職年金法といった人びとの生活の改善を目指す措置を取ったが、他方、ストライキなどの労働運動に対しては厳しく弾圧する方針を示した（図10-5を参照）。例えば前述の革命的サンディカリスムが隆盛を迎えた1900年代後半、クレマンソーなどの政治指導者はストライキに対して、軍隊を出動させたり指導者を逮捕するといった強圧的な手段をためらわなかったのである。

5　対外関係と戦争への道

1870年から1914年におけるフランスの対外関係は、まず海外植民地の大幅な拡大によって特徴づけられる。この時期の共和政はアフリカや東南アジアを中心に植民地獲得に努め、イギリスに次ぐ世界第二の植民地帝国を形成したが、この植民地政策と普仏戦争以来の「対独復讐」熱が結びつくことによって、フランスが第一次世界大戦に参戦する前提が形づくられることになる。

植民地の拡大については、まずアフリカにおいて、フランスは七月王政期に進出していたアルジェリアに加えて、1880年代にチュニジアとマダガスカルを保護領とした。さらに1895年に仏領西アフリカ、1910年には仏領赤道アフリカを設置し、これによって西アフリカの大部分がフランス領となった（図10-9）。いっぽう東南アジアでは、ベトナムをめぐる中国（清）との清仏戦争の後、1885年の天津条約でベトナムの保護権を獲得し、すでに保護領としていたカンボジアと合わせて、1887年に仏領インドシナ連邦を設置した。さらに1890年代にはラオスと中国（清）から租借した広州湾をこれに編入している。こうした拡大の結果、以前からの植民地と合わせて、19世紀末におけるフランスの海外での支配地域の面積は約950万平方キロメートル、人口は約5,000万人に達した。

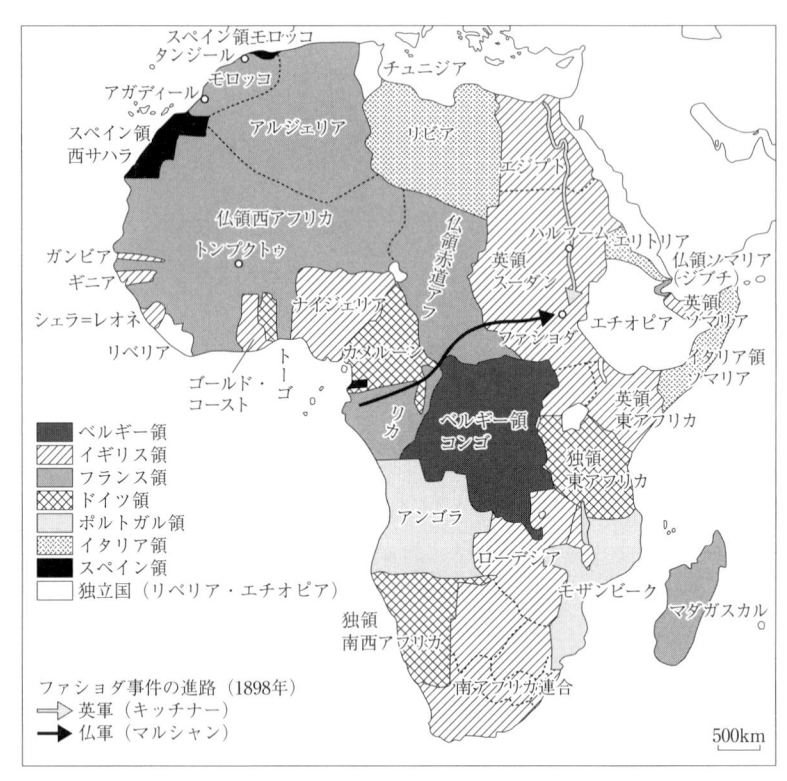

図10-9　アフリカにおける列強各国の植民地の分布（1914年）
出典：平野千果子『フランス植民地主義の歴史』人文書院，2002年，195頁。

　植民地進出に関しては様々な要因が指摘されるが，特にフランスの場合，優秀な人種が劣った人種を文明化すべきだとする「文明化の使命」という考え方が注目される（図10-10）。この時期に開催された万国博覧会や植民地博覧会は，そうした考え方に基づくフランス人の「帝国意識」が表明される場でもあった。
　しかしこの時期の植民地拡大は，当時の国際情勢とも密接に結びついていた。普仏戦争の後，ドイツの宰相ビスマルクの外交戦略によってドイツ・オーストリア・ロシアの三帝同盟（1873年）とドイツ・オーストリア・イタリアの三国同盟（1882年）が結ばれ，この「ビスマルク体制」によってフランスは国際的孤立をよぎなくされることになった。そうした情勢下において，王党派や急進派が対独復讐のための軍備の充実と国内投資を主張したのに対して，政権の座にあった穏健共和派，特にその指導者フェリーはひとまずドイツとの摩擦を避け，海外での植民地獲得によって国家の威信を回復する方針を選択した。フランスの対独復讐を

避けようとするビスマルクもまた、こうした政策を歓迎した。さらに1890年代にドイツが植民地進出に乗り出すと、植民地拡大と対独復讐が次第に矛盾しないものとなり、植民地政策の勢いがよりいっそう増すことになった。

フランスがこうした国際的孤立から脱却するのは、ドイツのビスマルクが宰相職を辞任した1890年以降のことである。フランスはまず、公債を引き受ける関係にあったロシアとの接近を試み、1894年に露仏同盟が成立した（ただし翌年の日本に対するフランス・ドイツ・ロシアのいわゆる三国干渉の場合のように、この段階ではドイツとの協調関係もみられた）。さらに領土問題をめぐってオーストリアと対立していたイタリアとも接近し、植民地問題などで合意した後に1902年に秘密政治協定を結んだ。ながらく植民地進出のライヴァルであったイギリスに対しては、1898年にフランスのアフリカ大陸横断政策とイギリスの縦断政策がエジプトの奥地スーダンでぶつかるファショダ事件が起こるが、フランス外相デルカッセはイギリスに譲歩して武力衝突を回避した。その後もこのデルカッセ外交の下でフランスはイギリスに接近する道を選び、1904年には英仏協商が成立した。さらに3年後には英露協商の締結によって三国協商体制が成立し、フランスはいまや国際的孤立の立場から一転、ドイツ包囲網の形成に成功した。

図10-10 フランス植民地主義を表す図版（1900年）
共和国を象徴する女性（マリアンヌ）の左手の盾には「進歩・文明・交易」と書かれている。
出典：Duclert, Vincent, *La République imaginée 1870-1914*, Paris, Bélin, 2010: 578.

いっぽうドイツは、英仏協商によってフランスの優先権が認められたモロッコに対して2度の介入をおこなった。1905年の第一次モロッコ事件ではドイツはモロッコでの自国の利益の保持を主張したが、翌年のアルヘシラス会議において事実上退けられた。また1911年の第二次モロッコ事件では、フランスはモロッコにおける自国の優位を認めさせる代わりに仏領コンゴの一部をドイツに割譲し、翌年モロッコを保護領とした。

すでに19世紀末からフランスでは右翼的なナショナリズムや愛国主義が台頭していたが、こうした植民地をめぐる対立は人びとのドイツへの反感をさらに高め

ることになった。政府もドイツとの戦争を視野に入れた政策に乗り出し，1913年には軍備増強のために兵役が2年から3年に延長された。これに対して統一社会党のジョレスを中心に社会主義者や労働組合からは戦争反対の動きが起こるが，こうした反戦運動が事態を変えるにはいたらなかった。

　このような国内情勢のなか，1914年6月28日にバルカン半島のボスニア・ヘルツェゴビナの首都サライェヴォでセルビア人青年によるオーストリア皇位継承者夫妻の暗殺事件，いわゆるサライェヴォ事件が起こる。この段階では事件が大戦争に発展するとは考えられていなかったが，1カ月後にオーストリアはセルビアに宣戦布告し，ロシアはセルビア支援の動員令を発した。7月31日には反戦運動のリーダーであったジョレスが右翼青年によって暗殺され，翌8月1日，ドイツのロシアへの宣戦布告を受けてフランスは総動員令を発布し，第一次世界大戦に突入するのである。

参考文献

小倉孝誠（1995）『19世紀フランス　夢と創造——挿絵入新聞「イリュストラシオン」にたどる』人文書院。

河野健二（1977）『フランス現代史』（世界現代史19）山川出版社。

久米邦武編（1979）『特命全権大使　米欧回覧実記（三）』（田中彰校注）岩波書店

（久米邦武編［2008］『現代語訳　特命全権大使　米欧回覧実記　普及版　第3巻　ヨーロッパ大陸編・上』［水澤周訳・注］慶應義塾大学出版会も参照）。

小山哲ほか編（2011）『大学で学ぶ西洋史［近現代］』ミネルヴァ書房。

桜井哲夫（1983）『知識人の運命——主体の再生に向けて』三一書房。

桜井哲夫（1984）『近代の意味——制度としての学校・工場』日本放送出版協会。

柴田三千雄（1973）『パリ・コミューン』中央公論社。

柴田三千雄・樺山紘一・福井憲彦編（1995）『フランス史3——19世紀なかば〜現在』（世界歴史体系）山川出版社。

柴田三千雄（2006）『フランス史10講』岩波書店。

谷川稔ほか（1990）『規範としての文化——文化統合の近代史』平凡社。

谷川稔（1997）『十字架と三色旗——もうひとつの近代フランス』山川出版社。

谷川稔ほか（1999）『近代ヨーロッパの情熱と苦悩』（世界の歴史22）中央公論新社。

谷川稔・渡辺和行編（2006）『近代フランスの歴史——国民国家形成の彼方に』ミネルヴァ書房。

中木康夫（1975）『フランス政治史（上）』未来社。

服部春彦・谷川稔編（1993）『フランス近代史——ブルボン王朝から第五共和政へ』ミ

ネルヴァ書房。

平野千果子（2002）『フランス植民地主義の歴史――奴隷制廃止から植民地帝国の崩壊まで』人文書院。

福井憲彦（1999）『世紀末とベル・エポックの文化』（世界史リブレット46）山川出版社。

福井憲彦編（2001）『フランス史』（新版世界各国史12）山川出版社。

福井憲彦（2005）『ヨーロッパ近代の社会史――工業化と国民形成』岩波書店。

ベルトラン，A.／P. A. カレ（1991=1999）『電気の精とパリ』（松本栄寿・小浜清子訳）玉川大学出版部。

松井道昭（2013）『普仏戦争――籠城のパリ132日』（横浜市立大学新叢書01）春風社。

横山信（1963）『近代フランス外交史序説』（東大社会科学研究叢書10）東京大学出版会。

渡辺和行・南充彦・森本哲郎（1997）『現代フランス政治史』ナカニシヤ出版。

Goetschel, P. and E. Loyer (2011), *Histoire culturelle de la France de la Belle Epoque à nos jours*, Paris: A. Colin, 4e édition.

Yon, J.-C. (2010), *Histoire culturelle de la France au XIXe siècle*, Paris: A. Colin.

第11章
両大戦間期の社会

剣持久木

1 大戦の奈落からの再生

　第一次世界大戦はフランスにとって空前絶後の経験であった。戦死者数（130万人以上），負傷者数（300万）はもちろん，社会にとって深刻だったのは出生数の劇的な低下である。戦前の4年間の年平均出生数が75万人だったのに対して，戦時中の4年間の平均出生数は45万人であり，合計すると150万人の出生の機会が奪われたことになる（図11‐1）。これほど社会が戦争によって傷を負ったという経験は，フランス各地でみることができる戦没者記念碑の数からもうかがい知ることができる。その数は3万5,000，ほぼすべての市町村に少なくともひとつは，この時期に建立された記念碑がある。第一次世界大戦休戦記念日である11月11日は，「7月14日を忌避する者でさえ一目を置かざるを得なくなった」（Agulhon 1992：353）。そして，大戦から帰還した，640万の兵士たちは，退役軍人として，質，量共に，戦後の社会で大きな力を持つことになる。1920年の時点では，成人男性の55％，1930年でも45％を占めていた。さらに彼らの半数以上は，何らかの退役軍人団体に所属していたが，その中でも最大は退役兵士連盟（UF）と全国退役兵士連合（UNC）であり，1920年代はじめにはそれぞれ30万人の会員を数えていた。彼らは年金などの経済補償をもとめる圧力団体となっただけでなく，政治的な意見表明も積極的に行っていく。主張は様々であったが，中心となったのは平和主義と，議会制への不信感であった（Prost：2014）。

　大戦の傷跡は，誰に目にもはっきりわかる形で残されていた。傷痍軍人とりわけグールカッセと呼ばれた顔面負傷兵の存在は，大戦において従来の小銃ではなく，砲弾が主役であったことを如実に物語っている。

　政治的には，1919年7月の総選挙前の情勢は，国民世論のユニオン・サクレ継続の願望と，左右両派の内部対立が特徴的であった。左派では，社会党がロシア革命に対する対応を決めかねていたために，ボルシェヴィズムと距離を置く急進

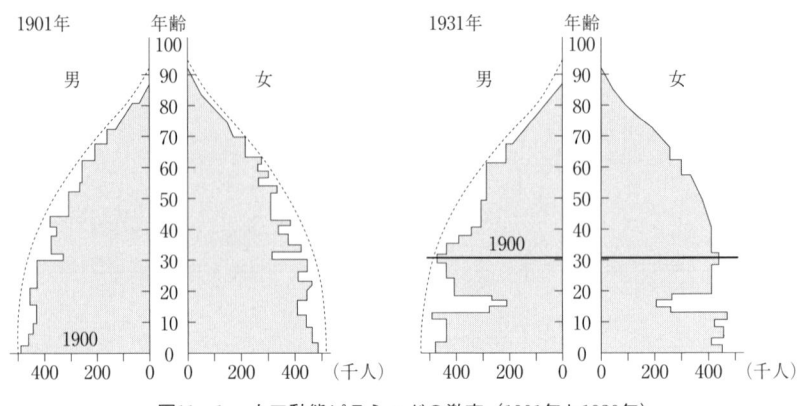

図11 - 1　人口動態ピラミッドの激変（1901年と1930年）
出典：渡辺（2013：33）。

党が離間していった。右派ではアクシオン・フランセーズなどのナショナリストに勢いがあったが，他の保守派とは相容れず，また保守派も分裂していた。結局，選挙結果は社会党が戦前より得票数を増やしたものの，選挙後に結成される議会内会派は，保守派が中道派と形成した国民ブロックが圧倒的多数を占めることになった。議員構成の60％が入れ替わるなど，戦前との断絶が顕著であったが，もっとも特徴的なのは，議員の半数近くが退役軍人で，フランス軍兵士の軍服色にちなんで「青灰色（オリゾンブルー）」議会と呼ばれ，彼らの影響力は無視し得ない重みを持つことになった。

　選挙結果をうけて内部対立がはげしくなった社会党では，ユニオン・サクレに参加していた指導者たちへの反発から，モスクワが新たに創設したインターナショナルに加盟することを望む声が高まり，1920年のトゥールの党大会では，多数派がロシア革命への心情的共感から，加盟に賛成を表明する。これがフランス共産党の誕生である。しかし，レオン・ブルムら代議士たちは，フランス社会主義の自由主義的，民主主義的な伝統に拘り，加盟を拒否して社会党（SFIO）を存続させる。

　結局，活動家たちは共産党に移り，党の新聞リュマニテも持っていかれるも，大半の代議士たちが社会党にとどまる形で分裂する。共産党は，1928年と1932年の選挙では「階級対階級」戦術をとり，2回目の投票で社会党の候補者のために党の候補者を取り下げることを拒否している。共産党の下院議員は1932年に12人しかおらず，国政の場で影響力を行使する勢力ではなかったが，社会党をブルジョワ政党として攻撃することで，社会党の弱体化には貢献した。

　社会党の分裂は，労働組合運動の弱体化にもつながっていく。革命的な空気の

なかで1920年5月に鉄道員がおこしたゼネストは挫折し，1921年には労働総同盟（CGT）は分裂し，共産主義インターナショナルを支持する少数派の統一労働総同盟（CGTU）を結成する。CGTU は共産党に従属し，CGT は改良主義の方向性を歩むことになる。1920年には社会保険制度が創設されるなど，一定の成果はあるものの，労働運動は停滞し，組合員の数も減少している。

　総力戦の予期せぬ効果として，世紀初頭の政教分離をめぐる国内の対立が鎮静化したことがある。4年にわたる塹壕戦を共に戦ったなかでは，世俗派も教権派も，小学校教員も聖職者も互いを理解し，和解することになった。国民ブロックの保守，中道政府の成立も，この空気と重なり合っている。断絶していた教皇庁との関係も復活し，教会に対しても，政教分離法が定めた市町村ではなく，司教区を単位とする，信徒会という資格で法的な身分を与えることになった。教皇庁も，この妥協を受け入れる回勅を1924年に出している。

　また，アルザス・ロレーヌについても，次のカルテル政府が一時政教分離法の適用を試みるも，広範な宗教擁護運動を前に断念し，ドイツ帝国時代のコンコルダート（政教協約）体制の維持を認めるに至っている。もはや反教権主義は支持を集めることができないと政府は理解したのである。カトリックの側も，この沈静化に協力している。1926年には，大戦直後には最盛期を迎えていたアクシオン・フランセーズを教皇庁が断罪する。機関紙が禁書目録に入り，信者の講読が禁止されている。他方で教会は，農民，労働者，学生を対象にした青年運動を創設し，独自に若者をキリスト教に引き寄せる動きを見せている。

　いずれにせよ，一方で労働運動や左翼が分裂し，他方で宗教的な対立が沈静化するなかで，1920年代のフランスが直面する問題は，対ドイツ問題と財政問題であった。

2　相対的安定と平和主義

　ヴェルサイユ条約は，敗戦国ドイツにとっては苛酷なものであった。フランスは，戦争がおもにフランスの領土で行われたこともあって，破壊の損害に見合う巨額の賠償金を要求することになる。ドイツに要求された4,000億マルクのうち1,400億マルクがフランスの分とされた。アルザス・ロレーヌはフランスへの復帰が実現したが，フランスが1814年の国境線に含まれたとして要求したザール地方のフランス帰属は認められず，国際連盟の管理下に置かれ，最終帰属は15年後の住民投票に委ねられた。フランスはまた，戦後の安全保障として，ドイツの軍

備縮小，ライン川左岸の非武装（連合軍の管理）と共に，イギリスとアメリカによる保証も求めていたが，こちらの期待は裏切られる。そもそもアメリカは，ヴェルサイユ条約を批准せず，国際連盟に加わらなかった。イギリスも保証を突然，撤回する（Prost 2013：24）。フランスが当初ライン川左岸の占領をあきらめたのは，イギリスの保証との引き換えだったので，賠償金支払い能力，意志があるとは見えなかったドイツに対し，フランスはまず強硬策を取らざるを得なくなる。1922年に首相に就任したポワンカレのルール占領である。いわば賠償金の抵当としての占領であったが，これは同盟国の事前承認なしの行動であり，とりわけドイツ側の「消極的抵抗」を前に，フランスが国際的に孤立していった。結局1923年9月になって，ドイツ側がシュトレーゼマン新首相のもとで交渉に応じる姿勢をみせ，フランス側も1924年の選挙で，強硬路線から和解に舵をきる左翼カルテルが勝利し，政策が転換される。

　左翼カルテルの首相，エドゥアール・エリオは，ドイツの賠償金支払額を減額したドーズ案を受け入れる。さらに安全保障についても国際連盟の枠内での保証である，ジュネーヴ議定書を受け入れている。エリオの後継者のアリスティド・ブリアンも和解路線を継承する。そして1925年には，フランス，イタリア，イギリスそれにドイツも加えたヨーロッパ諸国の間でロカルノ条約が結ばれ，ドイツの西側国境を確定する協定が結ばれ，フランスはようやく国際的な安全保障を得ることになった。これはドイツの国際社会への復帰でもあり，翌年には国際連盟に加入している。フランスは，賠償金の更なる減額であるヤング案を1929年に受け入れ，ラインラントから，ヴェルサイユ条約の規定より4年はやく，1930年には軍隊を撤退させる。1920年代後半の対ドイツ和解と国際平和の機運を仕上げたのが，アメリカ国務長官とブリアンの名前をとった，いわゆるケロッグ・ブリアン条約である。戦争を非合法化するという画期的な条約の締結は，60カ国近い国々が調印し，まさに国際連盟の理想が実現したかにみえた。

　大戦の傷跡は，財政面で深刻な傷跡を残している。戦争による破壊で，多くの工場が破壊され畑は砲弾で穴だらけになり，都市が廃墟となった（図11-2）。破壊の金額は280億金フランと見積もられている（Prost 2013：26）。またフランスは，対外的には自己の債権を失っただけでなく，負債を抱え込むことになった。ロシアやオーストリアの公債は紙切れになり，逆に戦費を賄うために，外国とりわけアメリカから借金をし，戦前には450億フランの債権国だったのが，1919年には350億フランの債務国になってしまったのである。このような状況では，国家財政はつねに危機にさらされることになる。ルール占領後の1923年，24年の危機を

ポワンカレは，モルガン銀行からの貸付金で切り抜けるも，フラン強化のための増税に踏み切ったために1924年の選挙で彼は敗北している。続く左翼カルテルのエリオは，フランス銀行が国家に対する貸付金の上限をひき上げることを下院に求めるという正攻法ではなく，資本への課税を検討する。それに対してフランス銀行は，賃借対照表がすでに上限を超えているという実態を暴露することで，エリオ内閣を倒してしまう。いわば「金の壁」と200家族によってカルテル政権は倒壊する。結局，1926年にポワンカレが蔵相兼務で首班に復帰して，財政危機が一息つくことになる。

図11-2　現在も続く第一次世界大戦の不発弾処理
フランスの国土には1億発の砲弾が不発弾として埋まっており，その処理には今後700年を要するという。
出典：『毎日新聞』（2014年8月2日付）。

　財政危機は社会に対して深刻な打撃を与えた。物価は戦前から1922年の間に3倍になり，そこから1928年の間に，さらに2倍になっている。これは，ただでさえ，ロシア公債などが紙切れになった打撃を被っていた金利生活者を圧迫した。インフレ状況による購買力低下に対応して政府は，借家人保護を掲げて，家賃の値上げ幅を制限したが，これがいっそう金利生活者に打撃を加える。大戦前を，ブルジョワが「ベル・エポック」と回顧したのは，まさにこのような大戦後の社会状況が背景にあった。

　ただしフランの貨幣価値が低下したことで，フランス産業は対外的に有利な立場になる。金利生活者がフランの切り上げを願っているのとは裏腹に，経営者たちは対外的な輸出を促進するためにも，低い貨幣価値の存続を願っていた。このふたつの矛盾した要請に対して，ポワンカレは，フランの安定と言う妥協策で切り抜けている。1920年代末のフランスは，かくしてポワンカレの財政政策を，後任のラヴァルもタルデューも継承することから明らかなように，つかのまの繁栄を迎えていたかのようであった。

　大戦の傷跡は，文化の面でも大きかった。ジョン・ホーンが「文化的動員解除」と名づける状況，いわば厭戦気分，平和主義が時代の空気であった。それは一方では大戦期を支配した，同意強制的愛国主義との決別から，ダダやシュルレアリスムの形で現れ，他方で平和主義志向と目された共産主義への傾斜や，国際

連盟の平和主義への共感という形であらわれることになる。学術研究の世界では，平和主義が浸透するのは1920年代半ば以降であった。1919年にドイツの科学者が，ノーベル物理学賞や化学賞を受賞したことにたいしては，大きな拒絶反応があり，科学の世界でのドイツの閉め出しは1926年の国際連盟加入まで続いていた。歴史学の世界も，1923年のブリュッセルの国際会議にはドイツの代表は招かれなかったが，1926年にジュネーヴで創設された国際歴史学会議には，マイネッケが組織委員会のひとりとして参加を許されている（Beaupré 2012：377-380）。

　文学の世界では，もっともこの傾向は顕著であった。大戦中には，事実上亡命していた反戦作家ロマン・ロランがノーベル文学賞を得たことが象徴しているが，1918年に『ドイツ人』という反独的小説を書いたジャック・リヴィエールは，1919年に発刊したNRF誌ではすでに大きく方向性を変えている。NRFは，「戦争が知性に及ぼした強制をやめさせる」ことを目指していた（Beaupré 2012：382）。ロマン・ロランとアンリ・バルビュスは「（知識人が戦争協力したことは）知性のほぼ完全なる放棄」であったと主張する，「精神独立宣言」をリュマニテ紙に発表したが，これにはナショナリスト陣営がアンリ・マシスを中心に「われわれはこの戦争で精神の理想を守った」と主張する，「知性党派宣言」をフィガロ紙上で発表して対抗している。ジャン＝フランソワ・シリネリによれば，大戦前とくらべてナショナリズム陣営と平和主義陣営の力関係が逆転したものの，結局政治的対立が復活してしまう（Sirinelli 1993：104-105）。保守派の陣営にとっては，ロシア革命によって「西欧の危機（マシス）」が加わることになった。さらに1925年にはリフ戦争をめぐって，民族自決を擁護する共産党系知識人の主張が対峙する。こうした中で，左右の知識人の政治的対立を，精神の独立を放棄するものとして「知識人の裏切り」（ジュリアン・バンダ）と非難する声もあった。

　興味深いのは，元来対独強硬を主張していたナショナリストが1930年代に対ファシズム宥和に傾いていった時期に，1920年代に左翼知識人のよりどころであった平和主義の一部もまた，対ファシズム宥和傾向にながれていったことである。具体的には，1927年に『ノートル・タン』誌を創刊したジャン・リュシェールの動きに注目してみよう。『ノートル・タン』は，仏独和解路線のブリアン外交に忠実で，外務省から補助金を得た準広報であったが，1930年代には対ファシズム宥和路線に傾斜していく。その過程で，多くの仲間がリュシェールとは袂を分かっていくが，1935年の『ノートル・タン』では，パン・ヨーロッパを唱えるリヒャルト・クーデンホーフ＝カレルギーのような人物がイタリアのエチオピア侵略に対する制裁に反対していたのである。そして，このイタリア制裁に対しては，

前述のマシスが中心となって,「西欧の防衛とヨーロッパにおける平和のために」と題する制裁反対宣言が出され,これにはアカデミー・フランセーズ会員16名を含む850人の知識人が署名している。『ノートル・タン』は,後述のように1938年12月6日協定に至るまで,宥和外交を唱導し,その後リュシェールは対独協力の中心的存在になる。他方,マシスら保守派ナショナリズム知識人の大半は,ヴィシー派知識人に連なっていく。1930年代のフランス知識人というと,人民戦線に結集した反ファシズム知識人を注目しがちであるが,占領期フランスの前史としての1930年代の状況を理解することも必要だろう(剣持 1997)。

3　新たな危機の時代

　1929年,ウォールストリートでの株価暴落に始まる世界恐慌の影響がフランスに波及するのは,1930年代半ばになってからである。フランスに波及が遅れた理由は,ひとつはフランの安定化によって,他の通貨に比べて低く設定されたフランが,国際市場でのフランス製品の安価での販売を可能にしていた相対的な有利さがあり,他方で,フランスには,国外市場が縮小した場合でも,それにかわる市場として,植民地があったという利点があった。綿製品の輸出量の50％,砂糖の80％,油製品の60％近くを植民地が吸収している。1931年の時点で,自動車輸出の半分は植民地に向かっていた。確かに1932年には工業生産は大きく後退するが,他国に比べると極端な深刻な事態には至っていない。失業率も相対的には低めで推移したし,賃金低下を物価下落が上回っていたので,購買力はむしろ上昇していた(Prost 2013：31)。

　他国に比べて恐慌が遅く,しかも穏やかに波及したフランスであったが,その期間は長かった。1928年を100とする工業生産指数で比べると,1935年にフランスが76,アメリカが78,イギリスが104,さらに1年後にはフランスは88,アメリカは91,イギリスは121であり,恐慌からなかなか抜け出していない。これは,恐慌の程度が浅いのと同じ理由にもよるが,構造的な理由に加えて,デフレ政策の影響がある。戦争によって生じたインフレに懲りたフランス人は,ポワンカレを救世主と信じており,フランの価値を維持することだけにしか関心がなかった。その結果,平価切下げというドラスティックな改革が拒否され,予算の均衡だけに執着することになった。ところが,支出を抑えるために収入も減るという悪循環に陥り,経済危機状態が長期にわたって続くことになってしまったのである。

　客観的にみれば,他国より恐慌の傷が浅かったフランスであるが,長期に持続

図11-3 自動車を使用した火の十字団のデモ
出典：Archives d'histoire contemporaine, Centre d'histoire Science-po, fonds La Rocque.

したことで，世論の不満は政治に向かうことになる。この時期，短命の政権が続いたことで，議会制そのものへの不信が高まり，「国家の改造」がキーワードになる。政権側は，急進党を中心とする中道左派政権だったこともあり，反体制の主導権を握ったのは，右翼の側であった。ドレフュス事件の中で反ドレフュス団体として登場し，第一次世界大戦前後に最大勢力を誇っていたアクシオン・フランセーズがふたたび活発な街頭活動をくり広げている。じつのところ，アクシオン・フランセーズは，第一次世界大戦後の総選挙ではじめて国会議員を下院に送り出して以降は下降線にあり，1926年には，前述のように，大戦前の政教分離政策を緩和させていたフランス共和国との和解路線に舵をきった教皇庁から破門，具体的には機関紙の購読が信者に禁じられるという，支持者の大量離脱につながる出来事も経験していた。

　この息を吹き返したアクシオン・フランセーズのライバルとして台頭して来たのが，退役軍人団体のひとつであった火の十字団である（図11-3）。前者がカムロデュロア（王の売り子＝新聞売り）という街頭示威集団を持っていたように，後者は国民義勇兵というその名も勇ましい組織を抱えていた。この他，愛国青年団やフランス連帯団，フランシスム団といった，いわゆる極右諸リーグといわれる団体が街頭や新聞を舞台に活発に反政府運動を展開する。格好の口実を与えることになったのが，スタヴィスキー事件である。1933年末，アクシオン・フランセーズ紙だけが報じた，スペイン国境近くの地方都市バイヨンヌの市金庫にまつわる小さな詐欺事件は，横領者の自白によってひとりの詐欺師の存在が明らかになった。バイヨンヌ市長で下院議員でもあった急進党の政治家ジョゼフ・ガラと親しい，このアレクサンドル・スタヴィスキーは，1920年代にフランスに帰化したロシア系フランス人であった。常習の詐欺師でありながら，多くの政治家との繋がりによって起訴を免れていた彼も，1934年1月になってパリの新聞も大々的に金融汚職事件としてとりあげるようになって，ついに年貢の納めどきかと思われた。それが，1月8日にシャモニーで自殺したことで，世論の批判の矛先は一斉

第11章　両大戦間期の社会

に，口封じに殺害したと決めつけた急進党の政治家たちに向けられ，街頭には，極右諸リーグが連日デモを繰り広げることになる（渡辺 2013：38-42）。

下院でも事件の審理が始まり，極右系の保守派議員が激しく政府を攻撃し，政府は信任投票でそれに対抗するも街頭でのデモには火に油を注ぐことになった。当初は沈静化が可能と考えていたショータン首相も，1月末には政府を投げ出してしまう。後継首相を任されたダラディエは，挙国一致内閣を目指すも挫折し，中道多数派を頼った組閣も難航する。さらには多数派工作の一環で，左翼に評判の悪かった警視総監キアップを解任したことが裏目に出て，右派の怒りの火に油を注ぐことになった。

図11-4　負傷したジョルジュ・ルベック
出典：Pellisier, Pierre *6 février 1934*, Perrin, 2002, (156+4).

ダラディエ新内閣の信任投票が行われようとしている，2月6日の夕方，下院議場，ブルボン宮殿を右翼のデモ隊が包囲し，投石を始めた群衆に対して警察が発砲し，15人の死者，1,500人近くの負傷者を出す惨事になった。そもそもデモを最初に企画した，退役軍人団体，UNCのリーダー，ジョルジュ・ルベックが頭に負傷した写真（図11-4）は，2月6日事件への退役軍人の関与を象徴しているが，デモそのものは比較的平穏に行われていた。さらに，2月6日事件の記憶のなかで，もっとも存在感が大きい火の十字団であるが，じつは，流血の衝突には関わっていない。そもそも総裁ラロック中佐がデモ隊の中には入らず，電話で指示をして，隊列が混乱に巻き込まれないよう，細心の注意が払われていた。他の極右陣営からは，ラロックの裏切りが声高に叫ばれるほどの慎重さであったが，結局火の十字団が残した集合的記憶は左右両翼にとって対照的であった。一方では，2月6日事件を右翼の暴動とみなす左翼にとっては，暴動の恐怖の背景の力の象徴である，火の十字団の整然としたデモが印象的であり，他方，右翼陣営では，暴動が失敗，鎮圧されてしまった原因の張本人という「裏切り者」としての存在感があった（剱持 2008：61）。

流血の事態の責任をとってダラディエ内閣は翌日，総辞職をしている。2月6日事件は，別の政権をつくるクーデタの役割を果たしたわけではないが「街頭行

181

動が時の政権に対する拒否権を行使できる」ことを示した事件であった（パクストン 2004：234）。

4 反ファシズム人民戦線政府へ

　2月6日事件は，直接的にはダラディエ内閣の後にドゥーメルグの国民連合(ユニオン・ナシオナル)内閣が成立したことで，1932年以来の右翼主導政権の復活をもたらしたが，左翼のなかで「ファシズムの脅威」を感じさせたことで，左翼結集のきっかけをつくったことになる。人民戦線の形成である。フランス人民戦線政府の成立過程を考えるうえでは，ふたつの要素が重要である。ひとつは，2月6日事件をきっかけとした左翼党派の結集であり，もうひとつは国際情勢を背景とした反ファシズム知識人の結集である。国際情勢としてはナチスによる1933年の政権掌握，本家のイタリアはもとより，ヨーロッパ各地でファシズムや全体主義，さらには権威主義的独裁を志向する政治勢力が台頭して来たという事情がある。このような状況を前にして，それまで社民主要敵論を唱え階級対階級戦術をとってきた国際共産主義インターナショナル，通称コミンテルンが大きく方向転換をする。1935年の第7回大会で，コミンテルンは，各国共産党に対して，ブルジョワ政党を含む社会民主主義勢力との広範な同盟を促す決議，つまり人民戦線術を決定したのである。さらに，これに先んじて知識人のイニシアティヴがある。1932年3月にパリで革命的作家芸術家協会が創設され，国際的には，アインシュタインとロマン・ロランの呼びかけに応えて，8月にアムステルダムで世界反戦会議が開催されたが，この背景にはドイツでのナチスの台頭や日本の満州侵略があった。この会議は同年秋にはパリ，プレイエル会館で第2回会議が開かれたため，以後アムステルダム＝プレイエル運動と呼ばれるようになった。アムステルダムに集結した知識人2,000人のうちフランス人だけで500人以上を占める最大勢力であったが，この運動を母体として，そして2月6日事件を契機として結成されたのが，反ファシズム知識人委員会である。委員会の中心メンバー，哲学者アラン，人類学者ポール・リヴェそれに科学者ポール・ランジュヴァンは，それぞれ政治的には急進党，社会党そして共産党に近いことが知られており，この3人が合同で結成した時点で，すでに国内的には人民戦線の伏線が引かれたといっても過言ではない。

　政党間での最初の一歩は，1934年7月27日に共産党と社会党の間で調印された，統一行動協定である。そして，同年10月の県議選挙，翌1935年5月の市町村議会選挙で後退した急進党も，左翼結集に舵をきることになる。1935年7月14日の革

命記念日のデモにダラディエが，社会党のブルム，共産党のトレーズと並んで行進する姿は，人民戦線の成立をすでに可視化したといっていいかもしれない（図11-5）。もちろんそこに至る過程での生みの苦しみはあった。コミンテルンでの戦術転換が公になる以前から，フランス共産党内部では，階級対階級戦術を放棄して，統一戦線を目指すべきであるという勢力は存在していた。パリ郊外の労働者街，

図11-5　壇上に並ぶブルム，ダラディエ，トレーズ（1936年7月14日）
出典：Parisien images, 2377-3, LAP-12039.

サン＝ドニ市長だったジャック・ドリオは党の方針転換を先取りする形で，2月6日事件の直後，反ファシズム共同行動を訴える社会党に応えたために，皮肉なことに，党が方針転換をした同年6月に党を除名されている。そして，ドリオは，人民戦線政府を生み出す，1936年の総選挙に際してフランス人民党を創設している。人民党は当初こそ左右横断的主張を唱えていたものの，次第に反共色を強め，正真正銘のファシズム政党になり，ドリオはヴィシー政権期には，代表的な対独協力主義者となる。

　紆余曲折はあったが，人民戦線が結成される際には，共産党の方向転換に加えて急進党のそれが重要である。そもそも大戦前の急進共和派に起源を持つ同党は，ほぼ一貫して政権の一翼を担ってきた。1920年代には社会党と左翼カルテル政権を形成した経緯はあったにせよ，政権参加をするための左翼の結集への必然性はもっとも弱かった。それが，人民戦線結成に加わるにはふたりのエドゥアール，エドゥアール・エリオとエドゥアール・ダラディエに注目する必要がある。一般的なイメージでは，エリオは20年代の左翼カルテルを率いた政治家という「左翼」政治家イメージがあるのに対して，ダラディエは，1938年のミュンヘン協定調印の対独宥和イメージがあるが，急進党内での両者の位置は，ダラディエの方が左派であった。2月6日事件での政権放棄という，屈辱を味わったダラディエであったが，1935年には，人民戦線支持の旗色を鮮明にする。これは当時，ラヴァル内閣のもと閣内にいたエリオとは一線を画す行動であり，両者の確執は，最終的に1936年に1月に党総裁にダラディエが選出されたことで決着する（渡辺2013：113-121）。

表11-1 1932年と1936年の総選挙第1回投票結果

	1932	1936
登録有権者	11,533,593(100%)	11,798,550(100%)
共産党	783,098(6.78)	1,468,949(12.45)
社会党系	2,034,124(17.63)	1,996,667(16.92)
急進党系	2,315,008(20.07)	1,995,174(16.57)
(小計)	5,132,230(44.48)	5,420,790(45.94)
右翼	4,307,865(37.35)	4,233,928(35.88)
有効投票	9,440,095(81.84)	9,654,718(81.82)

出典:渡辺 (2013:133)。

表11-2 1936年の選挙前後の議席数

	選挙前	選挙後	増減
共産党	10	72	+62
プロレタリア統一党 その他	11	10	-1
社会党	97	146	+49
社会共和連合	45	26	-19
独立派	22	11	-11
急進党	159	116	-43
人民戦線派合計	344	381	+37
左翼急進派 独立急進派	66	31	-35
左翼共和派	99	84	-15
人民民主派	23	23	0
民主共和連合	77	88	+11
保守派	6	11	+5
反人民戦線派合計	271	237	-34
総計	615	618	

出典:渡辺 (2013:134)。

　かくして，1936年1月に「パンと平和と自由」をスローガンに掲げた人民戦線，正式には「人民連合」の綱領が決定され，5月の総選挙に向けた体勢が整えられた。綱領に掲げられた「パン」とは，経済的要求であり，大衆の購買力上昇につながる政策であるが，実態はきわめて穏健であった。フランス銀行の国有化を掲げるも，デフレーションと平価切り下げに反対するという，急進党を支持する中間層に配慮していた。「平和」の方はさらに曖昧で，具体的政策は軍需産業の国有化くらいであった。他方，「自由」の擁護という要求の方は，右翼リーグの解散，組合の権利の擁護，それに政教分離の徹底と勇ましかったが，いずれも急進党の綱領と重なるものであって，いずれの綱領も特に革命的な特徴はみられない。さらに選挙協力についても，合意したのは，第1回投票での下位候補者が上位の候補者に譲って（デジストマン），第2回投票で票をまとめるというだけの，きわめて緩やかな取り決めであった。このように，綱領についても，選挙協力についても，決して強固なものではなかったが，それでも，右翼諸派が分裂して選挙に臨んでいたので，協力の効果は大きかった。

　5月の総選挙の結果は表11-1～2の通りであるが，第1回投票の得票数は，(共産党の躍進はあるにせよ) 僅かに左翼が増えた程度であったが，第2回投票の結果の議席配分からは，左翼の明確な優勢がみてとれる。そして社会党が急進党に代わって第一党になり，共産党が議席を大幅に増やしている。決定的だったのは，

第2回投票でのデジストマンの効果である。通常の選挙協力では，規律違反，つまりデジストマンの約束が守られない選挙区が続出するところであるが，決選投票になった424選挙区のうち，規律違反は一割強にとどまったのである。

　第一党になった社会党は，党首レオン・ブルムが組閣する。すでに政権参加の経験があった社会党であるが，首班ははじめてであった。力関係が逆転した急進党は，当然入閣して主要閣僚を得るが，問題は共産党であった。1935年の段階では，将来の政府への参加を示唆していたトレーズであったが，1936年に入るとトーンダウンし，5月の選挙戦でも，入閣意図がないことを公言していた。これは，反人民戦線側の反共攻撃をかわす目的と，また，閣外協力によって，成功した政策の恩恵を得ることを期待しつつも，スペイン内戦への不干渉のような政策への加担は免れる，という思惑の両面が指摘できる。

　いずれにせよ，ブルム内閣は，その陣容も画期的であった。社会党が内務，経済関係閣僚，急進党が外交，軍，教育関係の閣僚を分け合ったが，注目すべきは教育相に第三共和政史上最年少のジャン・ゼーが任ぜられたこと，さらに女性に参政権がない時代に，科学研究担当次官のイレーヌ・ジョリオ＝キュリーなど3人の女性が次官として入閣したことである。

　共産党が入閣を見送ったとはいえ，本格的な左翼政権となったブルム内閣であるが，政権の成立が，それまでの中道左派政権と大きく異なったことには，労働者の祝祭ムードが後押ししていたという状況がある。総選挙から政権成立にかけての時期，1936年5月から6月にかけて，フランス全土はストライキによる工場占拠で覆われていた。それは，政権に対する抗議ではなく，はじめて労働者の代表による政権が誕生しつつある状況を後押しする性格の行動であった。そして，このゼネストなくしては，人民戦線が歴史に名を残すような成果をあげることは困難であっただろう。5月に機械，航空機，自動車の工場で勃発したストライキは，6月には他の部門へ，パリから地方へと拡大した。

　ブルムは，経営者側の代表と労働総同盟（CGT）の間の交渉の場を首相府にもうけ，この結果，マティニョン協定が締結される。この協定によって，労働側は賃金引き上げと企業内で代表を選出する制度を，政府の側からは週40時間労働と年間で2週間の有給休暇を制度化する法律を可決する約束を獲得し，この約束は実行に移される。その後数週間で，ゼネストは収束にむかっていく。6月11日のトレーズの呼びかけを始め，CGTもスト終結を労働者に促したのである。ちなみにCGTは，1936年初頭に再統一されており，組合員数は400万人を数えていた。

　人民戦線政府の経済政策は，国民の購買力増大に基づく，消費の拡大，生産の

増大であり，マティニョン協定による賃上げ決定は，単なる労働者の要求に応えただけでなく，経済政策の一環であった。40時間労働も，時間外労働を禁じることで雇用を増大させようという，失業対策でもあった。加えて小麦公団の創設とフランの平価切下げによって，1936年秋には，政策が実を結び景気も回復に向かうかに見えた。しかし，1937年始めには，期待は外れたことが明らかになる。失業は減らず，生産は減速し，物価は急速に上昇し，賃金上昇分を台無しにしてしまった（廣田 1994：267）。生産の回復のためには設備投資が必要であったが，経営者は投資を回避した。40時間労働は柔軟な適用が必要であったが，労働組合は，失業者がいる限り，時間外労働を拒否した。結局，経営者と労働組合，双方の抵抗によって，事態の打開は不可能になった（Prost 2013：38）。1937年6月には，上院がブルムに財政政策の全権を与えることを拒否したことで，内閣が倒れる。（共産党も協力した）左翼政権としての人民戦線の評価は，1981年のミッテラン政権成立，1989年の冷戦終結を経た現在，かなり相対化されてきたが，現代フランス人のライフスタイルを象徴するヴァカンスに関わる，文化，余暇政策については，依然，注目の価値がある，という指摘もある（渡辺 2013：15）。

5　フランスファシズム

　1930年代の世界，特にヨーロッパはファシズムの時代と呼ばれることが多いが，フランスは人民戦線政府が成立したことで，反ファシズムのイメージが強い。だが，反ファシズムを掲げた人民戦線の対象である，ファシズムとは何だったのだろうか。最初に結集した知識人たちが，1920年代以来のイタリアや，1930年代初頭のドイツで進行した状況に危機感を抱いていたのは間違いない。しかしながら，一般大衆にとっては対岸の火事であり，少なくとも1930年代前半の時点で，最終的にナチスドイツがヨーロッパ全体を巻き込む残虐行為に及ぶであろうとは誰も想像してはいなかった。そのようなフランスにあって，なぜ反ファシズムが勝利を収めたのか，なぜファシズムが権力に達しなかったのか。これについては1970年代まで通説があった。18世紀末の大革命を経験し，自由と人権の先進国であったフランスは，言論，出版の自由が高度に保証された議会制民主主義が発展しており，ドイツやイタリア，それに東欧諸国のように，国家の近代化のためには独裁体制を受けいれる余地がもっとも少なかった，いわばファシズムに対する免疫があった，という説である（剣持 2008：7）。

　この免疫説に対して，真っ向から挑戦したのが，イスラエル人の研究者ゼー

ブ・ステルネルである。ステルネルによれば，19世紀末のフランスで議会制が整備され社会主義者も代表を送り込むことになって，逆に，それまで革命志向の強かった労働運動のエネルギーが行き場を失い，右側のエネルギーであったナショナリズムと結合し，革命的右翼という勢力が形成され，それがファシズムの起源となったという。つまり，フランスはファシズムと縁遠かったどころか，ファシズムの誕生の地であったというわけである。たしかに，イタリアのムッソリーニがフランスの思想家ジョルジュ・ソレルの『暴力論』に影響を受けたことは，比較的知られていたので，フランス＝ファシズム起源説にはそれなりの説得力はあった。問題はステルネルが提起した，ファシズムの定義の方であった。ステルネルは，左右を問わず，物質主義を批判する思想すべてにファシズムのレッテルを貼ることになったのだが，それは物質主義の権化，共産主義を否定する反共主義にとどまらず，広く近代＝物質主義に対する批判を全て「ファシズムの浸透」で説明することになってしまった。その結果，第二次世界大戦中にレジスタンスに身を投じたエマニュエル・ムーニエのような左翼知識人までもファシズムのレッテルが張られたために，大きな物議を醸すことになった。ステルネルの説の問題は，運動や体制の次元を捨象した，思想についてしか説明していない点であったが，彼は「フランスファシズムは，（運動，体制には発展せず）思想にとどまっていたがゆえに，広く浸透した」と開き直っている（ヴィノック 1995：337-352）。

　ステルネルが提起した論争を第一次フランスファシズム論争だとすると，1990年代には，第二次論争ともいうべき論争が始まっている。ここでは，前述の広いステルネルの定義からも（少なくとも論争の当初には）漏れていながら，ファシズムのイメージと結びつけられることが多い政治団体，火の十字団が論争の対象となる。これは，仮にステルネルの主張通りだったとしても，運動としての有力なファシズム組織が存在しなければ，反ファシズム人民戦線の結集エネルギーを説明できないという問題意識から，おもに，アングロサクソンの研究者を中心に，1990年代に，フランスの学界の免疫説に対する挑戦が行われたのである。そこでターゲットになったのが，退役軍人ラロック中佐が率いた火の十字団，そしてその後身のPSF（フランス社会党）である。とりわけ，PSFは，1930年代後半に党勢を拡大し，仮に戦争によって実施されなかった1940年の総選挙が行われていたら第一党になっていた可能性まであったとされており，もしこの団体がファシズムと認定されれば，フランスにも有力なファシズム運動が存在したということになる。

　一方，この問題についてのフランスの学界の定説は，ラロックの運動は，スタ

図11-6 人民戦線宣伝映画『自由をわれらに』
（ジャン・ルノワール）
ナチス，ファシストのシンボルと並べて，火の十字団の髑髏マークが映っている。
出典：剣持（2008：18）。

イルこそ軍事的であったが，思想は穏健であり，大人のボーイスカウトのような組織であり，同じ保守派のなかでもアクシオン・フランセーズのような過激な団体の対極にあって，その中道志向が，1936年以降に，反人民戦線派の支持者を広く集めることになった，というものであった。これに対して，アングロサクソン系の研究者のなかでも，一貫してフランスファシズムを研究していたロバート・スーシーは，ラロックをムッソリーニやヒトラーに準え，彼が合法政党を結成して権力奪取を目指したことも不思議でないとし，何よりも，当時の人民戦線を支持する反ファシズム派によって，ファシズムの頭目とみなされていたことを強調する（剣持 2008：10-11）。

この第二期フランスファシズム論争には，当初加わらなかった前述のステルネルも，21世紀に入って参戦し，フランスの学界主流の免疫説とフランス・ファシズム論が対峙する状況になっている（Sternhell 2012：122-123）。いずれにしても，1930年代において，ラロックや火の十字団がファシズムの脅威と認識されていたこと，ラロックの運動のイメージ（図11-6）こそが反ファシズム人民戦線を生みだした有力な要因であった，ということだけは間違いないようである。

参考文献

ヴィノック，ミシェル（1995）『ナショナリズム・反ユダヤ主義・ファシズム』（川上勉・中谷猛監訳）藤原書店。

剣持久木（1997）「1930年代仏独関係への一視角――ジャン・リュシェールとオットー・アベッツ」滝田毅編『転換期のヨーロッパと日本』南窓社。

剣持久木（2008）『記憶の中のファシズム――「火の十字団」とフランス現代史』講談社。

パクストン，ロバート・O（2004）『ヴィシー時代のフランス』（渡辺和行・剣持久木訳）柏書房。

廣田功（1994）『現代フランスの史的形成――両大戦間期の経済と社会』東京大学出版会。

渡辺和行（2013）『フランス人民戦線——反ファシズム・反恐慌・文化革命』人文書院。
Agulhon, Maurice (1990) *La République, t. 1 : 1880-1932,* Paris: Hachette.
Beaupré, Nicolas (2012) *Les Grandes Guerres 1939-1945,* Paris: Editions Belin.
Prost, Antoine (2013) *Petite histoire de la France : de la Belle époque à nos jours,* Paris: Armand Colin.
Prost, Antoine (2014) *Les Anciens Combattants : (1914-1940),* Paris: Folio.
Sirinelli, Jean-François (1993) *La France de 1914 à nos jours,* Paris: PUF.
Sternhell, Zeev (2012) *Ni droite ni gauche L'idéologie fasciste en France,* Paris: Editions Gallimard.

第12章
多彩な文学世界

津森圭一

1 近代フランス文学の夜明け——ロマン主義とともに

　フランス革命によって，絶対王政の時代は終焉を迎えた。18世紀からすでに勢力を拡げつつあった新興ブルジョワジーは，19世紀前半において，その経済力で産業革命を牽引し，近代国家としてのフランスが形成されていくことになる。ナポレオンの登場による第一帝政以降，政治体制は復古王政，七月王政，第二共和政，第二帝政，パリ・コミューン，第三共和政と目まぐるしく入れ替わった。同様に，文学においてはロマン主義，写実主義，自然主義，象徴主義など，次々と流派が現れた。

　19世紀前半のフランスはロマン主義の時代とみなされる［第6，8，19章参照］。ロマン主義とは，伝統的な「理性」の束縛からの解放を目指した，感性と想像力を重んじる芸術運動である。情熱的な恋愛や，自然に対する感情，ヨーロッパ中世やオリエント地方など，時空を超えた他者を希求する態度がロマン主義の特徴であった。フランスでは古代ギリシア・ローマ文明で重んじられた「理性」を継承する古典主義が17世紀に確立され，「啓蒙の世紀」と呼ばれる18世紀にも「理性」の優位は揺るがなかった。しかし，ジャン＝ジャック・ルソー（1712～1778）やドニ・ディドロ（1713～1784）は「理性」に対して「感情」や「情念」の重要性を説いた。とりわけルソーの『新エロイーズ』（1761年）では自然感情を重んじる人物が登場し，ロマン主義の先駆的な作品とみなされる。

　ロマン主義運動は北方のドイツやイギリスにおいてまず広まり，少し遅れて1820年代のフランスで活発となった。ルソーに心酔した自由思想家スタール夫人（1766～1817）は『文学論』（1800年）や『ドイツ論』（1810年発禁，1813年刊）で，感性や自然感情を尊ぶロマン主義的なドイツ精神をフランスに紹介する役割を果たした。ブルターニュ地方のサン＝マロに貴族として生まれたフランソワ＝ルネ・ド＝シャトーブリアン（1768～1848）は1791年にアメリカにわたり，壮大な自然

図12-1　フランソワ＝ルネ・ド＝シャトーブリアン
出典：http://fr.wikipedia.org/wiki/Chateaubriand#mediaviewer/Fichier:Anne-Louis_Girodet-Trioson_006.jpg

図12-2　ヴィクトル・ユゴー
出典：http://commons.wikimedia.org/wiki/Victor_Hugo#mediaviewer/File:Victor_Hugo.jpg

美に打たれる。その経験をもとにした小説『アタラ』（1801年）と『ルネ』（1802年）では，登場人物たちの恋愛感情が自然感情と相まって高まるさまが語られる。シャトーブリアンはのちに外交官に任命されるが，正統王朝派の立場をとったためにナポレオンと対立し，失脚。王政復古後に政界に復帰する。1848～1850年に発表された回想録『墓の彼方からの回想』には，革命から七月王政期にいたる歴史がパノラマのように描かれるほか，自然感情，郷里への愛着，少年時代の記憶の蘇りなどのロマン主義的なテーマが繰り広げられ，ロマン主義的であるとみなされている（図12-1）。

　19世紀前半のフランス文学の主役は，ヴィクトル・ユゴー（1802～1885）（図12-2）であった。19世紀初頭から世紀末まで生きたユゴーは，ロマン主義を代表する偉大な詩人として知られる。オリエント地方の異国情緒を絵画的に再現した『東方詩集』（1829年），愛と自然をうたった『秋の木の葉』（1831年），詩人を国外への流謫の身へと追いやったルイ＝ナポレオン（ナポレオン3世）に対する攻撃で満たされた『懲罰詩集』（1853年），愛娘レオポルディーヌの溺死を悼んだ数編の詩を含む抒情詩篇『静観詩集』（1856年），旧約聖書の時代からフランス革命に至る人類の歴史をかえりみた壮大な叙事詩篇『諸世紀の伝説』（1859～1883年）がとりわけ有名である。

　ユゴーの周りには，ロマン主義を旗印として，数々の若い詩人が集まった。こ

の集いは「結社」を意味する「セナクル」と呼ばれた。「セナクル」の一員であったアルフォンス・ド゠ラマルチーヌ（1790～1869）は，典型的なロマン主義的詩篇として知られる『瞑想詩集』（1820年）を残した。その中の「湖」と題される詩では，美しい自然の風景に対して，死別した恋人に対する詩人の追憶の気持ちと，独り残された孤独感が投影されている。同じく「セナクル」に属したアルフレッド・ド゠ヴィニー（1797～1863）は軍人であったが，ロマン主義詩人たちとの確執，母との死別，愛人の裏切り，代議士落選などで苦渋を舐め，田舎の所領に引きこもることが多くなる。このようなきさつから，晩年に書かれた哲学的な詩篇『運命』（1864年）で詩人は，他のロマン主義詩人のようにあふれる感情を放出させるのではなく，情念を「象徴」へと置き換え「純粋精神」として表現した。アルフレッド・ド゠ミュッセ（1810～1857）は，自伝的小説『世紀児の告白』（1836年）や戯曲『マリアンヌの気まぐれ』（1833年）や『ロレンザッチョ』（1834年）の作者としても知られるが，当時は早熟の天才詩人としてもてはやされた。女流作家ジョルジュ・サンドの恋人となり，ともにヴェネツィアに旅立つが，サンドの移り気を前に嫉妬に苦しんだことはよく知られている。長編詩『夜』（1835～1837年）には，生涯逃れることのできなかった恋の苦悩が見事に歌われている。

　同世代の詩人として見逃せないのが，ジェラール・ド゠ネルヴァル（1808～1855）（図12‐3）である。詩篇『ボヘミアの小さな城』（1853年）におさめられている「小オード（「オード」は曲をつけて歌われる抒情詩）」では民衆によって語り継がれてきた歌謡のリズムが再現されている。また，神秘的な12篇のソネ（4行詩2節，3行詩2節，合計14行で構成される定型詩）から成る『幻想詩篇』（1954年）は非常に難解なことで知られる。その中の1篇「廃嫡者」の冒頭「私は憂いに沈む者，妻無き者，慰めなきもの……」には，「永遠の女性」を失った詩人の絶望感があらわれている。ネルヴァルの代表作，中編小説集『火の娘たち』（1854年）の各篇には女性の名が冠されている。例えば『シルヴィー』には，主人公の青年の

図12‐3　ジェラール・ド゠ネルヴァル
出典：http://upload.wikimedia.org/wikipedia/commons/0/03/F%C3%A9lix_Nadar_1820-1910_portraits_G%C3%A9rard_de_Nerval.jpg?uselang=fr

現在の恋人オーレリーへの恋慕が，幼馴染のシルヴィーへの追慕へと横滑りしていくさまが，現実世界と夢の世界との混交のなかで，幻想的に描かれている。後にマルセル・プルーストが無意志的記憶の想起を軸に，作品を構想する際に依拠するのがこの作品である。そのほか，「夢は第二の人生である」という有名なフレーズではじまる散文作品『オーレリア』（1855年）は，現実世界で失った女性を，「第二の人生」である夢のなかで探し求めるという内容であるが，夢の世界に関心を抱く20世紀の作家たちの霊感の源となった。

　ロマン主義の芸術運動は演劇でも盛んであった。従来の古典主義的演劇においては，戯曲の展開は，1日のうちに，同一の場所で，一貫した筋によってなされるべきだという規範があった。これを「三単一の法則」と呼ぶ。ユゴーは史劇『クロムウェル』（1827年）に付した「序文」で，戯曲作品においては「三単一の法則」などの制約で損なわれた「真実らしさ」を回復すべきだと述べている。このような主張を貫いた作品『エルナニ』が1830年2月にパリのコメディ・フランセーズ劇場で上演された際，古典主義を支持する観客の怒号に対し，ユゴーを支持するロマン主義を支持する若い芸術家たちが応戦し，上演を成功に導いた。

2　19世紀中盤の文学——ロマン主義から写実主義へ

　1831年に発表されたユゴーの『ノートル゠ダム・ド・パリ』は，15世紀末のパリを舞台とする。貧民街のグロテスクさと街の中心に屹立する大聖堂の崇高さ，鐘つき男カジモドの肉体的に醜悪な外観とジプシー女エスメラルダに対する清らかな愛に満ち溢れた内面など，相反する要素が渾然一体となっている点で，典型的なロマン主義小説である。この小説と並んで有名なのは長編『レ・ミゼラブル』（1862年）である。映画やミュージカルとしても有名なこの作品では，脱獄者のジャン・ヴァルジャンが，孤児コゼットを育てる過程で出会う，「ミゼラブルな（悲惨で憐れむべき）人々」が人道的な立場から活写されており，19世紀中盤のフランスの叙事詩を形成している。

　王族の血を引く父と，セーヌ河岸の小鳥屋の娘を母に持つジョルジュ・サンド（1804〜1876）（図12-4）は，19世紀でもっとも存在感のある女流作家のひとりであった。このような階級差のある父母から生まれたこと，それから何よりも女性であることが，サンドの社会的弱者への共感を形成している。植民地ブルボン島の奴隷を，少女の視線から描いた小説『アンディアナ』（1832年）のほか，『レリア』（1833年），『コンシュエロ』（1842〜1843年）などの小説作品は，女性蔑視の社

会や当時の結婚制度に対する弾劾の書となっている。父方の祖母の館のあるベリー地方の田園を舞台とした4部作『魔の沼』（1846年），『愛の妖精』（1849年），『捨て子フランソワ』（1850年），『笛師の群れ』（1853年）には，美しい自然描写や土地の方言が取り入れられ，農民に対する共感に満ち溢れた作品群となっている。

19世紀前半のフランス小説について語る際には，七月王政期に盛んに発行されるようになった日刊紙に触れないわけにはいかない。新聞小説が流行したことによってはじめて，小説の読書層が下層市民にまで広まったからである。エミール・ド・ジラルダン（1802～1881）の発行した『ラ・プレス』紙には，後に触れるバルザックの多くの小説が発表された。

図12-4　ジョルジュ・サンド
出典：http://commons.wikimedia.org/wiki/File:George_Sand_LACMA_AC1992.229.87.jpg?uselang=fr

『ジュルナル・デ・デバ』紙には，歴史小説家アレクサンドル・デュマ＝ペール（1802～1870）の『モンテ・クリスト伯』（1844～1846年）が，また，『シエークル』紙には，同作家のとりわけ長大な『ダルタニャン物語』（1844～1850年）が連載された。しかし，1851年のルイ＝ナポレオン・ボナパルトのクーデタにより，新聞には検閲制度が課され，新聞小説は次第に消えていく。

日刊紙の連載小説黄金期に活躍したオノレ・ド＝バルザック（1799～1850）（図12-5）は，1829年の『最後のふくろう党』以降，約20年後に死をむかえるまでの間，驚異的なスピードで小説を執筆し続けた。1834～1835年に発表された『ゴリオ爺さん』において，バルザックはこれまで発表した作品中の人物をふたたび登場させる「人物再登場」の規則を採用する。連作となったことでバルザックの小説群は復古王政時代から七月王政までのフランス社会全体を立体的に映し出すことが可能となった。それ以降も『谷間の百合』（1836年），『村の司祭』（1839年），『幻滅』（1837～1843年）などの長編を精力的に執筆し続け，小説世界はますます重層化していった。1842年には，『人間喜劇』という全体的なタイトルのもと，全作品が〈風俗研究〉，〈哲学研究〉，〈分析研究〉に分類され，〈風俗研究〉はさらに〈私生活情景〉，〈地方生活情景〉，〈パリ生活情景〉，〈政治生活情景〉，〈軍隊生活情景〉，〈田園生活情景〉に分けられた。総タイトルは約90点，総登場人物は2,000人を超える。

恋愛相手の美点を発見しようとする精神の動きを意味する「結晶化作用」を

図12-5　オノレ・ド=バルザック
出典：http://commons.wikimedia.org/wiki/Honor%C3%A9_de_Balzac#mediaviewer/File:HBalzac.jpg

図12-6　スタンダール
出典：http://commons.wikimedia.org/wiki/Stendhal#mediaviewer/File:Stendhal.jpg

『恋愛論』（1822年）で唱えたことで知られるスタンダール（1783〜1842）（図12-6）は本名アンリ・ベール。代表作『赤と黒』（1830年）では，復古王政期に僧職を目指す平民の青年ジュリアン・ソレルが，パリに出て貴族の令嬢マチルドへの恋に落ちる。しかし，かつて愛し合ったレナール夫人の誹謗の手紙のために，結婚と出世の望みを絶たれる。ジュリアンは猛然となってレナール夫人をピストルで撃ち，投獄される。夫人の命は助かるが，ジュリアンは支配階級に属する陪審員を弾劾する言葉により死刑判決を受ける。『赤と黒』は王政復古期の反動的な社会を批判的に描いた政治小説なのである。主にイタリアを舞台に物語が展開する『パルムの僧院』（1839年）の主人公ファブリス・デル=ドンゴは，ナポレオンを崇拝し，ワーテルロー会戦に参加するが，重傷を負って挫折感を味わう。その後ささいな色恋沙汰で殺傷事件を起こした末に投獄されるが，牢獄の窓から垣間見える女性，クレリアに恋をする。現実世界では心の満たされることのないファブリスは，皮肉なことに牢獄で幸福感を味わうことになる。人物の視線や行動を通して現実の社会が批判的に描かれている点に，スタンダール小説の醍醐味はある。

　19世紀半ばを過ぎると，科学の進展によって実証主義の精神が広まる。それに伴って写実主義芸術の時代が到来する。絵画においてはギュスタヴ・クールベ（1819〜1877）が中心となり，事物を想像力で粉飾することなくありのままに描くことを目指した。前述のバルザックやスタンダールの小説にはすでに写実主義的な側面があるが，クールベとも親交のあったジュール・シャンフルーリ（1821〜

1889）が写実主義文学運動の中心となる。しかし，写実主義を代表する作家は，皮肉にもこの運動を蔑視していた小説家ギュスタヴ・フロベール（1821～1880）（図12-7）であった。代表作『ボヴァリー夫人』（1857年）は，平凡な夫シャルル・ボヴァリーとの田舎生活に幻滅した妻エンマが，ふたりの男性との情事にのめり込み，濫費を重ねた末に莫大な負債を抱えて自殺するという物語である。この作品はスキャンダルとなり，良俗を乱したとして著者は起訴される。もう一つの代表作『感情教育』（1869年）は，二月革命前後のフランス社会を舞台に，青年フレデリック・モローが，立身出世や恋の成就がかなわず，絶望した末に現実を受け入れるという内容である。これらの小説は，細部にいたるまで緻密な調査に基づいたものであり，当時の社会を忠実に再現した記録としても読むことができる。また，社会を客観的に映し出そうとした結果，作家の主観は排除される。つまり，観察の対象のみが存在する客観的な虚構空間の実現をフロベールは目指していたのである。

図12-7　ギュスタヴ・フロベール
出典：http://upload.wikimedia.org/wikipedia/commons/4/4f/Gustave_Flaubert.jpg?uselang=fr

　文学賞「ゴンクール賞」で知られるエドモン（1822～1896）とジュール（1830～1870）のゴンクール兄弟も，写実主義小説『ジェルミニー・ラセルトゥー』（1865年）を発表。弟ジュールの死後は，兄のエドモンがひとりで『娼婦エリザ』（1877年）などを発表しているが，次節に述べる自然主義を先取りした小説であるともみなされる。しかしゴンクール兄弟の作品のなかで今日もっとも読まれているのは，当時の文壇や社会を鋭く観察した記録，『日記』（1887～1896年）である。

3　19世紀末の文学——象徴主義にむかって

　第二帝政から普仏戦争およびパリ・コミューンを経て第三共和政になると，写実主義にかわって自然主義が台頭する。「自然主義」とは，自然科学において，生物学者が自然を対象として研究する方法や成果を利用して，人間や社会を分析する態度のことである。「自然主義」を代表する小説家エミール・ゾラ（1840～1902）（図12-8）は，思想家イポリット・テーヌ（1828～1893）の唯物論的決定論，生理学者クロード・ベルナール（1813～1878）が『実験医学研究序説』（1865年）

図12-8　エドゥアール・マネ
《エミール・ゾラの肖像》
（1868年，パリ，オルセー
美術館蔵）
出典：http://upload.wikimedia.org/
wikipedia/commons/5/53/
Manet%2C_Edouard_-_Portrait_
of_Emile_Zola.jpg?uselang=ja

図12-9　シャルル・ボードレール
出典：http://upload.wikimedia.org/
wikipedia/commons/3/3a/
Charles_Baudelaire%2C_
%C3%89tienne_Carjat%2C_
P.P.1931.peg.jpg?uselang=fr

で主張する実験を重んじる精神，さらにはダーウィンの進化論を小説に応用しようと試みた。バルザックが19世紀前半のフランス社会全体を『人間喜劇』で描いたのに対抗して，ゾラは20篇の長編小説から成る『ルゴン＝マッカール叢書』（1871～1893年）で第二帝政のフランス社会の全体を描こうというプランを抱く。そのために作家は，執筆に先立ち実地での取材や調査を重んじ，当時の下層階級の生活を忠実に描き出そうとした。叢書中の傑作『居酒屋』（1877年）では，気立ても器量もよい洗濯女ジェルヴェーズが次第に身を持ち崩し，最後には劣悪な生活環境のなかで餓死するに至る。労働者の悲惨な生活に，男女間の恋愛のもつれ合い，金銭欲からくるかけひきなどが絡んだ世界が描かれ，発表時には保守的な批評家から激しい批判が起こった。

　ゾラは『居酒屋』の成功後，パリ郊外メダンの地に別荘を購入し，自然主義に共鳴する若い文学者たちを招いて滞在した。このグループは，普仏戦争を題材とした短編小説集『メダンの夕べ』を1880年に発表している。その中で有名なものとしては，ギ・ド＝モーパッサン（1850～1893）による『脂肪の塊』がある。モーパッサンは，短編小説の名手であり，生涯約300編にものぼる短編作品を発表することになるが，長編小説も数編執筆している。そのなかで特に知られた作品

としては，悲痛な人生を送る女性を，ペシミスムを込めて描いた『女の一生』(1883年)が挙げられる。

シャルル・ボードレール (1821～1868)(図12-9)はフランス19世紀を代表する詩人である。服装，挙動，趣味などを最高度に洗練させた「ダンディズム」を実践し，遺産をとめどなく浪費する生活を送った結果，準禁治産の身となり，以降貧しい生活を送った。生活のために美術批評を行うかたわら，大都市パリにはびこる貧困，悲惨さ，偽善，憎しみなどの「悪」のなかに「美」を見出して詩にうたった。それらの詩が1857年に詩集『悪の華』として出版された際には，風俗壊乱の廉で裁判にかけられ，詩人は罰金および数編の詩の削除を命じられる。1861年に刊行された再版は，「憂愁と理想」「パリ風景」「酒」「悪の華」「反逆」「死」の6部に分かれており，129編の詩から成る。『悪の華』のなかの1編「コレスポンダンス（万物の照応）」によると，視覚，聴覚などの諸感覚は，根底においては共鳴し合い（この作用を「共感覚」という），精神的な世界を開示する。しかしその世界は巨大な「象形文字」であり，これを「解読」するのが詩人の仕事なのである。ボードレールは晩年には，アロイジユス・ベルトラン (1807～1941)の『夜のガスパール』(1842年)に想を得て「散文詩」の分野を開拓した。韻文詩が要求するリズムや脚韻などの規則によらずに音楽的な詩を創造するという挑戦は，散文詩集『パリの憂愁』(1869年)において開花している。

テオフィル・ゴーティエ (1811～1872)は，長編小説『モーパン嬢』(1835年)の「序文」において，芸術が日常生活や政治，社会に有用であることを否定し，「芸術のための芸術」を唱えた。このような芸術至上主義は『現代高踏詩集』(1866，1871，1876年)(「高踏〔パルナシアン〕」は詩神ミューズたちの住むと言われるギリシアのパルナッソス山に由来する呼び名)に寄稿した一連の詩人「高踏派」へと受け継がれる。ゴーティエ自身，詩集『螺鈿と七宝』(1852年)において，宝石や庭園など，人工的なものが持つ「造形美」をうたい，高踏派の見本となった。この流派の詩人としては，『古代詩集』(1852年)を著したルコント＝ド＝リール(1818～1894)が知られている。高踏派詩人たちは，ロマン主義詩人にありがちな主観的な心情吐露を避け，「無感覚」な態度で詩作することを旨とした。ロマン主義のあとに，客観的に美をうたおうとした流派が19世紀後半に現れたことは記憶しておいてよいであろう。

詩に音楽性を追究したことで知られるポール・ヴェルレーヌ (1844～1896)(図12-10)はパリ市役所に勤める小市民で，『現代高踏詩集』に寄稿しつつ『土星人の詩』(1866年)，『雅な宴』(1869年)，『良き歌』(1870年) などの詩集を発表し

図12-10 ファンタン＝ラトゥール《テーブルの片隅》（部分）ヴェルレーヌ（左）とランボー（右）（1872年）
出典：http://commons.wikimedia.org/wiki/Paul_Verlaine#mediaviewer/File:Henri_Fantin-Latour_005.jpg

ている。普仏戦争とパリ・コミューンを経た1871年9月のランボーとの出会いは，のちに触れるように詩人の生活を激変させた。ふたりの決別後に発刊された『言葉なき恋歌』（1874年）では，当時の憂愁たる心境がシャンソン風にうたわれている。晩年のヴェルレーヌは以前からの飲酒癖が昂じて悲惨な生活を送るが，1884年には雑誌『リュテース』に「呪われた詩人たち」と呼ばれる記事を連載し，ランボーやマラルメなどを世間に紹介する役割を果たした。

　早熟の詩人，アルチュール・ランボー（1854〜1891）（図12-10）は，20歳をわずかに過ぎるころまでに全ての詩を書き上げた。1871年に詩人ポール・ドメニーにあてた「見者の手紙」で，ランボーは「あらゆる感覚の，長い間の，大がかりな，そして合理的な狂乱化を通して，見者になる」（『ランボー全集』宇佐美斉訳，ちくま文庫）と宣言し，詩作を通して未知のものに到達しようとする決意を表明した。同年にフランス東北の田舎町シャルルヴィルから，韻文詩「酔いどれ船」を携えてパリに出て来た。彼を迎え入れたヴェルレーヌとともに破天荒な生活を送り，詩壇でスキャンダルとなる。ふたりの詩人は1873年に旅先のベルギーでさかいを起こし，激高したヴェルレーヌの発砲によりランボーは負傷する。ヴェルレーヌは逮捕され，ふたりの関係は終焉を迎えるが，この年にランボーは散文詩集『地獄の季節』を書き上げる。1875年，もうひとつの散文詩集『イリュミナシオン』を完成したあとは，詩作を放棄。中東やアフリカで貿易に携わるが，1891年に37歳で死去する。

　ステファヌ・マラルメ（1842〜1898）（図12-11）は英語教師のかたわら，『現代高踏詩集』に「海の微風」（「肉体は悲しい，ああ，ありとあらゆる書物を読んでしまった」で始まる）などの詩を発表していた。社会的な栄達には無関心で，詩作に没頭した詩人である。『イジチュール』（1868〜1869年，未完），『半獣神の午後』（1876年），散文詩や評論をまとめた『ディヴァガシオン』（1897年）が有名であるが，極端なまでに寡作であった。パリのローマ街のマラルメ宅で，1870年代には

じまった会合「火曜会」には、詩人のみならず多くの芸術家が集った。作曲家ドビュッシー（1862〜1918）、画家ルドン（1840〜1916）、彫刻家ロダン（1840〜1917）など、マラルメの創作態度を敬い、人柄を慕って集まってきた顔ぶれは錚々たるものであった。

19世紀末が近づくと、第三共和政のもとフランス社会は一定の繁栄を謳歌する。いっぽうで一般市民は、科学技術の発展がもたらした、貧富の差などの矛盾に直面していた。文学者や芸術家は、その状況にローマ帝国が末期に経験したのと同じ頽廃を認め、「デカダンス」と称した。ボードレールやヴェルレーヌの創作態度には、この思潮傾向が如実に現れている。「デカダンス」を代表するのがジョリス＝カルル・ユイスマンス（1848〜1907）の小説『さかしま』（1884年）の主人公、デ・ゼッサントである。デ・ゼッサントは、病的なほど感受性が強く、芸術の趣味は洗練さを極め、生きることに倦み疲れ、現代社会に嫌悪感を抱く。

厭世思想にかぶれ、破滅的な生活を送りながら、パリのカフェに集う自由奔放な詩人や芸術家たちのあいだからあらたに「象徴主義」と呼ばれる芸術運動が芽生える。若い詩人たちを中心に、それまでのあいまいで感傷的な態度を排し、厳密な理論を構築しようとする前衛的な芸術家のグループが形成された。1886年に詩人ジャン・モレアス（1856〜1910）は日刊紙『フィガロ』文芸付録に「象徴主義宣言」を発表するが、流派として確たるまとまりを持つには至らなかった。象徴主義詩人が依拠した書物のひとつに、ショーペンハウアー（1788〜1860）の『意志と表象としての世界』（1818年）がある。この著作は1880年代からフランスに紹介され、1890年にはフランス語に訳されているが、そこで展開されているのは、「世界は私の表象である」という、絶対的な主観主義である。つまり、外的世界を否定し、存在するのは世界を知覚し表象する精神を持った自分のみだ、というのである。「暗示」も象徴主義の重要なキーワードである。「暗示」とは「言語」に、それが持つ意味以上のもの、あるいは「言いえぬもの」「隠されたもの」

図12 - 11　エドゥアール・マネ《ステファヌ・マラルメ》（1876年，パリ，オルセー美術館蔵）
出典：http://upload.wikimedia.org/wikipedia/commons/7/7a/Edouard_Manet_-_St%C3%A9phane_Mallarm%C3%A9_-_Google_Art_Project.jpg?uselang=ja

「表現できないもの」を含み持たせることである。また，マラルメによると，詩的な言語は「音階」と捉えられ，ひとつの言葉は，ほかの言葉からうけとる反射によって，意味を生じさせる。詩的な言語は，通常のコミュニケーションのための言語とは違って多義的な意味をはらむことになるのである。象徴主義の詩人は，詩の言葉をこのように捉えたマラルメにならったほか，「コレスポンダンス」の理論を展開したボードレール，詩に音楽性を求めたヴェルレーヌ，詩人は「見者」となると語ったランボーをよりどころとした。ジュール・ラフォルグ（1860～1887），アンリ・ド＝レニエ（1864～1936），ベルギー出身で，詩集『温室』（1889年）や戯曲『ペレアスとメリザンド』（1892年）で有名なモーリス・メーテルランク（1862～1949）などが象徴主義詩人として知られる。象徴主義は，リヒャルト・ワーグナー（1813～1883）の楽劇からインスピレーションを受けたほか，ドビュッシーの音楽などに影響を与え，ギュスタヴ・モロー（1826～1898）などの絵画と反響し合うなど，他ジャンルを横断する総合的な芸術運動であった。

4　20世紀初頭の文学──「ベル・エポック」を謳歌した作家たち

　20世紀に入り，1914年の第一次世界大戦開戦までの時代は「ベル・エポック」（良き時代）と呼ばれる。第三共和政が安定期に達し，フランスがふたつの大戦の前の束の間の平和を享受した時代であった。アフリカやアジアで，他のヨーロッパ列強と植民地獲得の争いを繰り広げるいっぽうで，国内では生活水準が向上し，都市部を中心に豊かな中産階級が増えた。芸術の都としてパリが認知されたのもこの時期である。文学においては，前世紀末の象徴主義が形骸化し，詩人たちのあいだでは，数多くの流派や野心的な文芸雑誌が生まれては消えていった。また，ドイツ観念論哲学の影響の濃かった19世紀末とは異なり，アンリ・ベルクソン（1859～1941）の「生の哲学」が一世を風靡する。これは文学における時間の表象の仕方の変化にも呼応するものであり，例えば小説の筋立ては，時系列によって直線的に語られるものではなくなる。現実をありのままに描こうとする自然主義小説の試みが限界に達し，小説というジャンルそのものが「危機」にあるという認識が広まりつつあったのもこの時期である。

　ゾラが1898年1月13日に日刊紙『オロール』に寄稿した記事「われは弾劾する！」で文壇全体を巻き込んだドレフュス事件は，反ユダヤ主義で「反ドレフュス派」の右派と「ドレフュス派」の左派との断絶をいっそう激しくした。この時期の文壇で大御所の地位を占めていたのは，モーリス・バレス（1862～1923）と

アナトール・フランス（1844〜1924）である。政治的に保守的な立場からの発言を続けたバレスは，国家主義者としての主張を，三部作『民族的エネルギーの物語』（『根こそぎにされた人々』〔1897年〕『兵士への呼びかけ』〔1900年〕『彼らの顔』〔1902年〕から成る）で行い，「大地と死者への崇拝」という信念のもとでナショナリズムを訴えた。それとは逆に，アナトール・フランスは，ドレフュス事件でドレフュスを擁護し，平和主義，社会主義の立場をとった。フランスは『シルヴェストル・ボナールの罪』（1881年），『神々は渇く』（1912年）などの長編を残したほか，日刊紙『タン』の文芸時評欄を長年担当し，文学における古典的価値を擁護し続けた。

　社会主義者であったシャルル・ペギー（1873〜1914）は，ドレフュス事件ではドレフュス擁護のために闘ったあと，1900年に雑誌『半月手帖』を創刊し，文学，哲学，歴史，教育等，幅広い分野の論考を掲載した。世界的に有名なロマン・ロラン（1866〜1944）の『ジャン＝クリストフ』（1904〜1912年）はこの雑誌に連載された。ペギーはそののち，「政治（ポリティック）から神秘（ミスティック）へ」と呼ばれる変貌をとげ，カトリックに帰依する。詩作品としては「シャルトルのノートル＝ダムでのボースの奉献」（1913年）が知られるが，翌年第一次世界大戦の前線で戦死する。

　20世紀前半のフランス文学を代表するのは，1870年前後に生まれた，ポール・クローデル，アンドレ・ジッド，ポール・ヴァレリー，マルセル・プルーストの4人である。

　ポール・クローデル（1868〜1955）はマラルメの「火曜会」に参加し，詩人として文壇に登場した。アジアの風物をうたった『東方の認識』（1895〜1907年）などの詩集が知られる。また，クローデルは20世紀前半を代表する劇作家でもある。奇跡劇『マリアへのお告げ』（1912年）ではカトリック的神秘体験が表現され，「全体演劇」と称される『繻子の靴』（1929年）は，世界全体を舞台とした長大な作品である。なお，この戯曲は外交官として東京に滞在中に創作され，日本も舞台として登場する。

　アンドレ・ジッド（1869〜1952）もクローデルと同様にマラルメの「火曜会」の出身である。象徴主義の影響を受けたが，1893年と1895年に北アフリカを旅行したことが作家の精神に決定的な変化をもたらした。散文詩的な小説作品『地の糧』（1897年）では，現実に背を向けて絶対的な美を構築することを目指す象徴主義から脱皮し，あふれ出る生命を賛美した。ジッドはみずからの散文作品を，「レシ」（物語）と呼ばれる心理小説（『背徳者』〔1902年〕，『狭き門』〔1909年〕，『田園

交響楽』〔1919年〕など）と、「ソチ」（茶番劇）と呼ばれる風刺小説（『パリュード』〔1895年〕、『法王庁の抜け穴』〔1914年〕など）の二系統に分類している。唯一「ロマン」（小説）と称されるのは、『贋金作り』（1925年）であるが、小説中にタイトルと同じ『贋金作り』という小説を書く人物が登場するなど、実験的な技法が駆使されている。

　ポール・ヴァレリー（1871～1945）も、クローデルやジッドと同様、マラルメの「火曜会」の常連となり、若くして詩人として注目される。しかし、20歳を過ぎたころにいったん詩作を放棄し、人間の純粋な思考システムに関心を抱き、理論書『レオナルド・ダ・ヴィンチ方法序説』（1895年）および小説『ムッシュー・テストと劇場で』（1896年）を発表する。その後は沈黙を保ち、死後出版されることになる『カイエ（手帖）』を日々書き続けていった。1912年にアンドレ・ジッドから旧作を1冊の詩集として発表することを求められたことをきっかけに、あらたに長編詩『若きパルク』（1917年）を創作し、詩壇に復帰する。地中海にのぞむ故郷セートの自然をうたった「海辺の墓地」を収録した詩集『魅惑』（1922年）は「純粋詩」と評される。ヴァレリーの「普遍的」と形容される知性、「地中海的」と形容される明晰さが発揮されるのは、第一次世界大戦直後のヨーロッパ文明を危ぶむ内容の「精神の危機」（1919年）をはじめとした文明論においてである。

　1909年、アンドレ・ジッドをはじめとした文学者たちが月刊の総合文芸雑誌『NRF（新フランス評論）』を創刊する。政治的に特定の立場につくことなく、リベラリスムを標榜したこの雑誌は、第一次世界大戦による休刊ののち、ジャック・リヴィエール（1886～1925）が編集長となり、両大戦間に黄金時代を迎える。1913年に『NRF』誌に発表されたアラン＝フルニエ（1886～1914）の冒険小説『グラン・モーヌ』は、フランス中部のソローニュ地方を舞台とし、現実と幻想の入り混じった恋愛物語である。著者は第一次世界大戦の前線で消息を絶つが、この一作のみで文学史に名を残している。多くの外国語に堪能で、ジェームス・ジョイス（1882～1941）をはじめとした外国文学の紹介者としても知られるヴァレリー・ラルボー（1881～1957）は、『NRF』誌に連載された『A. O. バルナブースの日記』（1913年）で、父親の遺産により大富豪となった主人公がヨーロッパ中を旅し、様々な見聞をしたすえに幻滅を体験するさまを描いた。同じくこの雑誌の寄稿者であったロジェ・マルタン＝デュ＝ガール（1881～1958）は、パリ古文書学院で資料に基づく客観的な実証精神を学び、ドレフュス事件を扱った『ジャン・バロワ』（1913年）やブルジョワ一家出身の兄弟の第一次世界大戦時の行動を活写した大河小説『チボー家の人々』（1922～1940年）を残している。

マルセル・プルースト（1871〜1922）（図12-12）は19世紀末の象徴主義的文学風土のなかで文学的な修養を積み、「デカダンス」を体現する人物が多く登場する短編小説集『楽しみと日々』を1896年に発表する。1899年ごろから英国の社会思想家ジョン・ラスキン（1819〜1900）の研究に取り組み、1904年に『アミアンの聖書』、1906年に『ごまと百合』の翻訳を出版した。1908年ごろには19世紀の文芸批評家サント＝ブーヴ（1804〜1869）を読み込んで、批評文を書き始める。サント＝ブーヴは、作品を作者のパーソナリティーと関連づけて論じるが、現実の作家と作品世界はまったく異なるものであるというのがプルーストの主張である（この批評は断片的なものにとどまるが、『サント＝ブーヴに反して』の題で、作家の死後、1952年に発表される）。長編『失われた時を求めて』はこの評論断片が膨張し、小説化したものである。この作品は1913年から作者の死をはさみ、1927年にかけて発表された。プルーストのテクストが時代と地域を超えて読む人を惹きつけるのは、それが哲学的に高次元なことを言っているからではなく、誰でも感じ得る次元の問題、つまり日常的な感覚や過去の記憶の蘇りを取り扱っているからである。とりわけ有名なのは、紅茶とプチット・マドレーヌと呼ばれる菓子をめぐる、「無意志的記憶」の蘇りの現象の記述である。この現象は、無意志的、つまり意志を持たずして、思いがけず過去の記憶が蘇ってくることを指す。つまり、プルーストは「理性」や「知性」がつかさどる「意志」よりも、「意志」によって統御できない「感覚」や「本能」に焦点を当てたのである。『失われた時を求めて』第1篇『スワン家の方へ』（1913年）では、ある寒い日に、「母の出してくれた紅茶に浸したプチット・マドレーヌのかけらの味」を口に含んだ語り手が、えも言われぬ快感に襲われ、この快感の原因をつきとめようとする。長い自問自答を繰り返したのちにようやく、少年時代に田舎の家で、「叔母のくれた菩提樹のお茶に浸したマドレーヌの味」を思い出す。この挿話が過去を呼び起こし、以降の物語を展開させていく原動力となる。作家は過去の記憶の蘇りとそのときの快感や幸福感を記述することの価値を確信し、このような経験を核にして小説

図12-12 ジャック＝エミール・ブランシュ《マルセル・プルーストの肖像》（1891年, パリ, オルセー美術館蔵）
出典：http://upload.wikimedia.org/wikipedia/commons/7/74/Jacques-Emile_Blanche_Portrait_de_Marcel_Proust_1892.jpg?uselang=ja

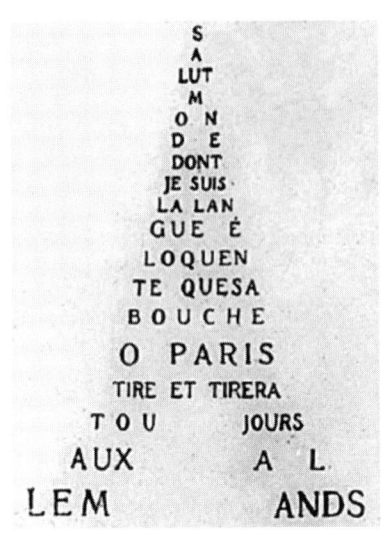

```
      S
     A T
    LUT M
   O N E
    D E
   DONT
   JE SUIS
   LA LAN
   GUE É
   LOQUEN
   TE QUESA
   BOUCHE
   O PARIS
  TIRE ET TIRERA
  T O U     JOURS
  AUX       A L
 LEM        ANDS
```

図12-13 ギヨーム・アポリネール『カリグラム』
出典：http://upload.wikimedia.org/wikipedia/commons/f/fc/Guillaume_Apollinaire_Calligramme.JPG?uselang=ja

作品を構築できるのではという発想を持ったのである。この小説には，至るところに恋愛や社会の心理分析，自然描写，モード，記憶と時間の役割，感覚，偶然，無意識などのテーマが織り込まれている。さらには，多くの芸術家や，音楽，文学，絵画作品が登場する壮大な芸術論ともなっている。また，当時衰退しつつあった貴族社会，フランス社会全体を議論の渦に巻き込んだドレフュス事件や第一次世界大戦も描かれており，19世紀末から20世紀初頭にかけての社会史としても読むことができる。

『スワン家の方へ』『グラン・モーヌ』『A. O. バルナブースの日記』の出版された1913年は，文学的にきわめて豊饒な1年であった。この年に出版された作品としてはさらにギヨーム・アポリネール（1880〜1918）の代表的な詩集『アルコール』も付け加えなければならない。有名な「ミラボー橋」を含むこの詩集では，詩行から一切の句読点が省かれている。また，『カリグラム』（1918年）（図12-13）では，ページ上での文字の配置が主題を喚起する図像となっている。アポリネールは，科学と同様も文学や芸術においても近代化とともに新しい形式が取り入れられて当然だと主張した。芸術に対するこのような態度を「モダニズム」と言い，近代的な発明物を積極的に肯定するこの姿勢は「エスプリ・ヌーヴォー」（新精神）と呼ばれる。

また，アポリネールと並び称される前衛詩人ブレーズ・サンドラール（1887〜1961）は世界各地を旅行し，旅先での意識の流れをそのまま詩として定着させた。代表作の長編詩『シベリア横断鉄道とフランス少女ジャンヌの散文』（1913年）は不定型の韻文詩であるが，列車の動きに従って移り行く視点と震動の効果で，押し寄せる波のようなリズムが生み出されている。

ジャン・コクトー（1889〜1963）は「軽業師」の異名を持ち，詩，バレエ作品の台本，小説，戯曲，映画など，多くのジャンルを渡り歩く，器用な芸術家であった。第一次世界大戦で戦死した飛行士をテーマにした詩篇『ポエジー』（1920

年），少年期の残酷さをモチーフにした『恐るべき子供たち』（1929年）などが有名である。またコクトーは，『肉体の悪魔』（1923年）と『ドルジェル伯の舞踏会』（1924年）の2作の心理小説を遺して夭逝したレーモン・ラディゲ（1903～1923）の才能を引き出したことでも知られる。

5 両大戦間期とそれ以降のフランス文学

　フランス史上初の総力戦となった第一次世界大戦は，既存の社会構造を大きく破壊した。大戦の記憶のなまなましい終戦直後には，反戦の意の込められたアンリ・バルビュス（1873～1935）の『砲火』（1916年）や，戦場での体験を直接描写したロラン・ドルジュレス（1885～1973）の『木の十字架』（1919年）が一般読者の支持を得た。また，当時の民衆の姿を描いた小説として有名なものに，ウジェーヌ・ダビ（1898～1936）の『北ホテル』（1929年）がある。ルイ＝フェルディナン・セリーヌ（1894～1961）も処女作『夜の果てへの旅』（1932年）において，俗語や隠語を大胆に用いて社会の底辺で生きる者たちの「不条理」を描き，現代人の間にはびこる偽善，欲望，裏切りなどの悪徳を暴き出した。セリーヌは次第に反ユダヤ主義や反動主義をあらわにし，第二次世界大戦後には戦時中の対独協力の嫌疑を受け，晩年は不遇であったが，後世の作家に与えた影響は大きい。

　第一次世界大戦中に世を覆っていた不安感のなかから，既成秩序，既成の美学を否定し，破壊することを目的とした「ダダイズム」と呼ばれる前衛芸術運動が，ルーマニア出身の詩人トリスタン・ツァラ（1896～1964）を中心にスイスで起こった。この運動はシュルレアリスム（超現実主義）に引き継がれる。これは，「超現実」（現実世界のなかで時として感知される不思議な空間や感覚のこと）（巌谷 2003）を評価しようとする芸術運動を指す。この運動の主唱者であるアンドレ・ブルトン（1896～1966）は1919年に，理性の干渉を排除した表現法「自動記述」（書く内容をあらかじめ用意せず，筆のすべるにまかせて速いスピードで文を記述すること）による作品『磁場』をフィリップ・スーポー（1897～1990）と共著で刊行。1924年に『シュルレアリスム宣言・溶ける魚』を発表した（「溶ける魚」は「自動記述」による物語集）。小説としては，自伝的な色彩の強い『ナジャ』（1928年）がある。ルイ・アラゴン（1897～1982）の『パリの農夫』（1926年）は現実のパリが別のものに変貌する感覚を主題とした作品であるが，シュルレアリスム小説の傑作である。また，シュルレアリスムの代表的詩人としてはポール・エリュアール（1895～1952）が挙げられる。政治的には，現実の社会を革命によって再構築すべきとの

使命から，シュルレアリストたちの多くは共産主義に接近した。

ジュリアン・グラック（1910～2007）は，シュルレアリスム作家ともみなされるが，本物の文学は万人の手に渡るようなものではないと考え，同時代の他の作家とは一線を画そうとした。聖杯探究を軸とした中編小説『アルゴールの城にて』（1938年）や，海を挟んで向かい合う架空の国家オルセンナとファルゲスタンの間での戦争勃発までの物語を幻想的に描いた長編小説『シルトの岸辺』（1951年）は，風景描写の際立つ詩的文体で書かれている。

1930年代には，恐慌やナチス台頭により，あらたな不安がフランス社会を覆う。文学においては社会変革にむけた行動の意志を表明した「行動主義」の文学が生まれる。小説家アンドレ・マルロー（1901～1976）は，『征服者』（1928年），『王道』（1930年），『人間の条件』（1933年）でアジアにおける革命の問題を扱い，『希望』（1937年）ではスペイン内乱を描く。「行動派」マルローは第二次世界大戦中にはレジスタンス運動に参加し，戦後はシャルル・ドゴール政権において，1959年以降の10年間，文化大臣としての任を負った。

『星の王子さま』（1943年）で世界的に知られ，職業的飛行士でもあったアントワーヌ・ド・サン＝テグジュペリ（1900～1944）は，実際の職務を文学作品として昇華させた点で「行動主義」をもっともよく体現した作家であった。南米パタゴニアで空路開発にあたった経験をもとに執筆した小説『夜間飛行』（1931年）では，暴風雨に立ち向かう郵便飛行士の抱く緊張感と責任感がテーマとなっている。『人間の土地』（1939年）は，現実に飛行中に遭難した経験を踏まえ，人間の連帯意識の重要性を喚起するエッセーである。第二次世界大戦中の1944年，コルシカ島から偵察飛行に飛び立ったまま消息を絶った。

1940年6月，フランスは国土の5分の3がドイツ軍に占領される。この占領下で，右翼活動の指導者となり，ナチズムにくみした作家シャルル・モーラス（1868～1952），ドリュ＝ラ＝ロシェル（1893～1945），ルイ＝フェルディナン・セリーヌ，ロベール・ブラジヤック（1909～1945）などは戦後に対独協力者として断罪されることになる。これに対するのが，占領軍の暴虐に対しての断固抵抗を呼びかけた者たちによる「レジスタンス文学」である。作品としては，アラゴンの『断腸詩集』（1941年），エリュアールの『詩と真実』（1942年）やヴェルコール（1902～1991）の『海の沈黙』（1942年）などが挙げられる。

第二次世界大戦直後のフランス社会では，人間は世界のなかに理由もなく放たれた存在（実存）であり，そこからみずからの自由と責任を駆使して「本質」を形成していくべきだと考える「実存主義」の思想が主流となった。実存主義文学

図12-14 ジャン=ポール・サルトル
出典：http://upload.wikimedia.org/wikipedia/commons/f/f4/Sartre_closeup.jpg?uselang=ja

図12-15 アルベール・カミュ
出典：http://commons.wikimedia.org/wiki/Albert_Camus#mediaviewer/File:Albert_Camus,_gagnant_de_prix_Nobel,_portrait_en_buste,_pos%C3%A9_au_bureau,_faisant_face_%C3%A0_gauche,_cigarette_de_tabagisme.jpg

の代表者ジャン=ポール・サルトル（1905～1980）（図12-14）が1938年に発表した小説『嘔吐』で主題となるのは，主人公のロカンタンが，おのおのの事物がこの世界に存在している理由などないと感じたことで催された「嘔吐感」である。主人公はこの精神的な危機から自己を救済すべく小説を書く決心をする。1947年に発表された批評的エッセー『文学とは何か？』において，サルトルは「なぜ書くのか」「だれのために書くのか」という問題を論じ，アンガジュマン（社会参加）の文学を提唱する［第15章2参照］。文学の目的を人間の自由の実現と維持であると捉えるサルトルは，戦争や貧困など人間を疎外する問題を前にして，作家は傍観していてはならないと考える。この点で，書くことそのものを目的化したプルーストなどの作家とは逆の立場を取ることとなった。

アルベール・カミュ（1913～1960）（図12-15）は，占領下の1942年に発表された『異邦人』で，人生の不条理を描き出した。『ペスト』（1947年）では，不条理の意識から，反抗を通じて，人間の連帯責任へと至る道を発見する。しかしカミュは「革命」をテロリズムとみなし，不条理な現実を前に観照的な態度を示したことで，行動に重きを置くサルトルとは対立した。

第二次世界大戦後のフランス文学がますます多様性を増してきていることは言うまでもない。フランス国内のみならず，旧植民地のアフリカやカリブ海地域出

身の作家の存在感も増してきた。しかし21世紀の現代において，19世紀のユゴーやバルザック，20世紀のプルーストやサルトルと比肩する大作家は生まれているだろうか。写真，映画，テレビ，さらにはインターネットなどが，従来の書物以上に現代人の好奇を刺激する媒体となって久しい。そのいっぽうで，文学作品は時代や社会状況を代言するよりもむしろ，新しい表現形式を求めた実験的な場となる傾向が強くなっていった。ここで第二次世界大戦後のフランス文学を顧みる余裕はないが，例としては「ヌーヴォー・ロマン」やグループ「ウリポ」（ポテンシャル文学工房の略）などが挙げられる。だが20世紀後半以降，今に至る文学は，もはや「…主義」というくくりで捉えることはできない。文学と他の芸術ジャンルとの境界線もますます曖昧となりつつある。従来の「文学」という言葉ではおさまりきれない広がりと複雑さを示しているのが今日のフランス文学であると言えよう。

参考文献

饗庭孝男・朝比奈誼・加藤民男編（1992）『新版　フランス文学史』白水社。
巌谷國士（2003）『シュルレアリスムとは何か』筑摩書房。
田辺保編（1992）『フランス文学を学ぶ人のために』世界思想社。
田村毅・塩川徹也編（1995）『フランス文学史』東京大学出版会。
日本フランス語フランス文学会編（1974）『フランス文学辞典』白水社。
福井芳男ほか編（1978）『フランス文学講座2　小説2』大修館書店。
福井芳男ほか編（1979）『フランス文学講座3　詩』大修館書店。
横山安由美・朝比奈美知子編（2001）『はじめて学ぶフランス文学史』ミネルヴァ書房。
ラバテ，ドミニック（2008）『二十世紀フランス小説』（三ッ堀広一郎訳）白水社。
ランボー，アルチュール（1996）『ランボー全詩集』（宇佐美斉訳），筑摩書房。
Illouz, J.-N.（2004）*Le Symbolisme*. Paris: Librairie Générale Française.
Lagarde, A. and L. Michard（2004）*XIXe siècle. Les grands Auteurs français. Anthologie et histoire littéraire*. Paris: Bordas/Sejer.
Lagarde, A. and L. Michard（2004）*XXe siècle. Les grands Auteurs français. Anthologie et histoire littéraire*. Paris: Bordas/Sejer.

第13章
移民と外国人

工藤晶人

1　移民の大陸

　現代のヨーロッパは「新しい移民大陸」といわれる（トレンハルト 1994）。大航海時代以来，ヨーロッパは世界各地に数千万人の移住者を送り出してきた。しかし20世紀になると，人の出入りのバランスは逆転し，ヨーロッパは地球上の各地から集まる移住者の目的地となった。ひとまずヨーロッパ連合（EU）という枠組みを借りれば，現在，EU 27カ国に暮らす外国籍の人々は約2,000万人に達し，総人口の4％を超える。EU域外生まれの人口は約3,350万人，そこにEUの域内での移動を加えれば，移住を経験した人々の数はさらに増えることになる。

　移民を送り出す地域から移民を受け入れる地域へ。ヨーロッパ近代史の長期的な趨勢のなかで，フランスは独特の位置を占めている。西欧諸国の多くが20世紀半ばまで移民を送り出し続けたのに対して，フランスは早くも19世紀半ばから，大規模な移住を受け入れる国になった。20世紀前半には人口に占める外国人の割合が同時期のアメリカ合衆国を上回り，今日では，フランス人のおよそ4人に1人は祖父母の少なくとも1人が移民であるといわれる（ノワリエル 2002：239；Noiriel 1988）。この数字だけをみても，国境を越える移住という現象が近代フランスの成立に深くかかわってきたことがわかる。フランスとは，人の移動によってつくりだされてきた国なのである。

　ところで，こうした議論における移民とは誰のことなのか。現代フランスの統計ではイミグレ（immigré）という言葉がもちいられ，「外国籍をもって外国で生まれ，フランスに居住している人」と定義されている。フランス語のイミグレという表現に蔑視の響きがあるという指摘はさておくとしても，こうした統計上のカテゴリーは，現実の一面をあらわすに過ぎない。例えば，外国籍で外国生まれの人がフランス国籍を取得したとしても，その人は統計上イミグレでありつづける（図13-1）。一方で移民の第二世代以降の子孫は，こうした統計に数えられる

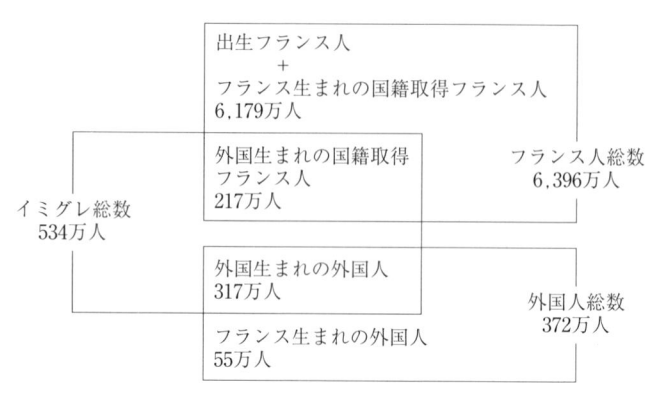

```
                ┌─────────────────────────────┐
                │ 出生フランス人              │
                │    ＋                       │
                │ フランス生まれの国籍取得フランス人 │
                │ 6,179万人                   │
   ┌────────────┤                             │
   │            ├─────────────────────────────┤ フランス人総数
   │            │ 外国生まれの国籍取得        │ 6,396万人
   │            │ フランス人                  │
   │ イミグレ総数│ 217万人                     │
   │ 534万人    ├─────────────────────────────┤
   │            │ 外国生まれの外国人          │
   │            │ 317万人                     │
   │            │                             │ 外国人総数
   └────────────┤                             │ 372万人
                │ フランス生まれの外国人      │
                │ 55万人                      │
                └─────────────────────────────┘
```

図13‒1　フランス人，外国人，移民（2008年国勢調査より）
出典：宮島（2006：78）と2008年国勢調査より作成。

ことはない。移民という現象には，国家への所属という法的側面，国境を越える移動という地理的側面，定着という時間的側面，そして人のアイデンティティという心理的側面が複雑にからみあっている。それを捉えるためには，ひとつの定義に固執することなく，統計上のカテゴリーには必ずしもあらわれない多様な現実をみる必要がある。

　つぎに，フランス近代史を特徴づける大規模な移民は，どのような地域からやってきたかを確認しよう。19世紀の後半から20世紀の前半にかけて多数を占めたのは，ヨーロッパの各地から主に経済的理由によって移住してきた人びとであった。初めはベルギー，イタリア，スイスなどの近接地域から，やがてはポーランド，イベリア半島から，働き口を求めて人びとは移動してきた。もうひとつの核となったのは，政治的，宗教的困難によって祖国を離れた人びとである。19世紀末以降に急増した中東欧のユダヤ人，第一次世界大戦終結前後に亡命してきたロシア人，オスマン帝国領内から脱出したアルメニア人，スペインの共和主義者など，様々な集団がフランスを目指した。20世紀になると，植民地からの移住もしだいに増えてくる。第二次世界大戦後にはアルジェリアをはじめとするマグリブからの移住者が多くなり，その流れは脱植民地化後もつづいた。やがてサハラ以南アフリカと東南アジアの国々からの移住者も増加し，1970年代以降は非ヨーロッパ系の人びとが新たな移民の過半を占めるようになった（渡辺 2007）。

　このような歴史を持つフランスは，移民受け入れ国，移民社会などと呼ばれる。移民によってもたらされる多様性こそがフランスの豊かさであるとする立場から，モザイクのような国と形容されることもある。その一方で，イスラーム教徒の女

性がヒジャーブをつけて公立学校に通うことが問題とされた「スカーフ事件」(1989年),近年の都市騒擾 (2005年),新聞社襲撃事件 (2015年) などが,移民と関連づけて論じられ,メディアの注目を集めてきた。そのため近年では,ヨーロッパにおける移民受け入れの困難を象徴する国としてとりあげられることも少なくない (三浦 2001;宮島 2006)。

外来者に開かれたモデルと,その困難という両面はどのように結びついているのだろうか。以下であらためてふれるように,フランスという国のあり方は,エスニックな一体性を強調するドイツとしばしば対比されてきた。その象徴といえるのが,血統にかかわらず国内で出生した者に国籍を付与するフランス共和国の国籍法である。出生地主義の原則の下で,移民の子孫たちは法的に平等な国民となる。いったん国民となれば,個人の出自,人種,宗教などの属性を公的な領域に持ち出さないというルールを受け入れる限りにおいて,そうした出自などを理由に差別されることはないはずである (樋口 1994:154)。ところが1970年代以降,マグリブとサハラ以南アフリカの出身者が新たな移民の過半を占めるようになると,一方では根深い差別があらわになり,他方では上記のような原則と移民たちの生き方 (例えばイスラームの実践) とが衝突するようになった (内藤 1996)。

移民社会フランスにかんする議論は,基本的に,この「共和国モデル」との関係において説明されてきた。しかしいくつかの疑問も生じる。共和主義とは常に外来者に対して開かれた政策を意味していたのか。外来者との軋轢は,非ヨーロッパ系移民によってはじめてもたらされた課題なのか。そもそもフランス人と外国人という区別は,どのような歴史のなかで形成されてきたのか。こうした問いを手がかりとして,近世から現代までの歴史をたどってみよう。

2 近世のフランスとフランス人

この書物はフランス史を主題としているが,対象とする時代が近現代にかぎられているために見落とされがちな点をここで確認しておく。それは,フランスという空間の広がりと,フランス人という集団をどう捉えるかという二重の問題である。「一国史」として歴史を書く前提となる「フランス」という空間は所与のものではない。もちろん,はじめてフランス王国を称した中世の王朝から,フランス革命以降の体制転換をへて現代の共和政へ,というつながりを見て取ることはできる。だがそれは政治的権威と国号の連続性である。いずれの時期をとりあげてみても,政治的権威のおよぶ空間のかたちは,現在のそれとは異なっていた

(樺山 1995)。また近世以前には、国境の観念自体が不安定なものであり、19世紀以降になっても、国境線によって現実の空間が閉ざされることはなかった。境界を越えて移動する人の数はむしろ近代以降に増加する。国境とは近代においても、一種の透過膜のようなものであった。そしてもちろん、空間としてのフランスを考えるためには、伸縮する海外植民地も考慮する必要がある。

空間の境界とは別の意味で、そこに住む人びとの「内」と「外」の境界もゆれ動いてきた。近世以前にもフランス人と外国人の区別は存在したが、それを表現する語彙と概念は近代と相当に異なっていた。例えば、近代の日本語に国民あるいは民族と翻訳された「ナシオン」(Nation) という言葉。綴りからわかるように、英語のネーションにあたる単語である。現在では政治共同体としての国民という側面が重視されるこの言葉には、歴史的にもっと多くの意味が内包されていた。

17世紀頃まで、フランス語のナシオンという言葉は、王国全体よりも王国のなかの各地方をさすことがあった。現在フランス学士院となっている建物は、創建当初コレージュ・デ・カトル・ナシオンと名づけられたが、これは17世紀にフランス王国領となった「四つの地方〔カトル・ナシオン〕」から学生を迎えるための施設であったことに由来する。別の文脈においては、ナシオンという言葉が、出身地域や宗派、職業ごとの集団を名指すために用いられることもあった。例えば、地中海周辺の商業都市に住むフランス商人は各地で居留民団体を結成したが、それらは「ナシオン」と呼ばれた。フランス南西部で「ポルトガルのナシオン」といえば、ポルトガルから亡命してきたユダヤ教徒共同体のことであった。「詩人のナシオン」「海の民のナシオン」といった表現がもちいられることもあった。こうした用法においては、フランスは無数のナシオンの集合体と考えられていた (Bély 1996：882)。

一方で、ひとつの国の住民が全体としてひとつのナシオンであるという考え方もしだいに定着していった。例えば1694年刊のアカデミー・フランセーズ辞書は、「同一の法の下で同一の言葉を使って暮らす同一の国家、同一の国の全ての住民」という語義を提示し、フランスとスペインを用例として挙げている。日本語の「フランス人」「スペイン人」という表現に近い意味と考えてよいだろう。ただし18世紀中頃までのナシオンは、どちらかといえば自然なまとまりとして存在するものと考えられ、政治的な主体性をもつ存在とは必ずしも考えられていなかった (Bell 2001)。近世社会に通底するのは、国王こそが国と民を結びつける礎であるという考え方である。それは、近代国家の前提となる「想像の共同体」にはまだ遠いものであった (アンダーソン 2007)。

それでは、国籍を規定するための制定法をもたないアンシアン・レジーム (旧

体制)の下で、フランス人と外国人はどう区別されていたのだろうか。法的な意味で「王国の民」(régnicole) として認められるためには、フランスに生まれ定住していることと、王に忠誠を誓うことのふたつの条件が必要であると考えられていた。他方、「他国の民」(aubain) とみなされたのは、王の統治する土地の外で生まれたすべての人びとであった。あえて近代的な語彙におきかえれば、この時代の国籍観は出生地主義に立っていたといえるだろう。フランスで暮らす「他国の民」は、一部の官職や聖職につくことを制限され、いくつかの法的な不利を蒙った。そのなかでも重要であったのが、相続の制限である。これは16世紀ごろまでに確立した国王特権で、その内容は、相続人のいない外国人の遺産を国王が没収することができるというものだった。

　この財産没収権による相続制限こそが、近世のフランスにおいてフランス人と外国人をへだてる壁であり、指標であった。例えばルイ14世の時代には、財産没収の範囲を拡大して外国人に対する統制が強められたことが知られている。ただし、外国人の処遇は抑圧一辺倒ではなく、特定の集団や地域について財産没収が免除された例もみられた。集団的な免除としては、友邦の出身者（スコットランド、スイスのカトリック諸州など）、相互免除の条約を結んだ相手国の出身者（イングランドなど）が例として挙げられる。王権は軍人、芸術家、技術者といった専門家を外国から盛んに誘致したが、そうした職能集団に対してもたびたび免除が認められた。地域を単位とした免除としては、外国人商人の定着を促すために国際商業都市（ボルドー、リヨン、マルセイユなど）、国境地帯（ブルゴーニュ、ピレネー、ロレーヌなど）で認められた例が知られる (Bély 1996: 519-521)。さらに、個人が王に対して免除を申請することも可能だった。この手続きには多額の費用を要したが、一方で申請のためには法によって定められた資格制限はなく、外国人に対して相当に開かれたものであった (Sahlins 2004: 135-137)。

　もちろん、「よそ者」を排除しようとする傾向は社会のなかに根強く存在した。それにもかかわらず、近世フランスには外国人が活躍する舞台が広がっていた。イタリア出身のマザラン、スコットランド出身のロー、ジュネーヴ出身のネッケルなど政府の要人だけではない。例えばリヨン、ナント、ボルドー、マルセイユといった商業都市の活気を支えたのは、外国系の商人、金融業者であった。そのほかの経済部門においても、毛織物業におけるオランダ人、製鉄業におけるイングランド人など、外国出身の技術者、企業家が大きな役割を果たしていた。アンシアン・レジームとは、身分、品位、宗派といった様々な差異の網の目によって人びとが階層化された社会であった。外国生まれであるという属性は、そうした

差異のひとつではあっても，絶対的な重みを持つものではなかった。

3　18世紀後半の断絶

　このようなフランス人と外国人の関係は，フランス革命の前後に大きく変質する。ナシオンという言葉の変化を手がかりとしてその過程をみていこう［第2章4参照］。
　シェイエスは，1789年に発表された有名な小冊子『第三身分とは何か』のなかで，つぎのように述べている。「ナシオンとはなにか。それはひとつの共通の法律の下で，同一の立法者によって代表され，共同して生きる団体である」。彼はまた，「第三身分こそがナシオンの全て」とも記した。ここでいう「ナシオン」には，国民という訳語をあててもよいだろう。
　シェイエスによれば，国民とは法的に平等な個人によって構成されるべき存在である。したがって，種々の特権に守られた第一身分と第二身分（聖職者と貴族）は排除されなければならない。他方，何の特権も持たない第三身分だけが，みずからを国民と称することができる。こうした主張は，もちろん一種のレトリックであった。現実には，第三身分の人びとの社会的，経済的境遇は多様であり，そのなかには国王から付与される特権の恩恵に浴する人びとも多く含まれていたからである。
　ともあれ，平民こそが国民であるという標語は，革命の象徴として大きな力を発揮した。古典的な解釈にしたがうならば，フランス革命とは，それまでの身分制社会から平等を志向する社会への決定的な転換点であった。新しい社会の基盤となるのは，国民主権の理念である。とはいえ1789年という切断面だけを強調することはできない。国民（ナシオン）を前面に押し出したシェイエスの主張は，それが同時代に広く受け入れられたという事実そのものにおいて興味深い。革命前のフランスでは，ナシオンを政治参加の主体とする思想が，一部の理論家のサークルを超えて広まっていた。それとともに，フランスというナシオンに属していることが個人の存立にとって不可欠であるという考え方も芽生えつつあった（Bell 2001：20）。さらに近年の研究が指摘するところによれば，そうしたフランスへの帰属意識は，大西洋両岸のフランス植民地にも点々と広がっていた（Vidal 2014）。国民国家は革命期に突如として発明されたものではない。その思想的な素地は，18世紀後半の数十年のあいだに形成されていたのである。
　1789年夏に発表された「人間および市民の権利の宣言」（いわゆる人権宣言）は，

いうまでもなく、人権の思想が普遍性を獲得するうえでの重要な一歩であった。しかし当時の議論からは、その限界も浮かび上がる。ナシオン＝国民であることを何よりも重視する社会が構想されたとき、同時に、権利を持つ「人間」とは誰なのかが問われ、市民として権利を持つ人とそこから排除される人、という区別が生まれた。その意味で、「人間と市民の」という並記にそもそも矛盾があるという指摘は示唆的である（トドロフ 2001：284-286）。なかでも女性の権利は、問題提起はなされたものの十分に顧みられることはなかった（フレス・ペロー 1996：30）。

　周縁におかれてきた人の権利という文脈で活発に論じられたのは、ユダヤ教徒、プロテスタントなどの宗教的マイノリティや、植民地に住む「有色人種」（主としてアフリカ系の奴隷とその子孫たち）の処遇だった。ユダヤ教徒を例としてみると、革命初期の指導者たちは彼らを国民として包摂することに前向きであった。ただし、そこには一定の条件が課された。例えば憲法制定議会における議論のなかで、クレルモン・トネールという人物が以下のように主張したことが知られている。ユダヤ教徒は、彼らがひとつの「ナシオン」と呼ばれていた時代のように宗派共同体として特権を享受するのではなく、個人としてフランスの市民になるべきである。この主張をいいかえると、宗教や出自による差別を無くすためには、そうした文化的、宗教的実践を私的な生活領域にかぎり、公的な場に持ち出してはならないということである。人の生活を私的な領域と公的な領域に切り分けることが法的平等の前提であるという議論は、現代まで通底する「同化」の論理を予告するものだった。

　それでは外国人についてはどうか。革命期の出来事からは、対極的な二つの反応を読み取ることができる。革命の初期には、外国人に対する歓迎の気運が広がった。自由を支持する諸外国の著名人（ジェレミ・ベンサム、ジョージ・ワシントン等）に市民権を授与する法令が発表され、一定期間フランス国内に居住する外国人にも自動的に市民権が付与された（Weil 2002：22-24）。外国人に対する財産没収権は廃止され、政治、行政、軍事の要職を外国人が占めることも少なくなかった。

　しかし、外国との戦況が悪化し、国内の党派党争が激しさを増し、経済不況が深刻化する1793年頃に時勢は一変する。国籍の自動付与は廃止され、外国人の追放、公職からの解任、そして処罰が相次ぐようになった。プロイセンの貴族として生まれたアナカルシス・クローツは、革命に共鳴してパリに移住すると「人類の代弁者」を称し、国民公会議員となって活躍した。だが彼は、外国のスパイと

指弾されて処刑された。その生涯はこの時代の激動を象徴している（図13-2）。

外国人の処遇という観点からみると，フランス革命は矛盾に満ちた時代であった。普遍的な解放の理想はまもなくよそ者への不信に置きかえられ，愛国心の高揚はしばしば外国人排斥を昂進させた。外国人に対する監視が制度化され，19世紀以降の警察機構へと引き継がれていった。歴史家ノワリエルが指摘するように，国民を基礎として構築された社会には，固有の「排除の様式」がある（ノワリエル 2002：213）。その前提となるのが，国民の要件を規定する国籍法の制定であった。

図13-2　アナカルシス・クローツ
（1755〜1794）
出典：http://frda.stanford.edu/en/catalog/yx164cy7600

4　国籍法の近代

フランスにおける国籍定義の歴史には，ふたつの大きな転換点があった。1804年の民法典による血統主義の導入が第一の転機であり，出生地主義へとふたたび重心が移る1889年の国籍法が第二の転機である。特に後者は，第1節ですでにふれたように，フランスとドイツを対極的なモデルと捉える国民国家論の論拠として知られてきた。

独仏を比較する議論をここで簡単にまとめれば，以下のようになる。「国民とは日々の一般投票である」というルナンの言葉が象徴するように，フランスでは国民による自発的選択が主張され，国家との契約的な側面が重視される。それに対してドイツでは，伝統，言語，血統による「自然な」結びつきが強調され，国民の概念はロマン主義的であるとされる。いいかえればフランスの市民的ネーションは開放的であり，ドイツのエスニックなネーションは（非ドイツ人に対して）閉鎖的である。フランスの国籍法が移民の子に対して自動的に国籍を取得させる出生地主義をとり，ドイツの国籍法が血統主義をとるのは，こうした両国の思想的伝統に由来する（ブルーベイカー 2005）。

このような類型論は，19世紀後半から20世紀半ばまでの状況を説明する図式としては，一定の説得力を持つ。しかし，より長い時間軸のなかで検討したときには，また違った側面がみえてくる。法社会史の視点からみたときに，国民観の思

想と国籍法の構造は，一対一に対応していたわけではない。そのことは，1804年に制定されたフランスの民法典が，厳密な血統主義に基づく国籍定義を採用した事実に端的にあらわれている。

　近代的な立法の象徴とみなされる民法典が，なぜ一見したところ前近代的とも思える血統主義の原則を採用したのか。ひとつの有力な解釈は，当時の文脈においては血統主義の採用こそが新しさを意味していたというものである。すなわち，民法典の策定当時の出生地主義は，領地内に住むことが君主への臣従を意味する旧い考え方を代表していた。他方で血統主義は，国籍とは個人が自ら子に与えることができる地位であるという新しい考え方を表現していた。こうした文脈において，血統主義は伝統との断絶であり，「近代的」な性格を持っていた（Weil 2002：37-38）。ちなみにこのようなフランス民法の論理は，プロイセンの民法典制定に影響を与え，ドイツの国籍法の基礎となった。その結果として19世紀の一時期，フランスとドイツは共通の血統主義を原則とする国となった。上記のフランス，ドイツの類型論は，こうした歴史をふまえて理解する必要がある。

　1804年の民法典施行によって，国籍の要件は以下のように変化した。第一に，フランス人を父として生まれた人の国籍は出生時に獲得され，居住地には左右されない。第二に，外国人を父としてフランス国内で生まれた人は父の国籍を引き継ぐが，成人の翌年にフランス国籍を申請できる。第三に，外国生まれの外国人でフランス国内に居住する人は帰化を申請できる。

　フランス民法典は，男性優先の血統主義を確立した。一方で，アンシアン・レジームの時代に慣習的に認められてきた女性の権利は明らかに後退した。まず，外国人男性と結婚したフランス人女性はフランス国籍を失うこととされた。アンシアン・レジームの時代には，外国人男性とフランス人女性の子には多くの場合フランス人としての資格が認められてきたのだが，民法典以降，出生によって国籍を得るのはフランス人の両親または父親を持つ場合に限られることになった。さらに，女性の帰化についても門戸が閉ざされていった（Weil 2002：42；Sahlins 2004：305-306）。

　その後のフランスでは，時々の政治，社会情勢を背景とした妥結の連鎖のなかで，1851年の立法では加重的出生地主義が導入された。これは，フランス生まれの外国人男性を親としてその子がフランスで生まれた場合，つまり第三世代の移民には自動的にフランス国籍を付与するという立法である。そして1889年には出生地主義がさらに拡張され，外国生まれの外国人男性の子がフランスで生まれた場合，つまり第二世代に対して，成人の際にフランス国籍を与えることになった。

同時に，1851年の法の下で認められていた第三世代の国籍選択権が廃止され，彼らはフランス国籍からの離脱が禁じられた。

長い時間をかけてフランスの国籍法が血統主義からふたたび出生地主義へと転換していった理由については，いくつかの解釈が可能である。すでに紹介したように，ドイツと対比される思想的伝統による説明はそのひとつである（ブルーベイカー 2005）。他方で，19世紀末から明らかになった人口減少に対処するために，出生地主義が必要とされたという解釈もある。この点については，徴兵の対象となる人口を確保しようという軍事目的を強調する立場と（Noiriel 2001），社会的環境によって人は国民として教化されるという思想の役割を指摘する立場とがある（Weil 2002）。いずれの側面に力点をおくにせよ，出生地主義への転換は，単一の原因に帰されるのではなく，様々な要因が重なって成立したものであった。

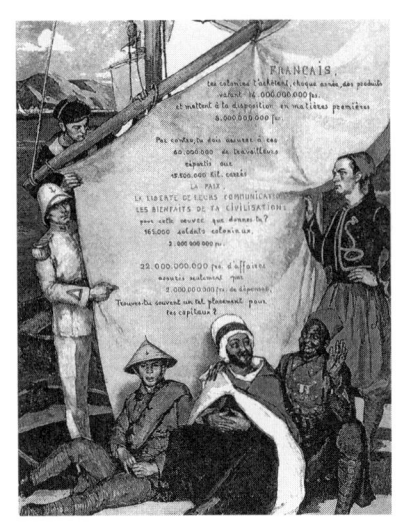

図13-3 1920年代のポスター「植民地の恩恵」
出典：Beaupré, Nicolas *Les grandes guerres 1914-1945*, Paris: Belin: 573.

1804年民法典の血統主義と，1889年国籍法の出生地主義は，それぞれの時代背景のなかで，権利としてフランス国籍を持つ人々の範囲を確定し，拡張した。一方で，法の改定によって権利を縮小されたり，不平等な取り扱いを受けたりする人々がいた。すでに述べた女性の権利はそのひとつである。外国人男性と結婚したフランス人女性が国籍を維持することが可能になり，その結婚から生まれた子がフランス国籍を取得できるようになるのは，フェミニズムの影響を受けた1927年の国籍法以降のことである。

さらに不平等な立場におかれたのは，植民地の住民たちであった。19世紀をつうじてフランスは世界各地で植民地を拡大した。その過程で，植民地の先住民は，国籍を持つという意味ではフランス人だが，政治的権利も民事上の権利も持たないという原則がしだいに確立していく（Saada 2007）。例えばアルジェリアでは，先住民の多数を占めるムスリムがそうした地位におかれた（1865年元老院議決）。ただし例外もあり，アルジェリアの先住ユダヤ教徒に対しては，本国出身のフランス市民と同様の権利が一括して付与された（1870年のクレミュ政令）。1889年の

国籍法はアルジェリアにも適用されたが、出生地主義の適用範囲はヨーロッパ系入植者に限られた。こうして、名目的には国民だが市民としての権利を持たない「原住民」の身分が固定されることになる（工藤 2013：75-81）。第一次世界大戦に多くの植民地出身者が従軍し、戦間期には本国と植民地の連帯が宣伝されたにもかかわらず（図13-3）、実際に先住民の権利に関する改革が緒につくのは、第二次世界大戦前後に過ぎなかった。

　植民地の状況を切りはなして考えるならば、出生地主義を柱とする国籍法は、確かに非フランス人にとって開かれた法制であった。国籍法は1927年にさらに改定され、国際結婚をしたフランス人女性の国籍維持、その嫡出子に対する国籍付与、帰化条件の簡易化など、外国人の包摂を加速するための方策がとられた。フランスの国籍法は「外国人からフランス人を作る機械」とまで呼ばれるようになり、現在までつづく国籍法の大枠が形作られた。共和国の原則によれば、国籍を取得したものは市民として平等であり、宗教信条にかかわりなく等しく権利を持つ。こうした思想とそれに裏づけられた諸制度は、移民たちがフランス社会の成員として組み込まれていく土台となった。

5　寄せては返す波

　19世紀のフランスには、近世までと同じように一定数の外国人が往来していた。例えば繊維産業や製鉄業といった新産業を中心に外国系の企業家が定着し、外国出身の職人や季節労働者たちが訪れていた。それが大規模な移住へと変化するのは、19世紀後半のことである。工業化の進展に伴って大量の労働力が必要とされるようになり、国勢調査によれば1851年には40万人以下であった在留外国人は1881年に100万人を超え（人口の2.7％）、1931年には約270万人（人口の6.6％）に達した。

　外国人労働者のおもな出身国をあげると、はじめに大きな割合を占めたのはベルギー人であった。その数は1886年に約49万人に達し、主にフランス北部に定着して繊維産業や鉱山業を支えた。つづいて増加したのはイタリア人で、1911年までに50万人を超え、フランス南東部の農業、そして建設業をはじめとする各分野に進出した。第一次世界大戦後には、イタリア人に加えてポーランド人が北部の炭鉱労働者などとして誘致され、後者の人口は1931年に約50万人となった。こうした数字の背後には、移動から定着へという一方向の動きだけではなく、国境をまたぐ往還があった。移住者達は、出身地とフランスのあいだを往復することも

図13-4 ベルギー人を攻撃する新聞のカリカチュア（1892年）
出典：Noiriel（2002：237）．

あり，親戚や友人を頼って様々な土地へ移動を繰り返した．長いフランス居住の後に，晩年に故郷に帰っていった人々も少なくない（Lequin 2006：308-310）．

しかし迫害を逃れて移住する人々にとって，往還は困難であった．なかでも19世紀末に本格化するロシア，中東欧出身ユダヤ人の移住の波のなかで，フランスはしばしば経由地となり，約10万人がそこに定着することを選んだ．パリ，ストラスブールといった大都市でユダヤ人街の人口は増加し，同郷団体や宗教施設がつぎつぎと作られて共同体の相貌を変えていった．戦間期には，オスマン朝領内での弾圧を逃れて約6万人のアルメニア人がフランスに移住し，パリ郊外やマルセイユなどの都市で共同体の再建を試みた．

出身がどこであれ，第一世代の移民たちは故国の記憶を伝え，あるいは沈黙し，第二世代以下の人びととはふたつの文化のあいだで葛藤しながら，フランスに根づいていった．社会への浸透が進む一方で，彼らが排斥の標的となることもあった．反ユダヤ主義の歴史とヴィシー期のユダヤ人迫害については別の文献にゆずり（ポリアコフ 2006），以下では，19世紀末以降に外国人排斥の気運が高まった3つの時期をとりあげよう．

第一の高揚は，1880～1890年代の経済不況の時期にあらわれた．ベルギー人，イタリア人に対する暴力事件が頻発したこの時代，移民の存在が社会問題として「発見」され，外国人の排斥という主題が政策論のなかに定着する（図13-4）．普通選挙制による議会政治が根づき，外国人に対する不安を利用する勢力が出現した．1880年代に一世を風靡したブーランジスムはその一例である．

つぎに外国人排斥が昂進するのは，1930年代の世界恐慌の時期であった［第11章3参照］．第一次世界大戦後の復興を支えるために，フランスでは前例のない規模で外国人労働者が導入された．さらに，この時期の移住者のなかには医師，弁護士などの専門職につく者も少なくなかった．そのために労働市場における競合が激しくなり，一部の業種について外国人と帰化フランス人の就労が制限されるようになった．出身，民族，宗教などによって外国人を分類する議論が広まり，

そこに内在する人種主義の傾向は，ヴィシー期の政策の前触れとなった。

第三の動揺は，1970年代にあらわれた。やはり戦後復興のために本土外から誘致された労働者たちが，不況が到来すると排撃された。この時期にはポルトガル系移民も多かったが，それ以上に，マグリブ諸国をはじめとする非ヨーロッパ系の人びとの比率が増加し，移民の過半数を占めるようになっていた。1974年には移民の新規受け入れが停止され，不法移民の送還が始まる。外国人を狙う暴力事件も少なくなかった。この時期の政治論争は，一方で極右勢力の再生をもたらし，他方で人種差別反対運動の伸長ももたらした（ノワリエル 2002：216-218）（図13-5）。

図13-5　人種差別反対を訴えるデモ行進における「仲間に手を出すな」というスローガン（1985年）
出典：Lequin (2006).

ここで視点を現代に戻してみよう。1970年代の社会不安は，数十年の時を経て，今日の「移民問題」に直結している。それではさらに長い時間のなかで考えたときに，現代の状況を新しい「危機」といえるだろうか。現在のフランスが今までにない課題に直面しているとする議論を拾い出してみると，実際にはその多くが19世紀から繰り返されてきたことがわかる（ノワリエル 2002：219-222）。例えば，前例のない急速な移民の流入によって国民性が危機に瀕しているという議論は，まさに19世紀末に出現したものだった。フランス人と移民の文化的な異質さを強調する意見は，19世紀末にはドイツ人を例として表明されていた。両大戦間期にも，ロシア人，ポーランド人，アルメニア人が，フランスの文明になじまない存在として指弾された。軋轢の原因を宗教にもとめる議論も，現代に固有のものではない。イタリア人とポーランド人のカトリック信仰は，フランスの多数派と同じ宗派であるにもかかわらず，信仰のあり方が「古くさく」「盲目的」だと非難された時代があった（Lequin 2006：317）。両大戦間期には，現状への憂慮の裏返しとして過去を理想化するという傾向もあらわれる。それと同じ図式は，マグリブ系移民の統合の困難を語り過去のヨーロッパ系移民の同化を賞賛するというかたちで，今日の論調のなかで繰り返されて

いる。

　共和国は外国人と移民を積極的に受け入れてきたが，その過程では外来者との様々な軋轢が生じた。歴史を知ることによって，現代だけが特別な時代であるという観念は相対化される。もちろん，議論の構図が似ているからといって，その背後にある問題が同じであるとは限らない。特に20世紀末になって，第二世代以下の若者たちのアイデンティティが課題として浮上したことはひとつの特徴といえる。2006年，モロッコ系のコメディアン，ジャメル・ドゥブーズは，主演映画『原住民』（邦題『デイズ・オブ・グローリー』）について語った。第二次世界大戦に従軍した植民地出身ムスリム兵士の歴史は，シャルルマーニュ，モンテスキュー，マリ＝アントワネットと同様，我々フランス人に共有の歴史なのだ，と。こうした主張を受け止めることで，フランス社会はこれからも変容していくだろう。外国史としてその歴史を学ぶ私たちも，フランスとフランス人とは何かを広い視野から考えることが求められている。

参考文献

アンダーソン，ベネディクト（2007）『定本 想像の共同体』（白石隆・白石さや訳）書籍工房早山。

樺山紘一（1995）「歴史としてのフランス」柴田三千雄・樺山紘一・福井憲彦編『フランス史1』山川出版社。

工藤晶人（2013）『地中海帝国の片影』東京大学出版会。

ジョリヴェ，ミュリエル（2003）『移民と現代フランス』（鳥取絹子訳）集英社。

ティエス，アンヌ・マリ（2013）『国民アイデンティティの創造』（斎藤かぐみ訳）勁草書房。

トドロフ，ツヴェタン（2001）『われわれと他者』（小野潮・江口修訳）法政大学出版局。

トレンハルト，ディートリヒ編著（1994）『新しい移民大陸ヨーロッパ』（宮島喬ほか訳）明石書店。

内藤正典（1996）『アッラーのヨーロッパ』東京大学出版会。

ノワリエル，ジェラール（2002）「フランス人と外国人」（上垣豊訳）ピエール・ノラ編『記憶の場1』（谷川稔監訳）岩波書店。

樋口陽一（1994）『近代国民国家の憲法構造』東京大学出版会。

ブルーベイカー，ロジャース（2005）『フランスとドイツの国籍とネーション』（佐藤成基・佐々木てる監訳）明石書店。

フレス，ジュヌヴィエーヴ，ミシェル・ペロー編（1996）『一九世紀 1』（杉村和子・志賀亮一監訳）（女の歴史Ⅳ）藤原書店。

ポリアコフ，レオン（2006）『反ユダヤ主義の歴史 4 自殺に向かうヨーロッパ』（菅野賢治・合田正人監訳）筑摩書房。
三浦信孝編（2001）『普遍性か差異か』藤原書店。
宮島喬（2006）『移民社会フランスの危機』岩波書店。
渡辺和行（2006）「移民と外国人のフランス」谷川稔編『近代フランスの歴史』ミネルヴァ書房。
渡辺和行（2007）『エトランジェのフランス史』山川出版社。
Bell, D.（2001）*The cult of the nation in France: inventing nationalism, 1680-1800*, Cambridge, Mass.: Harvard University Press.
Bély, L. (dir.)（2002）*Dictionnaire de L'Ancien régime*, Paris: PUF.
Lequin, Y. (dir.)（2006）*Histoire des étrangers et de l'immigration en France*, Paris: Larousse.
Noiriel, G.（1988）*Le creuset français: histoire de l'immigration XIXe-XXe siècle*, Paris: Seuil.
Noiriel, G.（2001）*État, nation et immigration: vers une histoire du pouvoir*, Paris: Belin.
Saada, E.（2007）*Les enfants de la colonie: les métis de l'Empire français, entre sujétion et citoyenneté*, Paris: La Découverte.
Sahlins, P.（2004）*Unnaturally French: foreign citizens in the Old Regime and after*, New York: Cornell University Press.
Vidal, C. (dir.)（2014）*Français ? La nation en débat entre colonies et métropole, XVIe-XIXe siècle*, Paris: Éditions de l'EHESS.
Weil, P.（2002）*Qu'est-ce qu'un Français ?: histoire de la nationalité française de la Révolution*, Paris: Grasset.

第14章
第二次世界大戦下のフランス

剣持久木

1　奇妙な平和から奇妙な戦争へ

　フランス人民戦線［第11章4参照］は，経済政策の失敗で実態を喪失するが，対外的には国際情勢の悪化が引導を渡すことになる。まずスペイン内戦への対応である。本来なら，同じ反ファシズムを掲げた体制への全面的な連帯，支援に向かうのが筋であったが，保守派は当然猛反対であり，カトリックの中にはスペイン人民戦線政府の反教会政策への嫌悪感が強かった。急進党もいかなる介入にも反対であった。フランス共産党は当然，人民戦線政府への全面支援を主張したが，ブルムは結局，イギリスとともに不干渉政策を採ることになった。これは，ドイツもイタリアも不干渉を受け入れたという建前に支えられた，国際的な中立政策であったが，現実にはドイツとイタリアは，反乱軍側で公然と介入した。1937年時点で，スペインにはイタリア軍兵士4万人が派遣され，ドイツ軍は悪名高いゲルニカ空爆を行っている。フランス人民戦線にとって，反ファシズムという看板にかかわる政策で筋を通せなかったことは，大きなダメージとなる。介入をもとめる共産党との妥協で，スペイン共和国政府への密貿易を事実上公然と行うことになったが，これはイタリア，ドイツの軍事介入と比べ物にはならなかった。内戦は1939年まで続くが，反乱軍の勝利に終わり，フランス人民戦線は，スペイン共和国を見殺しにしたという結果になった。

　つぎに大きな躓きは，ナチスドイツによるオーストリア併合（アンシュルス）への対応であった。1938年3月の併合の当時，フランスはブルムの後継者ショータンが首相を辞任して，政府が不在の状態であった。ブルムは共産党から保守派まで含んだ挙国一致政権を提唱するが，右翼が協力を拒否し，ブルムの第二次政権は1カ月しかもたなかった。4月にダラディエが保守派の協力の下に（ポール・レノーが入閣し）組閣するが，これには共産党が完全に決別し，人民戦線は，ここで実質的に消滅する。そしてこのダラディエ内閣が直面したのが，ズデーテ

ン危機である。チェコスロヴァキアのドイツ語圏地域である，ズデーテン地方の割譲というヒトラーの要求の前に，ダラディエは戦争の可能性を考えて予備役の兵隊を招集している。

しかし，フランス単独でドイツに対抗することはできず，イギリス，イタリアを交えた四カ国会談に参加することになった。悪名高いミュンヘン会談であるが，当事者であるチェコスロヴァキアが参加を許されない会合で，ヒトラーの要求が認められ，平和が辛うじて守られた。ダラディエは帰国した空港で歓迎されたことに驚き，ブルムはこれを「卑怯な安堵」と形容した（Prost 2013：39）。いずれにせよ，事態が先延ばしにされただけである，というのが国民の実感であり，いわば「奇妙な戦争」に先立つ「奇妙な平和」であった。ちなみにフランスは，12月6日にはドイツと単独で協定を結んでいるが，これはドイツの東欧におけるフリーハンドを認めたともとられかねない内容を含んでおり，フランスの対独宥和政策は，この時点で頂点を極めていた。実際，フランス外務省の準広報を自認し，占領下では対独協力を唱えることになるジャン・リュシェール率いる『ノートル・タン』誌は，この協定の実現に，「われわれの努力が実現」と胸を張っている（剣持 1997：241）。

1939年3月にはヒトラーは，このミュンヘン協定すら破ってチェコスロヴァキア全土に進駐する。ことここに及んで，ようやく英仏は戦争を確信して，対独強硬路線に転換する。フランスはソ連と軍事協定の交渉を始めているが，ソ連は英仏の対独宥和路線への不信から，ドイツの侵略を恐れて，ヒトラーと不可侵条約を結ぶことを選んでいる。ポーランドの命運はここで決定する。9月1日にヒトラーはポーランドに侵攻し，まもなくスターリンがこれに続くことになる。

フランスは，9月3日に，イギリスとともに，ポーランドと1921年に結んでいた協定の規定に基づいて，ドイツに宣戦布告をしている。しかし，この宣戦布告のあと，フランス軍もイギリス軍も，軍事行動は一切起こさなかった。むしろフランスが敵対したのはソ連に対してであった。ソ連に攻撃されたフィンランドを支援する世論に押されて，政府が共産党を非合法化し，同党の議員を逮捕し，党員を強制収容所にいれるまでに至っている。ちなみに，この収監された共産党員を，1941年に独ソ戦が開始された後は，ドイツ軍が人質として確保することになる。

フランスは，第一次世界大戦での過酷な塹壕戦を教訓に，1930年代に，ドイツとの国境に堅牢な要塞線を築いていた（図14-1）。発案者の名前をとってマジノ線と呼ばれたそれは，15キロメートル間隔で108の要塞が設置され，要塞の間の

連絡通路には地下鉄道が通っており，各要塞は厚さ3メートル以上のコンクリートで防御され，地下数十メートルまで，何層にも区分けされていて，中には病院や会議室，最下層には発電設備や，火薬庫などが設置されるなど，最新鋭の建築技術が駆使されていた。さらに映画館やホールのような娯楽施設も装備されていた。

「奇妙な戦争」を象徴する映像が，占領期を描いたドキュメンタ

図14-1 マジノ線の内部（電車の線路）
出典：http://www.flickr.com/photos/matthiashn/4737546205/in/photostream/

リー映画『悲しみと哀れみ』の冒頭に登場する。このマジノ線要塞内のコンサートホールでの，兵士たちを前にした，シャンソン歌手，モーリス・シュヴァリエのショーである。つまり，マジノ戦は動員兵士たちの快適な戦場勤務を支えていたが，実際の戦闘には使用されなかった。開戦後，独仏国境の両側では，マジノ線と，ドイツ側の要塞線，ジークフリート線が対峙し，まったく戦闘行為はなかったのである（Ophüls 1972）。

開戦はしたものの，フランス国内のドイツに対する世論は左右それぞれに，主戦論と妥協派で割れていた。フィンランドを救うこともできなかったダラディエ政府は倒され，1940年3月，後継は，右翼ではあるものの，主戦派であったポール・レノーが組閣し，ダラディエも陸軍相にとどめて挙国一致を目指す。しかし，レノー政府は，ノルウェーを支援する作戦も失敗し，5月9日に総辞職する。ドイツ軍の西部戦線への総攻撃が始まったのは，その翌日のことである。

2 ヴィシー体制の対独協力

1940年5月10日，ドイツ軍はベルギーの中立を侵犯して攻撃を開始する。独仏国境のマジノ線は迂回され，戦車の進軍が困難とフランスが考えていたアルデンヌの森を通った進軍である。マジノ線は，ベルギー，ルクセンブルクの国境に延長する計画がないわけではなかったが，中立国への配慮と資金不足で，開戦時には構築されていなかった。

ドイツ軍がダンケルクに向けて急襲したために，英仏そしてベルギー軍は退路

を断たれて包囲されたが，一部は奇跡的に海から脱出，撤退している。戦線はいったんソンム川で立て直されるが，6月7日にはふたたび突破され，フランス政府はパリを離れる決定をする。パリから南に向かう道路は避難民であふれる。映画『禁じられた遊び』の冒頭シーンに描かれる，住民の集団避難，潰走である。

　情報は混乱し，6月10日に政府がパリを離れるやいなや，「パリでソヴィエトが樹立された」という噂が流れている。この噂の背景にあった社会不安こそが，混乱の中での秩序再建をひとりの人物に託すことになった。すでに1930年代から「われわれに必要なのはペタンだ」と待望されて来た，ヴェルダンの英雄である（パクストン 2004：36-37）。

　パリから，ロワール川のカンジェ，そしてボルドーと疎開した政府の中では，徹底抗戦派は少数派になり，5月のレノーの再度組閣で副首相として入閣していたペタン元帥ら休戦派が多数派であった。6月16日の夜，レノーは辞任し，第三共和政最後の内閣となる政府をペタンが指揮することになった。ペタンはさっそく休戦をドイツ側に打診し，休戦条件が示された段階で早くも全国民向けの演説を行っている。「……こころが締めつけられるが言わなければならない。戦闘をやめなければならない。今夜，敵に対して，私と兵士同士で，戦いの後名誉のなかで，戦闘を終結させる方法を求める用意があるかどうか，打診した」。

　首相就任と休戦を同時に国民に告知したこの演説は，日本における1945年8月15日の玉音放送と同様の響きがあったが，両者の違いは，玉音放送が，ポツダム宣言の受託を連合国に通知した後に行われたのに対して，ペタンの演説が，休戦の発効（25日）どころか，調印（22日）のはるか以前に発せられたフライングであったということである。

　しかし，当時そのタイム・ラグを問題にする者は誰もいなかった。混乱を収拾する救世主とみなされたペタンは，温泉町ヴィシーに招集された上下両院議員の投票で，全権を委任される。7月10日に，憲法改正を定めた条文一条の憲法的法律が賛成569，反対80，棄権20の圧倒的多数で可決されたのである。

　翌11日には，この憲法的法律に基づいてペタンみずからが国家主席になり，共和国大統領を廃止するという，事実上共和国停止の宣言をすることになる。女性名詞のフランス共和国（レプュブリック・フランセーズ）は，男性名詞のフランス国（エタ・フランセ）になり，自由，平等，友愛は，権威主義的な標語，労働，家族，祖国にとって代わられている。このいわゆるヴィシー政権がとった政策は，対外的には対独協力，国内的には国民革命と呼ばれるものであった。

　6月22日に調印された休戦条約は，第一次世界大戦の休戦調印でも使用された

客車が同じ場所、コンピエーニュに引き出されてふたたび使用された（図14-2）。文字通り、ドイツ側の意趣返しであったが、休戦協定の内容も厳しいものであった。国土の6割はドイツ軍の占領下に置かれ（図14-3）150万の捕虜は帰還できず、1日あたり4億フランという占領費を負担し、アルザス・ロレーヌは併合されてしまった。植民地帝国と艦隊がフランスの手に残されたが、これらはフランス側の切り札というよりも、反ヴィシー派との争いの種になっただけである。艦隊については、交戦中のイギリスから引き渡しを迫られ、フランス側が拒絶したことで英仏断交に至っている。植民地については、徐々に反ヴィシー派、自由フランス陣営に転じて行き、最後までヴィシー派にとどまったのは、日本軍の駐留を受認したインドシナだけとなった。

図14-2　コンピエーニュの客車を前にした、ヒトラーとゲーリング
出典：Wikipédia, File: Bundesarchiv Bild 183-M1112-500, Waffenstillstand von Compiègne, Hitler, Göring.jpg

図14-3　休戦協定後のフランス
出典：谷川稔、渡辺和行編『近代フランスの歴史』ミネルヴァ書房、2006年、196頁。

このように厳しい状況であったが、1940年夏から秋には、ドイツの勝利ないしはドイツの優勢下での戦争終結という可能性を広く信じられる情勢があり、それが、対独協力という、独特の政策、態度をフランスにもたらしている。対独協力には、大別して政治（外交）、経済、軍事、思想そして行政の5つの側面があった。

このうち、一般にコラボという蔑称で呼ばれることになった、思想的対独協力は、作家ロベール・ブラジヤックが戦後死刑になったことは目立ってはいるが、

ドイツ側にとって大きな意味があったわけではない。軍事的対独協力も，植民地基地の提供に踏み込んだ1941年のパリ議定書が象徴的な取り決めであったが，その直後に独ソ戦が始まったことで，実効性がなくなってしまった。それこそ，独ソ戦に義勇軍として参加した個別のケースがあるだけで，これもドイツ側にとって大きな意味はなかった。

対独協力の中で，実質的な意味があったのは，政治，経済そして行政の3つである。もちろん，「協力」という言葉から想像される対等の協力関係ではもとよりない。「時計をよこせ，そうすれば時間を教えてやろう」。これは，前述のドキュメンタリー『悲しみと哀れみ』の中に登場する，オーベルニュ地方の住民が冗談まじりに語った定義である（Ophüls 1972）。対独協力の実態をまことに的確に表現している。それは，ドイツの一方的な優位な力関係の中で，ほんのわずかな譲歩，それも本来フランス側が持って当然の権利の一部が認められたに過ぎない。

しかしながら，1940年当時のフランス人の視点からみると，これとは異なる見通しがあったことも事実である。つまり，前述のような情勢の下では，対独協力には合理性があるという考えが生じる余地は十分にあった。まず，政治（外交）については，象徴的なのが，1940年10月のペタンの演説「私はこれから対独協力の道に入る」である。この演説に先立って，ヒトラーとの頂上会談（モントワール会談）が実現したのであるが，この外交的対独協力については，戦後ペタン擁護か糾弾かで様々に解釈されて来たが，1960年代末から70年代はじめに出されたイェッケル，パクストンといういずれも外国人研究者の研究によって決着がつけられている。つまり，ヴィシーには，ドイツ優勢下で締結されるであろう講和条約の交渉において，優位な地位を占めようという計算があった。具体的にはアメリカと連携して，フランスがドイツに近い立場での中立，アメリカがイギリスに近い立場での中立という構図が描かれていた。実際，アメリカ政府は，ヴィシーに特命全権大使リーヒ提督を派遣し，ヴィシーとの関係を重視していたのである（パクストン 2004）。もちろん，モントワール会談後の経過は，ヴィシー側のこの思惑が，幻想として崩れていく過程でもあった。1940年11月には，ロレーヌ地方からの避難民の帰還がドイツ側に拒否され，ドイツ側の領土的野心を早くも思い知らされ，1年後の1941年12月に，日本の真珠湾攻撃によって，アメリカが参戦することで，外交的思惑は最終的に崩れ去ってしまう。

結果から見れば幻想だった政治的協力に比べると，経済的協力には実質が伴っていた。ただ，協力が，強制によるやむを得ないものだったのか，あるいは自発的な利敵行為であったのかという区別は，一見するだけではわかりにくく，戦後

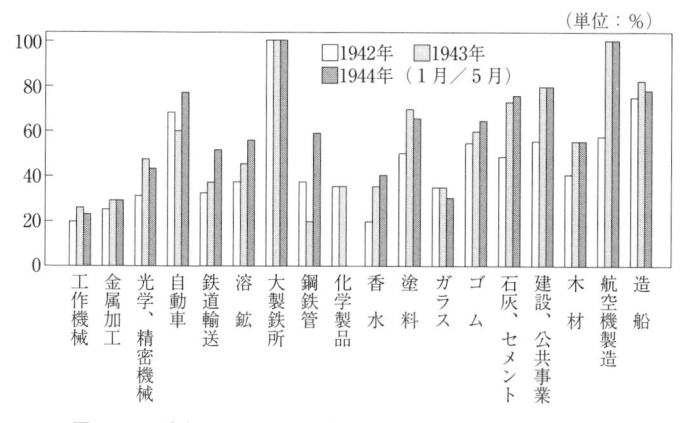

図14-4 占領下フランスの業界別ドイツ向け稼働比率の推移
出典：剣持（1992：55）。

の評価も分かれている。これは戦後の粛清が、思想的協力や政治的協力については当事者が明確であったために厳しく処罰されたのに対して、経済的協力については、ルノーの国営化だけが見せしめ的に目立つものの、大半の企業は、戦後復興が優先されたこともあって、曖昧なまま責任が不問に付されたという違いにも表れている。

経済的協力がドイツ側に実利があった典型的な例として、航空機生産協力の問題がある。休戦協定の規定で製造が禁止された航空機の生産を復活したいという、フランス航空機産業の死活的要請から始まったドイツ側との交渉は、1941年7月に調印された仏独共同生産協定に結実し、フランス側は1対2の比率で自国向けにも航空機生産ができることになった。結果的には、1942年11月の連合軍の北アフリカ上陸に対応したドイツによる全土占領以後はフランス向け生産がストップして、ドイツ向けのみに生産するようになったこともあり、1943年以後は100％ドイツ向けにフランスの工場は生産することになった。そして注目すべきは、この過程でフランスの工場は、当初はフランス型の航空機を生産するのが中心だったのが、後半にはドイツ型の航空機をライセンス生産するようになっていったことである。1944年前半の時点で、フランスはドイツの輸送機の49％、ユンカース52型機の41％を生産していた（剣持 1992：66）。

経済史家アラン・ミルワードは、対独経済協力とは、ドイツの戦争経済にフランスを最大限に貢献させるためのシステムであった、と指摘している（Milward 1970：72）。これは、占領期前半にドイツが電撃戦経済体制で、占領地域の経済を

完全支配していない時期に，フランス側があえて経済協力に踏み込んで，航空機産業に典型的にみられるような，工場設備のドイツ型製造への転換に踏みこんだことで，占領期後半に，ドイツが総力戦体制のもと，占領地を完全に搾取する方向性に至った段階で，もっとも効率的に協力できる体制ができあがってしまったということである（図14-4）。もちろん，経済協力については，すべてが自発性で説明できる訳ではなく，強制性の側面は否定しがたいが，自発的協力の出発点から，最後は強制的搾取に至ったという事実は「経済的協力」の意味を考える上では無視できない。

3　国民革命——モーラス主義から反ユダヤ政策へ

　ヴィシーの国民革命の思想的起源は，フランス革命以来の反革命思想に遡る。もちろん，反革命，つまり王政復古の現実的可能性は19世紀末に消滅しているが，思想としての反革命は，20世紀初頭に，反ドレフュス派の一グループであったアクシオン・フランセーズの総帥，シャルル・モーラスによって新たな息吹を与えられている。彼の主著『君主制についてのアンケート』には，国民革命の原型が開陳されている。モーラスによれば，「共和国」政体の無能さは，内政，外政双方で明白であった。対外的には，共和国の「民主」的なシビリアン・コントロールで戦争を準備，遂行することができず，国内的には，無知な大衆の「普通選挙」によって金権政治が必然であり，そこには容易に外国資本の影響力が行使されてしまう。モーラスは，教会と軍，家族と農民に支えられ，職能組織代表によって構成された一種の身分制議会を諮問機関とした君主制を理想としていたが，ここで言う「君主」とは必ずしも，ブルボンやオルレアンの血統を意味していた訳ではなく，文字通りの単一の支配者であり，その意味でもペタンは，条件を満たしていた（剣持 1994）。

　1940年の時点で，第三共和政はすでに70年を経過していたとはいえ，それまでの19世紀には大革命以来何度も体制変更を経験してきた。そもそも第三共和政自体，第二帝政が対独敗戦で崩壊し，パリ・コミューンという民衆蜂起を挟みつつ，成立している。ただ，この時は，対独敗戦以外，第二帝政が崩壊する理由に乏しかったが，1940年の時点では，すでに両大戦間期，特に1930年代に鬱積していた体制に対する不満が千載一遇の状況を捉えて一気に吹き出してきた，という状況であった。ペタンの授権法が可決されたとき，シャルル・モーラスが発した「神聖な驚き」という言葉は，これ以上ふさわしい状況で述べられることはないほど

であったのである（パクストン 2004：148）。

　共和国は廃止され，議会も解散した。議会にかわって設立された「国民評議会」は，体制のもっとも復古的な，モーラス主義的な側面を代表していると言っていいだろう。国民評議会は，「君主」ペタンの諮問機関として設置された，いわば現代版の身分制議会であった。ペタンによって任命された213人の議員の内訳は，77人の旧議員以外は，すべてモーラスのイメージした職能別代表であった。職能別代表は，農業部門32人，工業部門38人で，残りの66人が知的エリート部門であり，アンリ・マシスに代表される，いわゆるヴィシー派知識人が席を占めた。この知的エリートという枠が存在することについては，エルネスト・ルナンのエリート論の反映であるという指摘もある。国民評議会はあくまで諮問機関であって，「政治的」な機関になることは是が非でも避けなければならなかったため，議員の集会は，全体会ではなく，専門部会ごとにしか開催されず，審議の経過も公表されることはなかった。議員の着席位置も，政治的なグループ形成を嫌って，アルファベット順という念の入れようであった。

　「労働，家族，祖国」の中でも，ペタンみずから「国家や個人より優越する」と説いた家族の権利の尊重は，モーラス主義そのものでもあるが，家族保護政策自体は，出生率向上を目指した第三共和政末期の「家族法」の延長線上にあった。1939年7月29日の法を改良する形で，1941年には出生手当受給資格が第1子にまで繰り上げられ，各種手当の支給条件が撤廃されている。ただし飴だけでなく鞭もあった。堕胎は厳罰に処せられ，特に堕胎幇助者は死刑の対象にもなったことは，映画『主婦マリーがしたこと』で描かれている。

　他方，第三共和政の政策と完全な断絶が，政教分離の放棄，具体的には公教育の中立性の否定であり，宗教教育の復活であった。「（エミール・）コンブの専制」を諸悪の根源として，「ミサでは良いことしか学ばない」というペタンの言葉は象徴的であった。

　社会経済政策に目を転じてみよう。ヴィシーにおいては，産業の「コルポラティスム的再編成」がスローガンであったが，実際に適用されたのは農業分野だけであった。これは農民を国の基本にすえたモーラスの思想に合致していたこともあるが，多分に現実的要請に基づくものでもあった。つまり国土の半分以上が占領下に置かれ，主要な産業地帯が占領下にあり，失業者が溢れているなかでは，帰農政策が実際的な意味を持ったのである。かくして1940年12月に創設された，農業コルポラシオンは，モーラスの『君主制アンケート』の寄稿者の理想をかなえることになった。その後次第に厳しくなる食料事情を乗り切る要請から，当初

のコルポラティスムの理想に比べると集権的な構造にはなっていくが，それでも，この組織は「解放」後も生き残っている。

　少なくとも建前上はコルポラティスムを貫徹できた農業に比べると，その他の産業部門は最初からエタティスムやサンディカリスムと競合していた。確かに，産業界のコルポラティスム的再編成を掲げた経済組織委員会が1940年8月に結成されたが，実態は，経済界の国家への従属を促進するエタティスムそのものであった。ちなみに，階級闘争の否定は，モーラス主義の中核であり，その意味でも労使協調をうたった，1941年10月に制定された労働憲章は，その真骨頂であるはずだった。しかし，これも実態は労働組合を解散して，労働者の権利を奪う一方で，労使の代表を集めた企業社会委員会は，工場や鉱山労働者の食料供給活動に一部で役立ったに過ぎなかった（剣持1994）。

　ところで，モーラス派ナショナリズムに起源を持つ国民革命と，対独協力政策の間には，一見して矛盾がある。確かに，モーラス自身は対独協力主義を採らず，解放後の裁判で対独協力罪を着せられたのは，「ドレフュスの復讐」と彼が嘆く以上に，身に覚えがないことであったかもしれない。しかしながら，実際の政策面で，このふたつが見事に整合性があった分野がある。反ユダヤ政策である。

　反ユダヤ主義にかかわる対独協力は，行政的対独協力に分類するのが適当であろう。本来，行政上の「協力」は，ハーグ陸戦条約の中に規定された，占領者に対する，被占領者の協力という範疇に属するが，これはあくまで通常の行政の円滑な運営のための規定である。しかし，フランス行政当局のユダヤ人移送（デポルタシオン）への関与，つまり人道に対する罪への加担が明らかになった1980年代以降，行政的協力にも注目が集まっている。

　国民革命としてのユダヤ人迫害としては，ヴィシー政権が独自に，モーラスのスローガン，そして最近では極右国民戦線のスローガンにも使われている「フランスをフランス人に」を実行している。まず1940年7月22日の法によって，1927年にまで遡ってフランス国籍取得の当否が再検討され，8月27日には，反ユダヤ主義中傷を罰する1939年4月21日の法が廃止されている。そして10月には一連の法律でユダヤ人差別が本格化する。10月3日の法律で，ユダヤ人は公職とジャーナリズムに就くことができなくなり，10月4日の法は知事に外国籍ユダヤ人の収監や居住地指定の権限を与え，10月7日には，アルジェリア在住ユダヤ人にフランス国籍を与えていたクレミュ法が取り消されている。

　特筆すべきは，これら一連の反ユダヤ立法にはドイツ側の介入の形跡は一切ない，文字通りヴィシーのオリジナルであったということである。したがって，差

第14章　第二次世界大戦下のフランス

図14-5　シュトリュトホフ収容所のガス室（左）と収容者が描いた絵（右）
出典：筆者撮影（左），Beaupré（2012：929）。

別対象のユダヤ人の選定についてナチのそれとの差異があったとしても，これをナチに比べた寛容性というよりも，フランス独自の反ユダヤ主義の証左とみるべきであろう。フランス国籍を取得して長い年月が経っているユダヤ人家族や，退役軍人を反ユダヤ法の対象の例外にするのは，ヴィシーの論理からすれば自然の流れであった。確かに，1940年10月3日法のユダヤ人規定だけは，本人の宗教ではなく，祖父母のうち3人がユダヤ人であること，と定めているのは人種主義的規定であったが，全体としてはパクストンが指摘するように，カトリック的で国民的（同化志向の）反ユダヤ主義であったといえる（パクストン 2004：178-179）。他方，ヴィシーの主権が及ばない，ドイツ占領地区の方では，別個の反ユダヤ政策が進行していた。ユダヤ人の資産を略奪して，非ユダヤ人に売却するという，アーリア化である。これにはフランス側は，アーリア化の阻止ではなく，管財人をフランス人にすることに全力を注いでいる。1995年のシラク大統領の謝罪の後に設立された，ユダヤ人資産略奪調査のための委員会，通称マテオッリ委員会が調査したところでは，結果的にフランス側の抵抗はかなりの程度功を奏して，ドイツ側の手に渡る資産を最小限にとどめたということがわかっている。しかしながら，これは，ユダヤ人迫害からユダヤ人を守ったということではなく，ユダヤ人迫害における主導権を確保しようとしたに過ぎない（マルゲラズ 2004）。

　さらにヴィシー政府は，1941年3月には占領地域内にも権限を行使できる，ユダヤ人問題を統括する役所を創設し，モーラス主義者で名高いグザヴィエ・ヴァラを初代所長に任命している。ヴィシー側のこの主権へのこだわりは，結果的にはやぶへびであった。当初は，フランス側の反ユダヤ姿勢に無関心ですらあったドイツ側が，1941年後半からは，この分野でも直接影響力を行使する方向に政策を転換している。そして，1942年春にはヴァラがナショナリスト過ぎるとしてド

237

イツ側から排斥され，代わって正真正銘の人種差別主義者，ダルキエ・ド=ペルポワがユダヤ人問題の責任者になっている。そして，1942年1月のヴァンゼー会議で決定された「最終解決」の路線にヴィシーは従うことになる。占領地域内の収容所から，外国籍ユダヤ人を載せた最初の貨車が発ったのは1942年3月で，6月にはヒムラーが西ヨーロッパからアウシュヴィッツなどの絶滅収容所に移送するユダヤ人の数を決定している。フランスからは10万人が割り当てられ，結果的にフランスから送られたのは7万5,000人あまりであったが，特に悪名高いのが，7月16日のパリでの一斉検挙で，フランス警察が捕らえた1万3,000人は，いったん冬季競輪場(ヴェルディヴ)に収容され，ドランシー等の一時収容所を経由してアウシュヴィッツに送られている。なお，フランス国内にも絶滅収容所の機能を持たされた収容所が存在していた。アルザスのナッツヴァイラーにあったシュトリュトホフ収容所はガス室も備えていた（図14-5）。

4　レジスタンスの展開

　……そうです。占領軍の狂気の犯罪にフランス人が，フランス国が手を貸したのです。……啓蒙思想と人権の国，人々を受け入れ保護して来た国フランスが，その日償いようがない罪を犯しました……。

　1995年7月16日に，ヴェルディヴ跡でシラク大統領がおこなった演説は，フランス自身がユダヤ人迫害に手を染めたことを初めて公式に認めた歴史的意義が認められている（図14-6）。しかし，じつはこの演説の中身をよく読んでみると，その内容の後半は，ユダヤ人を命がけで救ったフランス人の賞賛にあてられている。レジスタンス神話を最終的に葬ったと対外的な印象をあたえている演説は，じつは国内的には，レジスタンスへの配慮を示すものであった。

　……しかし，公正かつ高潔にして，その伝統と精神に忠実なフランスの姿があったことも事実でした。……それはリビアの砂漠に，自由フランスが戦ったところに，そしてドゴール将軍に体現される形でロンドンにありました。そのようなフランスは，フランス人の心の中にも，「諸国民のなかの正義の人々」の中にもありました。……かれらはフランスに住むユダヤ人の4分の3を救うことで，フランスがもっている最良のものを体現したのです。……（ガイス，カントレック 2008：41）。

文字通り読めば、レジスタンスのおかげで多くのユダヤ人が救われた、ということになるが、これは事実とはかなり異なる。少数の「正義の人」が永遠に記憶されるに相応しい行動をしたことは確かであるが、それは、1960年代に全盛を誇ったレジスタンス神話で語られたような意味ではない。

図14-6　セーヌ河畔近くのヴェルディヴ祈念碑
出典：筆者撮影。

事実として残るのは、1940年6月18日に最初に抵抗を呼びかけたのはドゴール将軍であり、1944年夏に彼がパリに入城した時には、パリ市民は歓呼で彼を迎えたという2点である。その間の4年間、フランス人の多数が（少なくとも心の中では）抵抗していた、というのは神話であった。実際、パリ市民はドゴールが入城する数カ月前にはペタンの行幸にも歓呼で迎えていた。1944年6月のノルマンディー上陸作戦も、ドゴールはほぼ何も知らされずに、連合軍が準備を進めていたというのが真相である。

また、レジスタンスも一枚岩ではなかった。フランス国内で最大勢力を持つことになる共産党系レジスタンスが始まるのは、1941年夏の独ソ戦開始を待たなければならなかったし、ドゴールの自由フランスがレジスタンスの主導権を握るのは、ジャン・ムーランの奔走で1943年春に抵抗勢力の統一が実現してからのことであった。

1940年6月、ペタンがポール・レノーから首相を引き継いだ際に、レノーによって陸軍次官に任命されていたドゴール将軍はロンドンに渡り、ペタンが休戦をラジオで国民に伝えた2日後に、BBCを通じて戦闘の継続を訴えている。ドゴールが結成した自由フランスは、ポーランド亡命政府のようにイギリスによって公式に認知されてはいなかったが、8月末の仏領赤道アフリカを皮切りに植民地が次第に彼の呼びかけに応じている。フランス国内の抵抗運動が組織的な展開をみせるのは1941年6月の独ソ戦開始後の共産党の活動以後であるが、1940年11月の休戦記念日の学生デモのような散発的な動きは存在した（ミュラシオル 2008：14）。

抵抗組織が結成されるのは、非占領地域より、占領地域の方が早かったが、そんな中では共産党系の国民戦線は、比較的早くから両地域に根づいていた。それ

図14-7　ジャン・ムーラン
出典：jean.moulin.mes-biographie.com

以外の組織で，両地域にまたがるものはまれであった。高級官僚が参加していた軍民統一戦線（OCM）は北部占領地域に限定されていた。フルネーやキリスト教民主主義者が結成したコンバや「義勇兵（フランティルール）」は南部で主に活動していた。社会党（SFIO）系の「解放」は，南部と北部で個別の活動をしていた。

　これらの組織を統一し，かつ自分の指揮下に置こうとしたドゴールの企ては，軍人ドゴールの権威主義的性格が警戒されたこともあって，難航した。ところが，1942年11月の連合軍北アフリカ上陸に際してのアメリカ軍のジロー将軍への肩入れが，逆にドゴールへの左翼の支持を集める結果となった。つまり，ジロー将軍に代表される，ペタンへの忠誠を維持したままの，いわばヴィシー派レジスタンスに対する不信感が，ドゴールへの期待を高めることになったのである。そして，ジャン・ムーランの奔走で，国内レジスタンスを糾合して，1943年5月27日に成立したレジスタンス全国評議会（CNR）は，ドゴールをフランス・レジスタンスの唯一の指導者であると認めるに至っている。ちなみにジャン・ムーランは，この1カ月後に密告によってゲシュタポに捕らえられ，拷問の末亡くなっている（図14-7）。ジロー将軍の方は，1943年3月になってヴィシーと決別し，6月に設立された国民解放委員会の共同議長にドゴールとともにおさまるが，ドゴールとの権力闘争に敗れ，11月には議長を，翌年4月には軍司令官の地位も解任されている。

　1943年末になると，STO（強制労働徴用）忌避者も加わったマキと呼ばれるゲリラ組織が勢力を増して，ドイツ軍と対独協力者の軍事組織に対する戦闘行動が各地で行われる。1944年2月には武装レジスタンス組織の統合を目指したフランス国内軍が創設されている。

　東部戦線では，1942年から43年にかけてのスターリングラードの死闘を転機に形勢が逆転していたが，1944年になってもまだソ連軍はドイツ軍を自国領から完全に追い出してはいなかった。イタリア半島を北上する英米連合軍も，ナポリとローマの間のモンテ・カシノで足踏みしていた。新たな戦線を開く必要性が高まるなか，ようやく英米連合軍は，6月6日にノルマンディー上陸作戦を敢行する。作戦は成功するものの，ドイツ軍の抵抗も激しく，上陸地点に橋頭堡を築いてから内陸への進攻を開始するにはひと月を要している。この時フランス各地からノ

ルマンディー防衛の増援に駆けつけたドイツ軍部隊のひとつが，移動中にレジスタンスを匿っているとの理由でひとつの村，オラドゥールを全滅させるという悲劇が起きている（図14-8）。オラドゥールを襲撃した部隊の中にはアルザス出身兵，いわゆる「マルグレ・ヌ（心ならずも）」といわれる兵士がおり，戦後の戦犯裁判では，当該兵士たちには恩赦が適用されることになるが，その後ながくフランス国内の地域間のしこりを残すことになる。

図14-8　オラドゥールの廃墟
廃墟はそのまま保存され，村は近くに再建されている。
出典：筆者撮影。

　8月19日にパリのレジスタンスが蜂起し，当初パリを迂回するつもりだった連合軍が自由フランスのルクレール将軍の入城をみとめ，ドイツ軍も司令官コルティッツ将軍が，「パリを西部戦線のスターリングラードに」というヒトラーの徹底抗戦指令に従わずに降伏し，25日にパリは解放される。ちなみにルーズヴェルトに徹底して嫌われたドゴールは，上陸作戦を知らされたのが2日前であり，上陸後，パリ解放に至る道程で，住民の熱狂的歓迎を受けたことで，はじめてアメリカも抵抗者としてのドゴールの正統性を認めざるを得なくなった。

5　占領期のフランス

　解放には，対独協力者の粛清が伴っていたが，初期には男性に対するリンチ，女性に対する丸刈りのような行為も頻発した。これについては，（裁判を経ずに）処刑された者（おもに男性）9,000人，丸刈りにされた女性2万人という数字がある（Beaupré 2012：980）。ちなみに，近年明らかになったところでは，ノルマンディー上陸作戦に参加したアメリカ兵の行動の問題もある。解放者を熱烈歓迎するイメージの背後で，女性に対する暴行が頻発したという記録が明らかにされている。戦争と女性に対する暴力の問題はホットなテーマであるが，いかなる国においても免れない課題が現代も残されているのである（ロバーツ 2015）。
　1944年8月25日，パリ市庁舎に迎えられたドゴールが，共和国成立の宣言をすることを促されるが，彼はそれを拒否する。「共和国は決して存在をやめたこと

はありません」。ここに，ヴィシーの正統性を否定し，（共和国の存続を担保して来た）レジスタンスのみがフランスを代表するという，レジスタンス神話が始まることになる。

　レジスタンス神話が崩壊してからすでに40年が経とうとしている現在，あらためて通史をまとめたオリヴィエ・ヴィヴィオルカは，レジスタンスがフランスの解放にどれだけ貢献したのか，という問いに対して，連合軍にとって，レジスタンスが情報活動において有用だった事実はあるにせよ，軍事的には貢献はほとんどなかった，と結論づけている。ただ，レジスタンスが遺したものは何か，という問いには，個々の勇敢な行動をした人々の記憶だけは，永遠にフランス人の中に刻まれると付け加えている（Wieviorka 2013：498）。これは，例えば，2007年新学期に当時のサルコジ大統領が，全ての学校で，ひとりの少年の遺書を朗読することを命じたことに象徴される，レジスタンスの記憶の政治利用は，政治的党派を超越しているという状況からも容易に理解できる。

　さて，ヴィシー政権の展開についても振り返っておこう。1940年10月のペタン・モントワール会談で対独協力政策を公式表明したペタンであるが，政権内で対独協力を推進していたラヴァル外相は，同年12月にいったん失脚（1942年に復権）している。しかしこの政変が政策変更を意味していないのは，ラヴァルに代わって政権の実力者になったダルラン提督が，今度は軍事的対独協力を推進していることから明らかである。ただ，その軍事的対独協力の結実としての1941年5月のパリ議定書，これは植民地の基地をドイツに提供するというところまで踏み込んだものであったが，これが翌月の独ソ戦の開始によって（ドイツ軍の関心がアフリカではなく，東部戦線に集中したことで）有名無実化してしまう。さらには，同年12月のアメリカの参戦で，前述のようなヴィシー政権の「中立」の価値が大きく損なわれ，さらには翌1942年の11月の連合軍の北アフリカ上陸作戦に対応した，南部非占領地域へのドイツ軍の進駐，つまりフランス全土が占領下に置かれるという事態に至り，政権の主権は大きく損なわれることになった。この頃になると，ヴィシー政権内部の主導権は，国民革命の実現を目指したモーラス派にかわって，徹底した対独協力主義派に移り，ナチスのゲシュタポのフランス版組織ミリスが創設されて，レジスタンスに対する弾圧に従事するようになっている。

　そして，1944年6月の連合軍ノルマンディー上陸以後は，それまで政権維持に固執していたペタンはもちろんラヴァルも職務続行を拒否するが，ドイツ軍に南ドイツのホーエンツォレルン家の古城ジグマリンゲンに連行されている。そこでは，一部の対独協力主義者たちによる，文字通りの傀儡政権が1945年4月まで存

続する。その模様は，一行のひとりの対独協力作家，ルイ＝フェルディナン・セリーヌの『城から城』に描かれている。

　最後に，占領期のフランスの普通のフランス人の姿をどう表象するのか，という点にも触れておきたい。解放後25年ほどフランスで支配的であったレジスタンス神話の風潮の中にあっても，さすがに当時の一般のフランス人が実際の抵抗行動に手を染めていたわけではない，ということは了解されていた。少数の（思想的，行動的）対独協力者と少数の抵抗者を除く圧倒的多数の一般のフランス人を表現する言葉として，当時用いられていたのは，「沈黙」という表象であった。これはヴェルコールの『海の沈黙』の登場人物のドイツ人士官に対するフランス人の姿勢が象徴的であるが，「行動には出なかったけれども心の中では抵抗していた」という，限りなくレジスタンス寄りの表象といえる。それに対して，近年注目される表現が，1990年代にスイス人の歴史家フィリップ・ビュランが提唱した「適応」という表象である（Burrin 1995）。こちらは，「沈黙」に比べると対独協力に近いニュアンスがこめられつつも，もはや否定的なニュアンスも含まれていないという点が注目される。レジスタンス神話崩壊後，過度に「対独協力」やユダヤ人迫害加担が強調された時期を経過した上での，ある意味善悪を超越した，中立的な占領期イメージへの変化は映画の中でも見て取れる。2002年に公開された映画『レセ・パセ』（ベルトラン・タヴェルニエ）では，占領期の映画界でのフランス人の適応が描かれているが，そこではもはや対独協力を糾弾するという描き方ではない。これは，1980年に公開されたフランソワ・トリュフォーの名作『終電車』で描かれた占領下の演劇人の姿，そこではまぎれもない沈黙，抵抗が描かれていたのとは対照的である。

参考文献

ガイス，ペーター，ギヨーム・ル・カントレック（2008）『ドイツ・フランス共通歴史教科書【現代史】1945年以後のヨーロッパと世界』（福井憲彦・近藤孝弘監訳）明石書店。

剣持久木（1992）「占領下フランスにおける対独経済協力——航空機生産共同計画をめぐって」『西洋史学』166号。

剣持久木（1994）「占領期フランスにおける保守派知識人——ヴィシー派知識人と国民革命をめぐって」『史学雑誌』103編6号。

パクストン，ロバート・O（2004）『ヴィシー時代のフランス』（渡辺和行・剣持久木訳）柏書房。

マルゲラズ，ミッシェル（2004）『20世紀フランス資本主義論——国家・経済・社会』

（廣田功・権上康男訳）日本経済評論社。
ミュラシオル，J.=F.（2008）『フランス・レジスタンス史』（福本直之訳）白水社。
ロバーツ，メアリー=ルイーズ（2015）『兵士とセックス——第二次世界大戦下のフランスで米兵は何をしたのか？』（佐藤文香・西川美樹訳）明石書店。
Beaupré, Nicolas (2012) *Les Grandes Guerres 1939-1945,* Paris: Editions Belin.
Burrin, Phillipe (1995) *La France à l'heure allemande 1940-1944,* Paris: Editions Seuil.
Milward, Alain S. (1970) *The New Order and the French Economy,* Oxford: Oxford University Press.
Ophüls, Marcel (1972) "Le chagrin et la pitié", *l'Avant-Scène Cinéma,* 127/128.
Wieviorka, Olivier (2013) *Histoire de la Résistance,* Paris: Perrin.

第15章
「現代思想」の系譜

坂本尚志

1 「現代思想」ブームと20世紀フランス思想

　日本で20世紀フランス思想を語る際に，1980年代に最盛期を迎えた「現代思想」ブームを避けて通ることはできないだろう。そこで問題とされたのは，旧来のアカデミズムにおいて支配的だったマルクス主義的階級闘争の図式から脱却し，新たな思想の可能性を模索することであった（仲正 2006）。このブームは，その難解さにもかかわらず15万部を売り上げた浅田彰の『構造と力』（1983年）によってひとつの頂点へと達した。アカデミズムの枠を超え社会全体へと影響を与えた「現代思想」ブームがモデルとしたのは，人類学者クロード・レヴィ＝ストロース，批評家ロラン・バルトなどの構造主義，そしてミシェル・フーコー，ジル・ドゥルーズ，ジャック・デリダ，ジャン＝フランソワ・リオタールなどの哲学者によって代表されるポスト・モダニズムであった。これらのフランスの思想家たちは，日本のみならず世界中に影響を及ぼしていた（キュセ 2010）。
　本章では，現代思想ブーム自体ではなく，その前提となった哲学的な対立軸を出発点に20世紀フランス思想を理解することを目指す。すなわち，ブームによって日本社会に広く知られるようになった思想家たちが生まれた知的風土を理解することが本章の目的である。
　この対立軸がいかなるものであるかを，フーコーの言葉を借りて説明しておこう。19世紀以来のフランス思想は「経験，意味，主体の哲学」と「知，合理性，概念の哲学」というふたつの領域に分割されていると彼は言う（フーコー 2002: 290）。前者がジャン＝ポール・サルトルとモーリス・メルロ＝ポンティが属する潮流であるのに対し，後者に属するのは，数理哲学者ジャン・カヴァイエス，科学史家アレクサンドル・コイレ，そしてエピステモロジーと呼ばれるフランス独特の科学史・科学哲学の伝統を確立したガストン・バシュラール，ジョルジュ・カンギレムたちである。「主体の哲学」は，主体の存在，意味の生成，経験の可

能性と限界といった，主体に関する問題をその探求の目的とする。それに対して，「概念の哲学」は，数学，物理学，化学，医学といった科学的認識や，そこで機能する諸概念の性質と変容の探究を通じて，理性とは何かという問いに答えようとする。

とはいえ，主体の哲学と概念の哲学はまったく異質のふたつの陣営ではない。むしろそれらは，相互に批判しつつも参照しあう思想の運動である。「主体の哲学」は同時代の科学の成果に無関心ではなかったし，「概念の哲学」もまた，「主体の哲学」に属する思想を科学認識論の文脈で理解しようと試みていた。フーコーはフランスにおける現象学の受容にその例を見出している（フーコー 2002 : 291）。1929年に現象学の創始者フッサールがパリで行った講演「デカルト的考察」は，「主体の哲学」によっては自我と意識に関する問いとして理解され，「概念の哲学」によってはフッサールの現象学の出発点にある数学の基礎づけ問題の視点から分析された。この意味では，「主体の哲学」と「概念の哲学」は，同一の対象について異なる読解を行うふたつの思考の形態であると言える。

本章では，まず，主体の哲学と概念と哲学の対立を，戦後フランス思想のスターのひとりであるサルトルの思想と，フランス科学認識論（エピステモロジー）の系譜に見られる哲学的アプローチの差異を明らかにすることによって描き出す。次に，レヴィ＝ストロースのサルトル批判を見ることによって，「主体の哲学」への批判が，より広範な知的変動に基づいていることを確認する。最後に，「主体」と「概念」がいかにして交錯しうるかを，フーコーの思想を例として考える。

「主体」と「概念」という対立軸からフランス現代思想を眺めた時に，そこに見出されるのは，変動し続ける世界に対峙する思想家たちの努力である。「主体の哲学」が，革命の主体がいかにあるのか，いかにあるべきかを探求する一方，「概念の哲学」とその隣接領域は，主体という概念を経由せずに世界を考える方法を模索する。両者の対立は世界に対する態度の差異でもあり，この生産的な対立に日本の現代思想ブームを引き起こした原動力が存在したのである。

2 サルトルの「主体の哲学」

20世紀フランスを代表する哲学者のひとりであるサルトルは，フランスのエリート養成校のひとつである高等師範学校で哲学を学んだ。同級生にはレイモン・アロン（社会学者），カンギレム，ダニエル・ラガシュ（精神科医）たちがいた。リセの哲学教師として働くかたわら執筆・研究活動をつづけ，1938年には小説

『嘔吐』が好評を博した。また，ドイツ現象学に関心を抱き，ベルリン留学中にはフッサールの指導を受けている。研究の成果は，1943年出版の主著『存在と無』に結実する。「現象学的存在論の試み」との副題が付されたこの著書は，人間存在（実存）のあり方を，意識が自己と他者に対して持つ関係の構造を理解することによって明らかにしようと試みている。

「意識とは何か」という問いは，意識の本質を認識することによって答えられるものではないとサルトルは言う。なぜなら，認識とは意識のはたらきであり，意識の存在こそが認識を可能にしているからである。サルトルの「意識の哲学」にとっては，意識を認識するという問題は成り立たない。意識の存在は，「あらゆる可能性の源泉であり条件」であるからである（サルトル 2007：1, 41）。意識は全てに先立つ超越的存在，すなわち「絶対者」であり，あらゆる哲学的考察の出発点である（サルトル 2007：1, 43）。

意識について知るためには，まず意識の働きを知らなければならない。サルトルはフッサールの言葉を借りて言う。「あらゆる意識は，何ものかについての意識である」（サルトル2007：1, 32）。すなわち，意識それ自体には固有の内容が存在しない。意識は外部の事物への志向性を持ち，それによって意識の対象として事物を定立する。例えば，テーブルを前にして，われわれの意識はテーブルへと向かい，それを意識の対象として構成する。この過程でわれわれは自己を超越し，意識の外に存在する事物を目指すのである。

このような意識を出発点とする哲学的考察のルーツは，デカルトまでさかのぼることができる。「わたし」の存在にあらゆる認識の基礎を見出したデカルトの「われ思う，ゆえにわれあり」を，サルトルは「自分自身を捉える意識の絶対的真理」であると評価している（サルトル 1996：65）。しかし，サルトルはたんにデカルトの「われ思う（コギト）」をそのまま受け継いだのではない。デカルトのコギトが，思考する「わたし」以外の全てに懐疑の目を向けるのに対して，サルトルにおける意識，そして意識する人間は，自己が存在するために他者の存在が不可欠であることを発見する。「わたしにかんしてのある真実を握るためには，わたしは他者をとおってこなければならない」とサルトルは言う（サルトル 1996：66）。他者のまなざしによって，わたしははじめて自分の存在を確立する。羞恥の感情を例にこの他者との関係が説明される。羞恥とは自分自身の存在，自分自身がそうであるものに対して恥じる感情である。その意味では，羞恥は自己の自己による「羞恥的な」意識にほかならない。しかし，その一方で，この感情は他者がわたしのしぐさを見ていることをわたしが意識した時にはじめて生じるもの

である。なぜなら「わたしは，わたしが他者に対してあらわれているようなわたしについて恥じる」(サルトル 2007：2-19，傍点訳者)からである。他者は，意識にとって本質的な媒介者である。ここに，自己と他者との関係とはいかなるものかという問いが提起される。

　このように，サルトルの問題は，意識が存在するとはどういうことかを，他者との根源的な関わりも視野に入れつつ理解することであった。意識はその存在を出発点として，自己を意識し，作り上げていく。意識の実存に先立つ本性は存在しないがために，人間は絶対的に自由である。その意味で「人間は自由の刑に処せられている」(サルトル 1996：51)。そこから行動の倫理が導かれる。人間は自分自身でそのあり方・行動を選択しなければならない。「人間は何よりも先に，みずからかくあろうと投企したところのものになるのである」(サルトル 1996：43)。本性を持たない人間は，この選択によって自身を作り上げていくだけでなく，人類全体にとっての理想的な人間像を作るという責任も負っている。自分自身が自由に選択した行為によって，人類全体の未来を作り出すことを約束し，責任を負うこと，これがサルトルの思想の代名詞である「アンガジュマン」の意味である。アンガジュマンが特に政治参加の意味で理解されるのは，サルトル自身が1950年代以降マルクス主義に傾倒し，現在の歴史的状況の中でいかにして革命を実現するのか，という問題について積極的に発言していったためである。1960年刊行の『弁証法的理性批判』においてサルトルは，人間を単に意識する存在として考えるのではなく，その物質的側面に着目し，人間の実践を，物質的なものとの関わりとその否定という弁証法的過程によって歴史を作るものとして理解するようになる。人間は世界を意識し，そこに意味を与えるだけでなく，その世界を否定し新たな世界へと乗り越えていく政治的存在として捉えられる。また，その過程において人間は他者と関わり，集団として，歴史を作る過程へと参加していくこととなる。

　サルトルの思想は意識を出発点として，実存の意味を解明しようとする。彼はそうした実存の哲学的考察を出発点として，政治的実践の倫理をも内包する自由の理論を構築した。サルトルの実存哲学は政治的行動の指針となり，日本においても多くの若者がアンガジュマンへと駆り立てられていった。とはいえ，サルトル流の「主体の哲学」には，超越論的な意識を持ち，絶対的に自由である主体という概念の持つ限界も存在した。1960年代のサルトルにおいては，この絶対的に自由な主体は歴史という制約の中へと位置づけられ，実践は集団的なものとして理解される。しかし，個人ならびに主体は，常にそうした政治哲学の出発点・基

準点でありつづける。この「主体」の位置づけをめぐって,「主体の哲学」は相対する哲学的潮流,すなわち「概念の哲学」から批判されることとなる。

3　「概念の哲学」の系譜——エピステモロジー

　サルトルが代表する20世紀の「主体の哲学」は,意識の超越性を出発点としてアンガジュマンへと至る,政治性・活動性によって特徴づけられる。一方,「概念の哲学」は,科学の諸分野に関する哲学的考察を主要な目的とする理論的・思弁的な傾向を持ち,その成果が社会に対してインパクトを持つというよりは,アカデミズムの制度に根差している。この「地味さ」は,19世紀以降の「概念の哲学」の伝統が,純粋な哲学者というよりも,哲学的素養を持った科学者や自然科学の訓練を受けた哲学者によって担われていたことと関係があると言えるだろう。物理学者ピエール・デュエム,数学者アンリ・ポワンカレは言うまでもないが,物理学と化学の教師であったバシュラール,医学を学んだカンギレムなど,「概念の哲学」に属する哲学者たちは,それぞれの専門分野の哲学的基盤について考察することを目指した。問われたのは,超越論的意識のような形而上学的な問いではなく,科学的認識はいかなる特徴を持つか,という科学の実践が育んだ関心を基盤とした問いであった。

　「概念の哲学」の流れは,エピステモロジー（科学認識論）によって代表される。オーギュスト・コントにまでさかのぼるこの流れは,20世紀にバシュラールによってその現代的な形式が確立された（金森 2007）。そのもっとも重要な特徴は,科学史と科学哲学の融合にある。

　科学哲学は,科学的方法,理論,説明などの哲学的分析を通じて,科学的認識のモデルを構築することを目指す哲学の分野であると一般的には定義される。しかし,エピステモロジーの場合は,科学史の具体的な事例を哲学的に分析することで,認識と理性の性質を明らかにしようと試みる。哲学的思考の材料,モデルは科学によって与えられるのである。科学と哲学のこの関係を,バシュラールは「科学が哲学をつくる」と述べている（バシュラール 2002：9）。また,カンギレムも以下のように言う。「哲学とは,あらゆる外部の題材がそれにとってよいものである思索である」（カンギレム 1987：9）。「外部」の対象の選択は,哲学的思索にとっての本質的機能である。科学的認識の特徴を科学史の文脈に即して考えることで,「概念の哲学」は,理性とは何かという問いに答えようとする。

　哲学を科学に対するこのような思索として位置づけるならば,「主体の哲学」

図15-1　ガストン・バシュラール
出典：桜井哲夫（2001）『知の教科書フーコー』講談社。

の問いが「概念の哲学」にとっては副次的な意味しか持たないことが理解できるだろう。確かに、科学的認識の発展においては、例えばニュートンやアインシュタインのような偉大な科学者の貢献が不可欠である。しかし、科学的認識は、固有の理論、概念、方法を持って存在しており、科学の構造自体は、科学者は程度の差はあれ誰しも共有しているものである。科学は集団的な営みであり、各主体の意識、活動からは独立し、固有の時間性と論理性を持った認識である。「主体の哲学」の中心的問題であった主体の超越性、経験の可能性といった問いは、科学的認識の歴史的形成を対象とする限り意味のない問いである。主体の普遍的構造を探ろうとする「主体の哲学」に対して、「概念の哲学」は科学的認識の歴史的な構築に焦点を当てる。「概念の哲学」にとって、概念は主体に先立ち存在するのである。「概念の哲学」のこの特徴を、バシュラールとカンギレムの仕事を例に具体的に見ていこう。

　理性の構造を知るには、科学について考察しなければならないとバシュラールは考える。科学はその歴史において理性に関する哲学的思想を何度も反駁してきた。例えば、量子力学は、分割不可能な最小単位から分析を始めるというデカルト的発想を無効にした。同時代の科学の成果を超えて哲学は思考できない。現代の科学は理性の活動の到達点であり、そこから過去を振り返ることによって科学史は書かれる。科学史とは、現代の科学との関わりにおいて「無効の歴史」と「認可された歴史」という過去の分割の上に成り立つ歴史である（バシュラール 1951：25）。この歴史に基づいてこそ、理性の構造は理解できる。

　バシュラールは、科学は非連続的に発展すると主張する。この非連続性を彼は認識論的断絶と呼ぶ。この概念はふたつの文脈で使用される。第一の文脈は、日常的経験と科学的認識の間の断絶である。バシュラールは、「科学を純化された臆見と考え、科学的経験をありきたりな経験の続きと考える」素朴な実在論を批判し、科学的認識は日常的経験とは独立した領域を構成していると主張する（バシュラール 1974：82）。第二の文脈は、ふたつの科学理論の間で起こる断絶である。古典力学と相対性理論がその例として挙げられる。相対性理論は、古典力学によ

って説明できない事項（水星の近日点移動の問題など）を精密に修正することで誕生した理論ではない。知識の増加や分析の精密化といった連続性は両者の間には存在しない。しかし，物体の運動速度が光速よりもはるかに遅い場合には，相対性理論の近似として古典力学を導き出すことはできる。ゆえに両者は発展ではなく包摂の関係にある。「一般的な場合のうちに特殊な場合を見出す」ことはできても，「特殊なものが，一般的なものを呼びおこすことは，まず考えられない」（バシュラール 2002：76）。

科学の非連続的発展を妨げるものは認識論的障害と呼ばれる。日常的経験と科学的認識の間の，あるいはふたつの科学理論の間の認識論的断絶を妨げるこの障害は，おもにわれわれの常識的着想に由来する。例えば，19世紀において発酵という概念が生体内におけるあらゆる変化を説明するために濫用されたのは，日常的直観を科学的認識に際限なく拡大したためであった（バシュラール 2012：117-127）。無意識の領域に潜むこれらの障害を，精神分析的手法を用いて意識することによってのみ真の科学的認識は形成される。もちろん，現在の科学的認識にもこの認識論的障害は含まれているはずであるから，現代科学の成果も訂正の可能性を必然的に持つ。

図15-2　ジョルジュ・カンギレム
出典：桜井哲夫（2001）『知の教科書フーコー』講談社．

バシュラールのエピステモロジーの特色は，認識論的断絶により科学的認識が形成されるという非連続的モデルにある。とはいえ，この断絶は科学的認識の全領域にまたがるものではない。科学の各領域において，合理性は異なる存在様式を持っている。バシュラールはそれらの多様な合理性を，「領域画定された合理性」と呼ぶ（バシュラール 1989：187-213）。科学的認識のこの多数性を，主体や意識を出発点として統一的に考えることはできない。「意識の主体」は，科学を可能にする主体ではなく，むしろ素朴な日常的経験という認識論的障害の源泉でもある。科学的認識は科学者個人の仕事によって作られるものであるが，「誰が」という問いは科学的理論の変化と断絶の問題にとっては重要ではない。

物理学，化学の領域で考察を行ったバシュラールに対して，カンギレムの業績はおもに生物学，医学に関するものである。彼はバシュラールのエピステモロジーから多くの見解を受け継いでいるものの，いくつかの論点についてはバシュラ

ールと対立する。

　カンギレムの目的は，過去の科学的概念や方法が，それが現れた時代においてどのような機能を持っていたのか，そしてそれらはどういう点で現在の科学につながるものであるのかを探求することにある。科学史の対象とは，科学的言説がその歴史において，内的な一貫性を獲得していく過程である。

　科学的認識は，異なる学問領域やイデオロギー，政治的，社会的な実践と複雑に絡み合いつつ形成される。科学史が扱うのは，科学的言説がそうした様々な要素と関係しながら構成される領域でもある。この領域には技術・器具・理論・方法・概念などのレベルが存在する。その中でも特に重要なのが概念のレベルである。科学を科学たらしめている概念を分析することが科学史の責務であるとカンギレムは言う（カンギレム 1991：19）。この「概念史」の例を彼の著作『反射概念の形成』に見ることができる。

　反射運動という概念の導入は一般にデカルトの業績であるとされる。これに対してカンギレムは，デカルトは反射概念を定式化しなかったと指摘する（カンギレム 1988：64）。デカルトの生理学に関する文章には「反射」という着想はほとんど見出せない上，感覚刺激と筋肉収縮メカニズムの同質性という概念の中心的な条件も満たしていないからである。

　実際には，反射概念は17世紀の物理学者ウィリスの生気論的学説において初めて導入された。生気論とは，物理や化学の法則に還元しえない力が生命には働いているとする立場であり，生物を機械に類比して捉えるデカルト的な機械論と対立する考え方である。一見機械論的なものに思える反射概念は，非機械論的立場をとるウィリスによって作り出され，その後も生気論的立場の学者によって磨き上げられたとカンギレムは述べる（カンギレム 1988：155）。

　ここに，過去の誤謬に生産的役割を認めるカンギレムの態度を確認することができる。現在の科学にとっては，生気論は無意味な考え方である。しかし，現在の生物学においても重要な概念である反射概念は，生気論的文脈において生まれた。生気論は認識論的障害ではあったものの，同時に反射概念の誕生に重要な役割を果たしていた。科学史の責務は，ある時点までは真理とみなされていた誤謬が消える過程を描き出すことであると同時に，真理がいかなる失敗，錯誤，偏見の中から生まれてきたのかを明らかにすることである。カンギレムにとっての認識論的障害は，バシュラールの定義とは異なり真理の生産に寄与する可能性を持つ両義的な概念である。

　カンギレムの課題は，ある概念がどのように誕生し，複数の理論の間でどのよ

うに受け継がれ,異なる機能を担うことができるか,という問いであった。カンギレムにとって,科学と非科学の断絶はバシュラールのように厳密なものではない。むしろ科学的認識が,非科学との関係を保ちつつ形成されていく過程に,科学史の対象が見出されている。誤謬の生産的役割を重視するこの「概念史」においては,誤謬は主体に結びつけられるものではなく,他の概念との関係の中に位置づけられるものである。カンギレムの分析の対象は,この概念が織りなすネットワークとその歴史的変化であった。

　バシュラールとカンギレムのエピステモロジーは,「概念の哲学」がいかなる意味で「主体の哲学」と対立しているかを示す。科学的認識についての哲学的考察が目指すのは,その認識がどのような主体の活動,機能によって作られたかを知ることではない。問題は,科学的認識がいかなる構造を持ち,いかにして変化してきたかを示すことである。それによって理性の構造と歴史が明らかにされるが,この理性は決して個人の意識と同一視されない。特定の誰かのものではない,非人称的な理性を,その歴史的変化をたどることによって探究することこそ,「概念の哲学」の中心的課題である。

4　主体と構造——レヴィ゠ストロースによるサルトル批判

　「主体の哲学」に対しての批判は,「概念の哲学」によってだけでなく,哲学以外の知の領域からも行われた。以下で見るように,構造主義の人類学者レヴィ゠ストロースのサルトル批判は,サルトルの想定する普遍的な主体が,西洋中心主義を暗黙の前提としていることを明らかにした。

　現代思想の一潮流としての構造主義は,スイスの言語学者フェルディナン・ド・ソシュールにその源泉を持つ。ソシュールによると,言語記号は意味するもの(シニフィアン)と意味されるもの(シニフィエ)の対応関係として存在する。意味するものと意味されるものの対応(例えば「ネコ」という音と動物の猫)は恣意的なものである。この結びつきは世界の事物の中にその根拠を持たない。「ネコ」が猫を指すのは,同じ言語に属する他の言語記号との音韻論的な差異によってである。言語記号の集合としての言語は,各記号の間の差異によって規定される共時的な構造である。ソシュールのこうした考察を踏まえ,ロマーン・ヤコブソン,ニコライ・トルベツコイたちは,言語の構造における諸要素間の差異がどのような特性・関係によって記述されるかを解明する構造言語学を確立した。

　このような言語学の成果を吸収したレヴィ゠ストロースは,人類学に構造の概

図15-3　レヴィ＝ストロース
出典：*Le Monde*（2009年11月5日号）。

念を導入し，構造人類学を構築した。『親族の基本構造』では，アボリジニの親族関係を分析することによって，社会関係の中でも特に体系化されている親族関係の構造を，結婚という女性の交換の規範の分析を通じて明らかにした。レヴィ＝ストロースによれば，結婚とは社会の異なる集団間での女性の交換を介した互酬的コミュニケーションにほかならない。また，この構造はアボリジニの社会にとどまらず，インド，中国などのアジアの広範囲における親族関係を規定していることが明らかにされる。その後彼は神話の研究に取り組み，複数の地域，部族の神話を群として捉え，それぞれの神話の要素を他の神話の要素と比較することによって，神話間の変換を構造として描き出した。

　レヴィ＝ストロースの功績のうち，ここでは3点を挙げておこう。第一に構造概念の適用によって，社会の成員には意識されていないものの，その行動を規定している共時的構造を明らかにしたこと。第二に，それ自体は変化しない共時的構造のはたらきによって，歴史的な変化を理解しようとしたこと。第三に，「未開」の社会における，思考と行動のきわめて精緻な規則の存在を実証したこと。この視点から，西洋文明の優位は疑問に付されることになる。「未開」の文明の行動様式もまた，複雑な構造によってのみ理解されうるのであり，西洋が世界の歴史においてもっとも進歩していると考えることも疑わしくなる。

　『野生の思考』の最終章「歴史と弁証法」において，レヴィ＝ストロースはサルトルの『弁証法的理性批判』を批判している。サルトルにとって人間とは，世界と対峙し，それを否定して乗り越えるという弁証法的な過程によって歴史を作る存在である。歴史に特権的な価値を与えつつ，サルトルは，西洋社会とは歴史を作り出していく社会であり，「発育不全で畸形ではあるが苦痛には強い存在である」人間が暮らす未開社会と絶対的に対立するものであると考える（サルトル1962：145）。サルトルのこの見解を，レヴィ＝ストロースは「歴史的地理的に様々な数多の存在様式のどれかただひとつだけに人間の全てがひそんでいるのだと信ずるには，よほどの自己中心主義と素朴単純さが必要である」と痛烈に批判し，「人間についての真実は，これらいろいろな存在様式の間の際と共通性とで構成される体系の中に存する」と「構造」の優位を主張する（レヴィ＝ストロース

図15-4 構造主義者たちの昼食会
左から，フーコー，ラカン，レヴィ=ストロース，バルト。
出典：*La Quinzaine Littéraire*（1967年7月1日号）。

1976：299)。歴史は構造の要素間の変換として理解される以上，未開社会が「歴史なき」社会として批判されるいわれはない。また，西洋社会もまた構造の所産であるのだから，他の社会と決定的に異なることはありえない。レヴィ=ストロースに従えば，サルトルの「主体の哲学」の想定する主体とは，西洋中心主義を暗黙の前提とする主体である。

　レヴィ=ストロースの構造人類学は，様々な社会における思考と行為の規則を，主体を媒介とせずに記述する可能性を示した。1960年代に入ると，構造主義的手法は精神分析（ジャック・ラカン），文学理論（バルト），思想史（フーコー）など様々な領域において展開される。構造主義は時代を代表する思想となり，「構造主義者たちの昼食会」と題された風刺画が雑誌に掲載されるなど，学問の枠を超えたブームとなった。日本の現代思想ブームにも，フランス本国でのこの流行の影響があったと言えるだろう。

　こうして，「主体の哲学」は，「構造」という主体に依存しない概念が生み出した様々な知によっても攻撃されることとなったのである。

5　主体は概念に屈したのか？──主体の問題の再構成

　「概念の哲学」や構造主義の「主体の哲学」への批判を見ると，もはや主体という概念それ自体が意味をなさないように思えるかもしれない。確かに，世界を意識によって意識する主体，認識の基礎としての主体という考え方は，「概念の哲学」には見出せない。レヴィ=ストロースにおいても同様である。しかし，「概念の哲学」の流れには，主体の問題を「主体の哲学」とは異なるアプローチで考察した思想も存在する。その代表的な存在であるフーコーが『監獄の誕生』で展開した議論を見ておきたい。

フーコーによれば，主体とは世界を意識によって構成する存在なのではない。反対に，世界によって主体が構成されるのである。主体は知と権力の結びつきによって構成される。個人に関する様々な情報が記述され，分析され，蓄積され，知の体系を築きあげる。こうして個人は知の対象＝客体となると同時に，権力に隷属する主体となる。フランス語の主体 sujet という語は，服従した者をも意味する。つまり，主体とは権力に服従した個人であり，自分自身が知の対象となることを強いられた個人である。人間を対象とする科学が詳細な知識を獲得すればするほど，権力の行使はより効率的かつ包括的に行われるようになる。同時に，権力の行使が個人を把握し統御することによって，知はさらに発展する。近代において知と権力は不可分である。

　『監獄の誕生』でフーコーが分析したのは，いかにしてこの知と権力の連続体が人間に働きかけたか，という問題である。フーコーによると，この権力は微視的（ミクロ）なレベルで作用する。その対象は人間の身体である。人間の動作を細分化し，それぞれに望ましい動きを規定し，それに従わせることによって，権力は人間の身体にある種の規範を植えつける。人間は，整然と区画割りされた空間内に配置され，規則的な時間の流れの中に位置づけられる。例えば，軍隊における銃の扱いや行進の所作，あるいは学校における座席配置と時間割などを想起してみよう。そこには，空間的・時間的に管理され，決まった身振りを反復することを習得した集団が存在する。この光景を，フーコーは近代になって形成された知と権力の結びつきの所産であると考える。この権力の形式を，フーコーは「規律＝訓練型権力」と呼ぶ（フーコー　1977：141）。この権力の特徴とその歴史的形成を描き出すことが『監獄の誕生』の主題である。フーコーはイギリスの哲学者ベンサムの監獄の構想「一望監視装置（パノプティコン）」を引用し，この権力を特徴づける（フーコー　1977：202-205）。

　パノプティコンの構造は以下のようなものである。中央に監視塔があり，その塔を取り囲むように独房を配した建物がある。中央の塔からは収監された受刑者の姿が一望のもとに見渡せる。受刑者の行動は記録され，わずかな異常も見逃されない。受刑者の側からは塔の中を見ることはできない。塔の監視窓には鎧戸が付けられ，その向こうに看守がいるかどうかを知ることはできないからである。しかし受刑者たちは常に看守の視線を感じて生活する。たとえ監視塔にいるのがまったく無関係の人間であろうと，あるいは無人であろうと，その仮想の視線は受刑者たちの思考と行動を束縛していき，規律＝訓練型権力が求める望ましい人間への規範化を推し進める。匿名の視線が受刑者たちを常に監視し，その行動を

第15章 「現代思想」の系譜

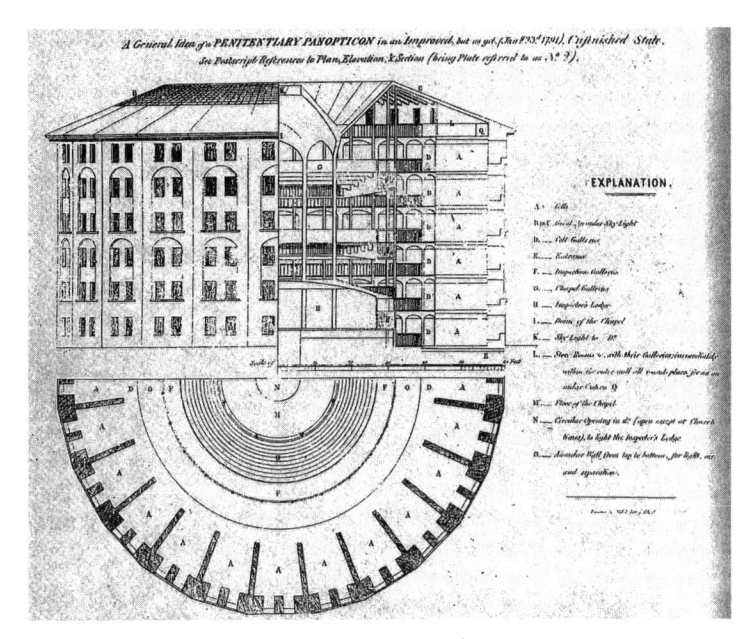

図15-5　ベンサムのパノプティコン
出典：Foucault, Michel（1975）*Surveiller et punir*, Paris: Gallimard.

変容させていくのである。

　このような権力の形式を背景に，司法の形式も変化したとフーコーは指摘する（フーコー 1977：21-28）。司法は単に犯罪という行為を裁くだけでなく，それを犯した人間がどのような存在であるかに注目し，その矯正の可能性も考慮に入れるようになる。精神医学や犯罪学などの知が犯罪者の精神を理解するために介入する。裁かれるのは行為ではなく，犯罪者の「精神」であるとフーコーは言う（フーコー 1977：26）。この「精神」は，「主体の哲学」が対象とした意識とはまったく異なる。なぜなら，犯罪者の「精神」とは，知と権力の介入によって作り出されるものだからである。フーコーにとっては「純粋な」精神あるいは意識は存在しえない。主体は構成され，その身体は規範化され，その精神は知によって可視化される。

　とはいえ，監獄はこの規律＝訓練型権力によって組織されたひとつの場に過ぎない。この近代に特有の権力の形式は，学校，工場，軍隊などにも存在し，それぞれの場で規範に従う人間を作り出す。監獄は規律＝訓練のモデルとして機能しており，それらの組織は人間の規範化のために相互に結びついている。フーコー

257

の分析は，社会において知がいかに機能したかを探求するという意味では，「概念の哲学」の系譜に属している。しかし，そうした知が権力といかに絡み合っているかを描き出したことに彼の独創性がある。近代における「精神」の発明とは，「主体の哲学」が論じた超越論的意識の可能性を否定することにほかならない。フーコーは主体の問題に「概念の哲学」の視点から接近し，この問いに新たな答えを与えようとしたのである。

6　闘争する概念，共闘する主体

　「主体の哲学」と「概念の哲学」の対立軸を以上のようにまとめるなら，前者は政治的・活動的で，後者は学究的・理論的であるかのように理解されるかもしれない。しかし，政治的なものに対する関わりは，双方にとって重要な意味を持っている。アルジェリア独立戦争やベトナム戦争，あるいは1968年のパリ五月革命など，様々な機会に積極的に発言を続けたサルトルは言うまでもないが，カンギレム，カヴァイエスなど「概念の哲学」に属する哲学者たちもまた，第二次大戦中の対独レジスタンスに参加し，カヴァイエスはそのさなかに銃殺されるなど，きわめて苛酷な時代状況の中で活動を行っていた。とはいえ，こうした個人的生が彼らの思想に反映していたとは言い難い。それはあたかも，彼らが政治的主体としての自己と，科学的認識に対する省察を切り離していたかのようでもある。

　それに対してフーコーの場合は，政治的なものと異なる関係を持っていた。1966年に刊行された『言葉と物』は，サルトルから歴史の弁証法を無視したブルジョワ的著作であると批判を受けた（Sartre 1966）。その時点では，両者の思想的対立は決定的であるかのように思われた。しかし，1970年代に入り，フーコーが刑務所情報グループを立ち上げるなど政治活動に積極的に関与するようになると，サルトルとフーコーは共に街頭に立ち，刑務所の環境改善や報道の自由，移民支援といった様々な問題について訴えを行うようになる（エリボン 1991：322-324）。フーコーの関心は，受刑者，移民など，声なき人びとの声を社会へと直接届けることにあった。抑圧に抵抗するという点において，サルトルとフーコーは目的を共有し，知識人として戦う同志であったと言える。

　しかし，フーコーにとっての知識人の役割とは，サルトルのように「万人の良心」として，万人に対して普遍的真理を提示することではなかった（フーコー 2000：145）。「普遍的知識人」とフーコーが呼ぶこのような知識人のあり方に対して，科学者や医師など明確な専門領域を持つ人びとが，その領域に固有の政治的

問題について語る「特定的知識人」というあり方を、新たな知識人の形象としてフーコーは提示した（フーコー 2000：146-147）。知識人は普遍的なものを代表するのではなく、声なき人の代理として語る人間でもない。哲学者の役割は、特定的知識人の発言や声なき人の声を仲介し、他の領域と結びつけることにある。フーコーはこう述べつつ、普遍

図15-6　サルトル（左）とフーコー（右）
出典：*VACARME*（29号、2014年秋）。

的な知識人としての哲学者の役割に疑問を投げかける。これは、科学的認識の領域ごとの差異に注意を向けた「概念の哲学」の方法論の、政治的なものへの反映であると言えるのかもしれない。

「主体の哲学」と「概念の哲学」という対立軸は、「現代思想」の背景としての20世紀フランス思想を理解するための有益な補助線を提供してくれる。しかも、それにとどまらず、近代のフランス思想史、あるいは西洋思想史がいかなる問題をめぐって発展してきたか、そしてそれが歴史的状況とどのように交錯してきたかを明らかにする手がかりともなるのである。

参考文献

浅田彰（1983）『構造と力——記号論を超えて』勁草書房。
エリボン、ディディエ（1991）『ミシェル・フーコー伝』（田村俶訳）新潮社。
金森修（2007）「エピステモロジー」『論理・数学・言語』（哲学の歴史11）中央公論新社。
カンギレム、ジョルジュ（1987）『正常と病理』（滝沢武久訳）法政大学出版局。
カンギレム、ジョルジュ（1988）『反射概念の形成』（金森修訳）法政大学出版局。
カンギレム、ジョルジュ（1991）「科学史の対象」『科学史・科学哲学研究』（金森修訳）法政大学出版局。
キュセ、フランソワ（2010）『フレンチ・セオリー』（桑田光平ほか訳）NTT出版。
サルトル、ジャン＝ポール（1962）『弁証法的理性批判　第一巻　実践的総体の理論』（竹内芳郎ほか訳）人文書院。
サルトル、ジャン＝ポール（1996）「実存主義はヒューマニズムである」『実存主義とは何か』（伊吹武彦訳）人文書院。

サルトル，ジャン゠ポール（2007）『存在と無――現象学的存在論の試み』（松浪信三郎訳）全3巻，筑摩書房。
仲正昌樹（2006）『集中講義！日本の現代思想――ポストモダンとは何だったのか』日本放送出版協会。
バシュラール，ガストン（1974）『否定の哲学』（中村雄二郎訳）白水社。
バシュラール，ガストン（1989）『適応合理主義』（金森修訳）国文社。
バシュラール，ガストン（2002）『新しい科学的精神』（関根克彦訳）筑摩書房。
バシュラール，ガストン（2012）『科学的精神の形成』（及川馥訳）平凡社。
フーコー，ミシェル（1977）『監獄の誕生』（田村俶訳）新潮社。
フーコー，ミシェル（2000）「知識人の政治的機能」（石岡良治訳）『ミシェル・フーコー思考集成VI』筑摩書房。
フーコー，ミシェル（2002）「生命――経験と科学」（廣瀬浩司訳）『ミシェル・フーコー思考集成X』筑摩書房。
レヴィ゠ストロース，クロード（1976）『野生の思考』（大橋保夫訳）みすず書房。
Sartre, Jean-Paul (1966) "Jean-Paul Sartre répond" *Arc* 5：87-96.

第16章
復興から新時代へ

杉本淑彦

1 パクス＝アメリカーナの中へ

　1945年5月，ドイツがアメリカ・イギリス・ソ連を中心とする連合軍に降伏し，ヨーロッパで戦火が止んだ。3カ月後に日本も，アメリカ・イギリス・中華民国の三首脳名で出されたポツダム宣言を受諾して降伏し，約6年つづいた第二次世界大戦はようやく終結した。

　フランスは，対独協力の敗戦国としてではなく，戦勝国の一員として大戦の終了を迎えることができた。大戦終結の約1年前の1944年8月のこと，ドイツ軍が撤退したパリにおいて，内外のレジスタンス勢力を糾合するフランス共和国臨時政府が樹立され，これが，対独協力のヴィシー政権に替わって，フランスの正統政権となったのだった。こうしてフランスは，アメリカ・イギリス・ソ連と肩をならべ，ドイツとオーストリアの分割占領に参画することになる。また対日占領についても，フランスは発言権を確保した。「日本国が遂行すべき義務の基準作成および審議」を任務として戦勝国11カ国で構成される極東委員会に，フランスは座を占めたのだった。さらに，戦勝国である連合国（United Nations）を原加盟国とする国際連合（United Nations）において，フランスは安全保障理事会常任理事国となり，五大国のひとつに数えられもした。

　だが，大戦直後のフランス経済は，満身創痍の状態だった。大戦は，ヨーロッパとアジア，アフリカを中心に，敗戦国にも戦勝国にも，多大な人的・物的損害をもたらしたのだった。大戦における軍人と民間人を合わせた犠牲者総数は，6,000万から8,500万におよんだと推計されている。これは，地球総人口の約2.5％にあたる。たしかに，敗戦国となったドイツや日本と比べると，フランスの戦禍は小さかった。1939年の開戦から1年足らずのうちに降伏し，その後は，1944年にアメリカ・イギリス連合軍が北フランスのノルマンディーに上陸するまで，国土が大規模戦闘の舞台になることがなかったからである。だがそれでも，総人

図16-1 アメリカの食糧救援機関から脱脂粉乳を配られるフランスの子どもたち(1945年)
出典: Marseille, Jacques (dir.) (2004) *Histoire, term L-ES-S*, Nathan: 270.

口が約4,170万人であったフランスは、本大戦において、軍人21〜29万人、民間人29〜33万人の犠牲者を数えた。人口比でいえば、1.1〜1.4%にあたる。

フランスがこうむった物的損害も大きかった。約46万件の建造物が全壊し、うち住居は30万件にのぼった。その結果、大戦終結の1945年時点で、全世帯1,250万のうち約100万がホームレスというありさまだった。また、鉄道や橋、道路などの交通網の被害も深刻だった。農地も、戦車に踏み荒らされ、地雷がまだ大量に埋まっている状態であり、農作業の再開も困難をきわめた。結局、戦前の1938年水準と比べると、大戦直後の工業生産は半分に満たず、農業生産も70%ほどに過ぎなかった。1945年のフランス国民は、アメリカからの食糧援助のおかげで、ようやく空腹をやわらげることができたのである。

したがって、大戦後のフランスにとって最大の課題は、経済復興以外のなにものでもなかった。1945年のフランス本土では、街頭や、工場などの事業所に、労働組合と共産党のイニシアティヴで、勤労を呼びかけるポスターが多数貼られたが、それは、フランスのこうした経済苦境を如実に物語っていた。

しかし、「袖をまくって働こう！ そうすればうまくいくさ！」というかけ声が、経済復興の切り札になるはずはない。実際、大戦後のフランスが第一に頼ろうとしたのは、アメリカの資金だった。アメリカは、ハワイとアリューシャン列島をのぞいて国土が戦場にならず、軍需品生産などを通じて第二次世界大戦中に覇権国家の地位を揺るぎないものにしていたのだった。1944年末段階で、アメリカは莫大な金保有高（世界の57%）を誇っていた。

アメリカとしても、資本主義世界経済を立て直し、大戦中に膨張した自国の巨大な生産力にみあう外国市場を、維持し拡張する必要があった。こうしてアメリカは、それに資する新しい国際経済秩序の創設を主導することになり、それは3つの柱から構成された。1945年に創設された国際通貨基金（IMF）および国際復興開発銀行（IBRD、世界銀行）と、貿易障壁の除去を目指して1947年に締結されたGATT（関税と貿易に関する一般協定）である。

なかでも，アメリカからの復興資金を欲していたフランスにとって重要だったのは，アメリカが最大の出資国である IMF と IBRD だった。IMF は，加盟国の経常収支が悪化した場合などに融資を行うことで，国際貿易の促進などを図る機関である。フランスにとって IMF は，復興に必要な物資をアメリカなどから継続して輸入することを可能とする重要な機関，という意味合いがあった。また IBRD は，現在は発展途上国向けに資金提供を行うことを任務としているが，発足当時は，ヨーロッパの戦勝国向けに復興資金を直接提供する機関であった。両機関とも，大戦中の1944年7月にアメリカのブレトン゠ウッズに連合国代表らが集まり，その創設が合意されたのだった。このブレトン゠ウッズ会議では，米ドルを，金と自由に交換できる基軸通貨

図16-2 勤労を呼びかけるポスター「袖をまくって働こう！」(1945年)
出典：Marseille, Jacques (dir.) (2004) *Histoire, term L-ES-S,* Nathan: 326.

（多角的な国際的決済を担う通貨）として，金1オンスを35米ドルと定め，そのドルに対し各国通貨の交換比率を定めもした。こうして世界経済は，アメリカの圧倒的支配力のもとで安定をみるという「パクス゠アメリカーナ（アメリカの平和）」の時代に，完全に入ったのである。

　ブレトン゠ウッズ会議には，フランスからの代表も参加していた。ドゴールの主導下で1943年にアルジェで国民解放委員会が設立され，その委員会において財政担当委員に就任していたマンデス゠フランスである。ブレトン゠ウッズ会議の1ヵ月後に，前述したフランス共和国臨時政府がドゴールを首相にして樹立され，マンデス゠フランスは国民経済相へ横滑りする。

　マンデス゠フランスらが期待したとおり，「パクス゠アメリカーナ」という「米ドルの傘」の下で，フランスは大きな利益を得た。1947年春に IMF は最初の融資活動をおこない，その対象となったのが，ほかならぬフランスだったのである。同じ時期に IBRD も資金提供活動を開始し，最初の受益国は，これもフランスであった。フランスは IBRD から得た資金を，鉄道や電力などのインフラ整備にあてた。

　1947年という年は，アメリカを盟主としてフランスもくわわる資本主義圏と，

ソ連を盟主とする社会主義圏とが激しく対立する，いわゆる「冷戦」が本格的に展開されることになった年でもある。ソ連は，自国の安全保障を高めるために，軍事力を背景にして東欧諸国に親ソ政権を樹立しただけでなく，隣国のトルコなどにも影響力を伸張させようとしたのだった。また，いまだ経済復興が軌道に乗らない西ヨーロッパ各国においても，生活苦に対する民衆の不満が高まり，社会主義・共産主義への共感が広がってもいた。とりわけフランスでは，ソ連の強い影響下にある共産党が，議会第一党の地位を得るほどに勢力を伸ばしていたのだった。一方のアメリカは，共産主義勢力の拡大に危機感をつのらせ，その動きを阻止するためにも，資本主義世界経済の立て直しを急いだのだった。こうして1947年3月，アメリカ大統領トルーマンは，軍事・経済援助によりトルコとギリシアの共産主義化を阻止すると宣言し（トルーマン・ドクトリン），対ソ・対共産主義「封じ込め」政策を開始したのだった。

　6月には，アメリカ国務長官マーシャルがヨーロッパ復興計画（マーシャル・プラン）を提唱し，ヨーロッパ諸国に経済援助を約束した。こうして「封じ込め」は，トルコとギリシア以外にも大規模に展開されることになり，翌7月には，イギリスとフランスを発起国とするヨーロッパ復興会議がパリで開催され，ソ連と東ヨーロッパ諸国をのぞき，トルコも含めた西ヨーロッパ諸国16カ国が，マーシャル・プランを受け入れる体制整備の話し合いをはじめた。そして翌1948年4月に，先の16カ国に西部ドイツ（アメリカ・イギリス・フランスの占領地域）をくわえたOEEC（ヨーロッパ経済協力機構）が，パリを本部にして発足した。OEECは，アメリカからの援助資金を加盟国に分配する計画を立案することを任務としていた。もちろん，計画の最終承認権はアメリカが握っていた。

　このようにフランスは，1947年から1948年にかけてヨーロッパの東西分裂が激化するという状況下にあって，積極的に「米ドルの傘」の下に入ることを選択したのである。そして，そこから得られた利益は，フランスにとって，確かに大きかった。1948年から4年間続いたマーシャル・プランの援助期間中に，フランスは援助総額の約20％を得たのである。イギリスに次ぐ2番目の受益国だった。

　フランスは，冷戦が深まっていく過程で，「米ドルの傘」だけでなく，パクス＝アメリカーナの軍事面である「アメリカの核の傘」の下に入ることも選んだ。ソ連がまだ核兵器を保有せず，アメリカが核兵器を独占しているという状況下にあった1949年4月，アメリカとカナダ，そしてフランスを含む西ヨーロッパ12カ国が，軍事同盟であるNATO（北大西洋条約機構）を結成したのである。集団的安全保障体制を旨とするNATOは，初代のイギリス人事務長が「アメリカを引

き込み，ロシアを締め出し，ドイツを抑え込む」と語ったように，ソ連の軍事的脅威に対抗するためにアメリカの軍事力に依存し，同時に，ふたたびドイツが軍事力でもってヨーロッパを支配しないよう抑止することを目指したものだった。フランス本土には，NATO軍という名のアメリカ軍が駐留し，ソ連と東ヨーロッパ諸国を射程内におさめる核兵器も配備されたのだった。

　パクス＝アメリカーナのなかに入ることで経済的・軍事的な国益を追求するという，戦後フランスが選んだこの道は，フランスから見ると地球の裏側に位置する日本が同時期に歩んだ道と重なっている。東アジア地域で，1948年に北朝鮮（朝鮮民主主義人民共和国），そして1949年に中華人民共和国という社会主義・共産主義国家が相次いで誕生したことは，財閥解体や農地解放といった経済の民主化が中心であった対日占領政策の再考をアメリカにうながし，日本は，アメリカ主導の資本主義世界経済に組み込まれながら，アメリカのてこ入れを受けて，その経済を早期に復興させたのだった。また日本は，サンフランシスコ講和条約の締結（1951年）により独立を回復するのと並行して日米安全保障条約を結び，それを自国の安全保障のための要石としたのである（紀平 1996）。

2　国内経済改革と福祉国家化

　IMFとIBRDによるフランスへの資金提供が始まって2年後，そしてマーシャル・プランによる経済援助開始から数えると1年後の1949年に，フランスの国民総生産（GNP）は大戦前の水準を回復した。

　といっても，アメリカからの経済援助だけが，このような経済復興を可能にしたわけではない。大戦後のフランスでは大規模な国内経済体制の改革が進められ，それもまた，フランスが資本主義大国のひとつでありつづけることに与ったのである。

　戦後改革は，大戦中から国内レジスタンス勢力のあいだで議論されていた。実際にも，1943年に結成されたレジスタンス全国評議会（CNR）は，連合軍のノルマンディー上陸に先だつ1944年4月に綱領をまとめ，そのなかで，経済の計画化・民主化と主要産業の国有化を戦後に推進しようと主張するのである。

　そして，ドゴールを首相とするフランス共和国臨時政府には，共産党・社会党から保守派まで，幅広い国内レジスタンス勢力がくわわり，これらの主導により，はやくも大戦中からCNR綱領の一部が実現されていった。

　もっとも大胆に展開されたのは国有化だった。1944年12月に断行された炭鉱会

図16-3 ルノー公団の新車宣伝ポスター（1947年）
出典：Geiss, Peter, Guillaume Le Quintrec (dir.) (2006) *Histoire : L'Europe et le monde depuis 1945*, Nathan/Klett: 25.

社の国有化にはじまって、1946年の春までに、ルノー自動車製造会社と航空機製造会社、中央銀行であるフランス銀行、四大預金銀行（クレディ・リヨネとソシエテ・ジェネラルなど）、大部分の保険会社、ガス会社、エール・フランス航空会社など、基幹産業の主要企業がつぎつぎに国有化されたのだった。こうしてフランスでは、全労働者の10％が国家によって直接雇用されるようになったのである。

国有化を受けて、経済の計画化も進展した。初代計画庁長官ジャン・モネにより精力的にすすめられ、1947年1月から、モネ・プランと通称される第一次経済計画（1947～52年）が始まったのである。この計画では、石炭・電力・鉄鋼部門に優先的に資金が投下されたのだった。

ただし、フランスにおける経済の計画化は、ソ連など社会主義諸国で行われていた計画化とは異なるものである。国家が生産だけでなく市場までも完全に統制下におく社会主義型計画化ではなく、国家は重要経済部門に対して生産目標などを設定するにとどまり、他の民間企業には市場経済の原理に基づく経済活動が期待されたのだった。社会主義経済でなく、自由放任の資本主義でもない、計画経済と市場経済が混合するこのシステムは、混合経済と呼ばれ、フランスだけでなく、第二次世界大戦後から現在に至るまで、西ヨーロッパ諸国における多くの政権の経済運営を特徴づけるものになる。

またモネ・プランは、設備の近代化計画でもあった。1946年1月に発布された「近代化および経済整備計画策定をうながす政令」の第1条は、モネ・プランが「労働生産性を世界最高レベルまで高めること」を目標に持つことをうたっていたのである。

実際モネ・プラン下で、国営自動車製造会社ルノー公団でも、生産設備・生産方式の近代化がおこなわれた。そしてその近代性が、当時のフランス人の耳には魅力的に響くものだった。小型車4CVの販売開始を宣伝するポスターは、「流れ作業が始まった！／新型製造機械が何百と設置されました／新生産方式が導入されました／出荷速度が向上しました」といった労働生産性の上昇を、セールスポ

イントとして打ち出していた。

　戦後フランス経済のこうした国有化・計画化・近代化は，資本主義の枠内で労働者の生活水準向上を目指すものでもあった。そして，社会主義・共産主義に批判的な勢力こそが，このような労働者寄りの政策遂行に熱心だった。冷戦が激化していた当時にあっては，国内に貧富の極端な格差があることは社会不安を招き社会主義・共産主義勢力の台頭を招くという懸念があったからである。前述の1946年政令は，労働生産性に言及したあと，「労働者の完全雇用の保障」および「人びとの生活水準の向上と住環境・社会生活環境の改善」のふたつも目標にあげていたのである。

　戦後のフランスは，最左翼の共産党から右翼のドゴールに至るまで，社会主義と資本主義に対する見解は大きく異なるにせよ，一般民衆の生活水準を向上させようという点では一致していたと言えるだろう。現在のフランスは，先進資本主義国のなかにあって，もっとも社会福祉が手厚い国のひとつであり，代表的な福祉国家であるが，それを保障する経済力と理念は，大戦後のこうした国内経済改革のなかから生まれたのである（長部 1995：333-355）。

3　植民地帝国の再建を目指して

　フランスは，国内とアメリカ以外の地にも，戦後の経済復興につながる重要な鍵が埋まっていると考えていた。海外に広がる植民地帝国である。アルジェリアを筆頭とするアフリカ各地の植民地と，ベトナムを中心とするインドシナが，その帝国の主要な柱だった。第二次世界大戦の直前段階で，本土部分をのぞく帝国は，面積にして約1,200万平方キロメートル（本土の約20倍），そして約6,800万の人口を擁していた。

　レジスタンス運動を主導し大戦後は1946年1月まで臨時政府首相を務めたドゴールは，そもそも大戦中から植民地を，軍事的観点で重視していた。植民地には，フランスがドイツに降伏した後にも，艦隊をはじめフランス軍がほぼ無傷で残っていたからである。だが多くの植民地では，当初，行政機関も軍隊もヴィシー政権に従い，ドゴールにはもちろんのこと，ドイツ軍にもイギリス軍にも与しない態度をとっていた。フランス植民地の大勢がドゴールないし連合軍側になびくようになるのは，アメリカが参戦したあと連合軍有利に戦局が動き出した1942年以降，特に，連合軍が北アフリカに上陸した1942年11月以降のことだった。

　フランス植民地はドゴールに与するのか，ヴィシー政権に忠実のままにとどま

るのか。植民地の帰趨が緊迫の度を増していたこの1942年に，ドゴールはロンドンからラジオで，たびたび植民地問題についてフランス国民にプロパガンダ放送をおこなっている。例えば6月18日の放送はこうだった──「(戦争という) このおそろしい試練のなかで，国民の未来にとって本質的に重要であり，また国民の偉大さにとって必要であることが国民自身にとって明らかになった，ひとつの要素があります。この要素とは植民地であります」。

　国内レジスタンス勢力のあいだでも，フランスの未来にとって植民地が重要であるという考えは，ひろく共有されていた。連合軍の北フランス上陸が間近に予想され，フランス本土のドイツからの解放が近いという期待感がフランス国民のあいだで広まっていた1944年5月，レジスタンス地下新聞のひとつ『デスタン（運命）』は，あからさまな言葉で，植民地の経済的利用を唱えさえしていた──「莫大な資源を有する植民地帝国をフランスは所有している。それを統治し開発するフランスの権利に異議を差しはさむことなど，何者であっても許されない。フランスの利益は，ヨーロッパという空間に統合されることにはない。帝国の政治的経済的運命を戦前以上にしっかりと掌握することにこそ，フランスの名誉と利益がかかっている」。

　国内レジスタンス勢力のなかでは，最左翼の共産党だけが，植民地をフランス本土の経済復興のために保持しようなどという主張は展開しなかった。それどころか共産党は，フランスがドイツに降伏した直後の段階だと，フランス植民地の独立を明確に支持してもいた──「諸民族が独立してこそ，はじめて真の平和が生まれる。フランスの独立権を要求する共産主義者は，同時に，帝国主義者によって奴隷状態におかれている植民地諸民族の独立権を明言する」。これは，1940年8月15日付の党機関紙『リュマニテ（人類）』の論説である。

　だが共産党も，1941年6月に独ソ戦が勃発して以降は，植民地の自決権や独立を唱えることがなくなる。機関紙では，「植民地」という語に替えて，植民地保持を正当視する立場の用語法である「フランス領」「帝国」という語が使用されるようにさえなった。共産党にとっては，社会主義の祖国とされていたソ連を守ることが第一義的になり，そのためには，植民地の保持にこだわる他のレジスタンス勢力とのあいだで共闘をすすめなければならなかったのである。

　植民地の保持を当然視あるいは黙認するこのような思考は，戦後期のフランス国民のあいだでも，ひろく共有されていたと思われる。しかも，植民地現地人を劣等な存在だと思いこんだうえでのことだった。1945年2月に週刊新聞『ル・カナール・アンシェネ（鎖につながれたカモ）』に掲載された絵は，西アフリカのフ

ランス植民地に住む黒人に、「リバティー船が立派な宣教師を積んでくるんだってさ」と、期待顔で語らせている。リバティー船とは、大戦中にアメリカが大量に建造した規格型貨物船のことである。当時、宣教師をヨーロッパに派遣しようとしていたアメリカに対して、宣教師ではなく食糧のすみやかな援助を望む声がフランス国民のあいだにあり、そのことをこの絵はふまえている。アフリカの黒人は、もとはと言えば野蛮な食人種だった、という侮蔑感があってこそ成り立つ、あからさまな人種差別の風刺絵にほかならない。いまとなってはまったく笑えない絵だが、当時においては、フランス人をニヤリとさせるものだった。

図16-4 「リバティー船が立派な宣教師を積んでくるんだってさ」
出典:『ル・カナール・アンシェネ』(1945年2月28日)。

この風刺画が描かれておよそ1カ月後の3月2日、ドゴールは、臨時政府下の諮問議会において、あらためて植民地開発論を展開した。

　北アフリカのわが領土においては、灌漑・トラクター・肥料の力を借りれば、農業生産において数倍におよぶ大飛躍をとげることができますし、また、そこには工業化の展望がひろびろと開けております。西アフリカおよび赤道アフリカのわが領土でも、そしてインドシナでもマダガスカル島でも、アンティル諸島でもギアナでも、すでに開発のために多大の仕事がつぎこまれましたが、なすべきことがまだ多く残っているのでありまして、これらの地は、フランスの熱烈な努力をさしまねいております。

ところが、この演説から2カ月後の1945年5月8日のこと、ドイツが無条件降伏したこの日に、植民地維持論者に冷水を浴びせる事件が、アルジェリアの中心都市のひとつであるセティフで発生した。アルジェリア人の民族主義者が連合軍祝勝パレードにおいて独立を叫び、それを阻止しようとした警察によりアルジェリア人青年が殺害されたのだった。パレードは暴動に発展し、フランス人入植者が約100名殺害され、アルジェリア人側は4万人ほどが殺害されたと推計されている。現在では「セティフの虐殺」と呼ばれているこの弾圧により、アルジェリ

アの独立運動は凄惨に押さえつけられたのだった。

　ついでベトナムでも独立運動が勃発し，これはアルジェリアとはちがい，大規模な武装闘争へと発展した。大戦中にベトナムを占領していた日本が連合国への無条件降伏を公告した2日後の1945年8月17日に，ベトナム独立同盟（ベトミン）が，敗戦で現地日本軍が茫然自失となった状況を利用してハノイを占拠したのである。そして9月2日，ベトミンの指導者ホー・チ・ミンがベトナム民主共和国の樹立を宣言した。

　フランス側はベトナムの独立を認めず1945年10月に遠征軍を送り，ベトミンとの戦争（第一次インドシナ戦争）が始まった。フランス軍は当初，都市部を中心に失地を回復する。だが，1949年に中華人民共和国が建国されると，ベトミンは中国から大量の軍事援助を得て再攻勢をかけた。

　ベトナムだけでなく，フランス植民地帝国のあちこちで，独立運動が活発化した。ラオスとカンボジアでは，大戦中に日本軍の後押しで独立を宣言した勢力が，地方で武装闘争に転じた。1946年3月には，マダガスカルで武装蜂起がおこり，翌年末に鎮圧されるまでに，全島人口の約2％がフランス軍によって殺害されたと推計されている。1951年になると，モロッコでも独立運動が活発になった。

　そして第一次インドシナ戦争は，激しさを増す一方だった。結局，1954年5月，ディエンビエンフーの戦いでフランス軍は敗北し，フランスは7月にベトミンらとジュネーヴ協定を結び，北ベトナムとラオス，カンボジアから軍隊を撤退させた。そして南ベトナムには，フランスに替わってアメリカが軍事介入をはじめ，1956年4月に，フランス軍は南ベトナムからも全面撤退した。

　フランスがインドシナ支配を放棄した直接の原因は，軍事上の敗北だった。だがその背景には，フランスの経済苦境があった。ベトナム戦費を筆頭に，独立運動を弾圧するための費用が年ごとに増大し，フランスはその負担に耐えられなくなったのである。軍事費を確保するために，増税，国債発行，公的年金削減，公務員の昇給停止，福祉・公共投資の抑制などが強引におこなわれ，その結果として内需が低落し，フランス経済の発展が阻害されたのである。

　戦後復興の鍵として大戦中から期待されていた植民地は，1950年代なかばにもなると，フランス経済にとって重い荷物に転じたのである（平野 2002：281-293；木畑 2014：187-188）。

4　西ヨーロッパの統合を目指して

　フランスが脱インドシナへと舵を切った1954年は，アルジェリアで武装独立運動が再燃した年でもあった。アルジェリア民族解放戦線（FLN）が組織され，同年11月1日に一斉蜂起を開始したのである［第18章2参照］。

　フランスは，約100万人もの入植者が住むアルジェリアの独立を，承認する考えなどなかった。したがって，独立運動を鎮圧するための軍事費の増大が予想されるなか，フランスは，国内経済を発展させる鍵を，あらたに見出す必要にせまられる。フランスが目を向けることになるのが，西ヨーロッパ諸国との経済の協調化だった。

　西ヨーロッパの統合という理念は，経済だけでなく政治・軍事レベルでの協調も視野に入れ，すでに大戦直後から各国で生まれていた。みたびの世界大戦を回避するうえで，地域統合が重要であるという認識は，フランスをはじめ，西ヨーロッパ諸国のなかで共有されていたのである。さらに，今大戦後にアメリカとソ連という超大国が出現し，そのあいだにあって西ヨーロッパが従来の経済的地位を失わないためにも，何らかの地域統合の必要性があった。

　実際，1950年5月にフランス外相シューマンが，前年に誕生した西ドイツに対して，両国の石炭と鉄鋼生産の全体を，西ヨーロッパのほかの国も参加できる機関の管理下におくことを提唱した。そして，シューマン・プランと呼ばれるこの提案を土台にして，1952年にヨーロッパ石炭鉄鋼共同体（ECSC）が，フランス・西ドイツ・イタリア・オランダ・ベルギー・ルクセンブルク6カ国のあいだで発足する。

　鉄鋼業という基幹産業が6カ国によって共用化されたことは，地域統合への大きな一歩だった。しかし統合の動きは，国家主権が制限されることに反対する勢力が各国内におり，いっきには進展しなかった。特にフランスでは，ドゴールと共産党を中心とする反対派の勢力が大きかった。

　フランスが西ヨーロッパ6カ国間の統合にふたたび前向きになるのは，アルジェリアで武装独立運動が再燃して2カ月後の1955年に入ってからのことである。この年の6月，シチリア島のメッシーナにおいて，6カ国外相会議が開かれ，ECSCを範とするヨーロッパ経済共同体（EEC）とヨーロッパ原子力共同体（EURATOM）の創設を約束するメッシーナ宣言が出される。そして2年にわたる交渉を経て，1957年3月，EECとEURATOMを創設するローマ条約が調印

され,両共同体は翌1958年に発足するのである。

なかでも重要なものが EEC である。ローマ条約の締結を祝うポスターが「関税障壁の廃止／人間の自由な移動／商品の自由な流通。……ヨーロッパの共同体が,よりよい未来をあなたに準備します」と喧伝したように,EEC は,域内に共通市場を創設し,並行して,6カ国以外に対する関税・貿易政策を共通化するものだった。こうして,のちのヨーロッパ共同体(EC, 1967年発足),ついでヨーロッパ連合(EU, 1993年発足)となって現在にいたるヨーロッパの統合が,急速にすすんだのである。

メッシーナ宣言から1957年のローマ条約調印に至る2年間は,1954年に始まったアルジェリア戦争が深刻の度合いを増していた時期と重なる。そして EEC と EURATOM が発足する1958年に,アルジェリア危機のさなかにあってドゴールが政権の座に復帰する。第18章で述べられるように,このドゴールのもとでフランスは脱アルジェリアをなしとげ,自国の約4倍の規模を持つ EEC 市場を得て,高度経済成長を達成することになる(中島 2006:340-345)。

図16-5 ローマ条約の締結を祝うポスター(1957年)
「関税障壁の廃止／人間の自由な移動／商品の自由な流通」が特記された。
出典:Geiss, Peter, Guillaume Le Quintrec (dir.) (2006) *Histoire : L'Europe et le monde depuis 1945*, Nathan/Klett: 123.

参考文献

長部重康 (1995)「第8章 戦後の経済発展」柴田三千雄・樺山紘一・福井憲彦編『フランス史3』(世界歴史大系)山川出版社。

木畑洋一 (2014)『二〇世紀の歴史』岩波新書。

紀平英作 (1996)『パクス・アメリカーナへの道——胎動する戦後世界秩序』山川出版社。

中島俊克 (2006)「フランス『国民経済』の発展と変容」谷川稔・渡辺和行編『近代フランスの歴史——国民国家形成の彼方に』ミネルヴァ書房。

平野千果子 (2002)『フランス植民地主義の歴史——奴隷制廃止から植民地帝国の崩壊まで』人文書院。

第17章
知られざる工業大国

北河大次郎

1　フランス産業の今

　フランス産業という言葉から，皆さんは頭に何を思い浮かべるだろうか。フランスの製品としてまず思いつくのは，ワイン，チーズなどの食料加工品や，香水，衣類などのモード関係の商品［第5章参照］ではないかと思う。実際，フランス最大の世論調査会社 TNS-sofres が2011年に行った調査によると，フランス産業の中でも，これら2分野については，多くの国がその世界的な実力を認めており，とりわけ日本では80％の人（これは先進国の中では最も高い値である）が，フランスがリーダーとしての役割を果たしていると感じているという。

　またわが国の場合，時計，文具，自動車などの西洋のモノづくりの伝統が息づく製品を，「舶来品」として珍重してきた歴史があり，フランス製品はその重要な一角を占めてきた。その特徴を，明治5〜6（1872〜1873）年にフランスを訪れた岩倉使節団の久米邦武は以下のように表現している。

　　仏国製作の巧なるは，欧洲第一にて，其伎倆精粋機巧にして，風致をきはめ，美麗を尽し，よく人の嗜好に投合す，故に欧洲の流行物（はやりもの）は，常に仏国に源す……英国の産物は，堅牢を以て勝つ，仏国は，繊華を以て勝つ，……独逸の工は富麗を尚ふ……以太利人に技巧多し，其製作適美なり……（カタカナ表記をひらがなに直している）。

　かつての舶来品に相当する商品は，今や日本国内でも数多く生産され，輸出産業にまで成長した分野もある。しかし，それでもなおフランスの商品が日本の市場で存在感を維持しているとすれば，恐らく舶来品時代からのこうした高級なイメージを，生産者や関連業者が今も大切にしているからだと思う（平林 2008；日仏経済交流会 2012）。

これらの分野の他に，フランス産業の得意分野は何か，とフランス人に尋ねれば，ハイテク産業という答えが返って来るかもしれない。実際，フランス政府による外国向けの案内書などを見ると，文化とハイテク産業が強調されていることが多い（フランス外務・欧州問題省 2010）。ただし，前記 TNS-sofres による世論調査によると，フランスがハイテク産業に秀でているというイメージを持つ人は（特に先進国であるほど）少なく，その世界的役割を評価する日本人，英国人，ドイツ人，スペイン人，米国人はせいぜい15％程度という結果が出ている。唯一原子力分野については，日本人の41％とドイツ人の30％がフランスの重要性を評価しているとのことである。

　フランス産業の現状をさらに具体的に探る手がかりとして，統計データを見てみよう。産業と一言でいっても分野は多岐にわたるが，ここでは製造業を中心に見ていきたい。

　まず基本情報として，フランス国全体の経済活動によって生み出される付加価値のうち，製造業の占める割合が10％に留まることを指摘しておきたい。これはドイツの24％，日本の18％を大きく下回り，国内総生産上位10カ国（フランスは5位）で比較しても，イギリスと並び最も低い値となっている（いずれも2012年のデータ）（総務省統計局 2014）。製造業の内訳を，前記10カ国において比較すると，自動車を除く輸送用機械器具，つまり鉄道車両（TGV など）や航空機（エアバスなど）の製造が全体に占める割合が5.8％というのは関係国中で最も高く，食品加工品が15％というのはロシア，ブラジルに次いで高い値となっている（フランスについては2009年のデータ）（総務省統計局 2014）。なお，食品加工品に関しては，フランスはアメリカに次ぐ世界第2位の輸出国というデータもある（フランス外務・欧州問題省 2010：103）。一方，その他の機械器具，化学製品の割合は低く，製造業以外の建設業，卸売業，小売業，飲食ホテル業，運輸・通信業産業などについても，前記10カ国また欧州各国と較べて際立った特徴は見られない。

　つまり，量的な側面から見ると，フランスの経済活動における製造業の重要性は相対的に低いが，低いなりにも存在感を示しているのが食料加工品と鉄道車両・航空機の分野であることがわかる。ちなみに欧州で製造業の比重が高いのはドイツとイタリアで，国内総生産上位10国で見ると中国が抜きん出ている。

　つぎに企業に着目してみたい。分野別で世界最大の売上高を誇るフランス企業としては，セメント部門のラファージュ（1833年創業），板ガラス部門のサン＝ゴバン（1665年創業），化粧品部門のロレアル（1909年創業），奢侈品部門（secteur du luxe）の LVMH（1987年合併），原子力企業のアレヴァ（2001年創業）などが挙げら

れる。また，パリを本拠地とする欧州国際協同会社 EADS アストリアム（2006年創業）は，航空宇宙産業においてロッキード，ボーイングに次いで売上高世界第3位である（データは2009年または2010年）（木本書店編集部 2013）。さらにバイオテクノロジー分野では，専門企業の数に関してフランスがアメリカに次いで世界第2位との統計もある（OECD 2013）。データを見ると，世論調査結果と異なり，ハイテク産業の中にもフランスが世界的存在感を示す分野が確かに存在していることがわかる。

さらにこの企業リストからは，戦後にフランス政府が戦略的に育成した先端技術産業を除けば，いずれも老舗であることが読みとれる（LVMHも主に19世紀に創業した会社を複合した企業体である）。また，世界トップではないが統計データで重要性を指摘した食品加工産業についても，その中核をなすダノン（1919年創業）やラクタリス（1933年創業）は100年近い歴史をもつ。つまり，フランス産業では，建設，モード関連，食品加工部門の老舗が存在感を示す一方で，ハイテク産業でも実績を挙げているという二面性を指摘することができそうである。

政治，文学，美術などと比べると，フランス産業の世界は日本人にとってなじみが薄い。そこで，その歴史を学ぶためのひとつの手がかりとして，まずは現在の状況を紹介した。本章では，ここに挙げた分野や企業の歴史を個別に掘り下げるわけではないが，できるだけ現状との関係を意識しながら，フランスの産業近代化の様相を複数の切り口から探っていきたいと思う。

2　産業近代化の礎——体制と担い手

まず，フランス産業近代化の体制と担い手の育成について，17世紀のコルベール（1619〜1683）の時代に遡って考えてみたい。コルベールは，フランス・ブルボン王朝の威光を世界に広めたルイ14世の時代に，経済，財政，公共事業などの幅広い分野で活躍し，その繁栄の鍵を握った政治家である。彼は，国の力は富の大きさによって計られるという考えを持っていた（Germain-Martin 1898：30，本節では主に参考にしている）。そして国の富を増やす手段として，原材料の輸入による支出を最低限に抑え，加工品と農産物の輸出を増やすという貿易推進策をとった。具体的には，外国製品に高い関税を課す保護貿易を行う一方で，国内では政府が主導して数々の製作所（manufactures）を再編または建設し，外国人を含む一流の職人を雇用して，従来輸入に頼っていた商品の国産化を奨励した（図17-1）。また，当時オランダやイギリスが掌握していた世界的な貿易網に食い込む

図17-1　ディジョンバル紡毛織物製作所
出典：Belhoste（1997）．

ため，新世界との貿易を独占的に行う東インド会社の再編（1664年）と西インド会社の設立（1664年），さらには流通システムを合理化する社会基盤整備を進めたのである。

　これらの政策の多くはコルベールの発案ではなく，アンリ4世時代からの政策を踏襲，強化したものだが，製作所が扱う製品の多様さ（シーツ，絹織物，ニット製品，タペストリー，絨毯，製鉄，製紙，ブリキ，皮革，製糖，石けん，蝋燭，縄製品，ガラス，陶磁器等）と優遇措置の充実という面では彼の実績は突出している。中でも，国が発注する宮殿建設工事で使用するフランドル式タペストリーとヴェネツィアンガラスの輸入量を減らし国産化を推進するために設立された王立家具製作所（1664年設立。現在の国立ゴブラン製作所。当初パリのビエーヴル川沿いにゴブラン家が経営していた染色工場の敷地を使って，アンリ4世時代にフランドル人が指導するタペストリー製作所に改造されていた工場を1662年にルイ14世が買い上げ，大幅な増築，改造を行った）とガラス製作所（現在のサン＝ゴバン社）は有名である（Germain-Martin 1898：179）。これらはいずれも，当時の海外の先端技術を積極的に導入している点で共通しており，特に後者については，技術流出を懸念したヴェネツィア共和国の監視の目をくぐって秘密裏にヴェネツィアの職人を招き入れるなど，強引な手法がとられたと伝えられている（中島・前島 2010）。

　社会基盤整備については，まずフランス南西部のミディ運河を挙げることができる。物資輸送に陸運よりも水運が活用されていたこの時代，運河によってスペインのジブラルタル海峡を通過することなく大西洋と地中海を結び，かつフロンドの乱で疲弊したラングドック地方で小麦などの農産物・加工品の流通を促進し，国内経済を活性化することが目指された（Pinon 1986）。

　さらに築港事業も行われた。1664～1665年にニコラ・ド＝クレールヴィルとコルベール・ド＝テロンが実施した調査に基づき，ミディ運河の河口に位置するセットに商業港，ブルターニュのロリアンに造船所と倉庫を備えたフランス東インド会社の拠点港，ロシュフォールとブレストにはそれぞれ造船所と修船所を備えた軍港が計画された（図17-2）。役割の異なるこれら4つの港湾には新都市も併

第17章　知られざる工業大国

せて建設され，ロリアンを除く3都市には商業取引上の税制優遇措置も講じられたという（Chantier and Neveux 1981）。

コルベールによる一連の政策は，他の先進国に比べ技術的に遅れをとっていたフランス産業界を活性化させ，ルイ14世時代の繁栄の礎となった。またその後のフランスの歴史を見ても，産業分野への国家の介入というひとつの歴史的見本を示してい

図17-2　ロシュフォール港
出典：Belhoste (1997).

るという点で重要である。一方，彼の政策に対する批判がないわけではない。『国富論』の著者アダム・スミスは，彼の重商主義的な政策を，国民の富よりも国家の富の増大に主眼をおき，保護貿易を展開して特定の工場に特権的な立場を与えた点を批判している。また，コルベールの政策がもっぱら都市を優先していたため，農村の産業の発達が妨げられ，また行き過ぎた保護貿易に対する報復措置としてオランダがフランス製品の輸入を禁止し，それが1672年の戦争の一つの引き金になったと指摘している。（大河内 1968：398, 466）。また，アンシアン・レジーム（旧体制）時代の王立製作所は，短期間で利益が上がらず資金回収に行き詰まるとインフレを引き起こすリスクがあった。この点に関連して，綿工業への急激な投資が国内にインフレを招き，フランス革命勃発の一つの原因になったと指摘する経済史家もいる（レヴィ＝ルボワイエ 2003：21）。

国家の介入は，産業の発展を支える人材育成分野にも及んだ。まずコルベールの重商主義の精神を受け継ぐ財務総監シャミアール（1652～1721），デマレ（1648～1721）を中心として，土木技師団（Corps des Ponts et Chaussées）という常設の技術官僚集団が1716年に組織化され，貿易振興を支える道路や港湾の整備が進められた。当初，この組織に属する技術者は，業務に携わりながら必要な技術の習得を図っていたが，各人の能力のバラツキが大きかったため，より本格的な技術教育を行う必要性が認識され，1747年パリ図面製作局において技術者教育が始められる。これが後にエコール・デ・ポンゼショセ（Ecole des Ponts et Chaussées）と呼ばれる，世界でも最初期の高等技術教育機関である。

絶対王政期に設立されたもうひとつ重要な技術者教育機関として，1783年創立

277

のエコール・デ・ミン（Ecole des Mines）が挙げられる。1744年，鉱山の乱開発を防ぐ目的で採掘権制度が導入されたフランスで，合理的な資源開発と鉱山の保安監視を徹底するため，1781年に鉱山技師団（Corps des Mines）が組織され，その教育を担うよう2年後に作られた学校である。これら2校の設立の経緯は，産業基盤整備と資源開発，そしてそれを担う人材育成機関を政府の管理下におき，国家の経済発展を導くという国の方針をよく示している。

　フランス革命の時代を迎えると，産業に関連して新たにふたつの国立学校が設立される。1794年設立のエコール・ポリテクニク（Ecole Polytechnique）と国立工芸院（Conservatoire National des Arts et Métiers）である（なお公教育の立て直しを担う師範学校〔Ecole Normale Supérieure〕も同年に設立されている）。前者は，革命によって荒廃した国土を，国民主権，自由，平等などの新たな理念と，科学に裏づけられた普遍的価値体系に基づき再構築し，同時に科学の発展も担う技術者を養成するための学校である。当初は，エコール・デ・ポンゼショセやエコール・デ・ミンなどの学校を統合した公共事業中央学校として構想，設立されたが，設立の翌年に現名称であるエコール・ポリテクニクと改称され，専門科目ではなく，すべてのエリート技術官僚が会得すべき一般科目を中心とした教育が行われることになる。このようにエコール・ポリテクニクは，旧体制時代とは異なる新たな国家を創り出そうとした革命政府の想いを強く反映した技術系高等教育機関といえる。

　これにたいして，国立工芸院には旧体制時代からの連続性を確認することができる。そもそもこの学校の目的のひとつは，コルベールの主導により1666年に設立された科学アカデミーが蒐集した機械コレクションや，後で紹介するヴォカンソンの発明品をはじめとする科学や産業に関わるコレクションの散逸を防ぎ，技術者や職人の教材として広く利用されるよう，保存，活用することにあった。実際，革命政府は，ブルボン朝時代の多くの国有財産を処分したが，モニュメント委員会が作成したリストに基づき，公教育に資するものについては保存する方針をとっていた（Fontanon 1992：17-43）。前記3校のように「学校」（école）ではなく，動詞「保存する」（conserver）から派生したコンセルヴァトワールという名詞が使われているのもそのためである。また，授業は職人や労働者でも自由に受講でき，様々な機械，道具類の具体的な取り扱いや原理を教えこむという，まさに『百科全書』の精神に通じる教育方法がとられた。

　フランス革命以降は，産業に関わる制度面の改革も図られた。1791年3月に商業と産業の自由の原則を謳いギルド制の解体を命ずるダラルド法，同年5月には

労働者の団結を禁ずるル・シャプリエ法が制定され，さらに1810年の刑法第419条において商品，労働力の販売に関する協定の締結を罰する規定が盛り込まれるのである。こうして旧体制時代の硬直的システムの解体が進み，フランスは自由な競争を保障する資本主義体制構築に向けて大きく前進することになる（原1993：13-28）。

　また19世紀には，産業を担う人材育成についても新たな充実が図られる。国の主導により，世界に先駆けて技術・産業に関わる教育機関と官僚機構を整えたフランスではあったが，現実社会を見れば，産業の近代化は遅々として進まず，英国との技術力の差はまだ歴然としていた。フランス産業は，英国と比べ何が劣っているのか。こうした問題意識のもと，1829年に民間主導で設立されたのがエコール・サントラル（Ecole centrale des arts et manufactures）である（1857年に国立学校となる）。この学校の創設者たちは，英国では労働者，現場主任，工場長らの作業分担の仕組みが優れていて，さらにその全体を総括するのが技術官僚ではなく，国の組織に依存しないシヴィル・エンジニアと呼ばれる職能であることに着目した。そこでエコール・サントラルは，従来のような官僚養成学校とは一線を画し，現場で産業開発の中心的役割を担うリーダーの養成を目指す。ただ，英国を強く意識しながらも，その特徴である経験主義的手法から少し距離を置き，経験と理論を巧みに融合してより合理的に技術的課題を克服するフランス流シヴィル・エンジニアの養成が図られるのである。

　このように，民間の経済活動を支える施策が講じられた結果，産業分野における国主導の伝統にどのような変化が生じたのだろうか。この点を考えるには，鉄道分野における議論がひとつの参考になる。19世紀，鉄道建設に遅れをとっていたフランスが，いざ鉄道計画に着手しようとした時，世界には大きく分けてふたつの建設モデルが存在していた。民間企業が巨額の資金を調達して計画から建設まで行うイギリス／アメリカモデルと，国が直轄で建設を行うベルギーモデルである。国会では，旧来型の国家主導による鉄道建設を目論むルグランら土木行政よりのグループと，自由主義経済を標榜し鉄道という巨大産業を資本主義発展の契機としたい議員らの間でこの２つのモデルをめぐり議論が交わされた。しかし紆余曲折の末，これらいずれのモデルも採用されず，第三の手法，つまり路線計画と橋梁・トンネルなどの基盤施設を国，レール設置，機関車整備，鉄道運営等を民間企業が行う上下分離の混合経済体制が選択される（正式には1842年の法律においてこの方式が定められる）（北河 2010：63-68）。これは，計画の主導権を手離したくない国と，大事業により資産規模を拡大したい企業家の双方の意向，つまり

官の伝統と民の活力の両立を図る手法であり、その後の国家的産業プロジェクトでも何度か採用されることとなる（福島 2013）。

3　近代産業のヴィジョンとイノベーション

　産業近代化を推進するための体制の整備や、担い手の育成が進む中、近代社会の進むべき道と産業の使命といった将来ヴィジョンを語る動きも出てくる。その代表格が、サン＝シモンとその信奉者サン＝シモン主義者である（図17-3）。アメリカ独立戦争やフランス革命によって社会が大きく変革しようとしていた19世紀初頭、彼らは近代社会の壮大な夢を語り、また具体的なプランを描いた。

　サン＝シモン（1760～1825）は、政治権力を貴族や聖職者の手から産業家へ移行し、3つの異なる議会によって国を運営すべきと考えた。人類の展望を切り開く芸術家から構成される「発明議会」、社会全体の健全性を保つ法則を確立する学者から構成される「調査議会」、そして芸術家と学者が構想した公益プロジェクトの実現性を判断する産業家からなる「実行議会」である。そして有益な公共事業によって、人類の平和と秩序を取り戻すことが目指された。

　サン＝シモンの死後、その思想は弟子たちに受け継がれていく。面白いことに、弟子の多くはポリテクニシャン（エコール・ポリテクニク卒業生の通称）で、サン＝シモン主義者と呼ばれる一種の宗教団体のような組織が形成された。彼らは、学校で叩き込まれた合理的精神によって、サン＝シモンの誇大妄想的でそれ自体多くの矛盾をはらんでいた思想から、具体的な産業プロジェクトを生み出していく。その一連のプロジェクトを理解する上で重要なのが、「流れ」という概念である。人、モノ、情報の流れによって旧体制時代の硬直的な社会構造を打破しながら、交流に基づく平和な社会を構築し、カネの流れによって資本主義を発達させ、空気や水の流れで衛生的な生活環境を創造する、というわけである。こうして、フランスだけでなく、地中海全体を視野に入れた鉄道ネットワーク、太平洋と大西洋そして西洋と東洋を結ぶパナマ運河とスエズ運河、鉄道で結ばれた都市への銀行の配置、といった新たな産業社会のアイデアが次々と打ち出されていく。

　社会基盤整備に加えて、19世紀後半にフランスで計5回開催された産業の祭典・万国博覧会（Exposition universelle）のアイデアもサン＝シモン主義者に負うところが大きい。中心人物は、ミシェル・シュヴァリエというポリテクニシャンで、彼は1851年にイギリスの威光を全世界に示したロンドン万博（The Great Exhibition of the Works of Industry of all Nations）から刺激を受けて、産業社会の発

展を導く新たな国家事業としてこの祭典を構想した。

まずロンドン万博と同様に，会場施設自体でフランスの技術力を世界に示そうとしたパリ万博は，建設産業に活況をもたらした。特に鉄とガラスを使った大規模構造物の建設は，サン＝ゴバン社やエッフェル社といった企業の技術力を世界に示す格好の機会となった。

またパリ万博は，フランス商品のブランド化という点でも大きな意義のある行事であった。ロンドン万博では扱われなかった食料加工品やモード関連商品を含む，幅広い分野を対象として品評会が行われ，一種の格付けが行われたからである。例えば，従来さほど知名度の高くな

図17‐3　サン＝シモン主義者の教祖アンファンタン
出典：Picon（2002）．

かったボルドーワインが，万博においてブルゴーニュのワインと並び金賞をとることで世界的な商品となり，香水，カバン，食器など，今も高いブランド力を誇る商品も万博での受賞を足掛かりとして世界的知名度を高め，舶来品として日本にも輸出されていった（鹿島 1992）。

賞によってフランス産業に競争を促す仕組みは，エリート技術者たちも刺激した。特に，産業近代化の担い手として期待されていたサントラリアン（エコール・サントラル卒業生の通称）にとって重要な活躍の場となった。例えば1878年の万博では（図17‐4），841人のサントラリアンが出品し，そのうちの343人が大賞，金賞，大臣特別賞などの何らかの賞を得たという。また，万博は職人たちにも自らの発明品を世に知らしめるチャンスとなり，例えば後述する鉄筋コンクリートの歴史は，無名の職人が万博に出展した製品を抜きにして語ることはできない。

このように着々と近代化が進められたフランス産業ではあるが，世界的に見ればその発展は比較的緩慢だったと言われている。中には，経済的側面から見てフランスには産業革命がなかったみなす研究者もいる（原〔1993〕では，19世紀フランスの産業分野の成長は年率2％程度で，急速でも突発的もなかったとする経済史家キャロンの説を紹介し，レヴィ＝ルボワイエ〔2003〕も同様の立場を取っている。なお，フランス革命のアナロジーとしてフランスのブランキが命名し，エンゲルスやトインビーが広めた

産業革命という概念自体，その妥当性について長年議論が行われている。長谷川〔2012〕参照）。

ただ技術に関していえば，重要な革新がなかったわけではない。まず繊維産業を見ていきたい。1750年代以降，イギリスで実用化が進んだジェニー紡織機（1755年），アークライトの水力紡織機（1771年），ミュール精紡機（1779年）などの近代的な機械は，それぞれ発明の直後にフランスに輸入され，フランス繊維産業の近代化に貢献した（レヴィ＝ルボワイエ 2003）。一方フランス国内でも，機械仕掛けのアヒルで知られる自動人形の発明家ジャック・ド・ヴォカンソン（1709～1782）が1741年に絹製作所総監に任ぜられ，既存のパンチカードの技術を応用して自動紡織機の開発を行っていた。彼の死後，彼の数々の発明品は国立工芸院で保存活用されることになるが，そこでヴォカンソンの紡織機の仕組みを研究したジャカール（1752～1834）によって，複雑な模様のデータをパンチカードに記録するジャカード紡織機が開発された（なお，正しくはジャカール紡織機と発音すべきであるが，ここでは日本での一般的な呼称であるジャカード紡織機を用いる）（ギーディオン 1977）。ジャカード紡織機は，その後世界各地に輸出され，わが国でも京都の西陣や群馬の桐生で明治時代から導入されている。なおこのパンチカードの仕組みは，紡織機以外にもコンピューターのデータ入力，錠前のキーカードにも応用されている。

次に自動車産業を見てみよう。ガソリンエンジン（1876年）とそれを搭載した最初の自動車（1885年）を発明したのは，それぞれオットー，ダイムラーというドイツ人であったが，その技術を基に自動車製造会社を次々と設立したフランスは，1905年にアメリカに抜かれるまで世界第1位，1930年までは世界第2位の生産量を誇る自動車大国であった（原 1980）。その発展を最初期から支えた代表的な企業がルノーとプジョーで，第一次世界大戦後の1919年に設立し業績を伸ばしたのがシトロエンである。これらのうち，製鉄業から卓上用胡椒挽き，コルセットの張り骨，クリノリン（スカートの骨組み）などの製造を行っていた父ジュール

図17-4　1878年のパリ万博機械館
出典：Chalet-Baihache（2008）.

の工場を受け継いだアルマン・プジョー（1848〜1915。親子ともにサントラリアン）は，自転車製造の後，1889年から自動車の製造を開始し，車体へのスチールの使用，ラディエーター搭載といった新技術を取り入れてプジョーの発展を導いた（Hauglustaine 2005）。一方，後発組のシトロエンは，米国自動車界の躍進を象徴するフォード方式をヨーロッパに初めて導入し，その後もサスペンション技術や駆動技術において技術革新を行い，ハイテクのイメージで業績を伸ばしたことで知られている。創業者のアンドレ・シトロエン（1878〜1935）は，エコール・ポリテクニク同期の5人の技術者を初め，ポリテクニシャンやサントラリアンを数多く採用し，合理的な技術を追求した（Schweitzer 1994：283-287）。また，ラジアルタイアの実用化を初めとする数々の技術改良で自動車業界を支え，1935年には経営不振のシトロエンを買収して自動車開発（例えばシトロエン2CV）にも参画したタイヤメーカー・ミシュランの存在も忘れてはならない。ミシュランは，世界的なタイヤメーカーとして重要であるだけでなく，1900年万博をきっかけとして，タイヤの販売とドライブ観光を結びつけてレストランや観光情報を掲載したガイドブックを刊行したことでも知られている。

　最後に19世紀のフランス建設産業の中で，エッフェル社とコンクリート分野について触れておこう。エッフェル塔で有名なギュスタヴ・エッフェル（1832〜1923）は，エコール・サントラルでは化学を専攻したが，卒業後は本来関心のあった建設業界に入り，ギャラビ鉄道橋からニューヨーク自由の女神の構造体，そしてエッフェル塔といった世界的な構造物を次々と手がけていく。コンクリート産業もフランスが得意とする分野のひとつで，冒頭で紹介したように世界的企業が存在する。フランスでは，1824年に英国で開発されたコンクリート材料・ポルトランドセメントを使用して，19世紀前半から橋，建築など様々な構造物が建設された（北河 2009：61-63）。その中心を担ったコワニエは，コンクリートという新たな素材に産業立国の思いを託したサン＝シモン主義者である。また，コンクリートと鉄で互いの力学的欠点を補い合う鉄筋コンクリートという新たな素材の開発も，1850年代以降にフランスの発明家や職人が中心になって行い，19世紀末にはエヌビックという企業家が今につながる技術を開発して，世界的に事業を展開した。コンクリート技術はその後さらにフランスやドイツを中心として発展し，1928年には鉄筋コンクリート技術をさらに発展させたプレストレストコンクリートという技術が，ポリテクニシャンのフレシネによって開発されている。

　なおシトロエンの事例に見るように，20世紀に入ると産業分野で活躍するポリテクニシャンが増加する傾向を見せる。例えば，1912年から1978年のデータを見

表17-1　フランスにおける産業関係の大企業経営者の出身別割合

(単位：%，母数は人)

年		1912	1919	1929	1939	1959	1973	1978
技術者	ポリテクニシャン（土木または鉱山）	6.8	9.2	18.4	19.1	11.3	19.2	21.3
	ポリテクニシャン（その他）	10.2	11.2	10.2	18.1	19.6	9.1	16.7
	サントラリアン	17.0	19.4	21.4	16.0	6.2	3.0	4.8
	その他の技術者	12.6	14.3	16.3	13.8	14.5	20.2	11.9
法学出身		26.1	21.4	25.5	23.4	41.2	42.4	40.5
その他		27.3	24.5	8.2	9.6	7.2	6.1	4.8
母　数		88	97	91	94	95	99	42

出典：Lévy-Leboyer（1994）.

ると，多いときでフランス上位100企業の経営者の40％近くがポリテクニシャンで占められていたことがわかる（Lévy-Leboyer 1994：141-165）（表17-1）。軍人，官僚，科学者を養成するという旧来のエコール・ポリテクニクの使命は，20世紀に入って軍部からの採用が減る中で次第に変化し，産業界においてエコール・サントラルをも凌ぐ存在感を見せ始める。1930年代に，生産性，効率性よりも国民生活の基盤の保護を優先し，赤字経営だった航空会社（1933年エール・フランス）と鉄道会社（1937年フランス国鉄）を国有化し，また第二次世界大戦直後に壊滅状態だったエネルギー，金融，運輸関係の主要産業を国有化によって立て直すという国の方針も，ポリテクニシャンが産業分野で活躍する道を開いたともいえる。こうした一連の流れは，国家的プロジェクトとしてフランス政府がハイテク産業を重視するひとつの布石にもなった。例えば，1928年にポリテクニシャンのドゥトゥフが設立したアルストムは当時の先端技術である電車製造の分野で技術を蓄積し，第二次世界大戦以降はTGVや原子力発電に用いる発電機の製造に手をひろげてフランスのハイテク産業を象徴する企業に成長を遂げている。

4　第二次世界大戦後の新たな展開

第二次世界大戦後，フランスは国内総生産を約4倍に伸ばす「栄光の三〇年間」（Trente glorieuses）の時代を迎える（1830年の七月革命を指す「栄光の三日間」〔Trois glorieuses〕から，1979年経済学者ジャン・フラスチエがつくった造語）。この時期，世界の多くの国が高度経済成長を経験し，日本に関しても，1952年のサンフランシスコ講和条約から1973年の石油危機までの20年間で国民総生産が約6倍に

増加し，世界第2位の経済大国へと躍進している。この背景には，アメリカ型の大量消費社会の到来といった多くの国に共通する要因もあるものの，ここではフランスに特徴的な要因を3点に分けて紹介したい（レヴィ＝ルボワイエ 2003）。

　まず，パリに資本や人材が集中する産業構造を是正し，地方都市の工業化を進めたという点である。20世紀のフランスは，パリに資本が集中する一方で，国全体を見ると国民の3分の2が農村や人口1万人以下の地方都市に居住していた。第二次世界大戦以降もフランス農村部から都市部への人口移動は進まず，農村部で労働力が余る反面，工業活動はパリ周辺や鉱業が盛んないわゆるル・アーヴル／マルセイユ対角線の北東部に集中していた。そして，この対角線から南西に広がる地域は，ドイツ国境から遠いという軍事上のメリットから航空産業が発達したトゥールーズやボルドー，古くからの工業港があるナントなどの例外を除けば，基本的に工業化に取り残された地域とみなされていた。しかし，こうした国土構造を批判する地理学者ジャン＝フランソワ・グラヴィエの著書『パリとフランスの砂漠』が1947年に刊行され，社会的な話題となるにつれ，地域経済の不均衡によってフランス全体の活力が削がれているという見方が徐々に広がっていった。そこで，フランス政府は国土の均衡ある発展を目指して，1963年に8つの均衡都市（Métropole d'équilibre）を設定し，地方都市における雇用の拡大や需要の多様化を推進する（図17-5）。

　第二に，アメリカの支援を挙げることができる。当時のアメリカ国務長官の名前に由来するマーシャル・プランの通称で知られるヨーロッパ復興プログラムによって，フランスは英国に次ぐ20億ドルに及ぶ資金援助を受け，政府主導の事業を拡大した［第16章1参照］。そして，戦時中に中断していた水力発電用の大規模ダムの建設や鉄道の電化工事など，石炭，電力，ガス，鉄道，鉄鋼業といった政府が保護していた基幹産業分野に対して積極的に投資が行われた。アメリカのフランス産業発展への貢献は，資金面だけに限らない。第二次世界大戦中，アメリカが無料で提供した数々の特許を利用して，技術面での近代化も図られ，さらに1950年代にアメリカが復興支援の一環として電子機器類の海外発注を進めることで，フランス産業の一層の発展がもたらされた。国内的にも，1954年に付加価値税（日本の消費税に相当）の制度を導入する際に設備投資を免税扱いにするなど，産業発展の勢いを削がないよう優遇措置がとられている。

　最後に，ヨーロッパ各国間の協力関係の強化を挙げたい。特に，1957年設立のヨーロッパ経済共同体（ECC）への加盟によって市場を広げたことは，地方の工業活性化に伴い内需が拡大したフランスに追い風となり，鉄道資材，自動車，船

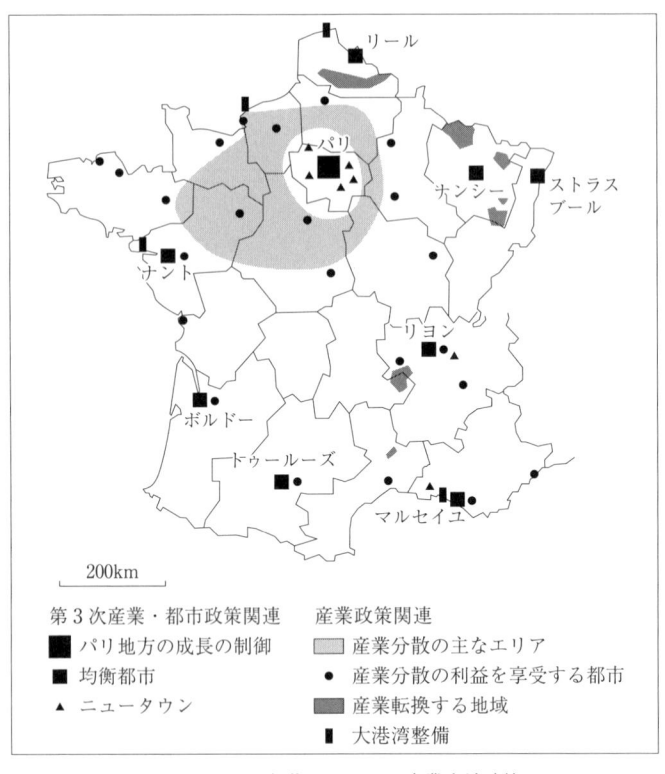

図17-5　1960年代のフランス産業立地政策
出典：DATAR（2013）を元に作成。

第3次産業・都市政策関連
- ■ パリ地方の成長の制御
- ■ 均衡都市
- ▲ ニュータウン

産業政策関連
- ▨ 産業分散の主なエリア
- ● 産業分散の利益を享受する都市
- ▨ 産業転換する地域
- ▮ 大港湾整備

舶，航空機，軍用設備，化学製品などの高付加価値を持つ製品の輸出が増大する結果となった。欧州各国との連携は経済面だけでなく技術面にも及んだ。中でも航空産業については，フランスの国営会社シュド・アヴィアション（Sud Aviation）社が英国航空会社と超音速旅客機コンコルドを開発し，さらに同社とノール・アヴィアション（Nord Aviation）社との合併の結果誕生したアエロスパシアル（Aérospatiale）社が西ドイツの航空会社の共同出資により1970年にエアバス社を設立している。このエアバス社は，フランスおよびヨーロッパの技術力を示す世界的な企業に成長を遂げている。

　このように，フランス産業の歴史が大きく転換した第二次世界大戦後において，特に急速に勢力を伸ばしたのが原子力発電産業であった（Durr 1996）。もともとフランスは，原子力の基礎研究において先駆的な役割を果たしていた。ポリテクニシャンのアンリ・ベクレルが1896年に放射線を発見し，1903年にはラジウムの

第17章　知られざる工業大国

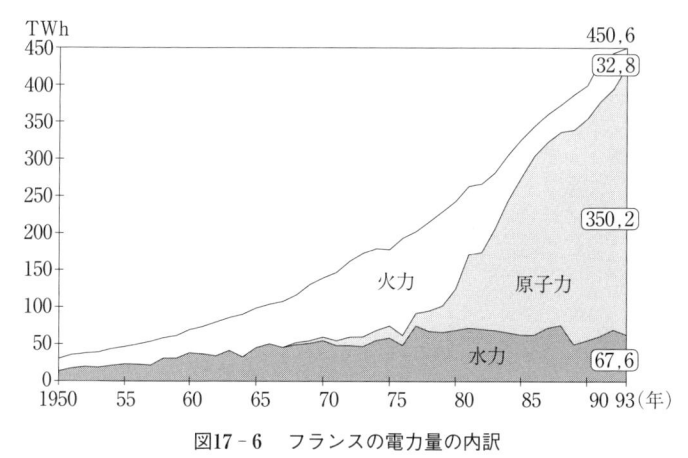

```
TWh                                          450.6
450                                          ┌32.8┐
400
350
300
250                                          ┌350.2┐
200
150        火力        原子力
100
50                    水力
 0                                           ┌67.6┐
 1950  55   60   65   70   75   80   85   90 93(年)
```

図17-6　フランスの電力量の内訳
出典：EDF-Energie Electrique 1993 DEPT.

発見で知られるキュリー夫妻と共にノーベル物理学賞を受賞，その後もキュリー夫妻やその子供たちが研究を深化させていった。一方，基礎研究の産業面への応用という点では，多くの予算と研究者をつぎ込み原子爆弾の開発を具体化した「マンハッタン計画」を推進した米国に，大きく遅れをとっていた。

しかし，復興相を務めたドトリらの発案で，1945年にドゴール将軍が原子力庁の創設を決定することで，状況に変化が生まれる。初代所長はキュリー夫妻の子イレーヌ・ジュリオ＝キュリーである。ただ，当初は政府の定める5カ年計画に基づき，軍事，民生両面にわたる事業が展開され，原子力庁は必ずしも発電事業に力を注いでいたわけではなかった。それが方針転換されるのが，石油危機に前後する1970年頃のことである。それまで電力を水力と化石燃料に頼ってきたフランスは，経済成長に伴い国民1人当たりのエネルギー消費量が増加し，さらに石炭の発掘量の減少と石油危機に直面することで，原子力発電所の建設を加速していくのである。

技術的には，旧来型のガス・黒鉛炉から，すでに米国等の先進国で採用されていた濃縮ウラン炉への切り替えが進められた。また，発電所建設を担う企業は，ボイラのフラマトム社（シュネデール社，メルラン・ゲラン社，米国ウェスチングハウス社の合弁会社），タービン発電機のアルストム・アトランティック社，核燃料関連のコジェマ社の3つのグループに集約され，これらの企業は国内市場だけでなく国外市場にも積極的に展開していく。ちなみにフラマトム社とコジェマ社は，冒頭で紹介したアレヴァ社の前身である。こうして，今やフランス国内の電力需要の約4分の3を原子力が賄うに至っている（図17-6）。

図17-7 世界遺産ノール＝パ＝ド＝カレーの鉱業盆地
出典：Belhoste (1997).

　原子力発電産業は，「栄光の三〇年間」後の産業再興策という面から考えれば成功例のひとつと言えるが，その他の分野はどうだったのだろうか。まず，最も深刻な不況に陥った製鉄業，造船業，石炭業については，これらの産業に多くを依存していた15の都市（多くがフランス北東部）を，政府が1984年に産業転換拠点（pôles de conversion）に指定し，新たな産業の育成，企業誘致，技術者育成，社会基盤整備の強化，低所得者層向け住宅の建設を含めた跡地整備などの重点施策を講じた（DATAR 2013）。しかし，これらの地域の再生はまだ道半ばで，依然として不況を抜け出していない地域が多い。なお，かつて重工業で栄えた地域の別の動きとしては，過去の歴史的な遺構を産業遺産として保存，活用し，観光に結びつける動きも見られる（図17-7）。

　また，新たな技術革新を生み出すための施策も講じられた。IT関連を初めとするハイテク産業を集積したテクノポールの建設である。代表例としては，ニース近郊のソフィア・アンチポリスやパリ南部のテクノポールが挙げられ，特に後者ではハイテク企業だけでなく技術系グランド・ゼコールの集積（エコール・ポリテクニクとエコール・サントラル）も図られている。企業誘致も含め，新たな産業を起こして地域の活性化を模索するこの種の産業再興施策は，フランスに限らずイギリス，日本などの同じく重厚長大型の産業が1970年代以降衰退した先進国で広く見られた。

　最後に，地域の伝統産業を生かした活性化策も紹介しておこう。前記の通り，ル・アーヴル／マルセイユ対角線から南西部は，長い間工業化に取り残された地域としてみなされていた。しかし，1970年代以降，産業構造が変化し，これまでフランス経済を牽引してきた北東部が衰退してからは，むしろ「南部の反撃」（revanche du sud）と呼ばれる地域の伝統（多くは農業や林業）を活かした，量より質を重視した産業の考え方が脚光を浴びることになる。こうして，ロット＝エ＝ガロンヌのいちご，ラングドック＝ルシオンのぶどうなど豊かな自然と歴史を活かした商品のブランド化が図られる。サン＝テミリオン地域も，高品質のワイ

ンを生み出す豊かな土地と美しい景観の価値が評価されて世界遺産に登録され，産業の振興に結びつけている。一方，トゥールーズのように，歴史の蓄積のある航空産業を強化して，エアバスの製造といったフランスを代表するハイテク産業都市に発展したところもある。

　地域の伝統を武器にして，産業の活性化を図ろうとする動きは，工業化による成長を前提としたかつての均衡都市の概念の見直しとも連動していた。国がマスタープランを作成し，地域の位置づけを決めるという従来の手法ではなく，国と地域が個別に契約（contrat）を結び，地元の特性を生かした整備計画や産業施策が定められるようになるのである。1973年から1979年の間には，73の中核都市が個別に計画を策定している。伝統と革新，国と地域間のバランスをとりながら，画一性や効率性よりも多様な産業の共存の中に活路を見出すという考えは，その後もフランス各地で受け継がれていくことになる。

参考文献

大河内一男（責任編集）（1968）『アダム・スミス』（世界の名著31）中央公論社。
鹿島茂（1992）『絶景，パリ万国博覧会』河出書房新社。
ギーディオン，ジークフリート（1977）『機械化の文化史』（榮久庵祥二訳）鹿島出版会。
北河大次郎（2009）「コンクリートに夢を託したフランス技術者の系譜」『コンクリート工学』vol. 47, no. 1, 61-63頁。
北河大次郎（2010）『近代都市パリの誕生』河出書房新社。
木本書店編集部（2013）『2013年版世界統計白書』木本書店。
久米邦武編（1979）『特命全権大使　米欧回覧実記(三)』（田中彰校注）岩波書店。
総務省統計局（2014）『世界の統計』。
日仏経済交流会（2012）『フランス人の流儀』大修館書店。
長谷川貴彦（2012）『産業革命』山川出版社。
原輝史（1993）「フランス経済の生成と発展」『フランスの経済』早稲田大学出版部。
原輝史編（1980）『フランス経営史』有斐閣。
平林博（2008）『フランスに学ぶ国家ブランド』朝日選書。
福島清彦（2013）『ヨーロッパ型資本主義──アメリカ市場原理主義との決別』講談社。
フランス外務・欧州問題省編（2010）『最新フランス・ハンドブック』原書房，99-114頁。
三宅理一監修，中島智章・前島美知子（2010）『サンゴバン　ガラス・テクノロジーが支えた建築のイノベーション』武田ランダムハウスジャパン。
レヴィ゠ルボワイエ，モーリス（2003）『市場の創出──現代フランス経済史』（中山裕史訳）日本経済評論社。
Belhoste, Jean-François and Paul Smith (ed.) (1997) *Patrimoine industriel,*

cinquante sites en France, Paris: Editions du Patrimoine.

Barth, Volker and Lemoine, Bertrand (2008) "Paris 1878", *Paris et ses expositions universelles*, Paris: Editions du Patrimoine.

Chantier, Roger and Hugues Neveux (1981) "La ville dominante et soumise", *Histoire de la France urbaine*, tome 3, Paris: Le Seuil.

D'Allemagne, Henry-René (1930) *Les Saint-Simoniens*, Paris: Librairie Gründ.

DATAR (2013) *50ans d'aménagement du territoire*, Paris: La Documentation française.

Durr, Michel (1996) "Le tournant nucléaire d'électricité de France", *Histoire de l'électricité en France*, tome 3, Paris: Fayard.

Fontanon, Claudine (1992) "Les origines du Conservatoire national des arts et métiers et son fonctionnement à l'époque révolutionnaire (1750-1814)", *Les Cahiers d'Histoire du CNAM*, n° 1.

Germain-Martin, Louis (1898) *La grande industrie sous le règne de Louis XIV*, Paris: Arthur Rousseau.

Hauglustaine, Anne-Catherine (ed.) (2005) *Parcours de centraliens*, Paris: Musée des arts et métiers.

Lévy-Leboyer, Maurice (1994) "La science mène-t-elle à l'action? Les polytechniciens dans l'entreprise", *Les polytechniciens dans le siècle*, Paris: Dunod.

OECD (2013), Innovation in science, technology and industry, key biotechnology indicators.

Picon, Antoine (2002) *Les Saint-Simoniens*, Paris: Belin.

Pinon, Pierre (ed.) (1986) *Un canal... des canaux*, Paris: Picard.

Schweitzer, Sylvie (1994) "André Citroën (1878-1935) et l'automobile", *Le paris des polytechniciens*, Paris: D. A. A. V. P.

TNS-Sofres (2012) *Image de la France dans le monde, présentation des résultats.* (http://www.tns-sofres.com///sites/default/files/2012.02.21-imageFrance.pdf)

第18章
ドゴールの時代

渡辺和行

1　ゴーリズム

　シャルル・ドゴールほど，愛されると同時に憎まれた国家元首はいないだろう。敬愛されたのは，1940年と1958年の2度，危機に陥ったフランスを救ったからである。他方，アルジェリアの独立を認めたドゴールは，極右勢力に憎悪され何度も暗殺されそうになった。1962年8月22日，パリ郊外プチ＝クラマールでドゴールを乗せた車に187発の銃弾が浴びせられた事件が有名である。本章では，1958〜69年という「栄光の三〇年間」後半のフランス社会を描こう。それは，ドゴール大統領の治世と重なる「ドゴールの時代」であった。

　ドゴールが政治に求めたものは「フランスの偉大さ」の回復である。1953年11月12日にこう語っている。

　　私は失敗に慣れています。思えば，私の生涯は何と多くの失敗で印づけられていることでしょう！……それがたんに私個人の失敗であったなら，たいしたことはなかったでしょうが，悲しいかな，それはフランスの失敗でした。……戦争中のもっとも辛い試練の日々に，しばし私はこう思ったものです。おそらく私の使命は，フランスの栄光の頂上を目指す最後の躍動(エラン)としてわが国の歴史に残ることだろう。おそらく私は，フランスの偉大さを記す書物の最終ページを書いているはずだ（De Gaulle 1970 t. 2：600）。

　ドゴールの思想形成で見逃せないのは「フランスについてのある観念」である。『大戦回顧録』にこう記されている。「生涯を通じて私は，フランスについてある種の観念を胸のうちに作りあげてきた」。フランスが「卓越した類例のない運命」を持ち，「フランスが本当におのれ自身であるのは，それが第一級の地位を占めているときだけであり，……わが国は，死にいたる危険を冒しても高きに目標を

定め，毅然として立たねばならない。私の考えでは，フランスは偉大さなくしてはフランスたりえない」（ド・ゴール 1999 I：6）。

このように，彼のフランスという観念には，高貴なるフランス，至上のフランス，欧州の調停者にして指導者のフランスという内容が含まれている。これらがフランスの使命だと意識される。しかも，「私はフランスであった」「私はフランスを代表して語った」（De Gaulle 1970 t. 2：617）という発言にあるように，ドゴールは自分とフランスを同一視する。彼は「偉大さへの意志」が堅固なナショナリストであった。

図18－1　正装の大統領ドゴール
（1959年1月8日）
出典：Gallo, Max（2007）*De Gaulle : les images d'un destin*, Paris: 131.

こうしたドゴールの思想は，ゴーリズム（ドゴール主義）としか言いようのないものである。政治学者のホフマンも「ゴーリズムとは姿勢であって教理ではない。……フランスへの奉仕とフランスの偉大さを除くと，ゴーリズムを定義するには内容ではなく，それを取りまく状況によってのみ定義できる」（ホフマン 1977：66）と述べている。ドゴールが直接国民に訴えて支持を得る政治スタイルを多用したように，ゴーリズムは民衆的性格，ポピュリズム的性格，ボナパルティズム的特徴を併せ持ったことも指摘せねばならない。ドゴールの内部では，ボナパルティズムの三要素（権威・栄光・国民）は溶けあっている。

2　アルジェリア危機とドゴールの再登場

ドゴールを政治の檜舞台に連れ戻したのはアルジェリア危機である。アルジェの反乱が第四共和政を崩壊させ，第五共和政を誕生させた。それでは，その経緯を述べよう。1954年11月に再開された反仏武装闘争に対して，首相のマンデス＝フランスと内相フランソワ・ミッテランは「アルジェリアはフランスだ」と述べて鎮圧を主張した。1956年1月に成立した社会党のギ・モレ政府も強硬策に終始し，そのためにアルジェリアのフランス軍を1954年比で9倍の50万人に増強している。フランスは，1956年10月にアルジェリア民族解放戦線（FLN）のリーダーが乗った飛行機を強制着陸させて逮捕し，1957年1月には全権を得たフランス軍が落下傘兵部隊（パラ）を用いて鎮圧に乗り出した。パラによる拷問や殺害をと

もなった「尋問」の残虐さは，アンリ・アレッグの書物で広く知られることになった。

アルジェリアでは，100万のコロン（入植者）が900万のアルジェリア人を支配していた。元首相のジョルジュ・ビドーや前アルジェリア総督のジャック・スーステルも，「フランスのアルジェリア」を叫んで後にドゴールと対立する。右派ゴーリストのスーステルは，アルジェリア蜂起の黒幕のひとりである。1958年4月15日にガイヤール政権が倒れたのも，同年2月に起きたサキエト事件の処理に対するスーステルの政府批判が端緒となった。サキエト事件とは，2月8日，フランス空軍が中立国チュニジアの村サキエトを爆撃した結果，69名の村民が死亡して国際世論から非難を浴びた事件である。空爆を知らされていなかった首相が，アルジェリア問題について英米両国の調停を受け入れたため，「フランスのアルジェリア」派から弱腰外交を糾弾された。アルジェリアの独立を支持して政府の政策を批判したのは，ジャン＝ポール・サルトルやレイモン・アロンなど，ごく少数の知識人である。

ガイヤール政権崩壊後，フランス政界も混迷を深め，政権が1カ月空位状態にあったさなかの1958年5月13日，コロンと学生が白人の既得権を守るためにアルジェで決起した。パラ指揮官のマシュ将軍やインドシナ戦争時の司令官サラン将軍などのフランス軍将校も反徒と合流し，右翼的な公安委員会が組織される。首謀者は，5月14日未明，ドゴールに「フランスのアルジェリア」を擁護するために政権を担うように求めた。13日に成立したフリムラン内閣は，なす術もなく立ち往生していた。独自の情報収集を続けていたドゴールも，5月15日，内戦の危機の前で「共和国の権力を引き受ける用意がある」と声明する。そこで政府は，ドゴールに3点（フリムラン政府を唯一の合法政府と認めること，公安委員会の否認，組閣を要請された場合には憲法上の手続きを尊重すること）について態度を明確にするように求めた。ドゴールは，5月19日の記者会見で3点については曖昧に答えた。しかし，「私が自由を復活させた」のであり，「67歳の私が独裁者の経歴を始めようと信じる人がいますか」と述べて独裁への懸念を拭い去り，「私は村に帰って国民の意向を待ちます」と結んだ（De Gaulle 1970 t. 3：10）。5月22日に元首相ピネーがドゴールの私邸を訪れ，軍事行動を阻むために影響力を行使するようドゴールに求めつつも，権力復帰には反対も多いことを述べたように，フランス政界では事態の進展は見られなかった。

5月24日，反乱軍がコルシカに進駐し，フランス本土をも窺う構えを見せた。アルジェリアにはフランス本土の2倍の軍人がいた。5月21日に反徒のラガイヤ

ルドがフランスに乗り込んでクーデタの準備にあたっており，本土の反乱が現実味を帯びてきた。クーデタの危機が高まるなかで，ドゴールと首相や大統領との話し合いが始まる。5月26日朝，ギ・モレ副首相の手紙を受け取ったドゴールは，フリムラン首相に会見を申し込んだ。会見はその夜実現したが，ドゴールがアルジェの反乱を明確に否認しなかったので結論には至らなかった。しかし，5月27日正午過ぎにドゴールは声明を発して大きな一歩を踏み出した。

図18-2 アルジェリア政庁のバルコニーから演説するドゴール（1958年6月4日）
出典：Gallo, Max（2007）*De Gaulle: les images d'un destin*, Paris: 134.

> 昨日私は，国の統一と独立を保障する共和国政府の樹立に必要な正規の手続きを開始した。……こうした状況下では，公の秩序を脅かす一切の行動は，誰が行うにせよ重大な結果をもたらすおそれがある。現情勢に鑑み，私はそれに賛同できないであろう。私はアルジェリア駐在の陸海空軍が，サラン将軍，オーボアノー提督，ジュオー将軍の指揮に忠実に服従することを期待する。私は，これらの指揮官に信頼を表明し速やかに彼らと接触したいと望んでいる（De Gaulle 1970 t. 3 : 11）。

5月28日，フリムラン内閣が総辞職した。ルネ・コティ大統領もドゴールが救国内閣を率いることに同意する。ドゴールは，組閣の条件として半年の全権委任・4カ月の議会休会・新憲法を作成し国民投票にかけることを持ち出した。この条件が認められ，6月1日，ドゴールは共産党を除く挙国政府を率いた。ドゴールの側近マルロー，ギ・モレやフリムランやピネーなどの元首相も大臣として入閣していた。スーステルも7月に入閣したが，主要閣僚はアルジェリア独立容認派であり，それが反徒に不満を残した。

6月4日，ドゴールはアルジェリア政庁のバルコニーから群衆に語った。彼は両腕を大きく頭上に差しあげてVサインを作りつつ，「私には君たちのことがわかっている」とフランス人にもアルジェリア人にも受諾可能な言葉を発し，双方

に期待を持たせた。同時にドゴールは,「フランスは,今日この日以後,アルジェリア全土にただ一種類の住民のみが存するものとみなす。同等の権利と同等の義務を持つまったく対等のフランス人だけが存在するのだ」と述べ,絶望からFLNに走った人びとに「和解の扉を開く」と結んだ(De Gaulle 1970 t. 3：15-16)。国難に陥ったフランスの救済がドゴールに託される。彼の関心は国家の威信の回復にあった。半年の全権を得たドゴールは,1958年9月28日に新憲法の是非を問うた。執行権を強化し議会の権限を弱体化した第五共和政憲法(第16条大統領の緊急措置発動権)は,1,750万票(投票総数の79％)を得て承認され10月に公布された。11月の総選挙でドゴール派の新共和国連合は,552議席中の216議席を確保する。この選挙の特徴は,左翼政党の議席激減と第四共和政の元首相6名の落選である。第四共和政に対する有権者の批判の強さが窺える。イデオロギー対立と多党制による連合政治を政治文化としてきたフランスに,初めて多数派による議会政治がもたらされた。12月21日,ドゴールは7万6,000人からなる選挙人団の投票総数の78％の票を得て,「共和政的君主」とも言いうる権限を得た大統領に選出され,アルジェリア問題に本格的に取り組む。

3 アルジェリアの独立

　ドゴールは,1959年1月段階では「平和が回復し改善され,個性を自ら発展させフランスと緊密に結びついた明日のアルジェリア」について語っていたが,3月には「フランスは,アルジェリアが新しい人格を持つよう変わるために努力する」と表明した。同時にドゴールは,1959年春から夏にかけてオランやカビリア地方で大規模な掃討作戦を展開している。しかし彼は,平定による秩序再建と普通選挙による自決権付与だけでは「アルジェリア問題は解決しない」ことも理解していた。そこで民族自決を認めない反乱将軍を相次いで解任し,スーステルも1年余で罷免してアルジェリア放棄を鮮明にする。1959年9月16日,ドゴールはアルジェリアの運命をアルジェリア人に委ねると発言し,離脱(フランスからの完全分離)・フランス化(同化統合)・連合(フランスと緊密に結合したアルジェリア人によるアルジェリア人の政府)という3つの可能性に触れた(De Gaulle 1970 t. 3：121)。ドゴールの真意は連合にあった。「フランスのアルジェリア」に執着するフランス人はドゴールへの反感を強める。ドゴールによるマシュ将軍解任に抗議して,1960年1月23日にはアルジェの大学がラガイヤルド派に占拠され,「バリケードの1週間」が始まる。翌日,ピエ・ノワール(アルジェリアに入植したヨー

ロッパ人）と機動隊との衝突で死傷者が出た。1月29日に軍服姿のドゴールは，テレビとラジオから「民族自決」を再確認し，軍には軍規に従うことを呼びかけ，軍隊内の反ドゴール派を一掃して事態を掌握した。

　1960年6月10日，ドゴールは単独講和に傾いたFLN反主流派の代表とエリゼ宮で会見し，14日にはラジオからアルジェリア共和国臨時政府（GPRA）に停戦を呼びかけた。GPRAが交渉に応じ，GPRA代表団との会談は6月25日からパリ近郊のムランで始まった。フランスが停戦以外の政治交渉を禁じたために会談は決裂してしまう。手詰まり状態がしばらく続くが，11月4日に新たな展開をみた。国民への演説のなかで，ドゴールの口から「アルジェリア人のアルジェリア」「アルジェリア共和国政府」という言葉が発せられた（De Gaulle 1970 t. 3：259）。1961年1月8日に行われた国民投票の結果，2,750万人の有権者のうち2,100万人が投票所に赴き，1,550万人（有効投票の76％，有権者の56％）がドゴールに賛成し，アルジェリア人の民族自決が承認された。この結果を受けて，1961年1月16日，GPRAもフランス政府との交渉開始を声明する。とはいえ，ドゴールも最初からFLNによる民族自決を考えていたわけではない。彼は，1958年に発足した「フランス共同体」の枠内でフランスと緊密に連合したアルジェリア自治政府を望み，1958年10月23日にはFLNに「勇者の平和」（ラ・ペ・デ・ブラーヴ）を提案し（De Gaulle 1970 t. 3：55），7,000人の政治犯を釈放したりしていたが，独立派に有利な状況がドゴールに譲歩をしいたのである。

　しかし，アルジェリアの独立に反対する勢力が「秘密軍事組織」（OAS）を結成し，プラスチック爆弾を用いたテロ活動を強化した。さらに，独立を阻止しようとあがく青年将校団が4将軍（モーリス・シャル，エドモン・ジュオー，マリ＝アンドレ・ゼレール，ラウル・サラン）を担ぎ出し，1961年4月22日にアルジェで決起する。いわゆる「将軍フロンド」事件である。政府は非常事態を宣言し，反乱の首謀者を告訴した。ドゴールが憲法第16条を発動して危機に対処し，反乱は4日間で終息する。今度は左翼も含む大半のフランス国民がドゴールの側にあり，フランスの脱植民地化は後戻りできない地点を突破した。第四共和政期に「フランス連合」として再編された植民地帝国は，第五共和政の発足とともに「フランス共同体」に衣替えしていた。ドゴールは「共同体か離脱か」を植民地に迫り，離脱する国には援助はしないと断言した。1958年10月，ギニアの指導者セク・トゥーレは「隷従のなかの豊かさよりは貧困のなかの自由を選ぶ」と述べて即時独立を選んだが，それ以外の旧植民地は共同体に加盟した。旧植民地も5年以内の独立が認められていたが，実際には2年で14の国が独立している。というのは，

フランスの援助を断たれたギニアにアメリカとソ連から援助がもたらされ，他の旧植民地のフランス離れが懸念されたため，フランスは独立を認めざるを得なかったからだ。こうして，ドゴールがアルジェリア解決のモデルとした「共同体」構想は砂上の楼閣と化した。

　1961年5月20日からスイスに近いエヴィアンで，フランスとアルジェリアの代表が和平交渉を開始した。交渉は4期に分かれて9カ月続いた。交渉項目は，政治・経済・財政・社会・行政・教育・軍事などのあらゆる分野にまたがっていた。アルジェリアとフランスとの特恵的な結びつきの維持と引き換えに，アルジェリアへの財政支援や技術協力も主張された。5月8日にドゴールはこう語っていた。「アルジェリアを内外ともに主権国家にするか否かを決めるのはアルジェリア人です。またこの国家が，フランスと共同するのかどうかを決めるのもアルジェリア人です。共同すればフランスは効果的な協力相手となり，諸共同体の組織的な協力を認めるでしょう」。またピエ・ノワールには，「どうか時代遅れの神話を捨てていただきたい。馬鹿げた争乱には加わらないでいただきたい」と植民地主義からの訣別を訴えた（De Gaulle 1970 t. 3：312）。しかし，サハラ地域の国際管理を主張するフランスと領土権を主張する FLN が対立し，交渉は暗礁に乗りあげてしまった。1961年7月18日，海軍基地返還をフランスに求めて軍事行動を起こしたチュニジア軍を，ドゴールが鎮圧したことで緊張が高まる。しかも8月27日，GPRA の首相が穏健派のアッバスから強硬派のベン・ヘッダに交代した。しかし，新首相は「率直で誠実な交渉は，わが民族の自決権を確立し，独立を達成し，戦争を終結してアルジェリアとフランス両国民の実り多い協力への道を開く」と声明し，和平路線を鮮明にした。ドゴールも9月5日に「サハラ問題についてのわが行動指針は，国益を守ると同時に現実を考慮に入れることだ」（De Gaulle 1970 t. 3：340）と述べて，サハラがアルジェリアに属することを認めた。

　こうして交渉が再開され，それとともに OAS のテロ行為も過激化する。アルジェリアでは死者が1万2,000人に達し，フランスでもプラスチック爆弾が多数炸裂した。和平交渉の場を提供したエヴィアン市長が殺害され，サルトルやマルローも狙われた。しかし1962年3月18日，エヴィアン協定が結ばれ，アルジェリアの独立が正式に承認される。同時にドゴールは，アルジェリア軍事基地の15年間使用権や核実験の続行を認めさせ，サハラの石油利権の半分をフランスのために確保し，コロンの財産も保証させた。4月8日にフランスで行われた国民投票で，アルジェリアの独立賛成に1,790万票（有効投票の91％）が投じられた。アルジェリアの国民投票は7月1日に行われ，有権者の90％以上が独立に賛成した。

図18-3　ソ連首相フルシチョフのフランス訪問
（1960年3月23日）
出典：Gallo, Max (2007) *De Gaulle : les images d'un destin*. Paris: 142.

アルジェリア戦争が終結した1962年は，人民投票的大統領制が誕生した年でもある。大統領選出方法の改正案（国会議員と地方議員による間接投票から国民の直接選挙へ）は，独裁を危惧する政党の反対にもかかわらず，10月28日の国民投票で承認された。有効投票の62％（有権者の47％）の賛成を得たが，有権者の過半数には至らなかった。この改正は，大統領選出方法の機能不全（1953年の大統領選出に13回もの投票を要した）の是正以上に，大統領の正統性を高めて政党の上に超然と立つドゴールの政治手法の表れであった。すでに4月にドゴールは，国務院からロスチャイルド銀行に天下っていたポンピドゥーを首相に指名して政党政治に挑戦していた。10月5日に不信任案が可決されてポンピドゥー首相が辞任したとき，ドゴールは議会を解散した。小選挙区2回投票制による11月下旬の選挙でドゴール派が過半数の議席を獲得したことを受けて，ドゴールはポンピドゥーを首相に再任し，ゴーリスト政党が「支配政党」として大統領を支える体制が築きあげられた。

4　ドゴール外交

ドゴールがアルジェリア危機を収拾して秩序を回復するにつれて，外交・軍事・経済の3面で「フランスの偉大さ」の再生を求めるゴーリズムが前面に表れた。3つの政策を束ねる原理は，英米ソ連と協力はするが決して依存せず，フランスの自立を確保することであった。こうした考えは折にふれ表明された。1945年7月21日，ドゴールはフランスが「2つの世界の橋渡し役」になることを述べ，1953年11月12日には「ジブラルタルからウラルまで」の欧州に触れ，1960年5月末にも独立を失うことなく「大西洋とウラルのあいだに欧州協調を樹立する」という構想を示した（De Gaulle 1970 t. 1：580 t. 2：587 t. 3：221）。ドゴールの欧州政策の基本は，超国家性の拒否とアメリカからの政治的軍事的独立にあった。

フランスを大国の地位に引き上げるという「偉大さへの意志」は，欧州統合や安全保障をめぐって国際政治を攪乱させもしたが，すべては「フランスの偉大

さ」の回復に注がれた。脱植民地化もその観点から眺められた。脱植民地化は民族解放という時代の趨勢とはいえ、そこには周到なドゴールの戦略があった。米ソ両国に対抗しうるフランスの地位を確保するため、第三世界の民族解放運動を支持してフランスへの信頼を獲得することが狙いであった。また、フランス外交の伝統に倣ってソ連に接近した。1960年3月23日、ドゴールがソ連首相フルシチョフをパリに迎えたのも、対米交渉でソ連カードを活用しようという表れである。ソ連首脳の訪仏はロシア革命後初めてのことであった。ドイツ問題で一致せず仏ソ首脳会談は成功しなかったが、この会談が米英仏ソの四大国サミットにつながった。ドゴールは、軍縮やドイツ問題を協議するために四大国サミット開催を呼びかけ、5月16日にパリで開くに至った。しかし、5月1日にソ連領空でアメリカのU2型偵察機が撃墜されるというハプニングがあって、サミットは出鼻をくじかれてしまう。

図18-4 エリゼ宮で会談するアメリカ大統領ケネディとドゴール（1961年5月31日）
出典：Gallo, Max (2007) *De Gaulle : les images d'un destin*, Paris: 143.

　1961年8月のベルリンの壁建設や1962年10月のキューバ危機以後の米ソ平和共存によって仏ソ接近の旨みがなくなるや、一転して1964年1月に中華人民共和国を承認した。先進国のなかで中国を真っ先に承認したのも、中ソ対立や米中間に国交がない時代におけるフランスの対米・対ソ戦略であった。その後も1966年6月にドゴールが訪ソして仏ソ友好に一役買ったり、同年8月のプノンペンでアメリカのベトナム戦争を批判し、その調停役を買って出たりもした。こうした第三世界や東欧諸国との接近というドゴール外交は、左翼的政策の代行でもあり、フランス左翼の力を削ぐことになる。このような全方位外交は、欧州大陸におけるフランスの地位の確立と超大国アメリカからの自立路線から生じた。国益を根幹にすえた柔軟なリアリズムないしプラグマチズムが、ドゴール外交の神髄であった。

　ドゴールの全方位外交を支えたのは軍事力だ。ドゴールは、国際秩序を維持しその権威を保障するには武力が必要だと語っている。彼の国防政策の特徴は外交と軍事の有機的結合にあったが、国防面でも国家の自主性を失わせる政策は否定

された。ドゴールにとって，現代における軍事的自主性とは核開発と核兵器の所有であった。軍事的自立への意志がフランスを核武装へと突き進ませた。1963年にアメリカ提案の多角的核戦力構想や部分的核実験禁止条約の調印をフランスが拒んだのも，米ソ両国による核独占への批判からである。ドゴールは，1958年7月にダレス米国務長官との会談で核武装を主張していたが，フランスの原爆実験は1960年2月13日にサハラで成功をみた。核実験成功の第一報を聞いたドゴールは，「フランス万歳！ 今朝フランスはより強く，より誇り高くなった」と述べた。彼には「核兵器を持つ国は，核を持たない国民を容赦なく服従させることができ，同様に核兵器を持つ国民は核攻撃を抑止できる」(De Gaulle 1970 t. 4 : 231) という考えがあった。

1963年はこのようなドゴール外交の独自性が全面開花した年である。この年，NATOからのフランス海軍の戦時離脱が宣告された。すでに1959年3月にフランス地中海艦隊がNATOから離脱していた。それは，1958年9月14日にドゴールが英米首脳に送った親書の実践であった。そのなかでドゴールは，「NATOがもはやフランスの国防上の必要にこたえていない」と述べ，フランスにも英米両国と対等の立場でNATOの決定に参画させるよう要求していた。東西の緊張が緩和すれば，NATOはアメリカへの従属を欧州にしいると考えられた。したがって1966年3月のNATO統合軍事機構からの離脱は，フランスの政治的軍事的行動の自由の回復だと位置づけられた。1969年4月にNATOからのフランス軍の離脱が完了する。こうしたNATOの脆弱化はソ連の国益にもかない，仏ソ接近を促す一因になる。しかしドゴールが，アメリカの保護国となることは拒否したけれども，同盟者となることには同意していたことを忘れてはならない。

5　繁栄の光と影

対米自立は経済的自立でなければならない。1958年のフランス経済は，重化学工業の近代化により上昇過程にあった。その上，植民地戦争の終了で無益な戦費を近代化に回すことができた。ドゴール政権が誕生する1958年元旦にEECも発足していた。同年12月にドゴールは新経済政策を発表し，国家主導の計画経済（ディリジスム）によって工業の近代化が図られた。新経済政策は，エネルギー資源の開発，産業設備の近代化，公共投資の増額，EEC諸国との協調，フランの安定，最低賃金の引き上げなどの内容を持っていた。「偉大さ」の要素として工業力が植民地に取って代わり，年率5～6％の高度経済成長が始まった。

第18章　ドゴールの時代

　EECはフランス経済に利益をもたらしつつあったが，イギリスは1956年7月に17カ国からなる自由貿易圏構想を発表してEEC加盟国に揺さぶりをかけてきた。しかし，フランスの反対で自由貿易圏構想は日の目を見ず，1960年7月にイギリスは，オーストリア・スイス・デンマーク・ノルウェー・スウェーデン・ポルトガルの7カ国でヨーロッパ自由貿易連合を発足させた。そこでドゴールは，1960年9月5日の記者会見で国家間協力を基礎にした「欧州統合」を論じ，政治・経済・文化・防衛の各分野での西欧の協力を述べ，関係各国政府による継続的協力体制，政府に従属した特別機構，各国の議会代表からなる議会，広範囲のヨーロッパ国民投票などを提起した（De Gaulle 1970 t. 3：244）。西ドイツ首相アデナウアーの支持もあって，経済統合から政治統合への転機が訪れたかのようであったが，イギリスやアメリカに気を使うオランダやベルギーからは好意的反応はなかった。それゆえドゴールは，1962年5月15日の記者会見で「統合されたヨーロッパ」は「外部の何者か」に依存するようになるだろうとアメリカの存在をほのめかした（De Gaulle 1970 t. 3：408）。

　イギリスのEEC加盟は欧州統合の基盤強化につながると考えられたが，ドゴールは「米国と特殊な絆で結ばれている」イギリスをアメリカの「トロイの木馬」とみなしていた。すでに1949年9月25日，彼は「イギリスが大西洋の彼方の人びとに引きつけられて欧州から遠ざかっている」と指摘していた（De Gaulle 1970 t. 2：310）。1954年にもドゴールは，「結局のところイギリスは島であり，フランスは大陸の岬であり，アメリカは別の世界である」（ド・ゴール 1999 Ⅰ：85）と記している。それゆえドゴールは，1963年にイギリスのEEC加盟を拒否し，1967年にもイギリスの加盟申請を拒絶した。ドゴールは，1963年1月14日に加盟拒否の理由として，共同市場への参加をイギリスが拒み，さらにその結成を妨げようと圧力を加え，他の国と自由貿易協定を結んだことをあげ，「イギリスに固有の性格・機構・状況は大陸諸国のそれとは根本的に違う」と述べた（De Gaulle 1970 t. 4：68）。

　欧州統合の渦は着実に広がっていたが，主権国家の枠を死守しようとするドゴールにとって，渦の中心にフランスがいない超国家的統合はあり得ない。だから，主権国家の枠を超えるEEC委員会の提案（共同体独自の財源・ヨーロッパ議会の権限強化）に異議を唱えるドゴールは，1965年6月にブリュッセルのEEC委員会からフランス代表を退席させ，半年の「空席危機」を引き起こしもした。ドゴールは，欧州統合ではなくヨーロッパの国家連合を提唱していた。その第一弾として彼は，アデナウアー西ドイツ首相とのあいだでエリゼ条約（独仏条約）を1963

年1月に締結し，外交・防衛・教育・青年交流の分野での協力を確認しあった。ドゴールは，フランスの市場拡大と生産力の上昇のためにドイツと手を組んだ。EECもフランスの力に役立ち，ドイツを抑えておく手段として利用された。

　仏独和解の第一歩は，1958年9月14～15日，ドゴールとアデナウアーの会談から始まった。会談が行われた場所はコロンベーのドゴールの私邸。両首脳は和解協力の原則で一致し，ドゴールがつけた条件（既成事実となっている国境の承認，核武装の完全放棄，東方への友好的態度，再統一への忍耐強い意思）を西ドイツ首相が受け入れ前進をみた。1962年半ばまでにドゴールとアデナウアーは，40回の書簡交換と15回の会談を通して友好を深め，それが仏独関係の強化につながった。1962年7月にランスで両首脳が相まみえ，9月にドゴールが訪独して条約がまとめられた。とはいえ，エリゼ条約の批准に際して西ドイツ議会が，ジャン・モネの働きかけもあり，英米両国との協調を謳う前文をつけてドゴールの仏独を基軸とする欧州構想に抵抗したため，エリゼ条約は青年交流以外に成果はなく，パリ＝ボン枢軸と形容される仏独関係はドゴール没後に始まる。また，経済統合の進展とともにフランス経済の脱植民地化とヨーロッパ化が進み，農作物を中心にEEC域内へのフランスの依存が高まった。1967年7月にEECは，ヨーロッパ共同体となって発展的解消をとげる。

　ドゴールの権威が絶頂に達したのは，ジャン・ムーランのパンテオン移葬式典を政府が主催した1964年12月である。レジスタンスの英雄ムーランを讃えることは，ドゴール自身を讃えることでもあった。こうしてドゴールの権力復帰後数年で，フランスは安定し先進産業社会に突入した。しかしその背後では，国会議員でもなかったポンピドゥーが首相に就いたように，高級官僚による管理社会化が進んでいた。さらに，1967年3月の選挙で落選した2名の大臣が留任し，ドゴールの議会軽視は続く。また，高度経済成長から取り残された地域や階層が生まれていた。地域間格差は，ブルターニュ地方のサン＝マロとジュネーヴを結ぶ線で区切られる地域の経済・文化格差となって表れた。同時に小農や小商人などの伝統的中間層が没落をしいられ，経済成長の裏面が浮き彫りになった。インフレを抑えるための賃金抑制策は国民の不満の種であり，貧富の差は縮まらない。国制や外交に強いドゴールも経済社会問題には弱かった。1965年12月に行われた国民投票による大統領選挙で，ドゴールがミッテランに辛勝をしいられたことは彼の威光に陰りが生じたことを示していた。決選投票ではドゴールが54.5％を獲得して再選されたが，第1回投票でドゴールは43.7％と過半数を獲得できなかった。外交上も1967年7月のモントリオールで，「自由ケベック万歳！　フランス語の

カナダ万歳！　フランス万歳！」と演説して物議を醸しもした。

　成長のひずみが炸裂したのが1968年である。それは大学から始まった。フランスでも高学歴化が進み，学生人口は1957〜1967年に3倍強の48万人に増えたが，大学制度は基本的には1896年のままであり，学生の不満が鬱積していた。さらに，ベトナム反戦運動が支持を集めていた。パリ大学ナンテール分校の反戦学生の逮捕を契機に1968年3月から始まった学生「反乱」は，5月にソルボンヌに飛び火した。5月3〜11日，カルティエ・ラタンにバリケードが築かれる。政府は警察力を行使して学生「反乱」を抑えにかかったが，弾圧のすさまじさが5月13日のゼネストと数十万人のデモを呼んだ。デモ隊からは，「10年でもう沢山だ」とドゴール批判の声があげられた。学生運動が労働運動を巻き込み，既成の労組や組織を乗り越えて，大学占拠から工場占拠へと紛争が拡大した。労働者による自主管理の要求は，官僚制と家父長主義の軛につながれた閉塞社会への異議申し立てとなった。

図18-5　ランス大聖堂のミサに参列したアデナウアー西ドイツ首相とドゴール（1962年7月8日）
出典：Gallo, Max（2007）*De Gaulle: les images d'un destin*, Paris: 146.

　5月11日，ポンピドゥー首相は公式訪問先のアフガニスタンから急遽帰国し，警察の過剰警備を非難するとともにソルボンヌ再開を約束した。しかし，ドゴールは事態を「子どもの遊び」とみなして5月14日からルーマニアに旅立った。事態の悪化で予定を早めて18日に帰国するが，「改革はウイ，バカ騒ぎはノン」(ラ・シアンリ)という言葉がさらに学生を挑発した。19日にはマンデス＝フランスがドゴールの退陣を要求する。24日にドゴールは大学改革や社会改革のための国民投票を発表するが，印刷工のストで選挙ポスターや投票用紙の印刷もままならず，事態は沈静化しない。25日，虚脱状態にあるドゴールを尻目に首相は労使の調停に乗り出した。最低賃金や給与の引き上げが認められ（グルネル協定），学生運動と労働運動の分断が図られた。28日，ミッテランがドゴールの退陣と臨時政府の組閣を強く求め，街頭を左翼のデモが覆った。29日にドゴールが失踪する。じつは，西ドイツ駐留フランス軍総司令官マシュ将軍と会い，軍の忠誠を確認していた。翌30日，自信を取り戻したドゴールは，ラジオから「フランスには独裁の脅威が迫ってい

る」と共産主義批判を展開しつつ声明を発表した（De Gaulle 1970 t. 5 : 293）。彼は，大統領の辞任も首相の交代も否定し，国民投票ではなくて議会解散で危機を打開しようとする。30日には50万以上を集めたドゴール派のデモが，シャンゼリゼを埋め尽くした。選挙戦という合法性への回収によって危機も終息する。6月下旬の選挙結果は，989万票（有効投票の44.6％）と単独過半数（293議席）を獲得したドゴール派の圧勝であった。

図18-6　労働組合 CFDT が組織した反ドゴール派の集会（1968年5月27日）
出典：Gallo, Max（2007）*De Gaulle : les images d'un destin*, Paris: 171.

「五月革命」を乗り切ったドゴールも，1968年11月の通貨危機に際しては合理的なフラン切下げを，フランスの偉大さの切下げであるかのように拒んで経済界からも見放された。またドゴール独自のヨーロッパ構想も，1968年8月20日のワルシャワ条約機構軍

図18-7　コロンベー村で営まれたドゴールの葬儀（1970年11月12日）
出典：Gallo, Max（2007）*De Gaulle : les images d'un destin*, Paris: 178.

によるプラハ侵入によってソ連圏への警戒感が高まり挫折をよぎなくされた。ドゴールは，「五月革命」の原因を官僚主義的中央集権制に見出し，1969年4月に地域圏の創設と上院改革に関する国民投票を行ったが，国民投票に敗れ4月28日に退陣した。ドゴールはコロンベーに隠棲して回想録の執筆にいそしんだが，1970年11月9日に死が訪れ，名実ともに「ドゴールの時代」は終わりを告げた。

参考文献

大森実（1978）『ド・ゴール』講談社。
川嶋周一（2007）『独仏関係と戦後ヨーロッパ国際秩序』創文社。

シャルロ，ジャン（1976）『保守支配の構造』（野地孝一訳）みすず書房。
デュアメル，アラン（1999）『ド・ゴールとミッテラン』（村田晃治訳）世界思想社。
ドゴール，シャルル（1971）『希望の回想』（朝日新聞外報部訳）朝日新聞社。
ド・ゴール，シャルル（1984）『剣の刃』（小野繁訳）葦書房。
ド・ゴール（1999）『ド・ゴール大戦回顧録』6巻（村上光彦・山崎庸一郎訳）みすず書房。
西川長夫（2011）『パリ五月革命　私論』平凡社。
ボヌール，ガストン（1967）『ド・ゴール』（宋左近訳）角川書店。
ホフマン，スタンレイ（1977）『政治の芸術家ド・ゴール』（天野恒雄訳）白水社。
マルロー，アンドレ（1971）『倒された樫の木』（新庄嘉章訳）新潮社。
村松剛（1967）『ド・ゴール』講談社。
モーリアック，ジャン（1973）『ドゴールの最期』（萩野弘巳訳）サイマル出版会。
モーリヤック，フランソワ（1966）『ドゴール』（岡部正孝訳）河出書房。
モネ，ジャン（2008）『ジャン・モネ回想録』（近藤健彦訳）日本関税協会。
モリス，ピーター（1998）『現代のフランス政治』（土倉莞爾・増島建・今林直樹訳）晃洋書房。
山本健太郎（2012）『ドゴールの核政策と同盟戦略』関西学院大学出版会。
ラクチュール，ジャン（1972）『ドゴール』（持田坦訳）河出書房新社。
ラ・ゴルス，ポール＝マリ・ド（1965）『ド・ゴール』（淡徳三郎訳）徳間書店。
ルーセル，エリック（2010）『ドゴール』（山口俊章・山口俊洋訳）祥伝社。
ワース，アレクザンダー（1967）『ドゴール』（内山敏訳）紀伊國屋書店。
渡辺和行（2013）『ド・ゴール』山川出版社。
渡邊啓貴（2013）『シャルル・ドゴール』慶應義塾大学出版会。
Gallo, Max（1998）*De Gaulle*, 4 tomes, Paris.
De Gaulle, Charles（1970）*Discours et messages*, 5 tomes, Paris: Robert Laffont.
De Gaulle, Charles（2010）*Lettres, notes et carnets*, 3 tomes, Paris: Plon.
De La Gorce, Paul-Marie（2008）*Charles de Gaulle*, 2 tomes, Paris: Nouveau monde éditions.
Lacouture, Jean（2010）*De Gaulle*, 3 tomes, Paris: Editions du Seuil.
Roussel, Eric（2002）*De Gaulle*, 2 tomes, Paris: Gallimard.

第19章
文化遺産とツーリズム

中山　俊

1　文化遺産の保護制度

　フランスは，現在，ツーリストが世界一多く訪れる国である。ツーリストを魅了する代表的なものは，やはり文化遺産であろう。そのうち，20世紀初頭まででおもに問題になるのは有形のものである。それは当時特に「歴史的記念物」（monument historique）と呼ばれ，教会などの宗教建造物，城館などの世俗建造物，古代遺跡，そして絵画，彫刻，タペストリー，調度品，祭具などの美術品を指した。「遺産」（patrimoine）はもともと，親から子への世襲財産のことだったが，次第に，ある共同体が過去から受け継ぎ未来へ継承していくべき共有財産をも意味するようになっていく。歴史的記念物が「遺産」と考えられるようになっていくのである。以下では，このような概念が誕生し定着した近現代における文化遺産の保護制度を概観したい。
　フランス革命以前，多くの文化遺産は王，聖職者，貴族など特権階級の所有物だった。革命は，それを彼らから奪い取った。パリとその近郊で没収された美術品は1793年，ルーヴル宮殿内に設立された「中央美術館」に保存され一般に公開された［第8章参照］。もっとも，全てが保護されたわけではない。革命初期において，教会や城館，美術品などはアンシアン・レジーム（旧体制）という「圧政」の象徴だったため，各地で破壊や略奪が横行した（図19‒1）。この潮流のなか，国民公会においてグレゴワール神父は1794年，今後の文化遺産保護方針を予告するような有名な演説を行った。彼は「ヴァンダリズム」という語を用いて，破壊行為に加担する者をヴァンダル族のように「野蛮」であると非難し，「良き市民」は美術品を保護すべきだと訴えた。フランス国民は，芸術を通じて教養豊かで道徳的たるべきだったのである。このような選良意識が，文化遺産の保護を推し進める一因だった。それゆえ，絵画，彫刻を中心とする聖職者や亡命貴族の私的なコレクションをもとに，地方でも続々と美術館が設立されていった。

図19-1　ユベール・ロベール《サン゠ドニ王家地下埋葬室の冒涜》(1793年)

サン゠ドニ大聖堂の地下には，歴代のフランス国王とその家族の墓がある。墓を掘り起こして圧政の象徴である王家を辱め，美術品を持ち出す民衆のヴァンダリズムが描かれている。

出典：Poulot, Dominique (1997) *Musée, nation, patrimoine : 1789-1815*. Paris: Éditions Gallimard.

　他方，古い建造物に対しては，有効な保護方策がまだあまり講じられていなかった。ヴィクトル・ユゴーは1825年の論文のなかで，資材として解体し売却する「破壊者」からそれを保護すべきだと訴えている。七月王政期初年の内務相，フランソワ・ギゾーはユゴーに同調しつつ，フランスの美術や歴史を描き出すものとして文化遺産を保護しようとした。こうして，1830年に「歴史的記念物全国査察官」が設置された。その職務は，地方自治体と地元の郷土史家等の協力のもと，フランスの各地に存在する古い建造物の状態を調査することだった。また，保護すべき歴史的記念物の「指定」，その適切な修復方法，そして予算の配分を議論するため，1837年に「歴史的記念物委員会」が組織された。1841年には，指定された歴史的記念物の工事計画のすべてを内務相に提出することが各県知事に義務づけられ，許可のない修復や破壊が禁止された。とりわけ大都市の自治体はこの時期都市整備に着手していたため，文化遺産の保護義務は厄介な注文だった。工事を地方のイニシアティヴでとり行いたい郷土史家や建築家にも，中央集権的な管理は必ずしも歓迎されなかった。

　第三共和政下では，フランス史上はじめて立法によって保護制度が規定された。1887年3月30日の「歴史的，芸術的価値を有する建造物と美術品の保護にかんする法律」である。禁止されてはいたものの中央政府の事前許可のない工事が頻繁に行われていた状況を，法律というより強力な手段によって改善する必要があった。また，すでに保護制度を立法化していたイギリスやイタリアなどに追いつかなくてはならなかった。こうして，中央政府による文化遺産の一元的管理体制が再確認され，指定基準とその範囲がより明確に規定された。まず，歴史的記念物の指定基準は，「歴史的または芸術的な観点から国民の利益となり得る」ものに定められた。そして，県や市町村が所有する不動産，動産は，所有者の同意の有無にかかわらず，指定可能となった。一個人が所有する不動産にかんしては，同

意があった場合のみにおいて指定され得た。政府は，指定すべき歴史的記念物選別の際，フランス南西部の地方都市トゥールーズで見られたように，地元の郷土史家団体に情報の提供を依頼した。

　政教分離法として有名な1905年12月9日法も，文化遺産行政においては重要である。宗教予算が廃止されたことで，それまで宗務局が管理していた大聖堂や司教館などの「芸術的あるいは歴史的な価値を有する」建造物が歴史的記念物行政下に置かれるようになった。その結果，指定数は増加した。こうして膨れ上がる修復費用を歴史的記念物行政のみが負担することはより困難になり，地方自治体にはいっそう重い経済的負担が課されるようになっていく。

　それでも国家は，1913年12月31日の「歴史的記念物にかんする法律」によって指定の範囲を拡大させた。この法律は，政教分離法のなかで「国民の利益」という語が記されなかったことを受け，指定されるべき建造物や美術品の定義を歴史または芸術の観点から「公共の利益」を有するものへと変更したのである。この結果，それまでさほど芸術的に評価されていなかった文化遺産や，とりわけ地方史の観点から価値のあるものも指定され得ることが正式に決定された。また，私有財産でも所有者の同意の有無を問わず指定され得るようになり，国の保護行政権限が強化された。さらに，新たな保護方策として，「歴史的記念物補充目録」が作成されることになった。これは「十分な利益」を有する不動産を対象としたもので，この目録に記載されれば，所有者は知事への事前報告なしに修復などの変更を行えなくなった。より多くの文化遺産を厳格に国の保護下に置こうとする1913年の法律は，幾度もの改正を経て，現在の保護行政の基礎となっている。

　有形文化遺産だけでなく，20世紀初頭以降になると風景や自然に対しても保護措置が講じられるようになった。1906年4月21日に初めて，芸術的観点から保護すべき景観と自然記念物を指定する法律が制定されたのである。指定は，知事，県会議員，地元の知識人から組織される委員会の提案に基づいてなされた。

　この脱中央集権的な方針は1930年5月2日法でも維持された。同法によって，芸術，歴史，科学，伝承，画趣の観点から価値がある自然記念物や景観が指定されるか，あるいは県作成の目録に記載されることになった（図19-2）。

　こうして滝や岩壁，洞窟が指定されたが，1943年2月25日法では，正式に巨石記念物や先史時代の地層もその対象に定められた。さらに重要なのは，指定されているか補充目録に記載済みの文化遺産の500メートル圏内，少なくともそれが見える範囲内の不動産を移動させたり修復したりする場合も許可が必要になったことである。ヴィシー政権期に成立し現在でも有効なこの法律の目的は，建造物

図19-2　エトルタの断崖（セーヌ＝マリティーム県）
フランス北部に位置するこの有名な断崖は，1934年7月9日の政令によって県作成の自然記念物目録に記載された。

出典：Decobecq, Dominique, Pierrick Graviou, Patrick Marcel, Ariane Pasco, Didier Quesne, Nathalie Cayla, Frédéric Simien and Cyrille Benhamou (2012) *La France des paysages : les plus beaux sites de France*. Montreuil: Omniscience: 97.

の周囲の景観を維持することだった。ここにおいて，歴史的記念物を単体ではなく，それが形成する風景や複数の建造物の群として保護する概念が正式に具体化されたのである。

　この考え方は，当時の文化相の名をとって1962年8月4日に制定された「マルロー法」において発展することになる。おもに都市部において歴史的価値のある区域が「保全地区」に定められるようになったのである。それは，区内に存在する不動産の外観を修復し，指定された建造物にふさわしい街並みを再生させるためであった。1980年代に入ると，市町村，県，国の権限にかんする，1983年1月7日のいわゆる「脱中央集権」法によって，「建築，都市，景観にかかわる文化遺産保護区域」（ZPPAUP）が設定されることになった。そして，区域を指定する過程で地方自治体のイニシアティヴの重要度はいっそう増し，自治体は最終決定責任の一部をも負うようになった。

　フランス革命以降，フランスは自国の歴史，芸術を称揚するため，歴史的記念物を「国民の文化遺産」として保護した。その制度は中央集権的で，徐々に厳格に規定され，20世紀初頭以降に指定基準が緩和され保護対象が拡大されるにつれて，地方自治体の自発的な協力が次第に必要不可欠になっていった。

2　文化遺産の略奪と返還

　文化遺産の保護とならんで，外国の美術品収集にもフランスは関心を示してきた。その数は1793年に始まった革命戦争以降増大した。イタリア，スイス，オランダ，ラインラント，エジプトなどに軍が派遣された理由は，現地の人びとを圧政から解放することだったが，フランスへの美術品移送も同様に正当化された。美術品は自由が創造するものであり，絶対君主が所有するにはふさわしくないと考えられた。それもまた，専制のくびきから解放しなければならなかったのであ

る。この論理は先ほど挙げた1794年のグレゴワール神父の演説においても述べられている。「われわれ同様，芸術は自由の子である。そして，われわれ同様，芸術にも祖国がある。われわれはこのようなふたつの性格を持つ遺産を後世に伝えるのである」，と（Bernard Deloche and Jean-Michel Leniaud 1989：286）。こうして，古代とルネサンス期の作品を中心とする，把握できないほどの莫大な美術品がフランスへ流入することになる。これらの多くは，合法的なものであろうがなかろうが，現地の人びとの意志に反して行われた。その意味で，それらは「略奪」によって取得したものだったと言える。しかし，フランスにとって外国から美術品を移送することは，「略奪」というよりもむしろ「自由の国」への「本国送還」（Pommier 1991：227）だった。傑作と評される作品は，「芸術の都」「すべての人知が安住する場」「全人類の学校」「人文科学の首都」たるパリに保存されなければならなかった（Boissy d'Anglas 1793-1794：164）。

図19‐3 作者不詳《眠るヘルマプロディートス》（2世紀）
ヘルマプロディートスは，ギリシア神話に登場する両性具有の神である。本彫刻は，紀元前2世紀のギリシアで創られた作品が古代ローマ時代に複製されたものである。
出典：Laveissière, Sylvain, (éd.) (2004) *Napoléon et le Louvre*. Paris: Fayard: 190.

　遠征の前線に立ったナポレオンがこの方針を支持したことは言うまでもない。例えば，有名なラオコーン像は，トレンティーノ条約（1797年2月19日）によって教皇ピウス6世から移送された。また，カンポ＝フォルミオ条約（1797年10月18日）では，ヴェロネーゼの巨大な油彩画，《カナの婚礼》の譲渡が取り決められた。エジプトで1799年に偶然発見されたロゼッタ・ストーンもまた一時フランスの手に渡った（現在は，大英博物館に所蔵されている）［第3章参照］。購入という手段によってもコレクションは拡充された。代表的なのは，イタリア名門貴族で，妹ポーリーヌの夫，カミッロ・ボルゲーゼとの取引だろう。ナポレオンは，1807年，負債を多く抱える義弟の足元を見て，《眠るヘルマプロディートス》（図19‐3）などの古代ローマ彫刻作品を予想される相場よりも低価格で買い取った。

　帝政終焉後，美術品は返還されただろうか。百日天下後の第二次パリ条約では，その点については規定されなかった。しかし，元所有国各国との交渉の結果，正確な数の把握は困難だが，約2,000枚の油彩画を含む多くの美術品が返還された

と考えられている。そのうちのひとつがラオコーン像である。教皇大使に任命された彫刻家アントニオ・カノーヴァの尽力の賜物だった。しかし，美術品の全てが元の地に返されたわけではなかった。《カナの婚礼》の場合，フランスは，状態が悪化するおそれがあるとの理由で持ち出しを拒否し，代わりに別の美術品を送付した。

　ナポレオンによる遠征以降，ヨーロッパで古代エジプトの美術品収集ブームが到来し，以後，収集家が自身のコレクションを美術館に売却するようになった。例えば，駐エジプト領事のベルナディーノ・ドロヴェッティは，1824年，コレクションをサルデーニャ王国首都トリノのエジプト博物館に売却した。そして3年後，ルーヴル美術館は彼の収集品を買い取った。革命期からナポレオン時代において正当化された「全人類の遺産」コレクションの拡充の論理は生き続けていたのである。

　植民地建設を進める際も，美術品収集は政府の課題のひとつだった。アルジェリアでは，おもに古代ローマ時代の美術品が考古学者らの力を借りて本国へ搬送され，1845年にルイ＝フィリップ1世によってルーヴル美術館にアルジェリア・ギャラリーが設けられた。1863年に調査が開始されたアンコール遺跡でも，彫像などの美術品が収集された。リヨンの実業家，エミール・ギメの東洋美術館（1879年創設）は，アンコール美術のコレクションで有名である。オリエントで美術品を集めるフランス人は，その価値に関心を示さない現地の住民や施政者に代わってそれを保護することを使命としていた。これこそが「文明」の国の所作であり保護者としての責務だった。それゆえ，現地から文化遺産が失われるという意識は，当時の収集者にあまりなかったのである。

　しかし19世紀中頃には，とりわけアルジェリアからの美術品流出を拒絶する考えが，入植したフランス人の知識人から生まれていたこともまた確かである。美術品を内地へ輸送すれば，現地での研究に支障をきたすおそれがあったからである。こうして1850年代には現地に美術館が創設され，1858年にはその土地の歴史に関係する物品はその場で保存する命令が下された。1880年代初頭には歴史的記念物局が設置され，アルジェリアの建造物，美術品の目録が作成された。指定された動産の譲渡禁止を定めた1887年法，そして海外への輸出禁止を明記した1913年法は，アルジェリアとその他の保護国下でも適用された。植民地で発見された美術品は，正式にフランスの文化遺産として保護され得るようになったのである。フランスおよび植民地から美術品の流出を防ぐ体制はこのようにして整えられた。

　1940年から4年あまりのナチス占領期においては，フランスが略奪の憂き目に

図19-4　作者不詳《デンデラの黄道帯》（紀元前1世紀）
紀元前1世紀につくられたこの作品は，フランスで保存されるエジプト美術の傑作のなかでもっとも有名なもののひとつである。
出典：Andreu, Guillemette, Marie-Hélène Rutschowscaya and Christiane Ziegler（1997）*L'Égypte ancienne au Louvre*. Paris: Hachette: 211.

遭った。標的はとくに，ロスチャイルド家などのユダヤ人だった。点数の把握は常に難しいが，彼らの個人コレクションを中心にドイツへ移送された美術品は約6万点以上，そのうち戦後フランスに返還されたのは，約4万5,000点にとどまったと言われている。ロスチャイルド家のコレクションのひとつで，現在はルーヴル美術館に所蔵されているフェルメールの《天文学者》は，そのうちのひとつである。私的コレクションのみならず，第三帝国はまた，フランス革命期から帝政期にかけてフランスに略奪された美術品を取り返す秘密計画を立てていた。しかし，そのための協定を準備する時間はなく現実的に計画を実現することは困難だった。フランスの略奪は，結局不問に付されたのである。

しかし，過去の行為は現在にも禍根を残している。ナチスが奪い戦後返還した美術品の中には，持ち主不明のものが数多く残っている。同様に深刻なのは，旧植民地とヨーロッパ諸国の間の譲渡問題である。「エジプト考古最高評議会」の会長，ザヒ・ハワスは2007年，エジプトの「国民の遺産」のひとつ，ハトホル神殿の《デンデラの黄道帯》（図19-4）を一時返還するようフランスに求めた。し

かしルーヴル美術館は，それが当時の統治者のメフメト・アリから1822年に特別許可を受けたうえで移送されたとし，不法な略奪ではなかったと主張した。歴史的価値の非常に高い「人類の遺産」の保護に尽力してきたと自負するフランスにとって，ハワスの要望は簡単に受け入れられるものではなかったのである。

　国際的な取り決めも問題を解決するには十分でない。1970年にユネスコ総会で採択され2年後発効された「文化財の不法輸出，輸入および所有権譲渡を禁止し防止する手段にかんする条約」は，1972年以前に行われた略奪や不法取引きに適用されないからである。フランスがこの条約を批准したのは1997年と遅かったが，2009年にはオークションで入手したエジプト新王国時代の墓の壁画の一部がルーヴル美術館から返還された。翌年には，韓国の王室図書297冊を「無期限貸与」で元に戻す取り決めが締結された。最近のこれらの対応は，いさかいを手打ちにするためのお茶を濁す行為だろうか。それとも，フランスが過去の行為にたいして責任を認める第一歩なのだろうか。今後「自由の国」が過去にどう向き合い，どのように返還問題に対処するのか，興味深いテーマである。

3　旅行のなかの文化遺産

　つぎに，文化遺産とおおいにかかわりのある旅行，あるいはツーリズムについて見ていきたい。ツーリズム，それにツーリストというふたつの言葉はフランス語にも存在する。使われ始めたのは，19世紀に入ってからである。特に「ツーリスト」という語は，スタンダールの『あるツーリストの手記』（1838年）でよく知られるようになり，エミール・リトレのフランス語辞典で「暇に任せ自分の関心のみにしたがって馴染みのない地を旅行する者」（1863年）と定義された。ツーリズムはこういった人びととの多様な活動の総体であるが，本節ではそのなかでもとりわけ旅行と文化遺産の関係に焦点を絞り，旅行者がどのように宗教建造物や，世俗建造物，自然遺産を受容したか考えたい。

　18世紀末から19世紀初頭の間，旅行者の多くはロマン主義者であった。「ロマン主義（の時代）とは，旅行の偉大なる時代だった」と言われる所以である（Cassou 1967：26）。彼らは，旅行記を書くことやガイドブックを出版することを重要視した。おもな関心は「異国」にあった。目的地はローマなどイタリア諸都市，そしてオリエント世界だった。特にその地の慣習，制度，そして建造物や美術品に好奇の目が注がれた。そのうち，18世紀後半以降，もっとも多くのフランス人旅行者が訪れた場所は，エジプトである。ナポレオンもまたロマン主義者のヴォ

ルネイの旅行記などにより，エジプト美術に魅了されたひとりだった。彼は遠征の際（1798〜1799年），総勢150名以上の学者を同行させ，1798年に「エジプト学院」を創設した。学者は趣味と仕事を兼ねた調査旅行を通じて，自身の研究を浩瀚な『エジプト誌』（1809〜1822年）にまとめあげた。

ナポレオンの時代以降も，学者は軍に同行した。彼らはとりわけ1839年以降にアルジェリアを，1862〜1865年にメキシコを，1863年以降にコーチシナ（ベトナム南部）を旅行した。この過程で多くの美術品や遺物がフランス本国へ移送され，研究によって様々な美術品や建造物，現地の様子がヨーロッパに紹介された。アンコール遺跡の「発見」は，その代表的なものであろう。

「異国」は，フランス国内にも存在した。1788年に中南部のオヴェルヌ地方の旅行記を著した学士院会員，ルグラン・ドシーにとって，旅行の目的地は故郷から遠く離れた馴染みのない土地であった。彼は以下のように述べている。

> 外国のことについてわれわれは一生懸命に調べ書物を読む。われわれの国についてはどうか。知れば面白い習俗や慣習，創作物，山々が様々な地域に存在している。……にもかかわらず，われわれは自国についてまったく知らないのだ！（Bertrand 2003：42）。

ここには，まったく知識のない土地でも自分の国の一部という認識，そして自身がフランスに帰属しているという意識が表れている。1789年から1812年の間，フランス国内の旅行記と地理関連の書物が合計678冊出版されたことを考えると，自国だからこそ知りたいという好奇心は当たり前のものになっていたにちがいない。

建築物や美術品への興味も，愛国心やナショナル・アイデンティティの賜物だった。人気があったのは，古代ローマ時代の遺跡である。「国民の遺跡（アンティキテ・ナショナル）」と呼ばれたこれらのうち，その多くはニーム，アルルといった南仏諸都市に存在した。

19世紀に入って，遺跡とならんで注目されるようになったのは，ゴシック建築である。それは一般的に，中世，特に12世紀から14世紀にかけて創られた建造物を指す。ヴィクトル・ユゴーが『ノートル＝ダム・ド・パリ』（1831年）の序文でも書いているように，ゴシックの教会は丁寧に修復されず，19世紀前半以前において過小評価されていた（そもそも「ゴシック」とは「蛮族」のゴート族を語源とし，ルネサンス期に生まれた侮蔑的な表現である）。しかし，特に1830年代以降，その美術的価値だけではなく，国民の歴史を学ぶ上で重要な史料としての価値に関心が

もたれるようになる。ジュール・ミシュレは、ゴシックの大聖堂が、字を読めない者に対する「歴史の書物」として建設されたと解釈した。

このように、19世紀を通じて、大聖堂、教会、礼拝堂は多くのツーリストにとってたんなる宗教施設ではなくなっていく。この「脱宗教化」の過程で、建造物は彼らの審美眼に訴えかけるものとなり、集合的なアイデンティティの拠り所となった。

このような評価を促し広く世に伝えたのが、テロール男爵、シャルル・ノディエ、アルフォンス・ド＝カイユーによる『古のフランス、ピトレスク・ロマンティック紀行』であろう。この書は、1820年から1878年まで半世紀以上にわたって出版され、ノルマンディー地方、オヴェルヌ地方、ラングドック地方、ピカルディー地方などフランス全土のほぼ半分の九地方を網羅した。有名な歴史的記念物の多くを石版画のイラスト付きで紹介した初めての試みでもあり、殊にフランスの中世芸術の再評価に貢献した重要な紀行文だった。

石版画に描かれた建造物のなかには、すでに廃墟となったものもあった。たとえば、ノルマンディー地方に存在するロマネスク様式のジュミエージュ修道院（図19-5）がそうである。生い茂る草木が時の重みを感じさせる。旅行記は、今まさに失われようとしている建物を描写することで、過ぎ去ってしまった遠い過去、フランス革命前に存在していた「古のフランス」を想起させた。

田舎や自然のなかでの旅行を楽しんだ登山愛好家や博物学者は、歴史的記念物だけでなく、景勝地や風景もかつてのものでなくなっていると考えた。実際、19世紀後半以降盛んに行われていた山頂付近でのホテル建設や鉄道敷設等から、かつての美しい景観、つまりは「祖国」とその財産を守るため、ヨーロッパ諸国において協会が組織されたり会合が開催されたりしていた。この運動は当初、「行き過ぎた都市産業文明に対する応答」（Bertho Lavenir 1999：242）だった。しかし、物質文明やモダニズムを批判する伝統主義的な傾向は次第に薄れ、運動は超党派で支持されるようになった。

この流れと、1890年にフランス・ツーリング・クラブが創られたことは無関係ではなかった。クラブは、自国の建造物と自然の保護の重要性を訴えた画期的なツーリスト団体だった。メンバーの多くはツーリズムを自ら楽しみつつも、ツーリストを受け入れる側の人びとであった。活動の一環として、クラブは『景観と記念物』という冊子を1900年以降出版した。地方別に出版されたこの書では、地方各地の会員が推薦する、保護し鑑賞すべき歴史的記念物と景観が紹介された。ツーリズムを振興させる戦略である。

第19章 文化遺産とツーリズム

図19-5 テオフィル・フラゴナール《ジュミエージュ修道院廃墟》（1820年）
テオフィル・フラゴナールは、ロココ期の有名な画家、ジャン゠オノレ・フラゴナールの孫にあたる。テロール男爵らの旅行記には彼のデッサンが数多く載せられているが、これもそのうちのひとつである。
出典：Guillet, François（2000）*Naissance de la Normandie : genèse et épanouissement d'une image régionale en France, 1750-1850*. Caen: Annales de Normandie: 326.

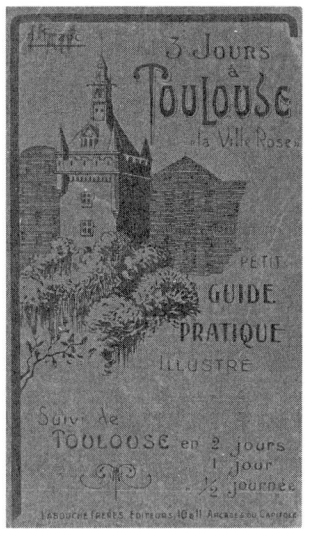

図19-6 作者不詳『「ばら色の町」、トゥールーズの3日間』の表紙（1912年）
左に見える建造物は、「主塔(ドンジョン)」と呼ばれる。16世紀につくられたトゥールーズでもっとも有名な文化遺産のひとつである。このような建造物と「ばら色の町」の景観の両方が見るに値するものだった。その異名を明記し一部が薄い赤色で彩られたこの旅行ガイドブックの表紙は、それをよく表している。

　19世紀中頃以降に出版数が増加していく旅行ガイドブックも、同様の目的で書かれた。そのさい、著者は地元の研究者、いわば郷土史家の研究を参照することが多かった。トゥールーズのガイドブックでは、彼らの研究でよく取り上げられた数々の教会や邸宅、市庁舎が紹介されているが、景観にかんしてよく言及されるようになるのは19世紀末から20世紀初頭以降だった。その頃から、町の風景が見るに値する美しいものとして喧伝されるようになった。ツーリストが徐々に増加するのに合わせて、そしてもっと増やしたいとの思いから、地元の人びとは町の建築の特徴的な素材であるレンガの淡赤色で彩られた景観を評価するようになったのである。今日でもよく用いられる「ばら色の町」（ville rose）という異名はこうして広まっていった（図19-6）。このように、歴史的記念物や景観は、ツーリストを呼び込み地元の名声を高める効果を期待して価値づけられた。

宗教・世俗建造物や風景は，こうして専門家のたんなる研究対象ではなくなっていく。旅行を通じて，文化遺産は国民国家の創造とナショナル・アイデンティティの定着を後押しし，さらには愛郷心を強化したのである。

4　ツーリズムの発展──民主化への道

　旅行先での余暇の過ごし方は，文化遺産を鑑賞することだけでなかった。それは，時代を経るにつれて多様化した。ツーリストもそれと同時に増加していった。ここでは，このような流れのなか，何が彼らを魅了したか，ツーリズムの発展のためにどのような組織や制度が構築されたか，考察してみたい。

　旅行に出かけ余暇を楽しむのは，有閑階級の趣味のひとつだった。特にイギリスの貴族は18世紀以降，フランスの温泉地で過ごすようになった。彼らの間では，アルプスのエクス＝レ＝バン，ピレネーのリュションやコトレがすでに知られていた。目的は保養あるいは病気の治癒だった。

　19世紀に入ると，保養地はさらに拡大した。復古王政期にはブーローニュ＝シュル＝メールなど，フランス北西部の沿岸部が活況を呈した。特に，ディエップでは1822年に初めて海水浴場が創設され，毎夏宮廷人らが訪れた。七月王政期には，同じ北西部のトゥールヴィルが流行の海浜リゾート地として知られるようになった。19世紀中葉には，南西部のビアリッツがナポレオン3世の皇后，ウジェニーのお気に入りの場所となった。沿岸部だけではない。ドイツ占領下のフランスの首都となるヴィシーや，ミネラルウォーターで有名なヴィテルのような温泉のある町もまた，ツーリストで賑わった。湯治客は，フランス全土で1822年に3万人，1875年頃になると20万人を数えた。

　19世紀中葉以降には，南仏のいくつかの町が避暑や避寒の地として栄えた。とりわけニースは，1860年にサルデーニャ王国からフランスに割譲後人気を博し，1861年から62年に1,850家族が，1874年から75年には5,000家族が数カ月を過ごした。19世紀後半には，避寒と結核予防あるいは治療という二重の目的を掲げた「冬のツーリズム」がカンヌなどの南仏諸都市で始まった（図19-7）。

　このようなツーリズムは，他者と自身とを差異化する，あるいは他者よりも自身が優越しているという意識を作り出す贅沢な営みのひとつだった。旅行する欲が富裕層の間で醸成されるのは当然だった。民衆もそれに憧れ上流階級の趣味を次第に共有するようになっていく。その流れを促進したのが，交通手段の発達だろう。例えば，トゥーロンを西端とする地中海沿岸，いわゆる「コート・ダジュ

第19章　文化遺産とツーリズム

ール（紺碧の海岸）」は，1864年にニースに鉄道駅ができたことによって保養地として大きく発展した。また，19世紀後半に徐々に普及しはじめる自動車のおかげで，鉄道では行けない様々な場が発見され，目的地はいっそう多様化することとなった。

　このなかで，ツーリストを受け入れる場，特に保養地に居住する地元の人びとの組織化が19世紀末以降進むようになる。観光協会の誕生である。アルプスに程近いドーフィネ協会（1889年）のように地方単位の協会に加え，アヌシー（1894年），シャンベリー（同年），ニース（1900年），カンヌ（1907年）などの町にも協会が創設された。北アフリカのアルジェ，オラン，ビスクラ，チュニスなどの植民地も同様だった。会員はフランス・ツーリング・クラブ同様，おもに商人，ホテルやレストランの経営者，それに地元の知識人だった。市長や県知事など行政の長が会長を務めていたことを考えると，協会の多くは事実上半官半民の組織だった。要するに，協会は地元経済の振興を目的として組織されたのである。このような観光協会は，第一次世界大戦前に全国ですでに312存在していた。

図19-7　エマニュエル・ブラン「カンヌ，冬」と題されたポスター（1892年）

ツーリストを冬のカンヌへ誘う広告。富裕階層らしきふたりの女性は，冬にもかかわらず，ミモザが咲きヤシが青々と茂るなか，明るく照り返す海の前で日傘をさしくつろいでいる。右側の女性が双眼鏡を持っているのは，風景を鑑賞するためだろう。左側には，カジノだけでなく，レガッタやクリケット，鳩射撃といった娯楽の文字が見える。

出典：Chevrel, Claudine and Béatrice Cornet (2006) *Les vacances, un siècle d'images, des milliers de rêves: 1860-1960*. Paris: Bibliothèques éditions: 68.

　また，1874年には山登りの普及を目的としたフランス山岳クラブが創設された。ツーリング・クラブは，歴史的記念物や景観の紹介のほかに，国民の身体能力の向上を目指し自転車での旅を推奨した。さらにはホテル業サービスの向上，道路網の整備，アスファルトによる車道の舗装，街灯の設置など，ツーリズムにかかわる環境の改善を訴えた。

　地方のこのような動きに合わせ，国家もまたツーリズムの発展に関心を示すようになった。人びとの移動や滞在の条件の改善を目的に，1910年，公共事業省に全国ツーリズム局が置かれた。また，同年，湯治場や保養地での逗留に課税することが取り決められた。1919年には「都市の拡張と整備計画」にかんする法律が

制定され，ツーリストを歓迎するための都市整備が促された。

　ツーリズムの民主化にとってこれらの振興策以上に有名で重要なのは，週40時間労働法と同じく1936年6月に可決された有給休暇法であろう。労働者の多くは当時，旅行に出かけたくても時間的，金銭的に余裕がなかった。状況を打開するために，この法律は施行された。こうして，企業は勤続1年の労働者に対し，革命記念日の7月14日から8月31日の1カ月半の間に15日間の有給休暇を与えなければならなくなった。それはすでに私的に行われたこともあったが，労働者が享受すべき権利として正式に認定されたのである。これを受けて，安宿も増加していく。例えば，1934年に全国で80のみだったオベルジュ（料理店を兼ねた田舎の小さな宿屋）は，2年後に400を数えるようになった。家具付きの部屋に泊まるほどの余裕はない労働者が増加したからである。彼らは自転車やタンデムと呼ばれる2人乗り自転車，電車やバスで田舎への小旅行を楽しんだ。

図19-8　モロッコ，カナリア諸島，セネガル専門の旅行会社の広告（1950年代以前）
アラブ系のガイドらしき男性が手に持つスーツケースには，マルセイユ，カサブランカ，サフィなどのホテルで得たと思われるシールが貼られている。各地を旅した経験を顕示するツーリスト像が垣間見える。
出典：Chevrel, Claudine and Béatrice Cornet (2006) *Les vacances, un siècle d'images, des milliers de rêves: 1860-1960.* Paris: Bibliothèques éditions: 38.

　ただ，有給休暇法制定直後，労働者の休暇取得が劇的に増加したとはいえない。仕事を休めるのに給料がもらえるという制度に対し多くの労働者は依然として無関心，あるいは懐疑的だった。また，有給休暇を得ても，長期の旅行を楽しめるほどの経済的な余裕は彼らにあまりなかった。

　ツーリストが急増したのは，1936年法の制定直後ではなく戦後だった。第二次世界大戦後から1970年代前半までの戦後の高度経済成長期，いわゆる「栄光の三〇年間」の時期には，汽船技術の向上や旅客機の登場で，アルジェリアのような植民地を含めた遠隔地への旅行も次第に容易になっていった（図19-8）。また，この時期には，有給休暇の拡大（15日から21日へ），収入の増加，それに全国各地の共済組合，農業協同組合，労働組合，教員組合や，フランス電力公社など各種

の官民団体の支援も見られた。例えば、「全国青年農業者サークル」は1953年に「農業とツーリズム」という名の組織を創設した。目的は農業者の結束を高めるための団体旅行を行うことだった。また、ツーリズムに特化した新しい会も登場した。例えば、1958年に創設された「村・ヴァカンス・家族」は、地域の保険組合や自治体から援助を受け、「村」と呼ばれるヴァカンス施設を海岸や山に近い場所に作った。そこには安価で借りられる別荘が立ち並び、バーや遊技場も併設されていた。おもな対象客層は、車を所有しない家族連れだった。こうして、ツーリストは1951年に800万人、1966年には2,000万人へと膨れ上がった。1980年代に入ると、1年に1度ヴァカンス時に旅行に出かける人びとは、1960年代初めの頃の3倍となった。この時期になってようやく「大衆のツーリズム」が誕生したと言えるだろう。好景気に支えられ失業率が下がり購買力が増加したことが、この時代に特徴的な発展の原因だった。

19世紀においてすでに、ツーリズム関連の様々な振興策は実施されていた。しかし、ツーリズムは広く世に普及するに至らなかった。20世紀初頭においてさえ、ツーリズムを自由に享受できる階層は、大土地所有者や金利収入者(ランティエ)を筆頭に、銀行家などの大ブルジョワジー層、政治家や作家、芸術家が中心で、中小ブルジョワジーはまだ少なかった。ツーリストが社会の少数派でなくなるのは、第一次世界大戦後である。この戦争と1929年に始まる世界恐慌により、ツーリズムにおける上流階層のプレゼンスが相対的に弱まった。20世紀後半には、代わりにホワイトカラー層や第三次産業従事者の中流階級がツーリズムを享受する中心的存在となった。低所得の農民や労働者等が気軽に旅行できるようになったとまでは言えないものの、ツーリズムは戦後に勢いよく民主化したのである。

参考文献

荒井信一(2012)『コロニアリズムと文化財——近代日本と朝鮮から考える』岩波書店。
泉美知子(2013)『文化遺産としての中世——近代フランスの知・制度・感性に見る過去の保存』三元社。
ヴェブレン、ソースティン(1998)『有閑階級の理論』(高哲男訳)筑摩書房。
コルバン、アラン(2000)『レジャーの誕生』(渡辺響子訳)藤原書店。
中山俊(2014)「19世紀後半の文化遺産保護と郷土史家——1887年の建造物・美術品保護法とフランス南部考古学協会の対応」『社会科学』第43巻第4号、83-108頁。
フェリシアーノ、エクトール(1998)『ナチの絵画略奪作戦』(宇京頼三訳)平凡社。
藤原貞朗(2008)『オリエンタリストの憂鬱』めこん。
ワックスマン、シャロン(2011)『奪われた古代の宝をめぐる争い』(櫻井英里子訳)

PHP 研究所。

Andreu, Guillemette, Marie-Hélène Rutschowscaya and Christiane Ziegler (1997) *L'Égypte ancienne au Louvre*, Paris: Hachette.

Béghain, Patrice (1997) *Guerre aux démolisseurs! : Hugo, Proust, Barrès : un combat pour le patrimoine*, Vénissieux: Paroles d'Aube.

Bertho Lavenir, Catherine (1999) *La roue et le style : comment nous sommes devenus touristes*, Paris: Éditions O. Jacob.

Bertrand, Gilles (2003) "Aux sources du voyage romantique : le voyage patriotique dans la France des années 1760-1820," Alain Guyot and Chantal Massol (éd.), *Voyager en France au temps du romantisme : poétique, esthétique, idéologie*, Grenoble: Ellug: 35-53.

Boissy d'Anglas (1793-1794) *Essai sur les fêtes nationales suivi de quelques idées sur les arts ; et sur la nécessité de les encourager, adressé à la Convention nationale*, Paris: Imprimerie Polyglotte.

Boyer, Marc (2005) *Histoire générale du tourisme du XVIe au XXIe siècle*, Paris: L'Harmattan.

Cassou, Jean (1967) "Du voyage au tourisme," *Communications* 10: 25-34.

Chevrel, Claudine and Béatrice Cornet (2006) *Les vacances, un siècle d'images, des milliers de rêves : 1860-1960*, Paris: Bibliothèques éditions.

Decobecq, Dominique, Pierrick Graviou, Patrick Marcel, Ariane Pasco, Didier Quesne, Nathalie Cayla, Frédéric Simien and Cyrille Benhamou (2012) *La France des paysages : les plus beaux sites de France*, Montreuil: Omniscience.

Deloche, Bernard and Jean-Michel Leniaud (éd.) (1989) *La culture des sans-culottes : le premier dossier du patrimoine 1789-1798*, Paris: Les Éditions de Paris.

Fohr, Robert and Guillaume de La Broise (éd.) (1997) *Pillages et restitutions : le destin des œuvres d'art sorties de France pendant la Second Guerre mondiale*, Paris: Direction des musées de France.

Guillet, François (2000) *Naissance de la Normandie : genèse et épanouissement d'une image régionale en France, 1750-1850*, Caen: Annales de Normandie.

Laveissière, Sylvain, (éd.) (2004) *Napoléon et le Louvre*, Paris: Fayard.

Nakayama, Shun (2014) *Genèse d'une conscience et d'une politique patrimoniales à Toulouse (1789-1913). De la "cité palladienne" à la "ville rose"*, thèse de doctorat sous la direction de Colette Zytnicki, Toulouse: Univeisité Toulouse 2 Le Mirail.

Oulebsir, Nabila (2004) *Les usages du patrimoine : monuments, musées et politique coloniale en Algérie (1830-1930)*, Pairs: Éditions de la Maison des sciences de l'homme.

Poisson, Georges (2013) *La grande histoire du Louvre*, Paris: Perrin.

Pommier, Édouard (1991) *L'art de la liberté. Doctrines et débats de la Révolution française*, Paris: Gallimard.

Poulot, Dominique (1997) *Musée, nation, patrimoine. 1789-1815*, Paris: Gallimard.

Rauch, André (1996) *Vacances en France de 1830 à nos jours*, Paris, Hachette.

第20章
ヨーロッパ統合とフランス

上原良子

1 二つの戦後と国民国家の限界

　フランスといえば国民国家がいち早く形成され，今日でも国民意識の強い国である。そのため，グローバル化の時代においては，こうしたフランスのナショナルなものにたいするこだわりは，「フランス的例外」とも揶揄されてきた。その一方で，第二次世界大戦後のフランスは，国民国家をあたかも超克するかのようなヨーロッパ統合を主導してきた。フランスはなぜEC／EUというヨーロッパの構築，制度化に取り組んだのであろうか。ヨーロッパ統合とフランスとのかかわりのなかから，グローバルな世界における国民国家の苦悩を考えてみよう。

　国際関係のレベルでは，第一次世界大戦後のヴェルサイユ体制下戦後処理において，民族自決が基本原理のひとつとされた。しかしこれは経済的にみると，19世紀末に活性化しはじめた広域経済圏を分断する措置であった。例えばオーストリア＝ハンガリー帝国やオスマン帝国等から，多数の国家が成立した。その結果，関税圏および通貨圏の増加（それぞれ26から38, 14から27に）により，ヨーロッパ市場は断片化され，小さな市場が乱立したのであった。これは19世紀の第二次産業革命以降芽生えはじめたグローバルな経済活動の活性化とは明らかに逆行していた（吉田 2012: 29-35, 51-53）。

　またヨーロッパ最大の工業国であったドイツは，ヴェルサイユ体制において敗戦国として弱体化された。それはたんに軍部の解体にとどまらず，領土割譲による経済圏の分断と，これに伴う工業力への打撃も含まれていた。近隣諸国に移譲された領土の中には，アルザス・ロレーヌやシュレジェン等のヨーロッパ有数の鉄鋼業地帯，および産炭地ザールの委任統治等が含まれていた。例えばドイツは普仏戦争によりアルザス・ロレーヌ地域を獲得したが，ここで産出される鉄鉱石とルールの石炭により，戦前にヨーロッパ最大の鉄鋼業を中心とする重化学工業が発展していた。そのためヴェルサイユ体制のナショナルな枠組みの強化と領土

の割譲は，第二次産業革命以来の経済活動の分断を意味したのである。グローバルな経済活動が活発化する20世紀においては，むしろ逆行する措置であった（吉田 2012：29-35, 51-53）。

　また国内に目を転じると，第一次世界大戦と第二次世界大戦という二つの大戦が，物心ともにフランス人に与えた影響は甚大であった。二つの大戦はいずれも「総力戦」と呼ばれるように，軍のみならず，経済，社会，文化等国民生活の全てを巻き込む戦争であった。とりわけフランスで「大戦」と呼ばれる第一次世界大戦において，フランス人の人命の損失の多さは，交戦国の中でも際立っていた。そのため戦間期のフランス世論は，一貫して戦争への強い嫌悪感を示し，平和を望んだ。ロマン・ロランなどは，愛国主義ではなくヨーロッパの視点から，反戦・平和を説いた［第11章2参照］。

　また大戦の結果，アメリカの優位とヨーロッパ，そしてフランスの地位の低下は明らかとなった。これを憂慮する知識人たちの間で，大戦末期から戦間期にかけて，「デカダンス」論や「衰退」論がブームとなった。彼は，アメリカが経済的優位に登り詰めるなかで，もはや経済力も覇権も失いつつあるフランスおよびヨーロッパが直面している問題とは何なのか，いかなる存在意義があるのかと問い，ヨーロッパ文明が危機に瀕していることに警鐘を鳴らした。知識人は，こうしたデカダンスからの脱出策を「ヨーロッパ」に求めた。ヨーロッパ統合は，危機を克服し，ヨーロッパに刷新をもたらす切り札として期待されるようになったのであった（吉田 2012：29-30, 41-42）。

　この2度の総力戦により，フランスは「弱さ」という課題に直面した。すでに一部のエリートの間では，第一次世界大戦中より，フランス経済の脆弱性が危惧されていた。戦間期に隣国ドイツは大企業主体の組織された資本主義を形成し，またアメリカはテイラーシステムやフォーディズムといった大量生産システムを構築していた。しかしフランス経済は依然として中小企業主体で19世紀的な生産システムを引きずり，時代遅れとなっていた。大恐慌の中で人民戦線内閣が様々な改革を試みたが，根本的克服には至らず，第二次世界大戦を迎えた。1940年のナチスドイツの侵攻に直面し，ようやくあらゆるフランス人が自国の「弱さ」から目を背けることはできなくなった。そこで認識されたのは，フランスの弱さの原因は軍事力だけでなくむしろ経済力を中心とする国力そのものの低下にあるのではないかということであった。そこでその克服策として，軍事力ではなく，経済力の近代化が最優先課題となった（田中・青木 2008；吉田 2012）。

　フランス経済の近代化構想は，古くは第一次世界大戦から存在した。その特徴

は，生産力の近代化に加え，国内だけでなく近隣諸国も含めたヨーロッパレベルの広域市場の重要性もあわせて論じられたことである。この傾向は，戦間期の政治家，官僚，経済統合の実現を掲げる統合運動にとどまらず，第二次世界大戦における戦後構想においても共通していた（廣田 1994）。

　第二次世界大戦中，アメリカは戦後秩序として，貿易自由化構想を掲げた。フランスはこの提案に反対ではなかったものの，自国企業が競争力を持たない状態で，この自由貿易のなかに投げ込まれることは，強力なドイツ企業に太刀打ちできず，淘汰を招きかねない。貿易自由化の前に，「まず近代化」を進めることが必至であると意識された。そこで，1948年より第一次五カ年計画，通称モネ・プランが実施され，政府主導により基幹産業に特化した経済の近代化が試みられた。この第四共和政初期に意識されたのは，2度の大戦を経験したものの，戦後の政策の優先順位を軍事力の拡充ではなく，経済力を中心とした国力の充実に置く，ということであった。このプランは成功を収め，「栄光の三〇年間」と呼ばれる持続的な経済成長の基礎を固めた。そして，左派の社会党であれ，右派のゴーリスト（ドゴールの支持者）であれ，ケインズ主義とジャコバン的な国家主導型の政策スタイル（ディリジスム）との結合が，フランスの政策の特徴となった（田中・青木 2008；吉田 2012）。

　ここで問題になるのはドイツである。フランスは，第一次世界大戦よりヨーロッパにおける経済大国となる構想を抱いていた。大戦中，フランス外務省は覇権主義的な外交を計画し，アルザス・ロレーヌの「回復」にとどまらず，ザールやラインラント等の併合も画策していた。ドイツの石炭と鉄鋼業を獲得することにより，経済帝国となることが模索されていた。戦後もヴェルサイユ条約の交渉において，フランス外交は反独感情による世論を受け，賠償政策や領土の獲得を通じて，ドイツの弱体化を目指し，ルール占領に及んだ。しかしルール占領の失敗は，むしろ国際世論におけるフランスの孤立を招いたのみならず，ドイツ世論のヴェルサイユ体制に対するルサンチマンを生み出し，ナショナリズムを刺激し，ナチズムの登場を促すこととなった（吉田 2012：25-73）。そして第二次世界大戦後も，フランスは再度，ドイツの資源（石炭）を用いて，フランスが鉄鋼大国となることを構想した。しかしこうした独善的な構想の限界は明白であった（田中・青木 2008）。

　こうした状況の中で，アメリカは，一国単位の復興の非効率性に業を煮やし，ヨーロッパ「全体」を復興させるためにマーシャル援助を提案した。この構想は，ドイツの経済復興を起爆力として，ヨーロッパ全体の復興につなげること，さら

に，国境により分断されているヨーロッパ経済を統合し，「ヨーロッパ合衆国」を形成することを構想していた。フランスは，モネ・プランの資金を獲得するために，この提案を受け入れざるを得なかった。しかし，戦争中の占領に恨みを抱く世論は，ドイツの復興に強く反対した。またドイツの復興により，フランスの近代化に必要な資源の獲得も危ぶまれた。こうした中でドイツ問題を解決する新たな枠組みが必要となっていた（油井・中村・豊下 1994；田中・青木 2008）［第16章1参照］。

2　フランスの「栄光の三〇年間」とヨーロッパ

1950年にフランスの外相ロベール・シューマンは，石炭と鉄鋼のみに限定した（部門統合），超国家主義的な国際機関の設置を提案した（図20‐1）。この提案により，1953年にフランス・西ドイツ・イタリア・ベルギー・ルクセンブルクの6カ国が加盟する史上初の地域統合組織，ヨーロッパ石炭鉄鋼共同体（ECSC）が運用を開始した。この機関が従来の国際機関と異なるのは，従来国民国家と一体化してきた国家主権の一部が超国家機関に委ねられた点にある（石山 2009）。

フランスにとっては，経済復興をとげる西ドイツをヨーロッパ機関に封じ込めることにより暴走を防ぎ，また同時に，フランスの経済復興，特に鉄鋼業の操業に不可欠なルールの石炭の安定供給が可能とする仕組みであった。もちろんルールの国際化構想は従来から存在していたが，これらの構想は西ドイツの資源を一方的に近隣諸国が消費する枠組みで，対等性を欠いていた。その点でヨーロッパ石炭鉄鋼共同体は，近隣諸国だけでなく，侵略国とはいえ西ドイツの資源もヨーロッパ機関により対等かつ相互的に分配するという点が，西ドイツにとっても受け入れ可能な構想であった。フランスはドイツ弱体化政策を捨て，独仏和解とヨーロッパ協調の制度化により，ヨーロッパ統合を成功へと導いたのであった（田中・青木 2008）。

国内政治において，こうした統合政策を主導したのは中道諸政党であった。社会党（SFIO），キリスト教民主主義の人民共和運動（MRP），急進社会党などの政治家に加え，財界，メディア，知識人が参加し，様々なヨーロッパ統合運動を結成した。そしてこれらのヨーロッパ派を束ねる頂上組織として「ヨーロッパ運動」が結成された。この運動はエリート中心の運動であるが，政策への影響力と，政策提言能力を備え，各国政治およびヨーロッパ機関への圧力団体，そしてシンクタンクとしての機能を果たし，統合実現への合意形成を促した。逆に，両翼の共産党およびゴーリストは国家主権にこだわり，超国家主義的ヨーロッパに反対

する傾向は，今日まで続いている（遠藤 2008a；2008b）。

しかしながら1950年代中葉に至ると，フランスにおけるヨーロッパ熱は冷めていった。このころ国内では対外政策の国家戦略像をめぐって大論争が続いた。ヨーロッパ統合は経済統合にとどめるべきか，もしくは西ドイツとの軍事統合まで進めるべきか。またインドシナやアルジェリアの植民地の独立を認めるべきか否か。これはまた国力の基盤をどこに置くべきか，それはヨーロッパなのか植民地なのか，という問題でもあった。すでにフランス経済の植民地への依存度は低下し，将来的にはヨーロッパ市場の伸張が予測されていた。とはいえ，これまで数世代にわたって積み重ねてきた植民地の生活基盤や権益，また威信を放棄するということも容易に受け入れられなかった。しかしより深刻であったのは，インドシナ戦争の増大する軍事費が，第四共和政の最優先事項であるべき経済の近代化を損なっていたことである。結局，マンデス＝フランス首相は，1953年にインドシナ戦争に終止符を打ち，またフランスが提案したはずの独仏軍事統合構想，プレヴァン・プランも自ら葬り去った。この「選択」によりフランスは経済の近代化による競争力の獲得，ひいては国力の拡充という既定路線に回帰し，のちのEEC（ヨーロッパ経済共同体）における貿易自由化への対応を準備したのであった（田中・青木 2008）。

図20-1　欧州石炭鉄鋼共同体構想を発表するロベール・シューマン外相（1950年5月6日）
出典：http://abonnes.lemonde.fr/europe/article/2014/04/29/de-schuman-a-merkozy-les-jours-ou-les-dirigeants-francais-ont-fait-et-defait-l-europe_4408950_3214.html

1958年にアルジェリア戦争に伴う内戦の可能性が危惧されるなかで，第四共和政は終止符を打ち，フランスは再度ドゴールに国家の命運を委ねた。そしてドゴールが第五共和政を確立した同年，ローマ条約が発効し，EECが発足した。フランスはこうした共同体市場参入にあたり，フランは対ドル交換性を回復し，さらに新自由主義的なリュエフ・プランによりインフレの抑制と安定した通貨を確保し，ヨーロッパへの市場開放を可能とした。フランスは戦後復興に区切りをつけ，新たな経済成長の段階へと入っていく（権上 2013）。

しかしドゴールの政策は，統合の深化（制度改革）を停滞させた。ドゴールはグローバルな覇権を求め，アメリカと対立を繰り返した。そしてヨーロッパ政策

についても，フランスの国益と自立にこだわり，「諸国家からなるヨーロッパ」を掲げた（政府間主義）（遠藤 2008b；川嶋 2007）。

しかし，1960年代の大きな経済的社会的変動（「第二のフランス革命」）に，ヨーロッパ統合は不可欠な環境を提供した。まず，EECの中でもっとも統合が深化したのは，農業部門であった。1962年には共通農業政策が成立し，共通価格制度が導入されたことに加え，国内においても農業改革が実施された。このふたつの改革により，大規模農家に有利な利権のシステムが生み出された。農業生産性の上昇の結果，農村の余剰人口は都市へと大量に移動し，経済成長への労働力を提供した。

産業政策については，ヨーロッパレベルでは有効な政策枠組みは形成されず，各国の努力に委ねられた。フランスは，産業分野ごとに大企業化と生産の合理化を促し，国際競争力あるナショナル・チャンピオンを育成する政策をとった。特に宇宙や航空機等の先端産業において顕著であった。そして1968年にはEEC域内の関税同盟が実現した。高度経済成長のただ中にある欧州各国は，いずれも域内貿易への依存度を高めたが，フランスも例外ではなかった。特にフランスは，加盟国の中で最も保護主義的であったものの，共同市場の成立により，国内消費に占める輸入品の比率は，1959年から69年の間に8％から16％に，また総輸出に於ける域内輸出の割合も，1958年の22％から69年には48％へと上昇した。貿易相手国もアジア・アフリカ諸国，および植民地から，西欧，特にEEC諸国へと大きく変容した。こうした中で大量消費社会が本格的に定着し，若者文化や大衆文化が栄えるようになった（廣田 1994；吉田 2012）。

フランスは，こうして「栄光の三〇年間」［第17章4章参照］に，フランス社会経済モデルを確立していった。それは，手厚い社会政策や雇用保障といった福祉国家の形成に加え，国家主導型の政策運営や，公共セクターの拡充とそれへの国民の信頼などを特徴とする。そしてヨーロッパ統合は，こうしたモデルに不可欠な外的環境を整えたのであった。この時代はフランスの利益を最大化する「フランスのためのヨーロッパ」の時代であった（佐藤・中野 2011；馬場他 2012：230-233；吉田 2012：153-177）。

3　オイルショックとフランスモデルの動揺

1971年のアメリカによる金＝ドル交換停止と，1973年の第四次中東戦争を引き金とするオイルショックにより，先進諸国は経済危機に陥った。これ以後，長期

不況と高失業に慢性的に悩まされることとなる。

　こうした経済危機は，ヨーロッパ統合のあり方を大きく変えた。1970年代は各国の国益が優先され，保護主義が強まり，統合への努力は低迷し，「欧州統合の暗黒期」とも呼ばれた。とはいえ危機の中から，欧州理事会の制度化や欧州議会の直接選挙といった，政治統合にかかわる新たな試みが行われた。また国際金融面でも，1978年のジスカールデスタン大統領期にはヨーロッパ通貨制度（EMS）が開始した。

　1950年代に石炭から石油へのエネルギー革命により，国内に石油資源を持たないフランスは，中東の石油への依存を高め，1971年には石油輸入の61％に及んだ。そのためフランスは石油危機に大きく翻弄された。しかしながら，石炭とは異なり，EC（ヨーロッパ共同体）は石油に関して積極的に関与することはなく，もっぱら石油メジャーに依存したままであった。そのためフランスは，独自にエネルギー供給源の多様化を模索しはじめた。

　この危機により，「栄光の三〇年間」に確立してきたフランスモデルは機能不全に陥った。自由主義の大統領ジスカールデスタンのもとで，1976年にバール・プランが実施され，金融財政政策は新自由主義の路線へと転換した。そして経済成長の鈍化と高いレベルの失業率の持続により，財政の悪化に加え，福祉国家の危機さえ議論されるようになったのである（吉田 2012：181-206；権上 2013）。

　こうした経済の低迷と雇用不安の中で実施された1981年の大統領選では，第五共和政においてはじめて社会党（PS）のミッテラン大統領が選出された。ミッテランは，大統領選にあたり左傾化路線をとり，ジスカールデスタンの自由主義に対抗した。この「社会主義プロジェ（計画）」は，国有化や，社会保障関連支出引き上げ等といった旧来型のケインズ主義とディリジスム（国家主導主義）を結合させた政策であった。

　しかしながら，これらの政策は政府支出の増大を招いたため，EC加盟国間の経済・財政政策の差異が顕在化し，インフレ率が乖離する状態となりEMSの枠内では調整不可能となっていた。度重なるフランの切り下げの末，フランスはIMFの介入も招きかねない状況に陥った。フランスは，これらの政策を維持するためEMSから離脱すべきか，それとも財政を健全化し，EMSに残留すべきか，大論争となった（吉田 2008）。

　この問題が象徴するのは，「栄光の三〇年間」に確立された「一国ケインズ主義」とも呼ばれるフランスの経済政策の機能不全である。ブレトン＝ウッズ体制が崩壊し，変動相場制に移行した国際金融，そして，国境を越えたヒト・モノ・

図20‑2 ジャック・ドロール欧州委員会委員長
出典：http://www.institutdelors.eu/011-281-Actualites-et-archives-de-Jacques-Delors.html

カネが移動する経済の国際化において，これらの政策は有効ではなかった。一方西ドイツは反インフレ・物価安定，そして中央銀行の独立性にこだわった。仮にヨーロッパ統合が経済通貨同盟に進むとすれば，こうした政策の収斂は不可欠であった。こうした中でフランス銀行および金融・財政政策の官僚たちは，すでに1970年代末には前述のバール・プラン実施に象徴されるように，ドイツモデルを受け入れていた（権上 2013）。

しかし，多くの社会党の政治家にとっては，ドイツモデルの緊縮財政は，社会主義的政策（社会保障の拡充や公務員の賃上げといったケインズ的拡張財政）の否定を意味するため，これに抵抗した。

結局1982年にドロール財務相（図20‑2）のもとで財政金融政策の引き締め（競争的ディスインフレ），および物価と賃金の凍結が選択された。これ以降，国家主導型の拡張政策は過去のものとなり，市場原理が優先され，ヨーロッパ協調的な経済政策への移行が前提となった。しかしながら，こうした経済・金融政策の路線転換の一方で，福祉国家を中心とするフランスモデルの見直しが未着手のままに終わったことは大きな問題であった。確かに既得権の削減は，国民の強烈な反発を招きかねないリスクではあるが，これがのちに大きな矛盾を生み出すこととなる（吉田 2008）。

ヨーロッパの混沌とした状況の中で，「ターン」（緊縮財政への転換）を主導したドロールは，1985年に新たなECの欧州委員会委員長に就任した。そしてドロールの強力なリーダーシップのもとで，ヨーロッパ統合の再発進が始まった。ECに求められていたのは，経済危機の克服と雇用の回復，日本の台頭等，経済の変動に適応することであった。そこで，1985年に「単一欧州議定書」を発表し，「1992年」という期限を設定し，域内市場の形成に加え，経済統合以外に共通外交安全保障政策と司法内務協力を含めた三本柱の構造を提示した。とりわけ，経済統合に関しては，従来までの関税同盟を中心とするモノに移動にとどまらず，ヒト・モノ・カネ・サーヴィスの完全な自由移動の実現が目指され，一体化した市場の形成が目標とされた（遠藤 2008b）。

4 冷戦の終焉とEUの発足

このころより、グローバリゼーションの時代が始まろうとしていた。アメリカではレーガン大統領、またイギリスでは「鉄の女」サッチャー首相が登場した。彼らは新保守主義・新自由主義と呼ばれ、規制緩和、民営化、自由化により「大きな政府」の縮小を進めた。

一方フランスは、経済危機打開の切り札をヨーロッパの刷新に求めた。そしてミッテランの社会党にとどまらず、経済界などのエリートたちも、ヨーロッパ統合の刷新とさらなる制度化、そしてその代償としての拘束の受け入れも含めてこれを支持するようになった。特に社会党支持者には、雇用問題や社会政策におよぶ「社会的ヨーロッパ」という新しいヨーロッパ像が支持され、統合支持へと転換するきっかけとなった。ミッテランは、ドイツのコール首相と連携し、ヨーロッパの刷新を実現に導いた。またこれは、フランスの国益を「ヨーロッパ共通の利益」という衣に包んで、その実現を迫ってきたフランスの手法の最終局面でもあった（遠藤 2008b；ルケンヌ 2012）。

しかしながら1989年を境とする冷戦体制の急激な崩壊は、フランスのヨーロッパ政策を大きく変質させた。フランスは、冷戦の終焉により、ヨーロッパの国際環境の変容に対応する必要があった。

第一の課題はドイツの再統一である。東ドイツの崩壊と、その後のドイツ再統一の可能性を前にして、フランスは危機感を覚えた。フランスにとっては、ドイツとソ連が結合し、フランスに脅威を与えることが最悪のシナリオであった。そのため冷戦期は、東西ドイツの分断はドイツの脅威が半減するという意味では、フランスの安全保障にとって好ましい環境ともいえた。しかし統一ドイツが出現することにより、再度、軍事的にも経済的にも「強いドイツ」が再生することが危惧された。

そこでフランスが選択したのは、ドイツ統一の承認と引き替えに、経済通貨同盟（さらに単一通貨）を進め、統合の深化を促すことであった。再度ドイツを「ヨーロッパ」に埋め込むことによって、「強いドイツ」の再生と、単独行動の防止を試みたのである。こうして1992年には様々な期待が込められ、ヨーロッパ連合（EU）の成立にむけてマーストリヒト条約の調印に至った。戦後処理に次いで、再度、ドイツ問題のヨーロッパ統合を通じた解決が図られたのである（田中・庄司 2006）。

第二の課題は中東欧の行方である。EUは、共産主義体制にあった中東欧諸国

に対し，冷戦崩壊後，民主化および市場経済への移行を支援したものの，その後EUへの加盟については不明確であった。しかしユーゴスラビアにおける危機，特にコソボ問題等により，EUの東方拡大（中東欧諸国の加盟）は急速に現実味を帯びてきた。もともとフランスは，少数の国が参加する先進的な制度改革を望んでいた。しかしEUが東に拡大し，加盟国が増加すると，合意形成が困難となり，超国家的な制度構築は困難となる，いわゆるEUの「希釈化」が危惧された。こうした状況においては，EUはもはや「フランスのためのヨーロッパ」ではなく，フランスが拡大ヨーロッパに埋没することが予測された。またEUが東方拡大すると，歴史的に中東欧を勢力圏としてきたドイツの力が強まることも危惧された。そのため，スペイン等南欧諸国は「南」への配慮を求め，1995年に欧州─地中海パートナーシップ（バルセロナプロセス）を成立させた（ルケンヌ 2012）。

5　グローバリゼーションとEUに反発するフランス

　1990年代に入り，フランス世論とヨーロッパ統合との関係は大きく変質した。フランスは，これまでヨーロッパ統合のリーダーとして，その歩みを主導してきた。世論はヨーロッパに無関心である一方，エリートが取り組む統合に対し，暗黙の同意を与えてきた。しかし，EUの成立に関わる1992年のマーストリヒト条約の批准をめぐる国民投票において，フランスでは51.04％という僅差での承認となった。これはフランスのみならず，ヨーロッパにも大きなショックを与えた。このマーストリヒト条約をめぐって，反対派は超国家的な「連邦」EUが国家主権を脅かし，共和国の原理を侵害する，という批判を加え，支持を集めた（ルケンヌ 2012）。

　さらに2005年の欧州憲法条約をめぐる国民投票においてフランス人は「ノン」をつきつけた。世論の動向がEUの行方を左右するようになったのである。通常選挙においてヨーロッパのみならず対外政策そのものが争点となることはまれである。しかしこの投票では投票率そのものが69.34％および，初めてヨーロッパが選挙の争点として議論の対象となった。ヨーロッパへの否定的見解とはいえ，ヨーロッパ公共空間が成立したという点では大きな変化であった（遠藤 2008b；田中・庄司 2006）。

　その背後にあるのは，フランス世論のグローバリゼーションに対する嫌悪感，そして「リベラル」に対する反発である。フランスではもともと左翼が強いが，先進国のなかでも世論のなかで市場経済や資本主義に対する不信感が強い国であ

る。また「自由／リベラル」という表現も，アメリカ的な進歩的・革新的といった意味でなく，むしろ保守反動といったニュアンスで使われる。なぜならフランスでは，国家による手厚い支援からなるフランスモデルが支持される一方で，レッセ・フェール（自由放任）的な市場原理において，国家の無為無策として否定的な文脈で理解されることが多いからである。フランスでは公共の利益は公的なるもの（＝国家）により管理されるのが望ましく，市場や企業はおのおのの利益を優先し，市民の個々の利益は阻害される，と把握される傾向が強い。

図20-3　欧州理事会で演説するオランド大統領（2015年3月19日）
出典：http://www.elysee.fr/chronologie/#e8875,2015-03-20,conseil-europ-en-3

またヨーロッパ支持派も反対に回ったことは無視できない。EUの発足により，加盟国において施行される法律の半分以上はブリュッセルにおいて決定されるようになった（ヨーロッパナイゼーション）。そしてブリュッセルのユーロクラット（EU官僚）たちは，規制緩和，民営化，自由化といった市場志向の政策を各国に求めた。ヨーロッパ化された状況では，こうしたEUの政策を受け入れざるを得ない。実際，フランスの大企業の多くは，グローバリゼーションにおける勝ち組となっていた。その一方で，フランス経済の多数を占める中小企業，零細企業はこうした恩恵に浴しておらず，失業率は高止まり，また公共セクターの人々は規制緩和を恐れている。「プレカリテ／不安定さ」への不安が社会を蝕んでいるという背景がある。彼らはフランス経済・社会モデルを破壊していることに怒りを覚え，こうした「リベラルヨーロッパ」ではなく，「社会的ヨーロッパ」の実現を求めているのである。

フランス政治の問題の一つは，歴代の政権が，選挙キャンペーンでは反自由主義を唱えながらも，ヨーロッパの名の下で自由主義的な規制緩和・民営化・自由化をすすめ，同時に経済成長期の手厚い社会政策を維持する，という矛盾した政策を続けていたことである。その結果，フランスにおいてはグローバル経済や低成長経済への対策，そして高齢化社会における福祉国家のあり方といった本質的な議論は先送りされた。こうした政治家のレトリックと現実の政策の乖離・矛盾のなかから，グローバリゼーションを敵視し，フランスモデルを解体するEUという構図が，フランス世論に定着したのであった（ルケンヌ 2012）。

2007年に大統領に就任したサルコジ大統領は，「リベラル」な政策の重要性を説いた。さらに後を襲い2012年に大統領に就任した社会党のオランドは，新しい社会主義を語っている。所属政党のみならず，政治的なスタイルもおよそ異なる両者であるが，ケインズ主義からの決別や，企業支援，雇用の柔軟化，税制改革，財政赤字の削減等，といった課題に直面しているという点では共通している（図20-3）。リーマンショック後の欧州危機から回復できるのか。フランスはどこまでグローバリゼーションとヨーロッパナイゼーションにフランスモデルを適応させ，独自性を貫くのか。歴史を読み解く知見は，未来を見据えるまなざしを与えてくれるであろう。

参考文献

石山幸彦（2009）『欧州統合とフランス鉄鋼業』日本経済評論社。
遠藤乾編（2008a）『【原典】ヨーロッパ統合史史料集』名古屋大学出版会。
遠藤乾編（2008b）『ヨーロッパ統合史』名古屋大学出版会。
遠藤乾（2013）『統合の終焉――EUの実像と論理』岩波書店。
川嶋周一（2007）『独仏関係とヨーロッパ国際関係秩序――ドゴール外交とヨーロッパの構築』創文社。
権上康男（2006）『新自由主義と戦後資本主義――欧米における歴史的経緯』日本経済評論社。
権上康男（2013）『通貨統合の歴史的起源――資本主義世界の大転換とヨーロッパの選択』日本経済評論社。
佐藤彰一・中野隆生編（2011）『フランス史研究入門』山川出版社。
田中孝彦・青木人志編（2008）『〈戦争〉のあとに――ヨーロッパの和解と寛容』勁草書房。
田中俊郎・庄司克宏編（2006）『EU統合の軌跡とベクトル』慶應義塾大学出版会。
馬場哲・山本通・廣田功・須藤功編（2012）『エレメンタル欧米経済史』晃洋書房。
廣田功（1994）『現代フランスの史的形成――両大戦間期の経済と社会』東京大学出版会。
フランク，ロベール（2003）『欧州統合のダイナミズム――フランスとパートナー国』（廣田功訳）日本経済評論社。
ルケンヌ，クリスチアン（2012）『EU拡大とフランス政治』（中村雅治訳）芦書房。
油井大三郎・中村政則・豊下楢彦編（1994）『占領改革の国際比較――日本・アジア・ヨーロッパ』三省堂。
吉田徹（2008）『ミッテラン社会党の転換』法政大学出版局。
吉田徹編（2012）『ヨーロッパ統合とフランス――偉大さを求めた1世紀』法律文化社。

人名索引

あ行

アインシュタイン，アルベルト　182
アッバス，フェルハト　297
アデナウアー，コンラート　301, 302
アポリネール，ギヨーム　206
アラン　182
アルノ，ベルナール　84
アルファン，ジャン＝シャルル　148
アルベール　105
アレッグ，アンリ　293
アロン，レイモン　293
アングル，ジャン＝オーギュスト＝ドミニク　122
アンリ4世　9
岩波茂雄　7
ヴァトー，アントワーヌ　120
ヴァラ，グザヴィエ　237
ヴァレリー，ポール　204
ヴィオネ，マドレーヌ　82
ヴィジェ＝ル＝ブラン，エリザベート＝ルイーズ　77
ヴィニー，アルフレッド・ド　193
ヴィルヘルム1世　114
ウェルキンゲトリクス　112
ヴェルコール　243
ヴェルレーヌ，ポール　199, 200
ヴォカンソン，ジャック・ド　282
ヴォルネイ　314
ウジェニー　80, 318
エッフェル　149
エッフェル，ギュスタヴ　80, 283
エヌビック，フランソワ　283
エリオ，エドゥアール　176
オスマン，ジョルジュ＝ウジェーヌ　115, 144
オベルカンフ，クリストフ＝フィリップ　76
オランド，フランソワ　336
オリヴィエ，エミール　113

か行

ガイヤール，フェリックス　293
カヴェニャック，ルイ＝ウジェーヌ　108, 109
カミュ，アルベール　209
ガルニエ，シャルル　148
カレルギー，リヒャルト・クーデンホーフ　178
カロンヌ，シャルル＝アレクサンドル・ド　19, 25
川久保玲　83
カンギレム，ジョルジュ　249, 251
ガンベッタ，レオン　158, 159
ギゾー，フランソワ　94, 95, 308
ギマール，エクトール　150
クーベルタン，ピエール・ド　166
クールベ，ギュスタヴ　128, 196
グラック，ジュリアン　208
グリモ＝ド＝ラ＝レニエール，アレクサンドル＝バルタザール　59-61
グレヴィ，ジュール　159
グレゴワール，アンリ　307, 311
クレマンソー，ジョルジュ　159, 164
クローツ，アナカルシス　217
クローデル，ポール　203
ゴーギャン，ポール　132
ゴーティエ，テオフィル　199
コクトー，ジャン　206
コティ，ルネ　294
コルティッツ，ディートリヒ・フォン　241
コルベール，ジャン＝バティスト　13, 21, 72, 275
コワニエ，フランソワ　283
ゴンクール兄弟　197
コント，オーギュスト　249
コンブ，エミール　164, 235

さ行

サラン，ラウル　293, 294, 296
サルコジ，ニコラ　242, 336

サルトル, ジャン＝ポール　209, 246, 254, 293, 297
サン＝シモン, クロード＝アンリ＝ド＝ルーブロワ　94, 280
サン＝テグジュペリ, アントワーヌ・ド　208
サンド, ジョルジュ　194, 195
サン＝ローラン, イヴ　83
シェイエス, エマニュエル＝ジョゼフ　44, 216
シクストゥス5世　146
ジスカールデスタン, ヴァレリー　154, 331
ジッド, アンドレ　203, 204
シャセリオー, テオドール　126
シャトーブリアン, フランソワ＝ルネ・ド　191, 192
シャネル, ガブリエル（ココ）　82
シャブロル（＝ド＝ヴォルヴィク）, ジルベール＝ジョゼフ＝ガスパール　141
シャルル10世　88, 91
シュヴァリエ, モーリス　229
ジュルダン, フランツ　152
ショータン, カミーユ　181, 227
ジョゼフィーヌ　42
ジョリオ＝キュリー, イレーヌ　185
ジョレス, ジャン　162, 170
ジロー, アンリ　240
シンガー, アイザック　82
スーステル, ジャック　293-295
スタール夫人　191
スタヴィスキー, アレクサンドル　180
スタンダール　196, 314
ステルネル, ゼーブ　186
スミス, アダム　277
ゼー, ジャン　185
セザンヌ, ポール　132
セリーヌ, ルイ＝フェルディナン　207, 243
ソシュール, フェルディナン・ド　253
ゾラ, エミール　163, 197, 198
ソレル, ジョルジュ　187

た 行

タイユヴァン　56
ダヴィッド, ジャック＝ルイ　121
高田賢三　83
ダラディエ, エドゥアール　181
タルデュー, アンドレ　177

ダルラン, フランソワ　242
ディアギレフ, セルゲイ　134
ティエール, アドルフ　110, 157, 158
ティエリ, オーギュスタン　95
ディオール, クリスチャン　83
ティモニエ, バルテルミー　81
デカルト, ルネ　247, 252
デュマ（＝ペール〔大デュマ〕）, アレクサンドル　2, 195
デュマ（小デュマ）, アレクサンドル　148
テュルゴ, アンヌ＝ロベール＝ジャック　18, 19, 58, 78
デルカッセ, テオフィル　169
ドゥーメルグ, ガストン　182
トゥーレ, セク　296
ドーミエ, オノル＝ヴィクトラン　127
トクヴィル, アレクシ・ド　106, 107
ドゴール, シャルル　1, 238, 263, 291-304
トネール, クレルモン　217
ドラクロワ, ウジェーヌ　122
ドリオ, ジャック　183
ドレフュス, アルフレッド　163
ドロール, ジャック　332

な 行

ナダール　82, 130
ナポレオン1世（ナポレオン・ボナパルト）　1, 33, 41, 74, 97, 112, 140, 311, 312, 315
ナポレオン3世（ルイ＝ナポレオン・ボナパルト）　1, 80, 103, 109-112, 144, 195, 318
ネッケル, ジャック　18, 19, 26, 215
ネルヴァル, ジェラール・ド　193

は 行

パーキン, ウィリアム＝ヘンリー　77
バシュラール, ガストン　249
バブーフ, フランソワ＝ノエル　33
バルザック, オノレ・ド　195
バルビュス, アンリ　178
バレス, モーリス　202
ピカソ, パブロ　133
ビスマルク, オットー＝エドゥアルト＝レオポルト・フォン　117, 168
ビドー, ジョルジュ　293
ヒトラー, アドルフ　188

人名索引

ピネー，アントワーヌ 293, 294
フーコー，ミシェル 255
ブーランジェ，ジョルジュ 162
フーリエ，シャルル 94
フェリー，ジュール 159, 168
ブシコ，アリスティッド 80
フラゴナール，テオフィル 120
ブラジヤック，ロベール 231
ブラン，ルイ 105, 109
フランス，アナトール 203
フランソワ1世 72
ブリエンヌ，エティエンヌ＝シャルル・ロメニー・ド 26
ブリソ，ジャック＝ピエール 28
フリムラン，ピエール 293, 294
ブリヤ＝サヴァラン，ジャン＝アンテルム 59, 64, 65, 67-69
プルースト，マルセル 194, 205
フルシチョフ，ニキータ＝セルゲヴィチ 299
ブルトン，アンドレ 207
ブルム，レオン 174
フレネ，ウジェーヌ 283
フロベール，ギュスタヴ 197
ペギー，シャルル 203
ペタン，フィリップ 230
ヘッダ，ベン 297
ベリエ，カジミール 93
ベルジェ，ジャン＝ジャック 143
ベルシニ，ヴィクトール・ド 143
ベルシュー，ジョゼフ 65
ベルタン，マリ＝ジャンヌ（ローズ・ベルタン）79
ベルディギエ 107
ベルポワ，ダルキエ・ド 238
ベンサム，ジェレミ 217
ボーヴィリエ，アントワーヌ 58
ボードレール，シャルル 82, 199
ホフマン 292
ポワレ，ポール 82
ポワンカレ，レモン 176
ポンパドゥール夫人 75
ポンピドゥー，ジョルジュ 154, 298, 303

ま 行

マクシミリアン 116
マクマオン，マリー＝エドム＝パトリス＝モーリス・ド 158
マザラン，ジュール 11, 215
マシス，アンリ 178
マシュ，ジャック 293, 295, 303
マネ，エドゥアール 128
マラルメ，ステファヌ 200, 201
マリア＝テレジア 77
マリ＝アントワネット 79
マリアンヌ 161
マルクス，カール 108
マルロー，アンドレ 208, 294, 297
マンデス＝フランス，ピエール 292, 303, 329
ミシュレ，ジュール 1, 94, 316
ミッテラン，フランソワ 186, 292, 303, 331
三宅一生 83
ミュッセ，アルフレッド・ド 193
ムーニエ，エマニュエル 187
ムーラン，ジャン 239, 302
ムッソリーニ，ベニト 187
ムノン 57
メディシス，カトリーヌ・ド 73
メディシス，マリ・ド 73
モーパッサン，ギ・ド 198
モーラス，シャルル 234
モネ，クロード 130
モプー，ルネ＝ニコラ・ド 18, 19
モリエール 76
モレ，ギ 294

や・ら・わ行

山本耀司 83
ユゴー，ヴィクトル 103, 192, 194, 308, 315
ラヴァル，ピエール 177
ラガイヤルド，ピエール 293, 295
ラマルチーヌ，アルフォンス・ド 193
ラロック，フランソワ・ド 181
ランジュヴァン，ポール 182
ランビュト，クロード＝フィリベール＝バルテロ・ド 142
ランボー，アルチュール 200
リール，ルコント・ド 199

339

リヴェ，ポール 182
リシュリュー，アルマン＝ジャン＝デュ＝プレシ 10, 16
リヴィエール，ジャック 178, 204
リュシェール，ジャン 178, 228
ルイ11世 72
ルイ13世 10
ルイ14世 9
ルイ15世 17, 75
ルイ16世 18, 30
ルイ18世 87, 88
ルイ＝フィリップ（1世） 89, 105, 312
ルクレール 241
ル・コルビュジェ 154
ルソー，ジャン＝ジャック 76
ルドリュ＝ロラン，アレクサンドル＝オーギュスト 109

ルナン，エルネスト 235
ル・ノートル，アンドレ 146
ルノワール，ピエール＝オーギュスト 130
ル・ブラン，シャルル 15
ルベック，ジョルジュ 181
ルロワ，ルイ＝イポリット 79
レヴィ＝ストロース，クロード 253, 254
レオ13世 163
レノー，ポール 227
ロー，ジョン 215
ロベール，ユベール 123
ロベスピエール，マクシミリアン・ド 1, 29
ロラン，ロマン 178
ワース，チャールズ＝フレデリック（シャルル＝フレデリック・ヴォルト） 80
ワシントン，ジョージ 217

事項索引

あ行

アーヘン会議 98
アーリア化 237
アール・ヌーヴォー様式 134, 150-153
愛国青年団 180
アウシュヴィッツ 238
アウステルリッツの戦い 110
アカデミー・フランセーズ 16, 63, 179
アクシオン・フランセーズ 174, 175, 180, 188
アッシニア 30, 32
アフリカ 75
アムステルダム=プレイエル運動 182
アメリカ 83
新物店 79
アリストクラートの陰謀 27
アルザス 71, 157
アルザス・ロレーヌ 175, 231, 325
《アルジェの女たち》(1834年) 125
アルジェの反乱 292
アルジェリア 116, 167, 269
　──共和国臨時政府（GPRA）296
　──民族解放戦線（FLN）271
アルストム 284
アルメニア人 212, 222, 223
アレジア 112
アロー号事件 116
アンガジュマン 248
アンシアン・レジーム（旧体制）9, 87, 88, 90, 92, 307
イギリス 75
イスラーム 212
　──世界 72
イタリア 71
　──人 221, 223
一にして不可分 34
　──の共和国 31
一望監視装置（パノプティコン）256
イデオロジスト 67
イミグレ 211

岩倉使節団 158, 165, 273
イングランド 71
　──人 215
印象派展 130
インド 71, 75
インドシナ 231
　──戦争 329
インド洋世界 75
ヴァルデック=ルソー法 160
ヴァロン修正案 159
ヴァンダリズム 36, 307
ウィーン会議 97
ウィーン体制 98, 99, 101, 103, 115
ヴィシー 230
　──政権 183, 261, 267
　──派知識人 235
ヴェネツィア 73
ヴェルサイユ 76
　──宮殿 15
　──条約 175
　──体制 325
ヴェルダン 230
ヴェルディヴ 238
打ち壊し運動 81
エアバス社 286
「栄光の三〇年間」284, 320, 328
栄光の三日間 88
英仏協商 169
英仏通商条約 113, 114
英露協商 169
エコール・サントラル 279
エコール・デ・ボザール 151
エコール・デ・ポンゼショセ 278
エコール・デ・ミン 278
エコール・ド・パリ 134
エコール・ポリテクニク 277
エジプト遠征 42
エスニックなネーション 218
エスプリ・ヌーヴォー 206
エッフェル塔 161

341

エピステモロジー　246, 249
エムス電報事件　117
エリゼ条約　301
オイルショック　330
欧州憲法条約　334
欧州統合　301
王党派　158, 163
大市　72
オーストリア　77
　──継承戦争　17
オート・キュイジーヌ（高級料理）　56
オート・クチュール　81
オスマン帝国　212
御手触り　14
オラドゥール　241
オランダ　75
　──戦争　14, 15
《オランピア》（1863年）　129
オリエント　124
オルセー美術館　124
オルレアン派　159
穏健共和政　162, 163
穏健共和派　159

　　　　　　　か　行

改革宴会　104
絵画性（英：ピクチャレスク，仏：ピトレスク）　123
絵画彫刻アカデミー　16
概念史　252
概念の哲学　246, 249, 250, 253, 258
化学繊維　77
化学染料　77
科学認識論　246, 249
《画家のアトリエ》（1855年）　128
革命記念日　161
革命祭典　35
革命的サンディカリスム　162
ガストロノーム（美食家）　56
ガストロノミー　55, 63, 64, 69
カトリック　71, 227
家内手工業　74
『悲しみと哀れみ』　232
カフェ　20
株式会社　114

カミーユ・セー法　160
火曜会　201, 203, 204
カルテル政府　175
カルボナリ　109
観光資源　69
官選候補制度　112
官展（Salon：サロン）　119
カンボジア　116
既製服　81
北大西洋条約機構 → NATO
絹織物　72
客間（salon：サロン）　120
ギャラントリ　73
ギャルリ・ラファイエット　80
急進共和政　164
急進党（「急進共和・急進社会党」）　164
急進派　159, 164
宮廷社会　16
キューバ危機　299
教育　115
教皇庁　175
恐怖政治　31, 60, 66
狂乱の時代（アネー・フォル）　134
「共和国防衛」内閣　164
共和派　158, 159
規律＝訓練型権力　256, 257
空席危機　301
クーデタ　110, 111, 112
グールカッセ　173
《グランド・オダリスク》（1814年）　122
グランド・ゼコール　115
クリミア戦争　81, 116
グルマン　63
グルマンディーズ　63
クレディ・フォンシエ銀行　114
クレディ・モビリエ銀行　114
クレディ・リヨネ銀行　114
クレミュ政令　220, 236
グローバリゼーション　333
グローバル・ブランド　83
経済の計画化　266
毛織物　21, 71
　──業　71
　新──　75
結社法　164

事項索引

血統主義　218, 219
憲章　87, 89
原子力発電　286
現代思想　245, 255
現代性（modernité）　127
原爆実験　300
憲法制定議会　27, 105
言論の自由　73
高架メトロ　149
航空機　233
香辛料　75
構造主義　253
構造人類学　254, 255
高踏派　199
高等法院　12, 25, 26
小売　78
港湾都市　71
コーチシナ　116
ゴーリスト　327
ゴーリズム　292
五月革命　83, 304
5月16日の危機　159
国際通貨基金 → IMF
国際復興開発銀行（世界銀行） → IBRD
国際連合　261
国籍法　213, 218, 220
国防政府　157
国民革命　230
国民議会（アサンブレ・ナシオナル）　27
国民公会　105
国民祭　112
国民統合　159-161
国民評議会　235
国民ブロック　174
国民連合　182
国有化　265
国立工芸院　278
国立作業場　105, 107, 108
コジェマ社　287
コミンテルン　182
小麦戦争　18
コルポラティスム　236
混合経済　266
　　──体制　279
コンコルダート（政教協約）　49

コンコルド　286
コンバ　240

さ　行

ザール地方　175
財産没収権　215
財務総監　72
サヴォワ　116
サクレ・クール聖堂　161
左翼カルテル　177
サライェヴォ事件　170
更紗　75
サロン　19
サロン・ドートンヌ　152
産業遺産　288
産業革命　38
産業転換拠点　288
サン＝ゴバン社　276
サン＝ジェルマン大通り　147
サン＝シモン主義　114
サン＝ドマング　46
三十年戦争　10, 72
三色旗　34, 161
サンディカリスム　236
ジグマリンゲン　242
《ジェルサンの看板》（1720年）　120
識字率　60, 115
ジグマリンゲン　242
自然主義　197, 198
仕出し屋（トレトゥール）　57
七月革命　103, 108
自治体革命　104
七年戦争　17
執行委員会　107
実存主義　208
シトロエン　283
市民的ネーション　218
ジャーナリズム　60
ジャカード紡織機　282
社会主義　105, 107
社会的ヨーロッパ　333
社会党（PS）　331
社会党（SFIO）　162, 174, 240
ジャコバン・クラブ　29, 31, 34
奢侈　74
写実主義　196, 197

343

社団　12
シャンゼリゼ通り　3
州議会　25, 27
宗教改革　72
自由主義　107
　──経済　279
修道会教育禁止法　164
17世紀の危機　21
自由フランス　231
自由貿易　114
シューマン・プラン　271
主体の哲学　245, 246, 248, 253, 258
出生地主義　218, 219
ジュネーヴ協定　270
シュルレアリスム　134, 207
象徴主義　133, 201, 202
『食通年鑑』　60, 62
職人組合　22
食味批評　62
植民地　116, 167, 220
女性参政権　109
ジロンド派　30
新印象派　132
新エリート層　18
新共和国連合　295
新経済政策　300
人口動態　22
新古典主義　121
親裁座　13, 15
神聖同盟　97
新大陸　75
進歩派（プログレシスト）　163
人民共和運動　328
人民戦線　184
人民投票　105, 111, 112, 116
　──的大統領制　298
水上交通　72
スイス　71
スクワール　145
スダン　117
ズデーテン地方　228
スペイン　71, 72
　──内戦　185, 227
政教分離法　164
制限選挙　104, 105

政治的ポルノグラフィ　20
聖職者市民化法　29, 35
精神分析　251, 255
正統王朝派　159
石炭　77
セティフの虐殺　269
セネガル　116
全国三部会　10, 26, 65
全国退役兵士連合（UNC）　173
1793年憲法　105, 109
全方位外交　299
総裁政府　32, 33
想像の共同体　214
総徴税請負人　61
ソーヌ川　72
ソシエテ・ジェネラル銀行　114

　　　　た 行

第一次インドシナ戦争　270
第一次世界大戦　204, 206, 207, 326
大学　115
大規模小売　79
大恐怖　28
第三共和政　157
大衆消費　78
大西洋三角貿易　76
大統領　109, 110
対独協力　230
対独復讐　157, 168
第二共和政　103, 105
第二次世界大戦　208, 326
第二帝政　104, 111
対仏大同盟　42
大陸封鎖令　47
大量消費　84
大量生産　84
ダンディズム　82
秩序党　108, 110
地方長官　13
中国　72
チュニジア　116, 167
ツーリスト　314, 316-321
ツーリズム　314, 316, 318-321
ツール・ド・フランス　166
ディエンビエンフーの戦い　270

事項索引

定食テーブル（テーブル・ドート） 57
テクノポール 288
デジストマン 184
鉄道 114
テルミドール9日 32
ドイツ 71, 333
　──統一 333
統一労働総同盟（CGTU） 175
トゥール 72
東京 71
同業組合／同職組合／ギルド 22, 58, 78
東南アジア 75
都市改造事業 114
土木技師団 277
ドランシー 238
トルーマン・ドクトリン 264
トルコ 71
奴隷 76
　──制の廃止 105
ドレフュス事件 163, 180, 202, 203, 206

な 行

ナケ法 160
ナシオン 214, 216, 217
ナチス 83
　──ドイツ 227
ナビ派 133
ナポレオン伝説 110
ナポレオンの皇帝戴冠 110
ナポレオン法典 52
ナント王令 9, 74
南仏 76
南部の反撃 288
ニース 116
ニーム王令 10
二月革命 103, 104, 107-109
2月6日事件 181
ニューカレドニア 116
入市式 13, 14, 17
ニューヨーク 71
認識論的障害 251, 252
認識論的断絶 250, 251
『ノートル・ダン』 178, 228
乗合馬車 142
ノルマンディー 239

は 行

ハーグ陸戦条約 236
パースペクティヴ 145
ハイチ 38
パクス＝アメリカーナ（アメリカの平和） 263
パサージュ 80, 141
バスティーユ広場 28, 147
パリ議定書 232
パリ記念建造物友の会 149
パリ・コミューン 158, 234
『パリとフランスの砂漠』 285
バルビゾン派 124
ハレム 125
パレ・ロワイヤル 58, 59
反教権主義 160, 164
バングラデシュ 71
万国博覧会 114, 280
　パリ── 133, 161
パンテオン 148
反ユダヤ主義 163
東インド会社 75
　フランス── 75
非キリスト教化運動 36
美食 55
　──産業 60
筆触分割 131
火の十字団 180
秘密軍事組織（OAS） 296
百日天下 87
百貨店 79
ファシズム 186
　反── 186
ファショダ事件 169
ファスト・ファッション 83
ファッション雑誌 82
フィレンツェ 71
ブーランジスム（ブーランジェ事件） 162, 222
フェリー法 160
フォンテーヌブロー王令 14, 74
ブキエ法 35, 37
福祉国家 267
プジョー 282
普通選挙 104, 105, 110, 112
仏領インドシナ連邦 167

345

仏領赤道アフリカ　167
仏領西アフリカ　167
フラマトム社　287
フランシスム団　180
フランス共産党　183
フランス山岳クラブ　319
フランス人の民法典　50, 218, 219
フランス・ツーリング・クラブ　316
フランスの偉大さ　291
フランス連帯団　180
プランタン　80
フランドル地方　71
フリーメーソン　19
ブリュメール18日（1799年11月9日から19日にかけて断行したクーデタ）　44
ブルーバナナ　71
旧きパリ委員会　152
ブルボン家　79
フレシネ・プラン　160
ブレトン゠ウッズ会議　263
プロテスタント　72, 217
フロンドの乱　12
文明化の使命　168
ペスト　72
ベトナム　71
　　──独立同盟（ベトミン）　270
ベネルクス　71
ベル・エポック（美しき時代）　164, 177, 202
ベルリン勅令　47
ベルリンの壁　299
法服貴族　18
ホーエンツォレルン家　116
ポーレット法　10, 12
補色　126
ボナパルティスム　292
ボナパルト派　159
香港　71
ボン・マルシェ　80

ま　行

マーストリヒト条約　334
マグリブ　212, 223
マジノ線　228
マダガスカル　167
マティニョン協定　185, 186
マニュファクチュア（製作所）　14, 73, 76, 275, 276
「マルグレ・ヌ（心ならずも）」　241
『味覚の生理学』　64, 65, 67
『ミシュラン・ガイド』　166
ミシン　81
ミディ運河　276
南ドイツ　76
ミュールズ　76
ミュンヘン協定　183, 228
ミラノ　71
ミリス　242
民間デベロッパー　141
《ムーラン・ド・ラ・ギャレット》（1876年）　130
無形文化遺産　55
名士会議　25
名望家　104
メキシコ　116
メディチ家　73
綿織物　75
　　──禁令　75
綿花　76
モード商　78
モーラス主義　235
モスリン　77
モダニズム　206
モネ・プラン　266, 327
モロッコ　116
　　──事件　169
モンターニュ派　30
『モンテ・クリスト伯』　2, 4
モントワール会談　232
モンパルナスタワー　154

や　行

有色人種　217
ユダヤ人　212, 222, 236
　　──人移送（デポルタシオン）　236
ユニオン・サクレ　173
養蚕　74
ヨーロッパ共同体　302
ヨーロッパ経済共同体　→ EEC
ヨーロッパ原子力共同体　→ EURATOM
ヨーロッパ石炭鉄鋼共同体　→ ECSC

事項索引

ヨーロッパ復興計画（マーシャル・プラン）　264, 285
世論　20, 33, 34

　　　　　　ら・わ行

ライシテ　164
ラインラント　71
落選展（Salon des Refusés）　128
ラ・ベル・ジャルディニエール　81
ラ・マルセイエーズ　34, 161
ラリマン（加担）　163
ラングドック　72
立法院　112, 113
立法議会　109
リトグラフ　127
リネン　73
リュマニテ　178
リヨン　72
臨時政府　105, 107
ル・アーヴル／マルセイユ対角線　288
ルーヴル美術館　3, 121, 312-313
《ルーヴル美術館のグランド・ギャラリー改造計画》（1796年）　123
ルール占領　176, 327
ルノー　233, 282
レ・アール　154
レヴァント貿易　73
レース　72
レジオン＝ドヌール勲章　76
レジスタンス　258
　　──神話　238
　　──全国評議会（CNR）　265
レストラン　57, 68
労働権　105
労働総同盟（CGT）　162, 175
ローヌ川　72
ローマ賞　122

ローマ条約　271
ロカルノ条約　176
六月蜂起　108
ロココ美術　121
露仏同盟　169
ロマン主義　94, 191-194, 314
ロマン派　125
ロレーヌ　157
ロワール　72
ロンドン　71
ワイン　281

　　　　　　欧　文

ECSC（European Coal and Steel Community）　271, 328
EEC（European Economic Community）　271, 300, 329
EMS（European Monetary System：欧州通貨制度）　331
EURATOM（European Atomic Energy Community）　271
IBRD（International Bank for Reconstruction and Development）　262
IMF（International Monetary Fund）　262
LVMH（Moët Hennessy-Louis Vuitton：モエ・ヘネシー・ルイ・ヴィトン）　84
NATO（North Atlantic Treaty Organization）　264, 300
『NRF（La Nouvelle Revue Française：新フランス評論）』　204
OEEC（Organization for European Economic Cooperation）　264
PSF（Parti Socialiste Français：フランス社会党）　187
STO（Service du travail obligatoire：強制労働徴用）　240

執筆者紹介 (所属, 執筆分担, 執筆順, *は編著者)

*杉本 淑彦（京都大学大学院文学研究科教授, はしがき・第3章・第16章）

*竹中 幸史（山口大学人文学部教授, はしがき・序章・第1章・第2章）

八木 尚子（辻調グループ辻静雄料理教育研究所所長, 第4章）

角田 奈歩（法政大学比較経済研究所兼任研究員, 第5章）

中山 俊（京都大学文学部講師, 第6章・第19章）

長井 伸仁（東京大学大学院人文社会系研究科准教授, 第7章）

福田 美雪（獨協大学外国語学部フランス語学科准教授, 第8章）

北河 大次郎（東京文化財研究所近代文化遺産研究室長, 第9章・第17章）

岡部 造史（熊本学園大学社会福祉学部福祉環境学科准教授, 第10章）

剣持 久木（静岡県立大学国際関係学部教授, 第11章・第14章）

津森 圭一（新潟大学人文学部准教授, 第12章）

工藤 晶人（学習院女子大学国際文化交流学部准教授, 第13章）

坂本 尚志（京都薬科大学一般教育分野准教授, 第15章）

渡辺 和行（奈良女子大学研究院人文科学系教授, 第18章）

上原 良子（フェリス女学院大学国際交流学部教授, 第20章）

《編著者紹介》

杉本　淑彦（すぎもと・よしひこ）
　現　在　京都大学大学院文学研究科教授。
　主　著　『文明の帝国』山川出版社，1995年。
　　　　　『ナポレオン伝説とパリ』山川出版社，2002年。
　　　　　ジェフリー・エリス著『ナポレオン帝国』（訳）岩波書店，2008年。

竹中　幸史（たけなか・こうじ）
　現　在　山口大学人文学部教授。
　主　著　『フランス革命と結社――政治的ソシアビリテによる文化変容』昭和堂，2005年。
　　　　　『図説フランス革命史』河出書房新社，2013年。
　　　　　『フランス革命史の現在』（共著）山川出版社，2013年。

教養のフランス近現代史

| 2015年6月25日　初版第1刷発行 | 〈検印省略〉 |
| 2017年3月20日　初版第3刷発行 | |

定価はカバーに
表示しています

編著者	杉　本　淑　彦
	竹　中　幸　史
発行者	杉　田　啓　三
印刷者	江　戸　孝　典

発行所　株式会社　ミネルヴァ書房
607-8494　京都市山科区日ノ岡堤谷町1
　　　　　電話代表（075）581-5191
　　　　　振替口座　01020-0-8076

© 杉本・竹中ほか，2015　　共同印刷工業・清水製本

ISBN978-4-623-07271-2
Printed in Japan

服部良久／南川高志／山辺規子 編著
大学で学ぶ西洋史〔古代・中世〕
A5判・376頁
本体 2800円

小山 哲／上垣 豊／山田史郎／杉本淑彦 編著
大学で学ぶ西洋史〔近現代〕
A5判・424頁
本体 2800円

中井義明／佐藤専次／渋谷 聡／加藤克夫／小澤卓也 著
教養のための西洋史入門
A5判・328頁
本体 2500円

堀越宏一／甚野尚志 編著
15のテーマで学ぶ中世ヨーロッパ史
A5判・376頁
本体 3500円

谷川 稔／渡辺和行 編著
近代フランスの歴史
●国民国家形成の彼方に
A5判・388頁
本体 3200円

渡辺和行 著
フランス人とスペイン内戦
●不干渉と宥和
A5判・352頁
本体 4500円

渡辺和行 著
近代フランスの歴史学と歴史家
●クリオとナショナリズム
A5判・464頁
本体 6000円

岡本 明 著
ナポレオン体制への道
A5判・408頁
本体 6000円

──── ミネルヴァ書房 ────
http://www.minervashobo.co.jp/